SALLUST

GAIUS SALLUSTIUS CRISPUS
SÄMTLICHE SCHRIFTEN

MAGNUS VERLAG

ISBN 3-88400-068-3

INHALTSVERZEICHNIS

EINLEITUNG

Sallusts Leben

Gaius Sallustius Crispus (86–34 v.Chr.), der erste große Geschichtsschreiber der Römer, lebte in einer der unruhigsten Epochen der
römischen Geschichte. Er erlebte Bürgerkriege (zwischen Sulla und Marius, 88–82, später zwischen Caesar und Pompeius, 49–45), Caesars
Herrschaft und Tod und den Kampf um Caesars Nachfolge persönlich
mit und ergriff selbst Partei.

Da er sich auch seit seiner Jugend historischen Studien widmete,
zeigen seine Werke die Verbindung von persönlich Erlebtem und Ge-
lehrsamkeit.

Im Gegensatz zu anderen Schriftstellern wissen wir zumindest über
einen Teil von Sallusts Leben relativ viel. Das liegt daran, daß er im
Bürgerkrieg auf Caesars Seite mehrfach ins Rampenlicht trat. Über die
Zeit bis zum Jahre 52 allerdings haben wir keine verläßlichen Angaben.
Seine Lebensbeschreibungen bei Asconius Pedianus und Sueton sind
verlorengegangen. Nach einer Nachricht des Hieronymus, der allerdings kein sehr zuverlässiger Exzerptor war, wurde er 86 v.Chr. in
Amiternum im Sabinerland geboren. Seine Familie hatte wahrscheinlich
noch keine Beamten in Rom hervorgebracht, gehörte aber sicherlich zur
Führungsschicht in ihrer Heimatstadt. Sie muß auch über einige finanzielle Mittel verfügt haben, da eine politische Karriere ohne diese kaum
durchführbar war. Wie wir aus seinen Werken sehen, genoß Sallust eine
ausgezeichnete Ausbildung in der lateinischen Literatur. Seine Bemerkung in Catilina, Kap. 3, daß er in frühester Jugend schon in die Politik
drängte, zeigt, daß er bereits früh, vielleicht wie Horaz für seine Ausbildung, nach Rom kam. Seine Ausgangsposition entsprach in vielerlei
Beziehung der Ciceros, obwohl er von ihm in seiner Laufbahn und
seinen Ansichten so verschieden war. Er stammte aus der Provinz, besaß
einen hohen Grad an Bildung und sicherlich auch das notwendige Ta-
lent, doch dies genügte nicht für eine politische Karriere.

In der weitgehend geschlossenen Herrschaftsclique in Rom unter der
Leitung der führenden Senatoren benötigte Sallust einen Förderer in
dieser Führungsschicht. Sallust war auf keinen Fall von Beginn an Anhänger Caesars. In den frühen sechziger Jahren besaßen Caesar und
dessen Familie zu wenig Bedeutung, um junge ehrgeizige Politiker anzu-

locken. Keinerlei Hinweis gibt es auf eine Beziehung zu Pompeius. In den späteren Anfeindungen der Pompeianer ist nicht von Verrat die Rede. Allerdings deutet in Catilina das Fehlen einer Aussage als Augenzeuge auf eine Abwesenheit Sallusts von Rom hin. Andererseits beweisen Exkurse in den Historien Sallusts Interesse und Kenntnis der Geographie des östlichen Mittelmeerraums. Möglicherweise leistete er zur Zeit der catilinarischen Verschwörung seinen Militärdienst im Osten unter Pompeius (?) ab. Dennoch sind zwei Patrone viel wahrscheinlicher: In Catilina (Kap. 48) fällt die Formulierung „ipsum . . . ego . . . saepe praedicantem" auf, die von Adherbal (Jug. 14) wiederholt wird und dort die Bedeutung einer persönlichen Mitteilung besitzt. Zudem ist das zweimalige Auftauchen von Crassus in der vielleicht fingierten (s. u.) Invektive auffällig. Selbst wenn man die Echtheit bezweifelt, könnte ein späterer Rhetor in Kenntnis von Sallusts Beziehungen zu Crassus diesen absichtlich erwähnt haben. Als zweiter Patron kommt Publius Claudius (Clodius) in Frage. Clodius zog offenbar junge aufstrebende Politiker besonders an, die Claudier besaßen besondere Beziehungen zum Sabinerland, und Sallust machte in seinem Tribunat im Jahre 52, nachdem Milo Clodius erschlagen hatte, durch besonders scharfe Anfeindungen gegen diesen von sich reden. Außerdem gehörte ein enger Freund Sallusts, der Grammatiker Lucius Atteius Philologus zur Klientel der Claudier. Das alles spricht am ehesten dafür, daß Sallust zum Gefolge des Clodius gehörte. Wer von diesen beiden Sallusts erster Gönner war, hat keine große Bedeutung. Beide waren gegen Ende der fünfziger Jahre bereits tot (Crassus 53, Clodius 52).

Aus dieser frühen Zeit des Sallust besitzen wir in der fingierten Invektive Ciceros gegen Sallust, die dem Rhetor Didius zugeschrieben wird, einige Bemerkungen. Diese Invektive, wenn auch unecht, kann mit einiger Vorsicht als historisches Zeugnis herangezogen werden, obwohl bei diesem Genre mit starken Verzerrungen und Übertreibungen zu rechnen ist.

Danach soll Sallust wegen seines ausschweifenden Lebenswandels genötigt gewesen sein, das Haus seines Vaters in Rom zu verkaufen. Im Jahre 55 oder 54 soll er die Quästur bekleidet haben, was gut in das Bild eines ehrgeizigen homo novus paßt. Dadurch könnte er in den Senat gelangt sein. Etwa das Jahr 54 ist auch in der Invektive gegen Cicero vorausgesetzt, die in Form einer Senatsrede geschrieben ist. In dieser Zeit soll er auch von Milo, dem Gegner des Clodius, beim Ehebruch mit dessen Frau Faula, der Tochter Sullas, ertappt, ausgepeitscht und erst gegen Zahlung eines Lösegeldes wieder freigelassen worden sein. Diese Geschichte ist politisch so pikant, daß sie fast glaubwürdig erscheint.

Im Jahre 52 war Sallust Volkstribun. Dieses Jahr war durch Wirren bis zu offenen Straßenkämpfen, vor allem zwischen den Schlägerbanden des Clodius und des Milo, geprägt. Die Konsulwahlen hatten nicht stattfinden können. Clodius wurde ermordet, im Gegenzug die Kurie niedergebrannt. Bei der Agitation gegen die Senatspartei, besonders gegen Milo und Cicero, tat sich Sallust hervor. Pompeius, zum alleinigen Konsul gewählt, brachte die Lage unter Kontrolle, doch erhöhten die Ereignisse die Spannungen mit Caesar und machten Pompeius plötzlich zum Führer der Senatsinteressen. In dieser Zeit hat sich Sallust Caesar angeschlossen, denn aufgrund seiner Stellung brauchte er einen Patron, und da gab es nur die Wahl zwischen Pompeius und Caesar.

Im Jahre 50 wurde er dann von den Censoren Appius Claudius Pulcher und Calpurnius Piso aus dem Senat ausgeschlossen, angeblich wegen unsittlichen Lebenswandels. Wie immer es um seinen Lebenswandel bestellt war, der Hauptgrund war sicherlich, daß er Caesarianer war.

Im Bürgerkrieg wurde er 49 Legionskommandeur in Illyrien, mußte allerdings eine Niederlage hinnehmen. Im Jahre 49 wurde er Quästor, was seine Rückkehr in den Senat sicherstellte. 47 erhielt er von Caesar den Auftrag, eine Meuterei unter den Soldaten in Kampanien zu schlichten. Bei diesem Versuch wäre er fast erschlagen worden. Caesar mußte selbst eingreifen und den Aufstand mit dem einfachen Wort „Quirites" niederschlagen. Während des anschließenden Afrikafeldzuges gelang es Sallust, den Gegnern ein Getreidedepot auf der Insel Ceruna wegzunehmen und damit auch Nachschubprobleme von Caesar selbst zu lösen.

In der neu eingerichteten Provinz Africa Nova wurde Sallust erster Statthalter, sicher nicht nur wegen seiner Treue – das hätte bei Caesar kaum ausgereicht –, sondern weil er trotz seiner Mißerfolge einiges Organisationstalent bewiesen hatte. Er war Proprätor mit Prokonsularischem Imperium, eine ungewöhnliche Ehre, die sich mit der allgemeinen Situation am Ende des Bürgerkrieges erklären läßt. Als Provinzstatthalter soll er ein hohes Maß an *avaritia*, Habgier, die er in seinen Werken so gerne gescholten hat, bewiesen haben. Er plünderte seine Provinz aus. Glaubt man der Invektive, soll er einer Anklage dadurch entgangen sein, daß er Caesar an seiner Beute beteiligte.

Durch dieses Ereignis schwanden Sallusts Hoffnungen auf eine weitere politische Karriere, d. h. das Konsulat. Nach dem Tode Caesars versuchte er auch keinen Neuanfang unter den neuen Triumvirn, sondern widmete sich bis zu seinem Tode der Geschichtsschreibung. Den Proskriptionen scheint er weitgehend entgangen zu sein, obwohl er als Caesarianer nicht automatisch gesichert war. Die Proskriptionen galten den politischen Gegnern und waren gleichzeitig ein riesiges Kapitalbeschaffungsprogramm der Triumvirn. Wir wissen nicht, ob Sallust einflußreiche Freunde in deren Umkreis besaß oder ob er sich für eine Spende freikaufen konnte.

Seine Schriften hat Sallust in folgender Reihenfolge verfaßt: Die Verschwörung des Catilina (um 42), Der Krieg gegen Jugurtha (um 40) und Historien (bis zu seinem Tod). Als Sallusts Todesdatum ist uns der 13. Mai überliefert, wobei als Jahresangabe die Nachricht „4 Jahre vor dem Krieg von Actium" erhalten ist, womit sowohl das Jahr 36 gemeint sein kann, wenn man vom Beginn der Auseinandersetzungen aus rechnet, oder das Jahr 35, wenn man von der entscheidenden Schlacht bei Actium (Sept. 31) ausgeht, was heute allgemein akzeptiert wird.

Sallusts Werke

Die Ausführungen zu Sallusts schriftstellerischen Werken seien zunächst beschränkt auf die drei oben genannten Schriften, da die Echtheit der beiden Briefe an Caesar und der Invektive umstritten ist.

Alle Werke Sallusts sind mit einem Proömium eingeleitet, von dem wir im Falle der Historien jedoch nur wenige Fragmente besitzen. Diese Proömien oder Einleitungen scheinen zunächst völlig losgelöst von den eigentlichen Werken. In den beiden Monographien versucht Sallust jeweils, seinen Entschluß, Historiker zu werden, auf der Grundlage seiner anthropologischen Anschauung zu rechtfertigen. Seine zentralen Begriffe sind die *virtus* (Tüchtigkeit) und *gloria* (Ruhm). Die *virtus* vollzieht sich in der Ausführung ausgezeichneter Taten, die *gloria* ist deren Ziel. Die Taten müssen nach römischer Vorstellung eine öffentliche Wirksamkeit besitzen, womit die zeitgenössischen Leser Sallusts politische und militärische Tätigkeit *(negotium)* verbanden. Da Sallusts Lebensführung zur Zeit seiner schriftstellerischen Tätigkeit aber gerade durch die Zurückgezogenheit von solchen öffentlichen Betätigungen gekennzeichnet ist, also durch das, was die Römer als *otium*, Muße, bezeichneten, geriet er hier wohl unter den Druck, sich rechtfertigen zu müssen. Auch andere Schriftsteller, z.B. Cicero, ziehen die Verbindungslinie von *gloria* und Dienst am Staat. Sallust aber scheint die Enttäuschung und Desillusionierung seiner politischen Karriere als symptomatisch für den Zustand der *res publica* angesehen zu haben und versuchte, die Gründe dafür zu erforschen. So gelangte er zu dem Urteil, daß sein *otium*, seine Analyse des Staates, für diesen größeren Nutzen bringe als die Arbeit vieler Politiker, da er selbst zugibt, daß die Arbeit in einem korrupten Staatswesen den Handelnden selbst korrumpiert, was er, zwar mit Einschränkungen, auch auf sich selbst bezieht. Die Selbstgerechtigkeit und der moralische Zeigefinger, den er immer wieder erhebt, haben ihm seit der Antike die Kritik der Heuchelei eingebracht, doch wissen wir zuwenig über Sallusts Charakter und seine Situation nach Caesars Tod, um darüber ein endgültiges Urteil fällen zu können.

Die Auswahl der Themen für die beiden Monographien überrascht auf den ersten Blick. Die dargestellten Ereignisse sind für die republikanische Spätzeit weder besonders bedeutend noch folgenreich gewesen. Doch gerade an diesen beiden Beispielen konnte Sallust besonders gut zeigen, woran der Staat seiner Meinung nach krankte, ohne zu weit ausholen zu müssen: Der jugurthinische Krieg zeigte deutlich die Haltung der korrupten, teilweise unfähigen und selbstherrlichen Herrscherclique der Senatoren gegenüber den Leuten, die daran Kritik übten. Die Auseinandersetzung bestimmte weitgehend die Geschichte der Republik. Die tatsächliche Gefahr der catilinarischen Verschwörung ist für uns nicht zu ermessen. Doch der Grad der allgemeinen Unzufriedenheit bis in die obersten Schichten in vielen Teilen Italiens, wo die Menschen immer noch Bürger zweiter Klasse waren, unter den durch die sullanischen Veteranenansiedlungen Vertriebenen, unter Sullas Veteranen selbst und vor allem unter dem riesigen Heer von Schuldnern wird uns erst durch Sallust deutlich. Cicero erwähnt zwar auch die Schuldner und die Veteranen als Anhänger Catilinas, doch für ihn sind diese Leute nur moralisch verwerfliche Gestalten, die aus dem Gemeinwesen entfernt werden müssen. Wir kennen Ciceros Ansicht in erster Linie aus seinen Reden, die aus der Situation heraus gehalten wurden mit der Zielsetzung, den Senat zu Maßnahmen zu bewegen. In seinem posthum erschienenen, später allerdings verlorengegangenen Werk De consiliis suis (Über sein Konsulat) hat die catilinarische Verschwörung sicherlich einen breiten Raum eingenommen.

Es wurde häufig angenommen, daß Sallust sein Werk als Gegenstück zu Cicero verfaßt hat. Seine Beschreibung Catilinas erinnert sehr stark an Cicero: Bei beiden erscheint Catilina als der geborene Revolutionär. Aber während Cicero Catilina als Einzeltäter darstellt, der andere Verbrecher um sich schart, ist er bei Sallust die logische Konsequenz des moralischen Verfalls des Staates. Um seine Absicht zu erreichen, muß Sallust die gesellschaftlichen Verhältnisse und Catilinas Verbündete beschreiben (Kap. 14 u. 25) und diese in einen historischen Rahmen stellen. Da sich Größe und Macht Roms nach Sallusts Idee nicht aus einem korrupten System erklären lassen, müssen die Verhältnisse der Vergangenheit konsequenterweise besser gewesen sein. Die Idealisierung der Vergangenheit dient gleichzeitig dazu, den moralischen Niedergang der Gegenwart um so schärfer zu geißeln. Der Vergangenheit, die in der *virtus* ihrer Repräsentanten ihren Ausdruck findet, stehen die moralischen Begriffe *avaritia* (Habgier), *ambitio* (falscher Ehrgeiz), *luxuria* (genußvolle Lebensführung) gegenüber. Trotz der Erkenntnis der sozialen und politischen Unzulänglichkeit der Gegenwart kommt Sallust nie der Gedanke, das gesellschaftliche System zu hinterfragen, sondern sein Werk ist ein Aufruf zur Rückkehr zu alten Vorbildern. Sallusts Beschreibung hinterläßt den Eindruck eines fortschreitenden Abstiegs, ist voller Pessimismus, ja beinahe Hoffnungslosigkeit. Mit wieviel mehr Zuversicht und Begeisterung konnte Vergil 20 Jahre später, nach der Festigung der Herrschaft des Augustus, den römischen Staat beschreiben!

Die zentrale Stelle in der Verschwörung sind die beiden Reden Caesars und Catos und der anschließende Vergleich dieser beiden Staatsmänner. Es kann kaum Zweifel darüber bestehen, daß die Reden und der Vergleich als eine Einheit konzipiert waren. Man versuchte immer wieder, Sallusts eigenes Urteil daraus zu erschließen und kam je nach Beweisabsicht zu unterschiedlichen Ergebnissen. Die einen behaupteten, daß die Hervorhebung Catos Caesar in noch hellerem Licht erscheinen lasse oder daß Caesar als weiser Staatsmann urteile, während Cato, durch die Ereignisse schockiert, den harten, möglicherweise ungesetzlichen Kurs verfolge. Andererseits finden sich bei Cato Gedanken Sallusts wieder, so daß der Autor hier mit Cato sympathisieren könnte. Die Hervorhebung beider Personen für die Ereignisse des Jahres 63 ist ein Anachronismus, denn Caesar war zur damaligen Zeit gerade gewählter Prätor, Cato gar Senatsneuling. Zur Zeit der Abfassung waren beide bereits tot und begannen schon, Legende zu werden. Der Schlüssel liegt in dem Vergleich selbst. Sallust schreibt beiden Männern *virtus* zu, beiden große Bedeutung. Er erinnert noch einmal daran, daß die *virtus* die einzig wahre Grundlage der Macht ist. Da nun beide so völlig verschieden sind und nur die Kombination beider die *virtus* in ihrer vollen Ausprägung darstellen würde, zeigt sich wieder Sallusts pessimistische Sicht, nämlich daß die *virtus* in vollem Umfange, die zur Rettung der res publica notwendig ist, anscheinend von keinem noch so bedeutenden Zeitgenossen erreicht wird. Zugleich kann die Darstellung eine wehmütige Erinnerung an die großen Repräsentanten römischer Politik noch wenige Jahre zuvor sein, die bei der Abfassung des Catilina im Lichte des zweiten Triumvirats als große, aber letztlich erfolglose Gestalten erscheinen.

Trotz der positiven Darstellung Catos, der ja ein Vertreter der Senatspartei war, ist Sallusts zentrales Thema in seinen Schriften die Auseinandersetzung mit der senatorischen Oberschicht seiner Zeit. Seine eigenen Erfahrungen als *homo novus* mit der weitgehend geschlossenen Gesellschaft der politisch Mächtigen und ihre Unfähigkeit, mit den Problemen eines großen Staates fertig zu werden, mögen ihn dazu bewogen haben, diese Auseinandersetzung zum zentralen Aspekt zu erheben. Im Catilina sind die Angriffe gegen die Senatsmacht allgemeiner gehalten und werden durch Catilina selbst personifiziert. Catilina wird allerdings als ein extremes Beispiel eines Mitglieds der Nobilität dargestellt, die die Exklusivität und die Ansprüche ihrer Macht als selbstverständlich ansieht.

Noch stärker tritt das Problem zwischen den *homines novi* und der

Nobilität im Krieg gegen Jugurtha in Erscheinung. Während Cicero nur einmal als *homo novus* genannt wird, ist in der zweiten Monographie die Auseinandersetzung zwischen den Unzulänglichkeiten und der Korruptheit der Senatsoberschicht und Marius' Schwierigkeiten damit als *homo novus* der eigentliche rote Faden. Es wäre allerdings ungerecht, Sallust Einseitigkeit vorzuwerfen. Die Darstellung des Metellus ist durchweg positiv bis auf seine *superbia*, seinen Hochmut, von dem auch andere Quellen berichten. Sogar Sullas Fähigkeiten werden durchaus anerkannt, seine Rolle bei den Verhandlungen mit Bocchus hervorgehoben. Auch Marius wird nicht einseitig gelobt. Jugurthas berühmter Ausspruch von der Käuflichkeit der Stadt, das Hin und Her von Kriegseröffnungen und Friedensschlüssen wäre ohne Bestechungen Jugurthas nicht zu erklären. Das zögerliche Verhalten des Senats und die mangelnde Bereitschaft, in die Auseinandersetzung zwischen Adherbal und Jugurtha entscheidend einzuschreiten, spricht dafür, daß eine Senatsgruppe aus Gründen der Verbundenheit oder des Prestiges die entsprechenden Maßnahmen unterlief und so den Eindruck einer schwachen und unberechenbaren Außenpolitik des Senats erzeugte. Ein neutraler Beobachter wäre sicher zu keinem anderen Ergebnis gekommen als Sallust. Auch wenn er gegenüber einem Adligen wie Scaurus sicherlich Vorurteile hat, so liegt er in der Beschreibung des Ausgangspunktes der Streitigkeiten, die sich wenige Jahre nach dem Krieg gegen Jugurtha im Bundesgenossenkrieg und im Bürgerkrieg entluden, gar nicht falsch. Die Exklusivität und Arroganz der wenigen Mächtigen, *pauci potentes*, hatte Sallust selbst sicher auch zu spüren bekommen, und er fand hier eine Parallele. In seinem Parteienexkurs zeigt sich auch, daß Sallust kein Bewunderer der *plebs* ist, aber die Nobilität als politisch verantwortliche Macht trägt die Hauptschuld am Streit der Gruppierungen. Er vergißt in seinem Exkurs auch nicht, weitere Gründe für die Auseinandersetzungen seit der Zeit der Gracchen zu nennen: die Armut, den Druck durch teilweise sehr langen Militärdienst und die rücksichtslose Vertreibung der Kleinbauern durch die Reichen. Doch diese Feststellungen bleiben ohne die Konsequenz, die man erwarten könnte.

Der Parteienexkurs hat wie alle Exkurse im Jugurtha strukturierende Funktion. Er markiert den Übergang zwischen dem zögernden Kriegsbeginn und Friedensschlüssen, wo das Verhalten gegen Jugurtha als innerrömisches Problem erscheint, zu den ernsthaften Feldzügen, zunächst unter Metellus. Andere Exkurse beschäftigen sich mit Mythologie oder Geographie Afrikas. Auf ihre Funktion braucht nicht näher eingegangen zu werden. Solche Exkurse benutzte Sallust auch schon im Catilina; dort war ihr Bezug zum Text allerdings viel enger als hier. Im Catilina entwirft Sallust in den Exkursen sein Geschichts- und Gesellschaftsbild, allerdings werden diese oft so unvermutet mitten in die laufende Handlung gesetzt (die Beschreibung der ersten Verschwörung unterbricht ein Treffen der Verschwörer, die Darstellung der Sempronia setzt in der Beschreibung der Vorbereitungen Catilinas ein), daß man den Eindruck hat, der Autor setzt vorgefertigte Versatzstücke ohne System zusammen.

Die Fragmente der Historien zeigen, daß Sallust hier noch mehr auf Geographie, Mythologie und Ethnologie eingeht. Wenn ihr Informationswert auch für uns sicher nicht sehr hoch ist, so ist doch damit zu rechnen, daß die Meisterschaft Sallusts in der künstlerischen Ausgestaltung sich hier weiter vervollkommnete. Doch leider sind uns von den Historien außer einer Reihe kleinerer Fragmente nur einige Reden und Briefe erhalten, die in einer Anthologie zusammen mit den beiden Briefen an Caesar überliefert sind. Ursprünglich waren es 5 Bücher, die die Zeit von 78–67 v. Chr. abdeckten. Sie schlossen sich an die Historien des Sisenna an, der die Ereignisse von 91–79 beschrieben hat. Da das Jahr 67 kein herausragendes Ereignis im Sinne eines natürlichen Endpunktes hatte, wurde die Arbeit des Autors vermutlich durch seinen Tod abgebrochen.

Das Werk war, soweit man sehen kann, die Darstellung wesentlicher Entwicklungen der Zeit unter dem gleichen Aspekt wie seine früheren Werke: Kritik an den *nobiles*. Der Ausgangspunkt seiner Darstellung bot Sallust sicherlich Gelegenheit, die weitere Dekadenz der römischen Gesellschaft durch *avaritia* und *luxuria*, die Hauptlasten der sullanischen Restauration, zu beschreiben. Allem Anschein nach war Sallust noch pessimistischer, selbst die Idealisierung der Vergangenheit hatte keine uneingeschränkte Gültigkeit mehr.

Die uns erhaltenen Reden und Briefe erinnern an solche in den Monographien: Sie sind stilistisch und sprachlich einander ähnlich. Sallust versuchte zwar, sich dem Stil des jeweiligen Redners anzupassen, aber es war nicht seine Absicht, authentische Dokumente zu liefern, sondern die denkbare Reaktion auf politische Ereignisse oder Verhältnisse aufzuzeigen. Es ist allerdings möglich, daß Sallust in einigen Fällen Zugang zu den Originalen hatte und diese frei bearbeitete.

Die Briefe sind in gleicher Weise freie Nachschöpfungen. Der Brief des Mithridates setzt sich wie der des Adherbal im Jugurtha kritisch mit der Außenpolitik bzw. der imperialen Machtpolitik Roms auseinander. Hier ergreift Sallust die Gelegenheit, sich außerhalb des römischen Staates zu stellen und mögliche Eindrücke römischer Außenpolitik zu beschreiben. Zwei Briefe im Catilina bilden eine Ausnahme: der Brief Catilinas an Catulus und der des Lentulus an Catilina. Diese unterscheiden sich in der Wortwahl und im Stil so stark vom übrigen Text, daß die Vermutung naheliegt, Sallust habe hier Dokumente verwendet. Die Briefe und Reden charakterisieren die Hauptpersonen oder die Situation, in der sie sich jeweils befinden.

Der Stil der Werke stellt eine Besonderheit dar. Es wird heute angenommen, daß Sallust sich seine Sprache für sein schriftstellerisches Schaffen bewußt geformt hat. Das Urteil über seinen Stil reichte in der Antike von bewundernd bis vernichtend. Bei der Wortwahl lassen sich zwei entgegengesetzte Gewohnheiten feststellen: Einerseits archaisiert Sallust, d.h. er benutzt in hohem Maße altertümliche Ausdrücke, andererseits gibt es auch viele Neuschöpfungen, wahrscheinlich, um das Alltägliche zu vermeiden. Beides verleiht Sallusts Stil Kraft und Persönlichkeit. Die harten Gräzismen unterstützen diesen Eindruck. Zudem sind seine Sätze voll von Antithesen, wobei die natürliche Zweigliedrigkeit solcher Ausdrücke häufig durchbrochen wird. Die Antithese scheint in besonderer Weise seiner Denkstruktur zu entsprechen. Aber es gibt überall in seinen Werken auch Stellen, an denen von alledem nichts zu finden ist. Die Wortwahl ist alltäglich, die Wortstellung üblich. Sallust versucht in seiner künstlerischen Sprache, die Wahrheit, das Ergebnis seines Denkprozesses abzubilden. Die Thematik, Sallusts Wille, sein Thema in der gebührenden Weise darzustellen, erzeugt an vielen Stellen den Zwang zu Antithese oder ungewöhnlicher Ausdrucksweise. Die *brevitas*, die Kürze des Ausdrucks bis an den Rand der Unverständlichkeit, erweckt den Eindruck von Hast und Disharmonie, wie es den Themen und der Ausgangsabsicht Sallusts entspricht. Das Gefühl der Disharmonie wird durch die *inconcinnitas*, den plötzlichen Wechsel der Glieder im Satz oder den abrupten Abbruch einer Konstruktion, noch verstärkt. Sallusts Sprache steht im krassen Gegensatz zur Redeweise seiner Zeitgenossen, die einen glatten, geschliffenen Stil bevorzugten. Sallust empfand dies wohl aufgrund der politischen Situation als unglaubwürdig und verlogen.

Die Invektive und die Briefe

Die Invektive und die Briefe sind uns in Handschriften als Werke des Sallust überliefert. Die Invektive war bereits in der Spätantike als Sallusts Schrift bekannt. Allerdings schreiben die Handschriften eine andere Schmähschrift Cicero zu, in der von Werken Sallusts die Rede ist, die erst nach Ciceros Tod verfaßt wurden. Vordergründig ist das Werk zeitlich echt, als Abfassungsdatum kann das Jahr 54 gelten. Aus dem späteren Leben Ciceros gäbe es noch reichlich Anhaltspunkte für weit vernichtendere Vorwürfe.

Im Dezember 54 mußte Cicero auf Druck von Pompeius und Caesar seinen Todfeind Gabinius verteidigen, was der Verfasser einer Invektive sicher genüßlich ausgeschlachtet hätte. Spätestens diesen Dezember 54 müßte man als *terminus ante quem* ansehen, d. h. als den Zeitpunkt, vor dem das Werk mit Sicherheit entstanden sein muß. Als *terminus post quem*, den frühestmöglichen Zeitpunkt der Datierung, ergibt sich August 54, nach dem Prozeß gegen Vatinius. Daraus entstehen einige Schwierigkeiten: Der Autor zitiert aus einem Gedicht Ciceros, das nicht vor Ende 54 veröffentlicht wurde. Nach seinen Ausführungen bewohnt Cicero das Haus des Crassus, das allerdings schon 58 zerstört wurde. Seel fand bei Untersuchungen eine so große Zahl von Anklängen und Übereinstimmungen aus teilweise späteren Schriften Ciceros und Sallusts, daß die Invektive fast wie eine Zitatensammlung wirkt. Die von Seel, Jachmann und Syme vorgebrachten Argumente gegen eine Autorenschaft Sallusts werden heute weitgehend akzeptiert.

Bei den Briefen ist die Sachlage etwas schwieriger. Sie sind ohne Verfassernamen den Briefen und Reden aus den Historien angefügt, was allerdings darauf hinweist, daß zumindest der Schreiber die Briefe für sallustisch hielt. In der Antike selbst gibt es keinen einzigen Hinweis auf die Existenz oder Kenntnis dieser Briefe. Nicht einmal Didius, der angebliche Verfasser der Invektive gegen Sallust, weist auf sie hin. Der Autor ist sparsam mit zeitlichen Angaben. Der Bruch mit Pompeius trat erst Ende 50 offen zutage. Pompeius wird hier auch noch nicht als direkter Feind angesprochen. Anfang 50 forderte Pompeius von Caesar die Legionen für die Partherkriege. Auf diese beiden Ereignisse wird deutlich angespielt. Der Haßausbruch gegen die Optimaten spricht dafür, daß Sallusts Ausschluß aus dem Senat vorausgesetzt wird.

Der als Brief I überlieferte Brief ist offensichtlich der spätere: Er setzt den Tod des Pompeius und den Sieg über die Feinde voraus. Alle erwarten nun Reformen von Caesar. Diese nahm er nach der Schlacht bei Thapsus (April 46) in Angriff. Der Brief geht also von einem Datum kurz nach dieser Schlacht, dem Sieg über das zweite Senatsheer aus. Eine Datierung auf kurz nach dieser Schlacht wäre ebenfalls möglich.

Die Briefe enthalten keine historischen Fehler, was bei der Spärlichkeit der Angaben nicht weiter verwunderlich ist. Die vierzig hingeschlachteten Senatoren in Brief II lassen sich als juristische Leichen erklären. Auch sprachlich deutet vieles auf die Herkunft von Sallust hin. Untersuchungen selbst in sprachlichen Einzelheiten kamen zu dem Ergebnis, daß die Briefe Sallusts Monographien, besonders dem Catilina, sprachlich nahekommen. Dem Argument, daß kein Mensch es gewagt hätte, Caesar solche Briefe in diesem archaisierenden Latein zu schicken und daß Sallust seinen Stil für seine Geschichtsschreibung entwickelt habe, wurde entgegnet, daß ein professioneller Rhetor dieses Stilgesetz erkannt und sich daran angepaßt hätte. Selbst ein sprachlicher Purist wie Cicero erlaubt den Gebrauch von altertümlichen Worten.

In einer besonderen Untersuchung zu sprachlichen Eigentümlichkeiten wurde nachgewiesen, daß diese in der Reihenfolge des Erscheinens der Werke abnahmen. Die Historien fallen aber wegen ihres geringen Umfangs und des in ihnen vorherrschenden Genres der Rede fast weg. Außerdem ist nicht auszuschließen, daß ein späterer Schreiber gerade diese Eigentümlichkeiten im Catilina feststellte und selbst verwendete.

Andere Untersuchungen weisen auf einige Merkwürdigkeiten der Briefe hin. Zunächst verwendet der Autor einen sehr seltenen Ausdruck (*tabella obtentui erit*) in Brief II, den Sallust 10 Jahre später ausgerechnet bei der Übersetzung eines griechischen Zitates in Anlehnung an das

Griechische ebenfalls gebrauchte. Die in Brief I dargestellte Vorstellung der *fortuna* taucht ebenso im Jugurtha auf, im Catilina fehlt sie dagegen völlig. Dort ist die *fortuna* verantwortlich für den beginnenden Verfall, während Sallust im Jugurtha den im Catilina entwickelten Gedanken der Vorherrschaft der *virtus* als gegeben voraussetzt. Genau dieser Gedanke erscheint auch in Brief I. Hier muß man sich fragen, warum Sallust, wenn er der Autor der Briefe ist, nicht im Catilina schon konsequent diesen Gedankengang zu Ende geführt hat, wo er ihn doch in einem Brief bereits dargelegt hatte.

Weiter wichtig ist der Hinweis, daß eine mehrgliedrige Ich-Aussage Sallusts aus dem Catilina (Kap. 53), in Einzelglieder zerlegt, aber wörtlich, an verschiedenen Stellen in Brief II wiederzufinden ist. Verteidiger der Authentizität der Briefe müßten daher annehmen, daß Sallust diese Einzelglieder aus den Briefen im Catilina zu einer Einheit geformt hat. Der umgekehrte Weg ist allerdings viel einfacher zu erklären: Ein späterer Rhetor – diese Leute kannten ihre Vorbilder in der Regel auswendig, nimmt diese Stelle aus dem Catilina und verteilt, da er entsprechend seiner Redeabsicht Ich-Aussagen braucht, diese in seinem Text. Außerdem, um noch einmal auf den Stil zurückzukommen, wird ein Rhetor, der die Absicht hat, einen Brief im Stile Sallusts zu verfassen, sich keine Gedanken um die Angemessenheit dieses Stils machen, da es sich für ihn um eine reine rhetorische Übung handelt und er nicht unbedingt damit rechnet, geschweige denn es beabsichtigt, daß sein Brief irgendwann in das Textcorpus seines Vorbildes aufgenommen wird. Zusammenfassend muß man sagen, daß die Briefe wohl nicht zum schriftstellerischen Werk Sallusts gehören.

Sallusts Vorbilder und seine Wirkung

Wollte man alle Autoren nennen, aus denen Sallust zitiert oder an die er sich gedanklich anlehnt, käme man allein bei den griechischen Autoren auf ein gutes Dutzend. Man kann Gedanken Platons, Zitate einiger Stoiker und hellenistischer Geschichtsschreiber sowie Anlehnungen an Demosthenes finden. Die historiographische Form der Monographie wurde im 2. Jahrhundert vor Christus durch den Rhetor Coelius Antipater in Rom eingeführt. Obwohl dieser einige Nachwirkungen hatte, scheint er Sallust außer in bezug auf die Form kaum beeinflußt zu haben.

Sallust selbst lobt im Jugurtha den Sisenna, und er schließt seine Historien an diesen an. Im Gebrauch von Archaismen und Neologismen scheint Sisenna einen gewissen Einfluß auf Sallust gehabt zu haben. Als die großen Vorbilder kann man insbesondere zwei Autoren anführen: Cato und Thukydides.

Von Cato hat Sallust nicht nur eine große Zahl archaischer Wörter, sondern ganze Sentenzen übernommen. Anlehnungen sind vor allem im Catilina in der Rede des jüngeren Cato und in den Reden des Memmius und des Marius im Jugurtha zu spüren. Im Hinblick auf Wortfiguren (z.B. Alliteration) und Wortverbindungen richtete sich Sallust ebenfalls nach Cato. Besonders attraktiv war Cato wegen seiner altertümlichen Moralvorstellungen und seiner Angriffe auf die Verhaltensweisen der Senatoren. Damit war er nicht nur stilistisch Vorbild, sondern auch in seiner Tendenz zum Moralisieren.

Der Einfluß des Thukydides auf Sallust war schon in der Antike bekannt. Quintilian (X, 1, 101) stellte beide Autoren auf eine Stufe. Sowohl als Schriftsteller als auch als Denker war Sallust von Thukydides geprägt. Die Härte und das Archaische seines Stils und die Darstellungsweise entsprachen genau Sallusts Geschmack. Er nennt ihn zwar nicht mit Namen, aber im Catilina, Kap. 8, in dem er die große Fülle von Schriftstellern Athens rühmt, wird er wohl besonders Thukydides im Blick gehabt haben. Darüber hinaus kann Sallust Vorstellungen vom Parteienstreit direkt auf Rom anwenden. Viele Schlußfolgerungen von Abschnitten bei Sallust sind an Thukydides angelehnt.

Die zentrale Stelle des Catilina, die Reden von Caesar und Cato und deren Charaktervergleich, hat ihr Vorbild in verschiedenen Redepaaren bei Thukydides. Aber während dieser sich bemüht, den Vergleich jeweils in den Reden anklingen zu lassen, schließt Sallust diesen explizit an die Reden an, um seine Bewertung deutlich zu machen.

Die Werke Sallusts fanden wohl schon zu seinen Lebzeiten viel Beachtung. Im Jahre 38 erhielt er den Auftrag, die Rede anläßlich des Parthertriumphes des P. Ventidius zu verfassen. Der Historiker und Feldherr des Augustus, L. Arruntius, schrieb nach dem Vorbild Sallusts Geschichte. Velleius Paterculus, ein Historiker aus der Zeit des Tiberius, übernahm einige Ansichten Sallusts über die römische Geschichte. Tacitus fand im Ringen mit dem Geschichtsbild des Sallust seine eigene Anschauung. In letzter Konsequenz gleichen sich beide Autoren in ihrem Pessimismus, allerdings unter verschiedenen Vorzeichen.

Im Verlauf der Antike wurde Sallust zum Klassiker. Die christliche Spätantike schätzte seine Wahrhaftigkeit und seine moralisierende Beschreibung. Die Wertschätzung Augustins und die scheinbare Einfachheit der Sprache retteten Sallust über das Mittelalter als Schulautor.

In dieser ganzen Zeit wurde nie der Vorwurf der Parteilichkeit laut. Erst in der Renaissance warf man ihm tendenziöse Darstellung, besonders gegen Cicero, vor. Diese Ansichten sind von Mommsen in aller Schärfe wiederholt worden. Erst seit den dreißiger Jahren unseres Jahrhunderts begannen die Forscher nachzuweisen, daß die Gleichung „Sallust = Caesarianer" nicht auf den Historiker übertragbar ist, sondern daß das Verhältnis Sallusts zu seiner politischen Karriere einerseits und seiner Laufbahn als Historiker andererseits doch vielschichtiger ist.

Literaturangaben

Textausgabe:
C. Sallusti Crispi, Catilina, Iugurtha, Fragmenta ampliora. Nebst Appendix, Fasc. 1.2. Ed. A. Kurfess, Leipzig 3. Aufl. 1957.

Weiterführende Literatur (vor allem zum Problem der Briefe und der Invective):

G. Jachmann, Die Invective gegen Cicero. Misc. Ac. Berolinensia, Berlin 1950
A.D. Leeman, A Systematical Bibliography of Sallust (1879–1950), Leiden 1952.
(Fortführung bis 1964: Mnemosyne Suppl. 4, Leiden 1965)
O. Seel, Sallusts Briefe und die pseudosallustische Invective, Erlanger Beiträge zur Sprach- und Kunstwissenschaft 25, Nürnberg 1967.
E. Skard, Zur sprachlichen Entwicklung des Sallust, Symb. Osl. 39, 1964.
R. Syme, Sallust, Darmstadt 1975

I. DIE VERSCHWÖRUNG
DES CATILINA

Proömium[1]

(1) Alle Menschen, die sich darum bemühen, die anderen Lebewesen zu übertreffen, müssen sich mit aller Macht anstrengen, damit sie ihr Leben nicht in untätigem Schweigen verbringen wie das Vieh, das die Natur zur Erde gebeugt und dem Bauche ergeben geschaffen hat. Die Gesamtheit unserer Kraft beruht auf Geist und Körper: der Geist regiert, der Körper dient uns, das eine haben wir mit den Göttern, das andere mit den Tieren gemeinsam. Um so naturgemäßer erscheint es mir, mehr mit den Kräften des Geistes als mit denen des Körpers nach Ruhm zu streben und, weil nun einmal das Leben, das wir genießen, kurz ist, ein möglichst langes Andenken an uns zu schaffen. Denn der Ruhm aus Reichtum und Schönheit ist flüchtig und hinfällig, die Tatkraft[2] ist ein glänzender und unvergänglicher Besitz.

Allerdings gab es lange zwischen den Menschen einen heftigen Streit, ob das Kriegswesen durch Körperkraft oder durch die Stärke des Geistes gefördert werde. Denn bevor man etwas beginnt, bedarf es der Überlegung, und sobald die Überlegung abgeschlossen ist, ist rasches Handeln notwendig. So ist beides für sich genommen unzulänglich, und das eine bedarf der Hilfe des anderen.

(2) Anfangs also übten die Könige – denn dies war die erste Staatsform auf Erden[3] – völlig unterschiedlich teils ihren Geist, teils ihren Körper: damals führten die Menschen noch ein Leben ohne Begierde; jeder war mit dem Seinen zufrieden.[4] Später aber, als in Asien Cyrus[5], in Griechenland die Spartaner und Athener begannen, Städte und Völker zu unterwerfen, Herrschsucht als ausreichenden Kriegsgrund zu betrachten und den größten Ruhm in der größten Ausdehnung der Herrschaft glaubten, da erst lernte man aus den gefährlichen Situationen, daß im Krieg der Geist größten Einfluß habe. Wenn aber die Geisteskraft der Könige und Machthaber im Frieden genauso stark wäre wie im Krieg, wären die Verhältnisse unter den Menschen gleichmäßiger und beständiger, und man sähe nicht ständig Umwälzungen, Veränderungen und Verwirrungen. Denn eine Herrschaft läßt sich leicht mit den Mitteln behaupten, mit denen sie errungen wurde. Wo aber anstelle von Anstrengung Untätigkeit, anstelle von Selbstbeherrschung und Gerechtigkeit Genußsucht und Überheblichkeit Einzug halten, da verändert sich das Schicksal zu-

gleich mit dem inneren Verhalten. So geht die Herrschaft immer von einem weniger Tüchtigen auf den Besten über.

Alles, was die Menschen beackern, durchfahren und erbauen, ist ein Ergebnis ihrer Tüchtigkeit. Viele Menschen aber, dem Bauch und dem Schlaf ergeben, verbringen ihr Leben ohne Bildung und Anstand wie Umherirrende; diesen dient der Körper entgegen ihrer natürlichen Anlage zum Lustgewinn, die Seele ist ihnen eine Last. Deren Leben und Tod hat in meinen Augen die gleiche Bedeutung, weil man über beides schweigt. Im Gegenteil, der scheint mir erst richtig zu leben und sein geistiges Dasein zu genießen, der, in eine Aufgabe eingespannt, für sich den Ruf, Urheber einer ausgezeichneten Tat oder Kenner einer edlen Kunst zu sein, sucht. Bei den mannigfaltigen Möglichkeiten der Beschäftigung zeigt die Natur jedem seinen eigenen Weg.

(3) Rühmlich ist es, dem Staat gute Dienste zu leisten. Auch ist es nicht übel, ein guter Redner zu sein; im Krieg oder im Frieden kann man berühmt werden; und viele, die Taten vollbringen oder die Taten anderer beschreiben, ernten Ruhm. Auch wenn den Geschichtsschreiber keineswegs der gleiche Ruhm begleitet wie den Vollbringer von Taten, so scheint mir die Geschichtsschreibung doch eine besonders schwierige Sache zu sein: zum einen, weil die Darstellung den Taten entsprechen soll; zum anderen, weil die meisten die Fehltritte, die man tadelt, für den Ausdruck von Mißgunst und Neid halten, sobald man aber an die große Tüchtigkeit und den Ruhm großer Männer erinnert, gleichmütig das aufnehmen, was jeder leicht machen zu können glaubt, was darüber hinaus geht, wie Dichtung für unwahr halten.

Was mich nun selbst betrifft, so bin ich in ganz jungen Jahren anfangs, so wie die meisten, durch innere Neigung in die Politik getrieben worden, dort aber war mir vieles zuwider. Denn anstelle von ehrenhaftem Verhalten, Uneigennützigkeit und Tüchtigkeit herrschten Frechheit, Bestechlichkeit und Habsucht. Auch wenn mein Verstand diese Dinge verabscheute, da mir solch schlechte Eigenschaften fremd waren, so wurde dennoch meine schwache Jugend mitten unter so großer Lasterhaftigkeit verdorben und durch den Ehrgeiz erfüllt; und obwohl ich nicht die Sittenlosigkeit der anderen übernahm, so quälte mich nichtsdestoweniger die Gier nach Ehre und, wie die anderen, die üble Nachrede und der Neid.

(4) Sobald ich also nach vielen Leiden und Gefahren zur inneren Ruhe gekommen war und ich mich entschlossen hatte, den Rest meiner Tage fernab von der Politik zu verleben, geschah das nicht mit der Absicht, die edle Muße in stumpfsinniger Untätigkeit zu vergeuden, und auch nicht, angespannt durch Tätigkeiten für Sklaven, wie Ackerbau oder Jagd, meinen Lebensabend zu verbringen, sondern ich kehrte zu meinen früheren Studien zurück, von denen mich mein schlimmer Ehrgeiz abgebracht hatte, und ich beschloß, die Geschichte des römischen Volkes in Auswahl zu verfassen, so wie mir das eine oder andere der Überlieferung wert erschien. Und das um so mehr, als ich mich innerlich frei von Hoffnung, Furcht und Parteileidenschaften[6] fühlte.

Und so möchte ich denn kurz über die Verschwörung des Catilina[7] so wahrheitsgetreu wie möglich berichten. Denn diese Tat erscheint mir besonders denkwürdig, da es sich um ein ungewöhnliches Verbrechen und eine ungewöhnliche Gefahr handelte. Ehe ich mit meiner Abhandlung beginne, muß ich kurz über den Charakter dieses Mannes Aufschluß geben.

(5) Lucius Catilina entstammte dem Adel. Er besaß große Geistes- und Körperkraft, hatte aber einen schlechten und verkehrten Charakter. Von Jugend an hatte er seine Freude an Kriegen im Inland, an Mord, Raub und Streit unter den Bürgern[8], und darin übte er sich in seiner Jugend. Sein Körper konnte Hunger, Kälte und Schlaflosigkeit bis zu einem unglaublichen Maß ertragen. Sein Geist war frech, hinterhältig und anpassungsfähig, er war in jeder Beziehung ein Meister der Heuchelei und der Verstellung. Er war begierig auf fremdes Hab und Gut, verschwenderisch mit seinem Eigentum und rasend in seinen Gelüsten. Er besaß genügend rhetorische Fertigkeiten, an Fähigkeit zur Einsicht aber zuwenig. Sein unersättlicher Geist trieb ihn ständig in seinen Wünschen über das Maß hinaus ins Unglaubliche und Unerreichbare. Seit der Gewaltherrschaft des Lucius Sulla[9] hatte ihn die gewaltige Gier danach befallen, das Staatsruder selbst zu übernehmen; und um die Mittel, dieses Ziel zu erreichen, machte er sich kein schlechtes Gewissen, solange er sich nur die Herrschaft erwerben könnte. Sein ungestümer Geist wurde von Tag zu Tag immer mehr geplagt durch seine begrenzten finanziellen Möglichkeiten und durch das Bewußtsein seiner Verbrechen. Beides hatte er durch seine obengenannten Eigenschaften noch gesteigert. Aus-

serdem spornte ihn der schlechte moralische Zustand der Bürger an, der von den zwei schlimmsten, einander entgegengesetzten Lastern, der Schwelgerei und der Habsucht, befallen war.

Exkurs über den Staat

Weil mich der Anlaß meiner Abhandlung an den sittlichen Zustand der Bürger erinnert, scheint mich der Gegenstand selbst dazu aufzufordern, auf die Vorzeit zurückzugehen und in wenigen Worten die Einrichtungen unserer Vorfahren in Krieg und Frieden vorzustellen, in welcher Weise sie den Staat verwalteten und in welcher Größe sie ihn zurückließen, wie er allmählich umgewandelt wurde und aus dem schönsten und besten der schlimmste und schmachvollste wurde.

(6) Die Stadt Rom haben, so wie ich gelernt habe, die Trojaner[10] gegründet und anfangs verwaltet, die unter Führung des Aeneas als Flüchtlinge ohne festen Wohnsitz umherirrten, und mit ihnen die Aborigines[11], ein roher Menschenschlag ohne Gesetzgebung, ohne feste Regierung, frei und ungebunden. Es ist unglaublich, wie leicht diese Menschen trotz ihrer Unterschiede in Abstammung, Sprache und Lebensweise verschmolzen, nachdem sie in einer Stadt zusammengekommen waren. (So wurde in kurzer Zeit aus einer inhomogenen unsteten Menge eine staatliche Gemeinschaft.)

Als aber das Gemeinwesen an Einwohnerzahl, sittlichen Maßregeln und Gebiet wuchs und genügend wohlhabend und mächtig erschien, entstand, wie es sehr oft unter den Menschen vorkommt, aus dem Wohlstand Neid untereinander. Daher griffen benachbarte Könige und Völker sie an, wenige von den Freunden standen ihnen bei. Denn die übrigen, gelähmt von Furcht, mieden die Gefahren. Aber die Römer, wachsam in Krieg und Frieden, trafen schnelle Maßnahmen, rüsteten auf, feuerten sich gegenseitig an, traten den Feinden entgegen und schützten mit ihren Waffen Freiheit, Heimat und Bevölkerung. Sobald sie aber die Gefahren durch ihre Tatkraft abgewehrt hatten, brachten sie häufig den Verbündeten und Freunden Hilfe[12] und verschafften sich freundschaftliche Beziehungen, indem sie öfter Hilfe gaben als annahmen. Sie hatten eine gesetzlich geregelte Herrschaftsform, die sie als

Königsherrschaft bezeichneten. Auserwählte Männer, deren Körper
durch ihr Alter schwach, deren Verstand aber durch ihre Weisheit stark
war, berieten das Gemeinwesen: diese wurden ihres Alters oder der
ähnlichen Fürsorge wegen Väter genannt. Als jedoch das Königtum, das
zunächst dem Erhalt der Freiheit und der Vergrößerung des Staates
gedient hatte, sich in Willkürherrschaft und Tyrannei verwandelt hatte,
änderten sie ihre Verfassung und schufen sich eine jährlich wechselnde
Regierung mit je zwei Machthabern. Auf diese Weise, so glaubten sie,
könnte der menschliche Geist am wenigsten durch Schrankenlosigkeit
übermütig werden.

(7) Zu dieser Zeit nun begann jeder einzelne, nach höherem zu streben und seinen Geist freier zu entfalten. Denn Königen sind tüchtige
Männer verdächtiger als schlechte, und ihnen flößt Tüchtigkeit bei anderen immer Furcht ein. Es klingt unglaublich, zu welcher Größe der Staat
nach Erlangung der Freiheit in kurzer Zeit wuchs: ein so großes Verlangen nach Ruhm war eingekehrt. Schon die Jugend, sobald sie kriegstüchtig war, lernte durch Strapazen im Feldlager das Kriegshandwerk
und hatte mehr Freude an glänzenden Waffen und Streitrossen als an
Dirnen und Trinkgelagen. Diesen Männern also war keine Strapaze
ungewohnt, kein Ort unwegsam oder zu steil, kein Feind in Waffen
furchterregend: die Tüchtigkeit hatte alles unterworfen. Der heftigste
Wettstreit aber, nämlich der nach Ruhm, fand unter ihnen selbst statt.
Jeder eiferte danach, einen Feind eigenhändig zu töten, eine Stadtmauer
zu besteigen, die Blicke auf sich zu ziehen, während sie eine solche Tat
vollbrachten. Dieses hielten sie für Reichtum, das für einen guten Ruf
und hohen Adel. Was Lob betraf, waren sie raffgierig, mit ihrem Geld
freigiebig; sie wollten außerordentlichen Ruhm und ehrenvolles Vermögen. Ich könnte Orte angeben, an denen das römische Volk gewaltige
Truppen der Feinde mit einem kleinen Heer in die Flucht schlug, und
Städte mit natürlichen Befestigungsanlagen, die es durch Kampf eingenommen hat, wenn mich dies nicht allzu weit von meinem Vorhaben
abbringen würde.

(8) Aber in allem freilich waltet das Glück.[13] Dieses stellt alle Dinge
mehr dem Gutdünken als dem wahren Wert gemäß ins Licht oder in den
Schatten. Die Taten der Athener, so wie ich sie einschätze, waren recht
bedeutend und großartig, in Wahrheit aber weit geringer als ihr Ruhm.

Aber weil dort höchstbegabte Schriftsteller aufgetreten sind, werden die Taten der Athener[14] als die größten der Welt gefeiert. So wird die Tüchtigkeit derer, die Taten vollbracht haben, gerade so hoch eingeschätzt, wie ausgezeichnete Geister diese herauszustreichen vermochten. Das römische Volk hatte niemals die Gelegenheit dazu, weil nämlich die besten Köpfe am stärksten beschäftigt waren, niemand seinen Verstand ohne den Körper trainierte; gerade die Guten wollten lieber handeln als reden und lieber andere ihre eigenen Taten loben lassen als selbst die anderer erzählen.

(9) Also hielt man daheim und im Felde gutes sittliches Verhalten hoch. Die Eintracht war sehr groß, die Habgier sehr gering. Das Recht und das Gute hatte bei ihnen durch gesetzliche Regelung keine größere Geltung als durch ihren natürlichen Rechtssinn. Streitereien, Zwist und Rivalitäten unterhielten sie mit ihren Feinden. Die Bürger untereinander wetteiferten in der Tapferkeit. Sie waren prachtliebend bei ihren Opfern für die Götter, sparsam in ihrem häuslichen Leben und treu gegenüber ihren Freunden.[15] Mit diesen zwei Eigenschaften, Kühnheit im Krieg und Gerechtigkeit, wenn der Friede eingekehrt war, sorgten sie für sich und den Staat. Für diese Tatsachen besitze ich als sicherste Beweise folgendes, daß im Krieg häufiger gegen Leute vorgegangen wurde, die sich gegen den Befehl mit dem Feind auf einen Kampf eingelassen hatten[16], und solche, die auf das Zeichen zum Rückzug hin allzu zögernd den Kampfplatz geräumt hatten, als gegen Leute, die es gewagt hatten, ihre Fahnen zu verlassen[17] oder zurückgedrängt von ihrem Posten zu weichen, daß sie aber im Frieden ihre Herrschaft mehr durch Gefälligkeiten als durch Mittel der Furcht ausübten und es vorzogen, erlittenes Unrecht zu verzeihen als zu bestrafen.

(10) Als aber durch Anstrengung und Gerechtigkeit der Staat gewachsen war, mächtige Könige im Krieg unterworfen, wilde Volksstämme und riesige Völkerschaften[18] mit Gewalt unterworfen waren, als Karthago[19], die Rivalin des römischen Reiches, von Grund auf zerstört war und Länder und Meere offenstanden, begann das Schicksal zu wüten und alles zu vermischen. Für die Männer, die Strapazen, Gefahren, bedenkliche und mißliche Lagen leicht ertragen hatten, waren die Ruhe und der Reichtum, sonst wünschenswerte Dinge, belastend und leidvoll. Zunächst wuchs deshalb die Gier nach Reichtum, dann die nach Macht.

Diese Gier war gleichsam der Grundstoff aller Übels. Denn die Habgier vernichtet die Zuverlässigkeit, die Redlichkeit und die anderen guten Eigenschaften; statt dessen lehrt sie Hochmut, Grausamkeit, Geringschätzung der Götter und die Ansicht, daß alles käuflich ist.

Der Ehrgeiz aber verführt viele Menschen zur Heuchelei, nämlich das eine in seinem Inneren zu verschließen und etwas anderes auf der Zunge zu führen, Freundschaften und Feindschaften nicht um der Sache, sondern um des Vorteils willen zu schätzen und mehr eine freundliche Miene als einen guten Charakter zu haben. Dieses wuchs zunächst allmählich, manchmal wurde es bestraft. Sobald aber der verderbliche Einfluß wie eine Seuche Einzug gehalten hatte, veränderte sich der Staat, und die Herrschaft wurde, nachdem sie vorher äußerst gerecht und zweckmäßig war, zu einer grausamen und unerträglichen.

(11) Zunächst aber beherrschte mehr der Ehrgeiz als die Habgier die Menschen, weil dieser zwar ein Fehler ist, aber der Tüchtigkeit näher liegt. Denn Ruhm, Ehre und Macht wünschen sich Tüchtige und Taugenichtse gleichermaßen. Aber während ersterer auf dem richtigen Wege strebt, fehlen letzterem die guten Eigenschaften, er kämpft mit List und Tücke. Die Habgier beinhaltet das Streben nach Geld, wonach es keinen Weisen gelüstet. Sie schwächt wie mit üblen Giften getränkt den Körper und den Verstand eines Mannes, sie ist immer maßlos und unersättlich und läßt sich weder durch Reichtum noch durch Armut vermindern. Aber nachdem Lucius Sulla die Staatsführung mit Waffengewalt an sich gerissen hatte und trotz guter anfänglicher Bemühungen in jenem schlimmen Chaos endete, da raubte und plünderte alle Welt, der eine wünschte ein Haus, der andere Ackerland, die Sieger besaßen weder Maß noch Mäßigung und vollbrachten scheußliche und grausame Taten gegen ihre Mitbürger. Dazu kam, daß Lucius Sulla das Heer, das er in Asien befehligt hatte, gegen den Brauch der Vorfahren üppig und allzu freizügig geführt hatte, um es sich ergeben zu machen. Reizende und Genuß versprechende Gegenden hatten bei müßigem Leben die rauhen Soldaten verweichlicht[20]: Hier gewöhnte sich das römische Heer zum ersten Mal daran, zu huren und zu saufen, Statuen, Gemälde und Gefäße mit Ziselierarbeiten zu bewundern, diese für sich oder für den Staat zu rauben[21], Heiligtümer zu plündern und alles Heilige und Weltliche zu beschmutzen. So ließen diese Soldaten, hatten sie erst den Sieg errungen,

den Besiegten nichts übrig. Allerdings macht Glück auch den Verstand
von weisen Männern schwach, geschweige denn, daß sich diese Männer
mit ihrem verdorbenen Charakter im Sieg hätten mäßigen können.

(12) Nachdem es dahin gekommen war, daß Reichtum an sich ehrenvoll war und zu Ruhm, politischer und wirtschaftlicher Macht führte,
schwand der Sinn für Tüchtigkeit, und Armut hielt man mehr und mehr
für Schande, Unbescholtenheit für böse Absicht. Deshalb riß bei der
Jugend als Folge des Reichtums Konsumsucht und Habgier gepaart mit
Hochmut ein: man raubte, praßte, achtete das Eigene gering und begehrte fremdes Eigentum.[22] Man machte sich keine Gedanken um den
eigenen ehrbaren Ruf und eigenes ehrbares Verhalten, die göttliche und
menschliche Ordnung war gleichermaßen gleichgültig. Es lohnt sich,
wenn man die Stadt- und Landhäuser kennt, die im Ausmaß von Städten
erbaut wurden, die Göttertempel anzusehen, die unsere Vorfahren, zu-
tiefst gottesfürchtige Menschen, errichtet haben. Fürwahr schmückten
sie die Heiligtümer der Götter mit Frömmigkeit, ihr eigenes Heim mit
Ruhm, und sie entrissen den Besiegten nichts außer der Möglichkeit,
Unrecht zu begehen. Ganz im Gegensatz dazu die schlaffen Leute heutzutage, die nehmen auf verbrecherischste Weise Völkern, mit denen sie
Bündnisverträge haben, alles das weg, was tapferste Männer ihnen bei
ihrem Sieg gelassen hatten, so als ob im Unrechttun erst der rechte
Gebrauch der Herrschaft bestünde.

(13) Denn was soll ich Dinge erzählen, die niemand glauben kann, es
sei denn, er habe sie gesehen, daß nämlich mehrere Leute aus privatem
Interesse Berge abgetragen und Meere zugeschüttet haben. Denen
scheint mir ihr Reichtum ein Spielball zu sein, denn während sie ihn in
allen Ehren besitzen durften, beeilten sie sich, ihn in Schande zu mißbrauchen. Aber nicht weniger war die Lust auf Hurerei, Schlemmerei
und andere Genüsse eingekehrt: Männer ließen sich als Frauen gebrauchen, Frauen boten ihre Ehrbarkeit in der Öffentlichkeit an, man untersuchte alles zu Wasser und zu Lande, um davon zu speisen. Man schlief,
ehe das Verlangen nach Schlaf da war; man wartete nicht auf Hunger
und Durst, nicht auf Kälte und Müdigkeit, sondern nahm dieses alles in
genüßlicher Weise vorweg. Dieses fachte die jungen Leute, wenn das
Hab und Gut der Familie geschwunden war, zu Untaten an: war ihr
Gemüt erst von den schlimmen Gewohnheiten erfüllt, konnte es nicht

leicht die Genüsse entbehren. Um so unmäßiger war es in jeder Hinsicht dem Gewinnstreben und der Verschwendung ergeben.[23]

Catilinas Umgang

(14) In einem so großen und so verdorbenen Staat[24] hatte Catilina, was leicht zustande zu bringen war, eine Bande von allerlei Schandtätern und Verbrechern gleichsam als ständiges Geleit um sich. Denn wo immer es einen Unzüchtigen, einen Ehebrecher oder einen Schlemmer gab, der sein väterliches Erbe mit einer Gewalttat, mit dem Bauch oder durch Unzucht vergeudet hatte, Leute, die große Schulden angehäuft hatten, um sich von den Folgen einer Schandtat oder eines Verbrechens loszukaufen, außerdem alle, die von überall her vor Gerichten des Mordes oder des religiösen Frevels überführt waren oder für ihre Taten eine gerichtliche Verfolgung fürchteten, zudem Leute, die sich mit ihrer Faust und ihrer Zunge von Meineid oder dem Blut ihrer Mitbürger ernährten, kurz alle, die Schandtat, Not und ein schlechtes Gewissen plagte, waren enge Vertraute des Catilina. Wenn denn auch einmal ein schuldloser Mensch in ein freundschaftliches Verhältnis mit ihm geraten war, so glich er leicht durch den täglichen Umgang und die Verlockungen den übrigen vollkommen. Ganz besonders aber suchte er die Freundschaft junger Leute: deren ungefestigter Charakter, aufgrund ihres Alters noch in der Entwicklung begriffen, läßt sich unschwer durch List betören. Denn je nachdem, wonach jemand aufgrund seines Alters brennend verlangte, verschaffte er dem einen Huren oder kaufte dem anderen Hunde oder Pferde. Kurz, er scheute weder Kosten noch sittliches Gefühl, wenn er sie sich dadurch nur verpflichtet und treu ergeben machte.[25] Ich weiß zwar, daß es Leute gegeben hat, die der Meinung waren, daß die jungen Männer, die in Catilinas Haus ein- und ausgingen, in bezug auf ihr sittliches Betragen nach außenhin zuwenig auf ihr Ansehen achteten; doch hat dieses Gerücht anderen Umständen mehr Gewicht zu verdanken als irgendeiner zuverlässigen Nachricht.

(15) Schon in früher Jugend hatte Catilina vielfach frevelhafte Unzucht betrieben, mit einer jungen Frau von Adel, mit einer Vesta-Priesterin, und andere derartige Dinge gegen göttliches und menschliches

Recht. Schließlich wurde er von Liebe zu Aurelia Orestilla ergriffen, an der kein anständiger Mann jemals etwas außer ihrer Schönheit gelobt hätte. Weil diese aber zögerte, ihn zu heiraten, aus Furcht vor einem erwachsenen Stiefsohn, gilt es als sicher, daß er durch die Ermordung des Sohnes Platz im Haus für ihre verbrecherische Hochzeit schaffte. Diese Tat allerdings scheint mir insbesondere ein Grund dafür gewesen zu sein, sein verbrecherisches Unternehmen schnell zu beginnen. Denn sein lasterhafter, den Göttern und Menschen feindlich gesonnener Charakter konnte weder durch Wachen noch durch Schlaf zur Ruhe kommen. So zerrüttete das schlechte Gewissen seinen aufgeregten Verstand. Daher seine blasse Farbe, sein stierer Blick, sein bald schneller, bald langsamer Gang: kurz, in seinem äußeren Erscheinen und seinen Gebärden ließ sich Wahnsinn erkennen.

(16) Die Jugend aber, die er, wie ich schon sagte, an sich gelockt hatte, unterrichtete er auf vielerlei Weise in schlimmen Taten. Aus ihrer Mitte stellte er falsche Zeugen und Urkundenfälscher. Er achtete ihren Treu und Glauben, ihre Glücksgüter und Gefahren für sie gering. Sobald er ihren Ruf und ihr Ehrgefühl zerstört hatte, stellte er ihnen größere Aufgaben. Wenn im Augenblick kein Grund vorhanden war, Unrecht zu tun, so ließ er trotzdem unschuldige Leute umringen und ermorden, so als ob sie ein Unrecht gegen ihn begangen hätten. Natürlich um die Kampfkraft und den Mut nicht erschlaffen zu lassen, war er ohne Grund lieber schlecht und grausam.

Auf solche Freunde und Verbündete vertraute Catilina, und weil zugleich die Schuldenlast in aller Welt gewaltig war und die meisten Soldaten des Sulla ihr Hab und Gut verschleudert hatten und im Andenken an die alten Raubzüge und Siege einen Bürgerkrieg wünschten, faßte er den Entschluß, sich der Herrschaft im Staate zu bemächtigen. In Italien stand kein Heer, Gnaeus Pompeius führte in weit entfernten Ländern Krieg. Er selbst hatte gute Aussichten für seine Bewerbung um das Konsulat. Der Senat war völlig sorglos: alles war ruhig und friedlich, doch diese Umstände waren für Catilina durchaus günstig.

Das erste Treffen der Verschwörer

(17) Daher wandte er sich an den Kalenden des Juni im Konsulatsjahr des Lucius Caesar und des Gaius Figulus[27] zunächst an einzelne. Die einen ermunterte er, den anderen gab er Anreize; er stellte ihnen seine Mittel dar, die mangelnde Vorbereitung zur Gegenwehr im Staat und die großen Vorteile der Verschwörung. Als er sich seines Vorhabens genügend sicher war, rief er alle an einem Ort zusammen, die in der schlimmsten Notlage waren und am meisten Verwegenheit besaßen. Dort fanden sich aus dem Senatorenstand Publius Lentulus Sura[28], Publius Autronius[29], Lucius Cassius Longinus[30], Gaius Cethegus[31], Publius und Servius Sulla, die Söhne des Servius[32], Lucius Vargunteius[33], Quintus Annius[34], Marcus Porcius Laeca[35], Lucius Bestia[36] und Quintus Curius[37] ein; außerdem waren aus dem Ritterstand Marcus Fulvius Nobilior[38], Lucius Statilius[39], Publius Gabinius Capito[40] und Gaius Cornelius[41] anwesend; dazu kamen viele aus römischen Ansiedlungen und Freistädten[42], die in ihrer Heimat zum Adel gehörten.[43] Außerdem gab es aus dem Hochadel noch einige, die mehr im Hintergrund Mitwisser des Plans waren, die eher die Aussicht auf Gewaltherrschaft als Mittellosigkeit oder sonst eine Notlage zur Beteiligung trieb. Im übrigen begünstigten junge Leute vor allem aus dem Adelsstand die Vorhaben des Catilina: sie besaßen die Mittel, in Muße großspurig oder üppig zu leben, zogen Risiken einem gesicherten Lebenswandel, einen Krieg dem Frieden vor. Ebenso gab es zu der Zeit Leute, die glaubten, daß Marcus Licinius Crassus[44] über den Plan Bescheid wisse. Weil Gnaeus Pompeius, den er persönlich haßte, an der Spitze eines großen Heeres stand, habe er es begrüßt, wenn die Mittel irgendeines Beliebigen gegen dessen Macht anwüchsen und gleichzeitig darauf vertraut, daß er im Falle eines Erfolges der Verschwörung bei diesen leicht Anführer werden könne.

Die erste catilinarische Verschwörung

(18) Aber schon vorher hatten sich einige wenige, unter ihnen auch Catilina, gegen den Staat verschworen.[45] Darüber möchte ich möglichst wahrheitsgetreu berichten. Im Konsulatsjahr des Lucius Tullus und des

Marcus Lepidus[46] waren die Konsuln, die für das nächste Jahr gewählt waren, Publius Autronius und Publius Sulla, wegen Amtserschleichung vor Gericht gestellt und verurteilt worden. Kurz darauf war Catilina als Angeklagter in einem Prozeß wegen Erpressung[47] von der Bewerbung um das Konsulat ausgeschlossen worden, weil er sich nicht während der gesetzlich vorgeschriebenen Zeit hatte bewerben können. Zu der Zeit lebte Gnaeus Piso[48], ein junger Mann aus dem Adel, der höchst verwegen, verschuldet und parteisüchtig war und den seine finanzielle Not und sein schlechter Charakter dazu anstachelten, Unruhe im Staat zu stiften. Mit diesem sprachen Catilina und Autronius um die Nonen des Dezember einen Plan ab und bereiteten sich darauf vor, an den Kalenden des Januar die Konsuln Lucius Cotta und Lucius Torquatus zu töten und, sobald sie selbst die Macht an sich gerissen hätten, Piso mit einem Heer zu schicken, um die beiden spanischen Provinzen[49] zu besetzen. Weil dieses Vorhaben bekannt geworden war, hatten sie den Mordplan wieder auf die Nonen des Februar verschoben.

Schon damals planten sie nicht nur für die Konsuln, sondern auch für die meisten Senatoren das Verderben.[50] Und wenn Catilina nicht seinen Genossen vor der Kurie übereilt ein Zeichen gegeben hätte, wäre an diesem Tage die schlimmste Tat seit Gründung der Stadt Rom geglückt. Der Umstand, daß noch nicht genügend Bewaffnete versammelt waren, vereitelte den Anschlag.

(19) Später wurde Piso als Quästor im Prätorenrange ins diesseitige Spanien geschickt, und zwar auf persönliche Verwendung des Crassus hin, weil er diesen als fanatischen Gegner des Pompeius kennengelernt hatte. Aber dennoch hatte der Senat ihm nicht gerade widerwillig die Provinz gegeben, denn er wollte diesen schrecklichen Menschen fernab von der Staatsverwaltung wissen, und gleichzeitig hielten ihn eine Reihe von Konservativen für eine Stütze, denn schon damals war die Macht des Pompeius furchterregend. Aber dieser Piso wurde in der Provinz von spanischen Reitern, die er im Heer befehligte, auf dem Marsch getötet. Manche behaupten, die Barbaren hätten seine ungerechte, hochmütige und grausame Art der Amtsführung nicht ertragen können. Andere meinen, jene Reiter, alte, treuergebene Schützlinge des Gnaeus Pompeius[51], seien auf seinen Wunsch hin über Piso hergefallen: die Spanier hätten außer dieser niemals eine solche Tat begangen[52], sondern vorher

oft grausame Amtsführungen geduldig ertragen. Ich möchte damit die Sache auf sich beruhen lassen. Dieses genügt zur ersten Verschwörung.

Die erste Rede des Catilina und ihre Folgen

(20) Sobald Catilina alle die um sich gesammelt sah, die ich eben erwähnt habe, hielt er es für zweckdienlich, das Wort an sie in ihrer Gesamtheit zu richten und sie aufzumuntern, auch wenn er schon häufig mit ihnen unter vier Augen eine Menge von Dingen geredet hatte. Deshalb zog er sich mit ihnen in einen abgelegenen Teil seines Hauses zurück und hielt dort, wo alle Horcher weit entfernt waren, folgende Rede[53]:

„Hätte ich eure Tatkraft und eure Zuverlässigkeit nicht genügend geprüft, so würde uns diese günstige Gelegenheit umsonst zufallen; die große Aussicht, die Herrschaft selbst läge vergeblich in unseren Händen. Denn ich würde mit Feiglingen und Taugenichtsen nicht nach unsicheren Dingen greifen, so als ob sie gewiß wären. Aber weil ich euch oft unter schwierigen Verhältnissen als tapfere und mir treu ergebene Männer kennengelernt habe, darum habe ich es gewagt, ein so großes und so wunderbares Unternehmen[54] zu beginnen, zugleich weil ich eingesehen habe, daß für euch wie für mich dasselbe gut und schlecht ist: Denn dasselbe wollen und dasselbe nicht wollen, das erst ist wahre Freundschaft.

Was mich aber innerlich beschäftigt hat, habt ihr alle einzeln schon vorher gehört. Im übrigen werde ich täglich mehr in Zorn versetzt, wenn ich mir überlege, wie unsere Lebensumstände aussehen werden, wenn wir nicht für uns selbst die Freiheit[55] erringen. Denn seitdem der Staat in Gewalt einiger weniger Mächtiger geraten ist, sind diesen Leuten Könige und Fürsten abgabepflichtig, ganze Völker und Volksstämme bezahlen ihnen Steuern. Wir übrigen, strebsame und ordentliche Leute, Adlige und Nicht-Adlige, sind alle das gemeine Volk ohne Ansehen, ohne Einfluß, von Leuten abhängig, denen wir Angst einjagen würden, wenn unser Staatswesen gesund wäre. So ist denn alles Ansehen, Macht, Ehre und Reichtum in der Hand dieser Leute oder, wo sie es haben wollen. Für uns haben sie nichts übrig als Gefahren, Niederlagen bei

Amtsbewerbungen, gerichtliche Verfolgungen und materielle Not.[56] Wie lange wollt ihr euch das noch gefallen lassen, ihr heldenhaften Männer? Ist es nicht besser, durch Tapferkeit zu sterben, als ein armseliges und ehrloses Leben, in dem man ein Spielball fremder Willkür ist, mit Schande zu verlieren? Aber nein, bei der Treue der Götter und Menschen, der Sieg ist in unserer Hand, bei uns ist das Alter noch frisch, der Mut noch groß; bei jenen dagegen ist alles durch die Jahre und den Reichtum erschlafft. Nur ein Beginnen ist nötig, das übrige wird sich von selbst entwickeln. Denn welcher Mensch, der eine mannhafte Einstellung besitzt, könnte es ertragen, daß diese Leute Reichtum in Überfluß besitzen, den sie dazu verschleudern, Meere zu überbauen und Berge einzuebnen, während es uns an Mitteln sogar zum Notwendigen fehlt? Daß jene zwei und mehr Paläste aneinanderreihen und wir nirgends einen heimischen Herd mehr haben? Wenn sie Bilder, Statuen und Reliefs kaufen, neue Gebäude abreißen, andere errichten, kurz, auf jede mögliche Weise ihre Schätze plündern und verschleudern, so können sie selbst mit größter Genußsucht nicht mit ihrem Reichtum fertig werden. Wir dagegen haben zu Hause Not, nach außen hin Schulden, eine schlimme Lage in der Gegenwart, noch viel schlimmere Aussichten für die Zukunft. Was haben wir schließlich noch übrig außer unserem armseligen Leben?

Warum wacht ihr also nicht auf? Seht doch, genau die Freiheit, die ihr euch so oft herbeigesehnt habt, dazu Reichtum, Ehre und Ruhm liegen euch vor Augen! Das alles hat das Glück den Siegern zur Belohnung ausgesetzt. Die gegenwärtige Lage, der Zeitpunkt, die Gefahren, eure Not und die großartige Kriegsbeute ermuntern euch mehr als meine Rede. Benutzt mich als Anführer oder Mitstreiter, weder mein Verstand noch meine Körperkraft wird euch fehlen. Dieses alles werde ich mit euch zusammen vorantreiben, sobald ich Konsul bin, wenn mich nicht zufällig meine Beobachtung trügt und ihr eher bereit seid zu dienen als zu herrschen."

(21) Als die Leute dieses gehört hatten, die alle Übel im Übermaß besaßen, allerdings keinen Besitz in der Gegenwart und keine hoffnungsvolle Zukunftsaussicht, auch wenn ihnen die Störung der Ruhe schon als großer Gewinn erschien, da forderten die meisten von ihnen, Catilina solle ihnen darlegen, wie die Verhältnisse im Krieg sein würden, für

welchen Lohn sie kämpfen würden und welche Machtmittel und welche Aussichten sie überall besäßen. Da versprach Catilina ihnen neue Schuldbücher, Ächtung der Reichen, Beamtenposten, Priesterstellen, Raubzüge und alles andere, was ein Krieg und die Willkür der Sieger mit sich bringt.[57] Außerdem sei Piso in Spanien[58] und Publius Sittius Nucerinus[59] mit einem Heer in Mauretanien, beide Mitwisser seines Planes. Gaius Antonius[60] strebe das Konsulat an, und er hoffe, sein Amtsgenosse zu sein; dieser Mann sei sein vertrauter Freund und zudem von allen möglichen Schwierigkeiten bedrängt. Mit ihm zusammen werde er als Konsul ans Werk gehen.

Außerdem zog er ständig mit Schmähreden über alle konservativen Kräfte her und lobte jeden einzelnen von seinen Leuten, indem er sie persönlich anredete. Er erinnerte den einen an seine Armut, einen anderen an seine Leidenschaften, mehrere an ihre gefährliche Position und an den Verlust ihrer Ehre, viele an den Sieg unter Sulla, der ihnen Beute eingebracht hatte. Sobald er sie alle in heller Begeisterung sah, forderte er sie auf, sich um seine Bewerbung zu kümmern, und entließ die Versammlung.

(22) Damals behaupteten einige Leute, Catilina habe nach dieser Rede, als er die Teilnehmer seines verbrecherischen Planes zu einem Schwur drängte, Menschenblut unter den Wein gemischt und dieses in Schalen herumgereicht: erst als sie alle nach einem feierlichen Schwur davon getrunken hatten, wie es gewöhnlich bei feierlichen Opferhandlungen geschieht, habe er seinen Plan offengelegt, und dies habe er mit der Absicht getan, daß sie untereinander enger verbunden seien, wenn einer vom anderen ein so bedeutendes Verbrechen kenne.[61] Manche hielten dieses und anderes darüber hinaus für Dichtung von Leuten, die den Haß auf Cicero, der später entstand[62], abmildern zu können glaubten, indem sie das Verbrechen von denen, die bestraft worden waren, in gräßlicher Weise darstellten. Trotz seiner unerhörten Bedeutung ist mir die eigentliche Tatsache nicht genügend bekannt.

Die Ereignisse vom Juni 63 bis zu den Wahlen 64

(23) Zu den Verschwörern gehörte auch Quintus Curius, der von einer keineswegs unbedeutenden Familie abstammte, der mit Schandtaten und Verbrechen beladen war und den die Censoren wegen unsittlichen Lebenswandels aus dem Senat gewiesen hatten.[63] Dieser Mann besaß ebensowiel Eitelkeit wie Verwegenheit: er verschwieg nichts, was er gehört hatte, er verheimlichte auch seine Verbrechen nicht, kurz, er machte sich keinerlei Gedanken über sein Reden und Handeln. Er hatte mit Fulvia[64], einer Frau von Adel, eine langwährende außereheliche Beziehung. Als er in ihrer Gunst sank, weil er wegen finanzieller Schwierigkeiten weniger reichlich Geschenke machen konnte, brüstete er sich plötzlich und begann, ihr Meere und Berge zu versprechen und bedrohte sie sogar mit einem Dolch, wenn sie ihm nicht zu Willen sei, überhaupt benahm er sich wilder als gewöhnlich. Als jedoch Fulvia den Grund für das ungewöhnliche Benehmen des Curius herausgefunden hatte, behielt sie eine solche Gefahr für den Staat nicht für sich, sondern erzählte mehreren Personen von der Verschwörung des Catilina, was und wie sie es gehört hatte, wobei sie den Informanten verschwieg.[65]

Besonders dieser Umstand entfachte den Eifer der Leute, das Konsulat Marcus Tullius Cicero zu übertragen. Denn vorher empfanden die meisten Adligen glühenden Neid und glaubten, daß das Konsulat gleichsam entweiht werde, wenn es ein „homo novus" erlange, und sei er noch so hervorragend. Sobald aber Gefahr in Verzug war, traten Neid und Hochmut in den Hintergrund.

(24) Nach den Wahlen wurden Marcus Tullius und Gaius Antonius zu Konsuln ausgerufen. Diese Tatsache brachte zunächst die Teilnehmer der Verschwörung aus der Fassung. Dennoch verminderte sich Catilinas Raserei nicht, sondern er trieb von Tag zu Tag mehr Dinge voran: er legte in ganz Italien an geeigneten Stellen Waffenlager an, er schaffte Geld, das er in seinem eigenen Namen oder dem seiner Freunde geborgt hatte, nach Faesulae[66] zu einem Mann namens Manlius[67], der später den Krieg eröffnete. Zu dieser Zeit soll er eine große Menge Leute aus allen Klassen an sich gezogen haben, sogar einige Frauen, die zunächst ihren gewaltigen Aufwand mit der Preisgabe ihres Körpers bestritten hatten, sobald das Alter dieser Einkommensquelle, nicht aber dem üppigen

Lebenswandel ein Ende gesetzt hatte, große Schulden angehäuft hatten. Durch diese meinte Catilina, die Sklaven in Rom aufwiegeln[68], dadurch die Stadt in Brand setzen und deren Männer entweder an sich binden oder töten zu können.

(25) Zu ihnen gehörte auch Sempronia[69], die oft Taten mit männlicher Kühnheit vollbracht hatte. Diese Frau war in bezug auf ihre Abstammung und ihre Schönheit, außerdem was ihren Mann und ihre Kinder betraf, vom Glück begünstigt. Sie war in der lateinischen und griechischen Literatur bewandert, sie spielte die Cithara und tanzte kunstfertiger, als es für eine anständige Frau notwendig ist, und verstand sich auf viele andere Dinge, die als Mittel für ein genußvolles Leben dienen. Aber ihr war alles wertvoller als ihre Ehre und ihre Keuschheit. Ob sie ihre Finanzen oder ihren guten Ruf weniger schonte, wäre schwer zu entscheiden. Sie war so sehr von Liebeslust entbrannt, daß sie häufiger Männer verführte als sie selbst verführt wurde. Schon oft zuvor hatte sie ihr Wort gebrochen, ein Darlehen unter Eid abgeleugnet, und sie war Mitwisserin von Mordtaten. Sie war aus Genußsucht und finanziellen Problemen völlig auf die schiefe Bahn geraten. Dabei fehlte es ihr nicht an Verstand: sie konnte Verse schmieden, Scherze machen und in einer Unterhaltung mal die Bescheidene, mal die Zärtliche oder auch die Vorlaute spielen, kurz, sie war eine Frau mit viel Witz und viel feiner Lebensart.[70]

(26) Trotz dieser Vorbereitungen[71] bewarb sich Catilina um das Konsulat für das folgende Jahr in der Hoffnung, Antonius besser nach seinem Gutdünken ausnutzen zu können, wenn er designierter Konsul wäre. Aber er verhielt sich in der Zwischenzeit nicht ruhig, sondern plante auf alle mögliche Weise Anschläge auf Cicero. Aber auch diesem mangelte es nicht an List und Schlauheit, um den Attentaten trotz allem zu entgehen. Denn von Beginn seines Konsulats an hatte er es mit Hilfe von Fulvia durch große Versprechungen geschafft, daß der eben erwähnte Quintus Curius ihm Catilinas Pläne verriet. Zudem hatte er durch einen Vertrag über eine Provinz[72] seinen Amtskollegen Antonius dazu bewegt, nicht gegen die Interessen des Staates zu stimmen. Um sich herum hatte er insgeheim eine wahre Schutztruppe von Freunden und Klienten. Als nun der Wahltag gekommen war und weder die Amtsbewerbung Catilinas noch seine Anschläge, die er auf dem Wahlfeld auf die Konsuln

ausführte, von Erfolg gekrönt waren, beschloß er, den Krieg zu beginnen und das Äußerste zu riskieren, da das, was er im geheimen versucht hatte, einen bitteren und schmählichen Ausgang genommen hatte.

(27) Deshalb schickte er Gaius Manlius nach Faesulae und in das umliegende Gebiet Etruriens, einen Mann namens Septimius aus Camerinum[73] ins Pikenerland, Gaius Iulius[74] nach Apulien und außerdem noch andere Leute an jeweils andere Orte, wo er sie für seinen Plan für nützlich hielt. In der Zwischenzeit setzte er in Rom viele Dinge gleichzeitig in Bewegung: er bereitete Attentate auf die Konsuln vor, fädelte Brandstiftungen ein und besetzte strategisch günstige Plätze mit Bewaffneten; er selbst trug eine Waffe bei sich und forderte die anderen auf, dasselbe zu tun. Er ermahnte sie, ständig wachsam und kampfbereit zu sein: er war Tag und Nacht tätig und schlief nicht. Doch wurde er weder durch die Schlaflosigkeit noch durch die Anstrengung müde. Als ihm trotz seiner umfangreichen Bemühungen nichts glückte, rief er schließlich die Anführer der Verschwörung in tiefer Nacht mit Hilfe von Marcus Porcius Laeca wiederum zusammen[75]; dort beschwerte er sich über ihre Nachlässigkeit und legte ihnen dar, daß er Manlius zu dem Heerhaufen vorausgeschickt habe, den er zur Kriegseröffnung ausgerüstet hatte, daß er andere zu jeweils günstigen Positionen gesandt habe, um den Krieg zu beginnen und daß er die Absicht habe, sich zum Heer zu begeben, wenn er zuvor Cicero aus dem Weg geräumt habe. Dieser stehe seinen Plänen besonders im Wege.

(28) Als die anderen sehr erschreckt reagierten und unschlüssig waren, versprach ihm Gaius Cornelius, ein römischer Ritter, seine Hilfe und mit ihm der Senator Lucius Vargunteius, und sie beschlossen, noch in dieser Nacht nur wenig später mit bewaffneten Männern zu Cicero zu gehen, so als ob sie ihre morgendliche Aufwartung[76] machen wollten, und ihn in seinem eigenen Haus unversehens niederzustechen, wo er wehrlos sei. Als Curius sah, in welch großer Gefahr der Konsul schwebte, ließ er schnell durch Fulvia Cicero den vorbereiteten Anschlag verraten. Jene wurden an der Tür abgewiesen und hatten so diese wichtige Untat vergeblich versucht.

Inzwischen wiegelte Manlius das gemeine Volk in Etrurien auf, das wegen seiner Notlage und zugleich aus Erbitterung über erlittenes Unrecht politische Umwälzungen herbeisehnte, weil es unter Sullas Ge-

waltherrschaft seinen gesamten Grundbesitz und seine Habe verloren
hatte, außerdem wiegelte er Räuber aller Art auf, von denen es in diesem
Gebiet besonders viele gab und von denen einige von Sullas Siedlern
stammten, denen die Gier und der üppige Lebenswandel von den
großen Raubzügen nichts übrig gelassen hatte.[77]

(29) Als Cicero hiervon erfuhr, war er von dem doppelten Übel sehr
erschüttert, weil er weder die Stadt Rom weiterhin mit privaten Maßnahmen vor den Anschlägen schützen konnte, noch genau genug erfuhr,
wie stark das Heer des Manlius sei oder welche Absicht dahintersteckte,
und er brachte die Sache vor den Senat, die schon vorher aufgrund von
Gerüchten im Volk vielfach besprochen worden war.[78] Daher beschloß
der Senat, wie es meist bei bedrohlichen Situationen geschieht, die Konsuln sollten dafür sorgen, daß der Staat nicht zu Schaden komme. Dadurch wird nach römischem Brauch einem Staatsbeamten durch den
Senat die höchste Macht übertragen, nämlich ein Heer aufzustellen,
Krieg zu führen, die Verbündeten und Mitbürger in jeder erdenklichen
Weise in Schranken zu halten und im Zivilleben und beim Militär die
höchste politische und richterliche Macht auszuüben. Ansonsten besitzt
ein Konsul nicht das Recht, irgendeine der obengenannten Machtbefugnisse auszuüben ohne Volksbeschluß.

(30) Wenige Tage später las der Senator Lucius Saenius im Senat
Briefe vor, die ihm, wie er sagte, aus Faesulae zugespielt worden waren
und in denen geschrieben stand, Gaius Manlius habe am 27. Oktober mit
einem großen Haufen die Waffen erhoben. Zugleich erzählte man sich,
wie es unter solchen Umständen meist geschieht, von Zeichen und
Wundern, daß geheime Zusammenkünfte stattfänden, Waffen herbeigeschafft würden und in Capua und Apulien ein Sklavenaufstand ausgebrochen sei.[79] Daher wurden auf Senatsbeschluß[80] Quintus Marcius Rex[81]
nach Faesulae und Quintus Metellus Creticus[82] nach Apulien und in die
umliegenden Gebiete geschickt. Diese beiden standen als Feldherren bei
der Stadt und wurden daran gehindert, als Triumphatoren einzuziehen,
aufgrund von falschen Beschuldigungen einiger weniger, die für Geld
alles Ehrenhafte und Schändliche zu tun gewohnt waren. Die Prätoren
Quintus Pompeius Rufus[83] und Quintus Metellus Celer[84] wurden nach
Capua bzw. ins Picenerland geschickt mit der Vollmacht, je nach den
Umständen und der Gefahr ein Heer aufzustellen. Außerdem wurde als

Belohnung, wenn jemand eine Anzeige wegen der Verschwörung gegen
den Staat machte, einem Sklaven die Freiheit und 100000 Sesterzen,
einem Freien Straflosigkeit und 200000 Sesterzen ausgesetzt, und ebenso
wurde beschlossen, die Gladiatorenbanden[85] auf Capua und die übrigen
befestigten Freistädte gemäß ihrer Stärke zu verteilen, in Rom Wachen
in der ganzen Stadt aufzustellen und ihnen niedere Staatsbeamte[86] als
Führung beizugeben.

(31) Diese Vorgänge erschütterten die Bürger heftig und gaben der
Stadt ein völlig verändertes Aussehen. Aus höchster Fröhlichkeit und
Ausgelassenheit, die die lange Ruhe mit sich gebracht hatte[87], drang
plötzlich tiefe Bedrückung ein: man eilte ängstlich, man glaubte sich
nirgends und vor keinem richtig sicher. Es war kein richtiger Krieg, aber
auch kein richtiger Friede, jeder schätzte die Gefahr nach seiner Angst
ein. Zudem schlugen sich die Frauen, die eine bei der Größe des Staates
ungewohnte Furcht befallen hatte, an die Brust, streckten flehend die
Hände zum Himmel, bejammerten ihre kleinen Kinder, fragten ständig
nach allen möglichen Dingen, zitterten vor jedem Gerücht, rafften alles
zusammen, ließen Hochmut und ihre kleinen Vergnügungen fahren und
mißtrauten sich und ihrer Heimat.[88]

Catilina jedoch in seiner grausamen Einstellung trieb weiter seine
Pläne voran, auch wenn Sicherheitsmaßnahmen getroffen worden
waren und er selbst aufgrund des Plautischen Gesetzes[89] von Lucius
Paulus[90] angeklagt worden war. Schließlich begab sich Catilina in den
Senat, um seine Pläne zu verhüllen oder um sich zu rechtfertigen, so als
ob er durch einen lästigen Streit herausgefordert worden wäre. Da hielt
der Konsul Marcus Tullius, sei es aus Furcht vor seiner Gegenwart, sei es
aus Zorn, eine glühende und für den Staat nützliche Rede, die er später
herausgegeben hat.[91] Als er sich gesetzt hatte, begann Catilina, weil er
darauf vorbereitet war, alles abzuleugnen, mit gesenktem Haupt und
flehender Stimme die Senatoren zu ersuchen, sie möchten nicht blindlings alles über ihn glauben: er entstamme einer solchen Familie und
habe sein Leben seit seiner frühen Jugend so eingerichtet, daß er alle
möglichen guten Aussichten habe. Sie sollten nicht von ihm, einem
Mann von altem Adel, der selbst und dessen Vorfahren sich sehr viele
Verdienste um das römische Volk erworben hätten, glauben, daß er der
Vernichtung des Staates bedürfe, während ihn Marcus Tullius, ein einge-

wanderter Bürger der Stadt Rom[92], rette. Als er dazu noch andere Schmähungen hinzufügte, erhoben alle ein Geschrei und nannten ihn Staatsfeind und Hochverräter. Darauf rief er zornentbrannt: „Da ich nun von Feinden umzingelt ins Verderben getrieben werde, werde ich den Brand um mich mit Trümmern löschen." Danach rannte er aus der Kurie nach Hause.

(32) Dort dachte er lange über vieles nach, und weil seine Anschläge auf den Konsul nicht gelangen und er sah, daß die Stadt vor Brandstiftung wegen der Wachen sicher war, hielt er es für das beste, sein Heer zu verstärken und vieles für einen Krieg Nützliche vorher zu besorgen, bevor Legionen ausgehoben würden. Daher reiste er in tiefer Nacht mit wenigen Begleitern[93] in das Lager des Manlius. Dem Cethegus, dem Lentulus und den übrigen aber, deren entschlossene Kühnheit er kannte, gab er den Auftrag, auf jede erdenkliche Weise die Mittel der Partei zu stärken, das Attentat auf den Konsul schleunigst auszuführen und Vorkehrungen zu Mord, Brandstiftungen und anderen Greueln zu treffen. Er werde sehr bald mit einem großen Heer an die Stadt heranrücken.

Während sich dies in Rom zutrug, schickte Gaius Manlius Gesandte aus seinen Reihen zu Marcius Rex mit folgender vertraulicher Nachricht[94]:

(33) „Wir rufen die Götter und Menschen als Zeugen an, daß wir die Waffen weder gegen das Vaterland ergriffen haben, noch, um andere in Gefahr zu bringen. Die meisten von uns sind, elend und mittellos, durch die Gewalttätigkeit und Grausamkeit der Wucherer um die Heimat, wir alle jedoch um unseren guten Ruf und unser Vermögen gebracht worden. Keinem von uns war es erlaubt, nach Art unserer Vorfahren den Schutz des Gesetzes anzurufen und nach dem Verlust des väterlichen Erbes die persönliche Freiheit zu behalten: So schlimm war die Raserei der Wucherer und des Prätors.[95] Eure Vorfahren erbarmten sich des Volkes und halfen mit ihren Beschlüssen seiner Not ab, und erst vor kurzem noch in unserer Zeit wurde wegen der Höhe der Schulden mit der Zustimmung aller redlichen Bürger Silber mit Kupfer zurückbezahlt.[96] Oft ist das Volk wegen der Herrschsucht oder dem Hochmut der Beamten unter Waffen von den Patriziern weggezogen.[97] Aber wir streben nicht nach politischer Macht oder Reichtum, um derentwillen alle Kriege und Streitigkeiten zwischen den Menschen entstehen, son-

dern nach Freiheit, die ein ehrenhafter Mann nur gleichzeitig mit seinem Leben verliert. Wir beschwören dich und den Senat, nehmt euch eurer armen Mitbürger an und stellt den Schutz des Gesetzes wieder her, den uns die Ungerechtigkeit des Prätors entrissen hat. Versetzt uns nicht in die Notwendigkeit, uns die Frage zu stellen, wie wir unser Blut möglichst teuer verkaufen können."

(34) Darauf antwortete Quintus Marcius, wenn sie ein Gesuch an den Senat hätten, sollten sie die Waffen niederlegen. Der Senat des römischen Volkes sei immer von solcher Milde und solchem Mitgefühl gewesen, daß niemals ein Mensch vergeblich Hilfe von ihm erbeten hätte.

Catilina jedoch schrieb auf seiner Reise Briefe an die ehemaligen Konsuln und außerdem an die Führer der Optimatenfamilien: Er sei bedrängt von falschen Beschuldigungen, weil er der Partei seiner Feinde keinen Widerstand leisten könne; daher weiche er dem Schicksal und begäbe sich nach Massilia[98] ins Exil, nicht als ob er sich eines so großen Verbrechens bewußt gewesen wäre, sondern damit Ruhe im Staate sei und aus seinem persönlichen Streit kein Aufruhr entstünde. Ein völlig anders lautendes Schreiben las Quintus Catulus[99] im Senat vor, das ihm, wie er sagte, im Auftrag des Catilina übergeben worden war. Hier folgt eine Abschrift von diesem:

(35) „Lucius Catilina sendet dem Quintus Catulus Grüße. Deine außergewöhnliche Zuverlässigkeit, die ich durch die Tat eprobt habe und die mir in meinen großen Gefahren hilfreich war, gibt mir Zuversicht für mein Empfehlungsschreiben. Deshalb habe ich mich nicht entschlossen, eine Verteidigung für meinen neuen Entschluß vorzulegen, sondern ich habe beschlossen, eine Rechtfertigung aufgrund des Bewußtseins meiner Unschuld darzustellen, die du bei Gott als für bare Münze nehmen darfst. Ich bin über die ungerechten Vorwürfe und die Beleidigungen verbittert, weil sie mich der Frucht meiner Arbeit und meines Fleißes berauben und ich nicht die mir angemessene Stellung innehabe. Ich habe nach meiner alten Gewohnheit öffentlich Partei für die Armen ergriffen, nicht als ob ich nicht in der Lage wäre, die Schulden auf meinen Namen aus meinen Besitztümern zu bezahlen – während Orestillas Freigiebigkeit sogar fremde Schulden aus ihren eigenen Mitteln und denen ihrer Tochter abbezahlen würde, sondern weil ich unwürdige Leute mit Ehrenstellen ausgezeichnet sehe und ich glaube, daß ich wegen

eines falschen Verdachtes zurückgesetzt worden bin. Aus diesem Grunde bin ich bestimmten Hoffnungen gefolgt, den Rest meiner Würde zu retten, die in meinem Falle genügend ehrenvoll sind. Eben wo ich mehr schreiben will, erhalte ich die Nachricht, daß eine Gewalttat gegen mich in Vorbereitung ist. Nun empfehle ich dir Orestilla und übergebe sie deinem Schutz. Verteidige sie gegen Ehrenkränkungen, ich bitte dich bei deinen Kindern. Lebe wohl."

(36) Er selbst verweilte einige Tage bei Flaminius[100] im Gebiet von Arretium, während er die schon zuvor aufgewiegelten Nachbarn mit Waffen ausrüstete, und eilte dann mit den Fascen und anderen Zeichen der Feldherrngewalt ins Lager zu Manlius. Sobald man dies in Rom erfuhr, erklärte der Senat Catilina und Manlius zu äußeren Feinden und setzte für die übrige Menge einen Tag fest, bis zu dem sie ohne weitere Verfolgung die Waffen niederlegen durften, mit Ausnahme derjenigen, die wegen eines Kapitalverbrechens verurteilt waren. Überdies beschloß er, daß die Konsuln Truppen rekrutieren sollten, wobei Antonius mit einem Heer Catilina schleunigst verfolgen und Cicero Rom schützen sollte.[101]

Beschreibung der politischen Situation in Rom

In der damaligen Zeit war die Macht des römischen Volkes in einem besonders erbärmlichen Zustand. Obwohl von Sonnenaufgang bis Sonnenuntergang alles mit Waffengewalt bezwungen worden war und ihm gehorchte, im zivilen Leben Friede und Reichtum, die bedeutendsten Dinge in den Augen der Menschen, im Überfluß vorhanden waren, gab es Bürger, die sich selbst und den Staat mit unbeugsamem Sinn zugrunde richten wollten. Denn trotz der beiden Senatsbeschlüsse hatte sich von dem ganzen Heerhaufen kein einziger durch die Belohnung verleiten lassen und die Verschwörung aufgedeckt, und keiner hatte das Lager des Catilina verlassen: eine so gewaltige Krankheit und gleichsam eine Fäulnis hatte die Gemüter der meisten Bürger befallen.

(37) Doch nicht nur bei den Teilnehmern der Verschwörung herrschte eine so feindselige Gesinnung, sondern überhaupt die gesamte Plebs billigte die Unternehmungen Catilinas in ihrem Drang nach einer

Revolution. Dabei handelte sie offensichtlich gerade nach ihrem Charakter. Denn in einem Staat beneiden immer die Mittellosen die Tüchtigen, heben die Übelgesinnten in den Himmel, hassen das Traditionelle und sehnen sich nach Veränderung. In ihrer Unzufriedenheit mit ihrer eigenen Lage streben sie eifrig danach, alles umzustürzen. Sie nähren sich bedenkenlos von Unruhe und Aufständen, weil man als Armer nichts zu verlieren hat. Aber die Plebs der Stadt Rom, die stürzte sich aus vielen Gründen blindlings hinein. Zunächst, alle, die sich durch schändliches und leichtfertiges Benehmen hervorgetan hatten, ebenso andere, die ihr Erbgut schmachvoll durchgebracht hatten, schließlich alle, die ein Verbrechen oder ein Frevel aus der Heimat getrieben hatte, diese Leute waren nach Rom geströmt wie in einen Sumpf.[102] Daneben dachten viele an die Siege Sullas, weil sie sahen, daß aus einem Teil der einfachen Soldaten Senatoren geworden waren, aus den andern so reiche Leute, daß sie ein Leben mit königlichem Aufwand und Gepränge führten, und jeder hoffte dasselbe für sich, wenn er einmal unter Waffen stünde. Außerdem waren junge Leute, die auf dem Lande für Tagelohn ein kümmerliches Leben gefristet hatten, durch private und öffentliche Spendenaktionen angelockt worden und hatten das untätige Leben in der Stadt dem undankbaren harten Leben vorgezogen. Sie und alle anderen lebten von dem üblen Zustand des Gemeinwesens. Um so weniger verwunderlich ist es, daß diese Menschen, ohne Mittel, mit einem üblen Charakter und höchsten Ansprüchen für den Staat und sich selbst gleichermaßen schlecht sorgten. Außerdem sahen die, deren Eltern bei dem Sieg Sullas geächtet, deren Hab und Gut entrissen und deren Bürgerrechte eingeschränkt worden waren[103], sicherlich keineswegs mit anderen Hoffnungen auf den Ausgang des Krieges.

Dazu wollten alle, die einer anderen Partei als der des Senates angehörten, lieber Unruhe im Staat stiften als selbst an politischer Bedeutung verlieren. So war dieses Übel nach vielen Jahren wieder in den Staat zurückgekehrt.

(38) Denn nachdem im Konsulatsjahr des Gnaeus Pompeius und des Marcus Crassus[104] die politische Macht der Volkstribunen wiederhergestellt worden war[105], erlangten ganz junge Leute höchste Macht, die aufgrund ihres Alters und ihres Charakters unbändig waren, und sie begannen das Volk durch Anschuldigungen gegen den Senat aufzuwie-

geln, danach durch Spenden und Versprechen noch mehr in Zorn zu versetzen und so schließlich selbst berühmt und mächtig zu werden. Gegen diese kämpften die meisten des Adels mit aller Macht scheinbar für den Senat, tatsächlich aber für die eigene Größe. Denn, um die Wahrheit kurz zu fassen, kämpfte jeder, der seit dieser Zeit als Politiker tätig war, unter ehrenvollen Vorwänden, einige, als ob sie die Rechte des Volkes verteidigen wollten, andere, um das Ansehen des Senates möglichst zu erhöhen, indem man das öffentliche Wohl vorgab, um die eigene Machtposition. Und sie hatten weder Maß noch Ziel in ihrem Kampf: beide Parteien verfolgten ihren Sieg in grausamer Weise.

(39) Nachdem aber Pompeius in den Krieg gegen die Seeräuber und gegen Mithridates geschickt worden war[106], verminderte sich die Macht des Volkes, und der Einfluß der Oligarchie wuchs. Diese hielten die Staatsämter, die Provinzen und alles übrige in ihren Händen. Sie selbst waren unanfechtbar und mächtig, sie verbrachten ihr Leben ohne Furcht und versetzten die anderen Leute durch gerichtliche Verfolgungen in Angst und Schrecken, um das Volk in ihrer Amtszeit friedlicher führen zu können. Sobald sich aber durch die unsicheren Verhältnisse die Aussicht auf Umsturz darbot, spornte der alte Streit ihre Gemüter wieder an. Wenn nun Catilina das erste Gefecht siegreich oder ohne Entscheidung gestaltet hätte, so wäre sicherlich ein großes Verderben und Unglück über den Staat hereingebrochen, und auch denen, die den Sieg errungen hätten, wäre es nicht vergönnt gewesen, sich längere Zeit über ihn zu freuen, ohne daß ein Stärkerer den Kampfesmüden und Erschöpften die Macht und die Freiheit wieder entrissen hätte.[107] Dennoch gab es einige Leute, die außerhalb der Verschwörung standen, aber Catilina gleich zu Beginn nachreisten. Unter ihnen befand sich Fulvius, der Sohn eines Senators, den sein Vater von seinem Weg zurückholen und töten ließ.[108]

Die Beteiligung der Allobroger

Zur gleichen Zeit wiegelte Lentulus in Rom gemäß Catilinas Weisungen alle, die er vom Charakter oder den Umständen ihres Schicksals her für geeignet zu einer Umwälzung hielt, persönlich oder durch andere auf, aber nicht nur Bürger, sondern auch Menschen jeden Schlags, wenn er sie nur für kriegstüchtig hielt.

(40) Also stellte er einem Mann namens Publius Umbrenus[109] die Aufgabe, Gesandte der Allobroger[110] aufzusuchen und sie möglichst zu einem Kriegsbündnis zu bewegen. Er hoffte nämlich, sie leicht zu einem solchen Entschluß bewegen zu können, da sie von Staats- und Privatschulden bedrückt wurden, und weil das gallische Volk außerdem von Natur aus kriegerisch veranlagt war. Da Umbrenus in Gallien Handel trieb[111], war er den meisten Fürsten der Volksstämme bekannt und kannte sie auch selbst. Sobald er die Gesandten auf dem Forum sah, fragte er sie deshalb sogleich einiges über die Lage ihres Staates und begann sich zu erkundigen, wobei er seinem Bedauern über ihr Unglück Ausdruck verlieh, welche Lösung sie für ihre gewaltigen Probleme erhofften. Als er bemerkte, daß sie sich über die Raffgier der Beamten beklagten und den Senat beschuldigten, ihnen keine Hilfe zu leisten, und für ihr Elend nur den Tod als Rettung erwarteten, sagte er zu ihnen: „Ich dagegen werde euch, wenn ihr nur richtige Männer sein wollt, einen Weg zeigen, wie ihr eure schlimmen Probleme loswerden könnt."

Seine Worte erregten bei den Allobrogern die größten Hoffnungen, und sie baten den Umbrenus, er solle sich ihrer erbarmen: Nichts sei so mühsam und so schwierig, daß sie es nicht mit Begeisterung auf sich nehmen wollten, sofern diese Maßnahme ihren Staat von den Schulden befreie. Er führte sie in das Haus des Decimus Brutus, das nicht weit vom Forum entfernt lag und in dem der Plan wegen Sempronia nicht unbekannt war; denn Brutus weilte damals nicht in Rom. Außerdem ließ er Gabinius herbeirufen, um dem Gespräch einen höheren Stellenwert zu verleihen.[112] In seiner Anwesenheit legte er ihnen die Verschwörung offen, nannte die Teilnehmer, daneben noch viele Unbeteiligte jeden Standes, um den Gesandten mehr Mut zu machen. Nachdem sie ihre Hilfe versprochen hatten[113], entließ er sie.

(41) Die Allobroger waren lange im Zweifel darüber, welchen Entschluß sie fassen sollten. Auf der einen Seite standen ihre Schulden, ihre Kriegsbegeisterung und die große Beute bei dem erhofften Sieg. Auf der anderen Seite dagegen waren die stärkeren Machtmittel, verläßliche Beschlüsse und sichere Belohnungen anstelle der unsicheren Hoffnung. Als sie dies gegeneinander abwogen, siegte das Glück des Staates. Daher

legten sie Quintus Fabius Sanga[114], dessen Schutz ihr Staat meistens benutzte, den ganzen Fall nach ihrer Kenntnis dar. Cicero, der durch Sanga über den Plan informiert worden war, wies die Gesandten an, heftige Begeisterung für die Verschwörung vorzutäuschen, auch an die übrigen heranzutreten, gute Versprechungen zu machen und sich darum zu bemühen, diese Leute soweit wie möglich zu überführen.

(42) Etwa um dieselbe Zeit entstand in Gallien diesseits und jenseits der Alpen sowie im Picenerland, in Bruttium und Apulien ein Aufruhr. Denn die Männer, die Catilina vorher entsandt hatte, betrieben ohne Überlegung und gleichsam im Wahnsinn alles gleichzeitig. Durch nächtliche Zusammenkünfte, durch den Transport von Rüstung und Waffen, durch übereiltes Vorantreiben von allen Dingen verursachten sie mehr Furcht als tatsächliche Gefahr. Aus ihren Reihen hatte der Prätor Quintus Metellus Celer mehrere gemäß dem Senatsbeschluß nach vorheriger Untersuchung des Falles ins Gefängnis werfen lassen, ebenso verfuhr Gaius Murena[115] im diesseitigen Gallien, der in dieser Provinz Statthalter war.

(43) In Rom dagegen hatte Lentulus mit den anderen, die die Verschwörung anführten, da allem Anschein nach große Truppen bereitstanden, beschlossen, der Tribun Lucius Brutus solle eine Volksversammlung abhalten, sobald Catilina mit seinem Heer in das Gebiet von Aefula vorgedrungen sei, und auf dieser sich über die Amtshandlungen Ciceros beklagen und auf den allerbesten Konsul[116] den Vorwurf des so schlimmen Krieges laden; auf dieses Zeichen hin solle in der folgenden Nacht der übrige Haufen der Verschworenen seine jeweilige Aufgabe ausführen.[117] Die Rollen sollen folgendermaßen verteilt worden sein: Statilius und Gabinius sollten mit einer großen Schar an zwölf strategisch günstigen Orten in der Stadt gleichzeitig Brände legen, damit man sich in dem dadurch entstandenen Aufruhr leichter Zugang zu dem Konsul und den übrigen, auf die Attentate vorgesehen waren, verschaffen könne. Cethegus solle den Zugang zu Ciceros Haus besetzen und ihn gewaltsam anfallen. Jeder sollte einen anderen umbringen, die Haussöhne, von denen die meisten aus dem Adel stammten, sollten ihre Eltern töten.[118] Wenn alle durch das Blutbad und die Feuersbrunst erschüttert waren, sollten sie einen Ausbruch zu Catilina machen. Während dieser Vorbereitungen und Beschlüsse klagte Cethegus ständig über die Feig-

heit seiner Verbündeten: Mit ihrem Zögern und dem Aufschub von einem Tag auf den andern würden sie sich die schönsten Gelegenheiten verderben.[119] Handeln und nicht Planung sei notwendig in einer so gefährlichen Situation, und er werde, wenn nur ein paar mitmachten, einen Angriff auf die Kurie starten. Er war von Natur aus ungestüm, hitzköpfig und ständig kampfbereit und schätzte den größten Vorteil im schnellen Handeln.

(44) Die Allobroger aber kamen nach der Weisung Ciceros durch Vermittlung des Gabinius mit den anderen zusammen. Von Lentulus, Cethegus, Statilius und ebenso Cassius verlangten sie eine Erklärung mit Brief und Siegel, die sie ihren Mitbürgern überbringen wollten: Andernfalls könnten sie sie nur schwer zu einer so bedeutenden Unternehmung bewegen. Die anderen gaben sie nichtsahnend ab, Cassius versprach in Kürze selbst zu kommen und verließ kurz vor den Gesandten die Stadt. Lentulus schickte einen gewissen Titus Volturcius aus Croton[120] mit ihnen, damit die Allobroger vor ihrer weiteren Heimreise ihr Bündnis mit Catilina durch ein gegenseitiges Gelöbnis bekräftigen konnten. Er selbst gab Volturcius einen Brief an Catilina, von dem nun eine Abschrift folgt: „Wer ich bin, erkennst du an dem, den ich zu dir geschickt habe.[121] Bedenke doch, in welch schlimmer Lage du dich befindest, und erinnere dich daran, daß du ein Mann bist! Überlege, was deine Pläne fordern. Bitte jedermann um Hilfe, auch die Niedrigsten!"[122]

Dazu gab er einen mündlichen Auftrag: Da er vom Senat zum Staatsfeind erklärt worden sei, mit welcher Absicht weise er die Sklaven zurück? In der Stadt sei alles, was er befohlen habe, bereit. Nun solle er selbst nicht zögern, näher heranzurücken.

(45) Wegen dieser Vorgänge befahl Cicero, der durch die Gesandten über alles informiert war, den Prätoren Lucius Valerius Flaccus[123] und Gaius Pomptinus[124] in der Nacht, die für die Abreise festgelegt war[125], an der Mulvischen Brücke[126] durch einen Hinterhalt den Allobrogern und ihrer Begleitung aufzulauern. Er klärte sie über die ganze Sache auf, um derentwillen sie geschickt wurden. Ansonsten überließ er ihnen die notwendigen Maßnahmen. Diese kriegserfahrenen Männer stellten ohne Aufsehen ihre Posten auf und besetzten heimlich die Brücke. Als die Gesandten mit Volturcius zu dieser Stelle gelangt waren und sich gleichzeitig auf beiden Seiten ein Geschrei erhob, durchschauten die Gallier

schnell den Plan und ergaben sich ohne Verzug den Prätoren. Volturcius ermunterte zunächst die anderen und verteidigte sich gegen die Überzahl mit dem Schwert, dann, als er sich von den Galliern im Stich gelassen sah, beschwor er zunächst Pomptinus inständig um den Erhalt seines Lebens, weil dieser ihm bekannt war, und ergab sich schließlich ängstlich und an seinem Leben verzweifelnd den Prätoren wie Feinden.

Die Aufdeckung der Verschwörung

(46) Nach diesem glücklichen Ausgang wurde dem Konsul alles durch Eilboten gemeldet. Ihn aber befiel gleichzeitig gewaltige Sorge und Freude.[127] Denn er freute sich, weil er sah, daß die Verschwörung aufgedeckt und der Staat den Gefahren entrissen war. Dann wieder war er besorgt, weil er zögernd darüber nachdachte, was gegen so bedeutende Bürger, die bei dem schlimmsten Verbrechen ertappt worden waren, zu tun sei. Ihre Bestrafung würde ihm nach seiner Meinung zur Last gelegt, Straffreiheit für sie zum Untergang des Staates führen. Also faßte er Mut und ließ Lentulus, Cethegus, Statilius, Gabinius und dazu Caeparius aus Terracina[128], der im Begriff war, sich nach Apulien zu begeben, um dort die Sklaven aufzuwiegeln, zu sich rufen. Die übrigen erschienen sofort. Caeparius, der kurz zuvor sein Haus verlassen hatte, war aus der Stadt geflohen, als er von dem Verrat gehört hatte. Der Konsul führte Lentulus eigenhändig in den Senat, weil dieser Prätor war, die anderen ließ er unter Bewachung in den Tempel der Concordia[129] kommen. Dorthin berief er den Senat und führte der zahlreich erschienen Versammlung den Volturcius mit den Gesandten vor; er ließ den Prätor Flaccus eine Schachtel mit den Briefen, die er von den Gesandten erhalten hatte, auch dorthin bringen.

(47) Als man Volturcius über das Ziel seiner Reise, über die Briefe und dazu über seine Absichten und Beweggründe befragte, erfand er zunächst Ausflüchte und gab vor, nichts über eine Verschwörung zu wissen; als man ihn unter Zusicherung von Straffreiheit seine Aussage machen ließ, enthüllte er den ganzen Hergang und erklärte, er sei erst wenige Tage zuvor von Gabinius und Caeparius in die Verschwörung aufgenommen worden und er wisse nicht mehr als die Gesandten, nur

habe er Gabinius öfters sagen hören, daß Publius Autronius, Servius
Sulla, Lucius Vargunteius und viele andere mehr zu der Verschwörung
gehörten. Die Gallier sagten dasselbe aus und überführten Lentulus, der
alles ableugnete, neben seinem Brief noch durch Äußerungen, die er
häufig machte: Durch die sibyllinischen Bücher[130] werde drei Mitgliedern der Familie der Cornelier die Herrschaft über Rom versprochen.
Cinna[131] und Sulla seien seine Vorgänger und er sei der dritte, dem das
Schicksal beschieden habe, die Macht über die Stadt zu erlangen. Außerdem sei nun das zwanzigste Jahr seit dem Brand des Capitols. Für dieses
hätten die Opferschauer[132] aufgrund von Vorzeichen verkündet, daß es
wegen eines Bürgerkrieges ein blutiges Jahr werde. Man verlas die
Briefe, nachdem alle ihr Siegel anerkannt hatten, und demnach entschied
der Senat, daß Lentulus sein Amt niederlegen solle und er ebenso wie die
anderen unter freien Arrest[133] gestellt werden solle. Daher wurde Lentulus dem damaligen Ädil Publius Lentulus Spinther[134], Cethegus dem
Quintus Cornificius[135], Statilius dem Gaius Caesar, Gabinius dem Marcus Crassus und Caeparius – denn er war kurz zuvor auf seiner Flucht
ergriffen und zurückgebracht worden – dem Senator Gnaeus Terentius[136] übergeben.

(48) Nach der Aufdeckung der Verschwörung hatte das Volk, das
zunächst in seiner Gier nach Umsturz dem Krieg allzu günstig gestimmt
war, inzwischen seine Meinung geändert und verwünschte die Vorhaben
Catilinas.[137] Nun hob es Cicero in den Himmel: Als ob es aus der
Sklaverei befreit worden wäre, gab es sich der Freude und Ausgelassenheit hin. Denn es glaubte, daß die anderen Aktionen des Krieges zwar
eher Gewinn als einen Schaden bringen würden, Brandstiftung aber
grausam, maßlos und unheilvoll sei, zumal für jemanden, dessen ganzer
Reichtum sich auf das täglich Lebensnotwendige und die Kleidung
beschränkte.

Tags darauf wurde ein Mann namens Lucius Tarquinius vor den Senat
gebracht, der, wie es hieß, auf dem Weg zu Catilina aufgegriffen worden
war. Als er sagte, er wolle Angaben zur Verschwörung machen, falls ihm
staatlicherseits Straffreiheit zugesichert werde, erhielt er vom Konsul den
Befehl, auszusagen, was er wisse. Er legte dem Senat fast die gleichen
Angaben vor zu den Vorbereitungen zur Brandstiftung, zum Mord an
den Optimaten und zu der Marschrichtung der Feinde: Er sei von

Marcus Crassus[138] geschickt, um Catilina zu melden, die Verhaftung des Lentulus, des Cethegus und anderer Mitglieder der Verschwörung solle ihn nicht schrecken, sondern er solle um so eiliger an die Stadt heranrükken, damit der Mut der übrigen wieder gestärkt werde und jene selbst der Gefahr entrissen werden könnten. Als er aber den Namen Marcus Crassus nannte, ein Mann von Adel, ungeheurem Reichtum und höchstem Einfluß, hielten die einen die Aussage für unglaubwürdig, ein anderer Teil hielt es für ratsam, obgleich sie die Aussage für wahr hielten, einen Mann von so ungeheurer Macht unter solchen Umständen lieber zu besänftigen als herauszufordern. Die meisten waren dem Crassus durch Privatgeschäfte etwas schuldig, und so riefen alle wie aus einem Munde, der Anzeiger sei ein Betrüger. Sie forderten, daß die Angelegenheit vor den Senat gebracht werde. Als Cicero die Frage vorlegte, entschied der zahlreich erschienene Senat, die Anzeige des Tarquinius sei offenbar falsch. Man solle ihn in Gewahrsam halten und ihm keine Möglichkeit zu einer Aussage geben, es sei denn er nenne denjenigen, auf dessen Rat hin er eine so grobe Lüge geäußert habe. Manche Leute glaubten damals, Publius Autronius sei der Anstifter dieser Anzeige gewesen, damit er, wenn Crassus einmal belangt würde, durch die gemeinsame Gefahr die übrigen leichter mit Hilfe von dessen Macht schützen könne. Andere meinten, Cicero habe Tarquinius dazu veranlaßt, damit Crassus nicht nach alter Gewohnheit durch Verteidigung der übeln Kerle im Staat Verwirrung stifte.[139] Später habe ich Crassus selbst öffentlich verkünden hören, Cicero habe ihm diese schlimme Schmach angetan.

(49) Zur gleichen Zeit konnten Quintus Catulus und Gaius Piso weder mit Bitten noch durch Bestechung noch unter Aufbietung ihres Einflusses Cicero dazu bewegen, daß er durch die Allobroger oder einen anderen Anzeiger den Namen Gaius Caesar[140] fälschlicherweise nennen ließ. Denn beide standen mit ihm in tiefer Feindschaft: Piso, weil er auf Schadenersatz wegen der ungerechtfertigten Hinrichtung eines Transpadaners gerichtlich belangt wurde, Catulus, der wegen seiner Bewerbung um das Pontifikat von Haß entbrannt war, weil er trotz seines hohen Alters und obwohl er die höchsten Ehrenämter inngehabt hatte, sich vom ganz jungen Caesar hatte geschlagen geben müssen. Die Gelegenheit schien günstig, weil dieser durch seine außergewöhnliche Frei-

giebigkeit im Privatbereich und gewaltige Schenkungen als Beamter riesige Schulden angehäuft hatte. Als sie aber den Konsul zu einer solchen Schandtat nicht bewegen konnten, schürten sie einen großen Haß auf ihn, indem sie zu den einzelnen hingingen und ihnen vorlogen, was sie angeblich von Volturcius oder den Allobrogern gehört hätten, daß es so weit kam, daß einige römische Ritter, die rings um den Tempel der Concordia bewaffnet zum Schutz standen, entweder wegen der Größe der Gefahr oder wegen ihres wankelmütigen Charakters Caesar mit ihrem Schwert bedrohten, als er die Senatssitzung verließ, damit dadurch ihre Einsatzbereitschaft für den Staat deutlicher in Erscheinung trete.

(50) Während dies im Senat verhandelt wurde und den Gesandten der Allobroger und dem Titus Volturcius, deren Anzeigen als richtig anerkannt worden waren, die Belohnungen zugesprochen wurde, versuchten die Freigelassenen und einige der Klienten des Lentulus auf ganz verschiedenen Wegen in den Gassen der Stadt die Handwerker und die Sklaven dazu aufzuwiegeln, ihn zu befreien, und zum Teil suchten sie die Bandenführer[141] auf, die gewohnt waren, für Geld die öffentliche Ruhe zu stören. Cethegus aber versuchte durch Boten seine Sklaven und seine Freigelassenen, ausgewählte und gut trainierte Männer, zu einer kühnen Tat zu bitten, nämlich eine Heerschar zu bilden und gewaltsam zu ihm vorzudringen. Als der Konsul bemerkte, daß so etwas in Vorbereitung war, stellte er Wachtposten auf, wie es Zeit und Umstände erforderten, berief den Senat ein und stellte die Anfrage, was mit denen, die zur Bewachung übergeben worden waren, nach Beschluß des Senates geschehen solle. Kurz zuvor schon hatte der Senat bei vollem Hause entschieden, daß diese des Hochverrats schuldig seien. Dann wurde Decimus Iunius Silanus[142] als erster nach seiner Stimme gefragt, da er damals designierter Konsul war. Er hatte entschieden, daß die, die in Gewahrsam gehalten wurden, und dazu Lucius Cassius, Publius Furius[143], Publius Umbrenus und Quintus Annius, wenn man sie festgenommen hätte, hingerichtet werden sollten; später schloß er sich, durch Caesars Rede umgestimmt, dem Vorschlag des Tiberius Nero[144] an, weil dieser dafür plädiert hatte, daß diese Angelegenheit erst nach Verstärkung der Wachtposten neu zur Sprache kommen solle.[145] Als die Reihe an Caesar war, und der Konsul ihn um seine Stimme bat, hielt er folgende Rede:

(51) „Senatoren! Jeder, der in bedenklichen Fällen zu einem Entschluß gelangen will, muß frei sein von Haß und Zuneigung, Zorn und Mitleid.[146] Der Geist sieht nur schwerlich das Richtige voraus, wenn jene Emotionen im Wege stehen, und niemand kann sich gleichzeitig von seinen Leidenschaften und seinem wahren Vorteil leiten lassen. Wenn man seinen Verstand anstrengt, ist der Geist stark; wenn aber die Leidenschaft von ihm Besitz ergriffen hat, so herrscht diese, und der Geist vermag nichts. Ich könnte eine Menge Beispiele erwähnen, Senatoren, wo Könige und Völker aus Zorn oder Mitleid schlecht beraten waren. Aber ich möchte lieber Fälle nennen, in denen unsere Vorfahren gegen ihre eigentliche Stimmung richtig und ordnungsgemäß gehandelt haben. Im Makedonischen Krieg, den wir mit König Perseus geführt haben, erwies sich der starke und prächtige Staat Rhodos uns gegenüber als untreu und feindselig. Als man aber nach erfolgreicher Beendigung des Krieges über die Rhodier zu Rate saß, ließen unsere Vorfahren diese ungestraft laufen, damit niemand hätte sagen können, sie hätten einen Krieg wohl eher zur Bereicherung als aufgrund einer Rechtsverletzung begonnen.[147] Ebenso war es in allen Punischen Kriegen: obwohl die Karthager in Friedens- und Kriegszeiten ständig eine Menge ruchloser Taten begingen, haben sie selbst bei einer günstigen Gelegenheit das gleiche getan: sie fragten immer eher danach, was sie ihrer Selbstachtung schuldig seien, als was sie gerechterweise tun könnten.[148] Ebenso müßt ihr dafür Sorge tragen, Senatoren, daß nicht das Verbrechen des Lentulus und seiner Genossen mehr Gewicht hat als eure Würde und daß ihr nicht eurem Zorn mehr Beachtung schenkt als eurem guten Ruf. Wenn man eine gerechte Strafe für die Verbrechen dieser Leute ermittelt, so stimme ich dem Beschluß gegen unsere Gewohnheit zu; wenn aber die Größe des Verbrechens die Vorstellung aller übersteigt, so stimme ich dafür, sich der Gesetze zu bedienen, die vorliegen.[149]

Die meisten von denen, die vor mir ihre Stimme abgegeben haben, haben in wohlgesetzter und schmuckvoller Rede das Unglück des Staates beklagt. Sie haben die Greuel eines Krieges und das Schicksal der Besiegten geschildert: Junge Frauen und Knaben würden geraubt, kleine Kinder würden aus der Umarmung ihrer Eltern gerissen, Mütter von Familien müßten sich gefallen lassen, wonach es die Sieger gelüstet, Heiligtümer und Privathäuser würden geplündert, Mord und Brandschatzung würde stattfinden und schließlich würde alles mit Gewalt, Leichen, Blut und Trauer überschwemmt. Aber, bei den unsterblichen Göttern, worauf zielten diese Reden ab? Etwa uns gegen die Verschwörung zu stimmen? Natürlich, auf wen ein so bedeutender und gräßlicher Fall keinen Eindruck macht, den wird eine solche Rede in Flammen versetzen. Nein, kein Mensch schätzt Unrechtstaten gegen sich selbst gering ein, viele halten sie für schlimmer als sie tatsächlich sind. Aber jeder hat eine andere Handlungsfreiheit, Senatoren. Wenn jemand in der Anonymität in einer niedrigen Stellung sein Leben führt und aus Jähzorn irgendein Verbrechen begeht, so wissen nur wenige davon, sein Ruhm und sein Stand sind identisch. Wer aber große Macht besitzt und in seinem Leben eine hervorragende Stellung einnimmt, von dessen Tun weiß alle Welt.[150] So liegt in der höchsten Position die geringste Handlungsfreiheit; man darf weder allzu große Zuneigung oder Abneigung zeigen, am wenigsten aber Zorn. Was man bei anderen Jähzorn nennt, bezeichnet man bei Personen in Machtpositionen als Hochmut und Grausamkeit. Ich persönlich bin folgender Meinung, Senatoren, daß alle Foltern für die Untaten dieser Menschen zu gering sind.[151] Aber den meisten Menschen bleibt das, was zuletzt geschah, im Gedächtnis haften; sie vergessen bei ruchlosen Menschen deren Verbrechen und diskutieren über die Strafe, wenn diese etwas zu streng ausfiel.

Von Decimus Silanus, einem tüchtigen und entschlossenen Mann, weiß ich gewiß, daß er das, was er gesagt hat, in seiner Liebe zu unserem Staat geäußert hat und er nicht in einer so wichtigen Sache seine Gefühle der Zuneigung oder Feindschaft ausläßt. Ich kenne den Charakter und die Zurückhaltung dieses Mannes. Seine Meinung aber erscheint mir – nicht grausam, denn was kann man solchen Menschen antun, das man grausam nennen könnte – sondern im Widerspruch zu unserer staatlichen Verfassung. Denn sicherlich hat dich entweder die bedrohliche Lage oder die Verletzung deines Rechtsgefühls dazu getrieben, Silanus, als designierter Konsul für die ungewöhnliche Art von Strafe zu stimmen. Es ist überflüssig, über Furcht zu sprechen, da durch die Umsicht unseres hervorragenden Konsuls eine so starke Macht von Wachtposten unter Waffen steht. Zum Thema Strafe kann ich nur sagen, wie es in Wirklichkeit ist, daß nämlich bei Trauer und Elend der Tod ein Ausruhen von den Mühseligkeiten, keine Marter ist; er setzt allen Leiden der

Menschen ein Ende. Danach existiert weder Sorge noch Freude.[152] Aber warum, bei den unsterblichen Göttern, hast du deinen Antrag nicht mit dem Zusatz versehen, daß sie zuvor mit Geißelhieben bestraft werden sollten? Etwa weil es das Gesetz des Porcius[153] verbietet? Aber andere Gesetze ordnen doch an, man solle verurteilte Bürger nicht hinrichten, sondern den Gang ins Exil gestatten. Oder etwa, weil es schlimmer ist, gepeitscht, als getötet zu werden? Was kann man als hart oder allzu schwer bezeichnen bei Menschen, die eines so schlimmen Verbrechens überführt sind? Wenn du es nun so gesagt hast, weil sie eine leichtere Strafe ist, wie reimt es sich dann, daß du das Gesetz in einem weniger bedeutenden Fall beachtest, während du es in einem wichtigeren Falle außer acht läßt?[154]

Wer aber wird beanstanden, was man gegen die Hochverräter an unserem Staat festgelegt hat? Die Umstände, die Zeit und das Schicksal, dessen Laune die Völker regiert. Wie der Beschluß auch aussieht, er geschieht diesen Leuten zu Recht. Bedenkt allerdings, Senatoren, was ihr damit gegen andere entscheidet! Alle schlimmen Vorgänge entstehen aus guten Präzedenzfällen.[155] Sobald die Macht in die Hände von Leuten gerät, die den Fall nicht kennen oder die weniger Rechtsbewußtsein besitzen, wird diese Strafe von Leuten, für die sie vollkommen angemessen war, auf Leute übertragen, die sie in keiner Weise verdienen. Als die Spartaner Athen besiegt hatten[156], richteten sie eine Regierung von dreißig Männern ein. Diese begannen zunächst damit, daß sie die schlimmsten und allgemein verhaßten Leute ohne Gerichtsverhandlung umbringen ließen. Das Volk freute sich darüber und erklärte, das geschehe zu Recht. Als aber die Willkür allmählich wuchs, töteten sie Gute und Schlechte nach Gutdünken und versetzten die anderen in Furcht und Schrecken: So büßten die Bürger unter dem Druck von Knechtschaft schwer für ihre törichte Freude. Als in unseren Tagen Sulla nach seinem Sieg Damasippus[157] und andere derartige Leute, die zum Schaden des Staates mächtig geworden waren, ermorden ließ, gab es da jemanden, der sein Handeln nicht guthieß? Diese verbrecherischen Parteimänner, die durch ihre Parteienkämpfe die öffentliche Ordnung gestört hatten, sagte man, seien zu Recht getötet worden. Doch diese Tat war nur das Vorspiel zu einem schweren Unglück. Denn sobald einer das Haus oder das Landgut, schließlich sogar nur ein kostbares Gefäß oder Gewand eines anderen begehrte, bemühte er sich darum, diesen auf die Proskriptionsliste setzen zu lassen. So wurden die, die sich über den Tod des Damasippus gefreut hatten, bald selbst in den Tod geschleppt, und das Morden fand erst ein Ende, als Sulla seine Anhänger mit Reichtum überhäuft hatte.[158] Ich befürchte zwar so etwas nicht von Marcus Tullius und unter den gegenwärtigen Umständen, aber in einem großen Staat gibt es viele verschiedene Charaktere. Zu einer anderen Zeit, unter einem anderen Konsul, der gleichfalls über ein Heer verfügt, kann etwas Falsches für richtig gelten. Wenn dann ein Konsul nach dem vorliegenden Präzedenzfall durch Senatsbeschluß das Schwert gezückt hat, wer wird ihm ein Ende setzen, wer ihn auch nur mäßigen?

Unseren Vorfahren, Senatoren, fehlte es nie an Einsicht oder an Mut; ihnen stand auch nicht der Hochmut im Wege, wenn es darum ging, Einrichtungen von fremden Völkern zu entlehnen, wenn sie nur gut waren. So übernahmen sie die Rüstung und Bewaffnung von den Samniten und die meisten Amtsabzeichen von den Etruskern. Was ihnen schließlich überall bei ihren Bundesgenossen oder Feinden zweckmäßig erschien, wandten sie zu Hause mit größtem Eifer an: Sie wollten die Tüchtigen lieber nachahmen als beneiden. In eben dieser Zeit aber übernahmen sie den Brauch der Griechen[159], bestraften die Bürger mit Geißelung und vollzogen an Verurteilten die Todesstrafe. Als der Staat aber gewachsen war, und durch die große Zahl von Bürgern verschiedene Parteiströmungen Einfluß besaßen, und man anfing, Unschuldige in die Enge zu treiben und anderes dieser Art zu treiben, wurde durch die lex porcia und andere Gesetze Vorkehrung getroffen, und durch diese wurde es verurteilten Bürgern freigestellt, ins Exil zu gehen. Dieses halte ich für den Hauptgrund dafür, Senatoren, keine außerordentliche Entscheidung zu treffen. Natürlich war die Tatkraft und die Weisheit bei diesen Männern größer, die mit geringen Mitteln ein so großes Reich geschaffen haben, als bei uns, die wir dieses wohlerworbene Reich nur mit Mühe behaupten können.[160]

Sollte man also nach meiner Meinung diese Leute freigeben und das Heer des Catilina vergrößern lassen? Keineswegs. Ich beantrage folgendes:[161] Ihr Vermögen soll eingezogen werden, sie selbst sollen, verteilt auf befestigte Städte, deren Macht am größten ist, in Haft gehalten werden. Und niemand darf später über sie beim Senat oder der Volksversammlung einen Antrag stellen; wer dieses mißachtet, den soll der Senat zum Feind des Staates und des Allgemeinwohls erklären."

(52) Als Caesar geendet hatte, stimmten die Senatoren der einen oder anderen Ansicht bei. Als aber Cato[162] nach seiner Stimme gefragt wurde, hielt er folgende Rede: „Ich bin völlig anderer Ansicht, wenn ich mir den Fall selbst und unsere gefährliche Lage betrachte und die Anträge einiger in Erwägung ziehe. Diese haben offensichtlich nur über die Strafe an Leuten diskutiert, die ihre Heimat und ihre Vorfahren, ihre Götter und ihre Familien mit Krieg bedroht haben; die Umstände ermahnen uns eher, gegen sie Vorsorge zu treffen, als darüber zu beraten, welchen Beschluß wir gegen sie fassen. Denn andere Verbrechen mag man verfolgen, wenn sie geschehen sind. Wenn man gegen dieses keine Vorsorge trifft, wird man wohl vergebens nach gerichtlicher Verfolgung rufen, wenn es eingetreten ist. Ist die Stadt erst einmal eingenommen, so bleibt den Besiegten nichts mehr übrig. Und, bei den unsterblichen Göttern, an euch appelliere ich, die ihr eure Häuser, eure Landgüter, eure Statuen und Gemälde höher schätzt als unser Gemeinwesen. Wenn ihr diese Dinge, welcher Art sie auch sein mögen, an die ihr euch klammert, behalten wollt und ihr euch weiterhin die Muße zu euren Vergnügungen gönnen wollt, so erwacht endlich einmal und setzt euch für den Staat ein! Es geht hier nicht um Steuern oder um Rechtsverletzungen gegen unsere Verbündeten: Unsere Freiheit und unser Leben steht auf dem Spiel.[163]

Senatoren, oft habe ich lange Reden in diesem Hause geführt[164], ich habe mich oft über den üppigen Lebenswandel und die Habgier unserer Bürger beklagt und habe deshalb viele Feinde. Da ich mir selbst und meinen Neigungen niemals einen Fehltritt verziehen habe, so konnte ich nur schwer der Leidenschaft eines anderen Übeltaten ungestraft hingehen lassen.[165] Aber obwohl ihr euch wenig darum gekümmert habt, war der Staat sicher. Die Machtfülle vertrug die Gleichgültigkeit. Jetzt geht es aber nicht darum, ob unser sittlicher Zustand gut oder schlecht ist, und nicht um Glanz und Größe der Herrschaft des römischen Volkes, sondern darum, ob dies alles, wie man darüber auch denken mag, weiterhin uns gehören wird oder zusammen mit uns selbst unsern Feinden. Und da schlägt mir jemand Milde und Mitleid vor! Schon längst haben wir allerdings die wahren Bezeichnungen für die Dinge verloren.[166] Weil

man das Verschenken von fremdem Eigentum als Freigiebigkeit, die
dreiste Ausführung von üblen Taten als Tatkraft bezeichnet, darum steht
der Staat am Rande des Verderbens. Sollen sie meinetwegen freigiebig
sein mit dem Eigentum unserer Verbündeten und milde mit den Dieben
an unserer Staatskasse, wo der Zeitgeist nun einmal so ist: Sie sollen nur
nicht unser Blut verschenken und, während sie ein paar Verbrecher
schonen, alle anständigen Bürger zugrunde richten.

Gaius Caesar hat soeben in dieser Versammlung mit schönen und
wohlgesetzten Worten über Leben und Tod gesprochen.[167] Allerdings
hält er, glaube ich, das für ein Märchen, was man sich über die Unterwelt
erzählt, daß nämlich die Bösen in entgegengesetzter Richtung zu den
Guten abscheuliche, öde, häßliche und schreckenerregende Räume bewohnen. Daher hat er beantragt, daß deren Vermögen eingezogen und
sie selbst in befestigten Städten in Haft gehalten werden sollten, wahrscheinlich weil er fürchtete, daß sie, wenn sie in Rom wären, entweder
von Mitverschworenen oder einer angeworbenen Rotte gewaltsam befreit werden könnten. Als ob es nur in dieser Stadt und nicht in ganz
Italien Bösewichter und Verbrecher gäbe oder dreistes Verhalten nicht zu
mehr imstande wäre an einem Ort, wo die Mittel zur Gegenwehr
geringer wären. Darum ist sein Vorschlag unhaltbar, wenn er wirklich
eine Gefahr von ihnen befürchtet. Wenn er allein sich bei einer so großen
Furcht aller nicht fürchtet, so habe ich um so mehr Grund, für mich und
euch zu fürchten.[168] Darum seid euch sicher, daß ihr, wenn ihr über
Publius Lentulus und die übrigen eine Entscheidung trefft, gleichzeitig
auch über das Heer des Catilina und alle übrigen Verschwörer mitent-
scheidet.[169] Je entschlossener ihr darin verfahrt, desto mehr wird ihr Mut
ins Wanken geraten. Wenn sie bei euch nur die geringste Nachgiebigkeit
sehen, werden sie euch bald wild entschlossen angreifen.

Glaubt doch nur nicht, daß unsere Vorfahren nur mit Waffengewalt
aus einem kleinen Staat einen so großen gemacht haben. Wenn dem so
wäre, so wäre bei uns jetzt alles in schönster Ordnung: Denn wir haben
mehr Bürger, mehr Verbündete, mehr Rüstung und mehr Kavallerie. Es
war etwas anderes, was sie groß gemacht hat, worüber wir nicht verfü-
gen: Betriebsamkeit im eigenen Land, eine gerechte Herrschaft über
andere Völker, ein unabhängiges Urteilsvermögen bei Beratungen, das
nicht in Schuldbewußtsein verstrickt oder den Emotionen unterworfen

war. Wir haben statt dessen einen ausschweifenden Lebenswandel und Habgier, leere öffentliche Kassen bei gleichzeitigem Reichtum des einzelnen. Wir preisen den Reichtum und ergeben uns der Trägheit. Es besteht kein Unterschied mehr zwischen Guten und Bösen. Falscher Ehrgeiz hält allen Lohn für wirkliche Tüchtigkeit im Besitz.[170] Und das ist kein Wunder: Wenn ihr alle eure Beschlüsse nach euren Interessen faßt, wenn ihr zu Hause euren Vergnügungen, hier eurem Geld und eurer Gunst frönt, passiert es eben, daß ein Angriff einen hilflosen Staat antrifft.[171]

Doch davon möchte ich gar nicht reden. Bürger von adligster Abkunft haben sich verschworen, ihre Heimatstadt in Brand zu setzen, sie holen das gallische Volk, den Todfeind alles Römischen, zu diesem Krieg herbei, der Feldherr der Feinde sitzt uns mit seinem Heer schon im Nacken. Und ihr zögert auch jetzt noch und seid euch unschlüssig, was ihr mit euren Feinden, die ihr in eurer eigenen Stadt erwischt habt, machen sollt? Ich beantrage folgendes: Habt Mitleid mit ihnen – ganz junge Männer haben aus fehlgeleitetem Ehrgeiz ein Vergehen begangen – und entlaßt sie sogar mit ihren Waffen[172]: Hoffentlich verwandelt sich eure Milde und euer Mitleid nicht in euer Elend, wenn sie ihre Waffen erheben. Sicherlich, die Lage ist mißlich, aber ihr habt keine Furcht. O doch, ihr habt sogar sehr große Furcht. Aber in eurer Trägheit und Weichlichkeit zögert ihr, der eine wartet auf den anderen, wahrscheinlich vertraut ihr auf die unsterblichen Götter, die den Staat schon so oft aus schlimmsten Gefahren errettet haben. Weder durch Gelübde noch durch weibisches Bittflehen verschafft man sich die Hilfe der Götter; durch Wachsamkeit, durch Fleiß und durch reifliche Überlegung geht alles gut aus. Wenn man sich der Sorglosigkeit und Trägheit hingibt, beschwört man die Götter vergebens: Dann sind die Götter zornig und feindlich gesonnen.

Zur Zeit unserer Vorfahren befahl Aulus Manlius[173] Torquatus im Krieg gegen die Gallier, seinen Sohn zu töten, weil er sich entgegen dem Befehl mit den Galliern auf ein Gefecht eingelassen hatte, und dieser hervorragende junge Mann büßte seine übermäßige Tapferkeit mit dem Tode; und ihr seid euch nicht schlüssig darüber, welches Urteil ihr über diese grausamsten Hochverräter an ihrer Heimat fällen sollt?[174] Natürlich widerspricht ihr übriger Lebenswandel diesem Verbrechen. Na, dann schont nur die Würde des Lentulus, wenn er selbst seinen Anstand, seinen guten Ruf oder irgendetwas Göttliches oder Menschliches jemals verschont hat. Verzeiht der Jugend des Cethegus[175], wenn er nicht schon zum zweiten Mal Krieg gegen seine Vaterstadt führt. Denn was soll ich von Gabinius, Statilius und Caeparius noch reden? Wenn sie jemals Skrupel gehabt hätten, hätten sie nicht solche Absichten gegen den Staat im Schilde geführt. Wenn es schließlich, beim Herkules, Zeit für einen Irrtum gäbe, Senatoren, ließe ich es gern zu, daß ihr durch die Tatsache selbst korrigiert würdet, weil ihr meine Worte mißachtet. Aber wir sind von allen Seiten bedrängt. Catilina sitzt uns mit seinem Heer im Nacken; andere sind als Feinde innerhalb der Stadtmauern gleichsam an der Brust der Stadt; keine Vorbereitung, keine Beratung kann ohne deren Kenntnis stattfinden; um so mehr ist Eile vonnöten.[176]

Darum lautet mein Antrag folgendermaßen: Da durch den frevlerischen Plan dieser verbrecherischen Bürger der Staat in höchster Gefahr schwebt und diese Bürger durch die Anzeigen des Titus Volturcius und der Gesandten der Allobroger überführt sind und gestanden haben, daß sie Vorbereitung zu Mord, Brandstiftung und anderen schrecklichen und grausamen Verbrechen getroffen hatten, so soll an diesen Geständigen, wie an Menschen, die zweifelsfrei eines todeswürdigen Verbrechens überführt sind, die Todesstrafe nach Sitte unserer Vorfahren vollzogen werden."[177]

(53) Als Cato sich gesetzt hatte, priesen alle ehemaligen Konsuln und ebenso ein großer Teil des Senates seinen Antrag. Sie hoben seine mannhafte Haltung in den Himmel, jeder tadelte den anderen und warf ihm Feigheit vor. Man hielt Cato für einen glänzenden und bedeutenden Mann. Der Senatsbeschluß lautete so wie sein Antrag.[178]

Bei dieser Gelegenheit[179] wollte ich, der ich vieles darüber gelesen und gehört habe, welch glänzende Taten das römische Volk in Frieden und Krieg, zu Wasser und zu Lande vollbracht hat, meine Aufmerksamkeit gerne darauf richten, welcher Umstand bei so gewaltigen Unternehmungen die stärkste Stütze war. Ich wußte, daß es oft mit einer kleinen Schar gegen starke feindliche Streitkräfte gekämpft hatte; mir war bekannt, daß es mit geringen Mitteln gegen mächtige Könige Krieg geführt hatte, daß es dazu manchen Schicksalsschlag überstanden hatte, und daß die Griechen die Römer in der Beredsamkeit, die Gallier im Kriegsruhm übertrafen. Während ich über vieles nachdachte, stand für mich fest, daß die außergewöhnliche Tapferkeit einzelner Bürger dieses alles zustande gebracht habe und daß es so dazu gekommen sei, daß Armut über den Reichtum und eine geringe Zahl über eine Übermacht den Sieg errungen habe. Als aber die Bürger durch den üppigen und müßigen Lebenswandel verdorben waren, hielt der Staat wegen seiner Größe den Fehlern seiner Feldherren und Zivilbeamten stand und, als ob er durch das Gebären völlig erschöpft wäre, gab es in Rom in vielen Zeiten überhaupt keinen besonders verdienstvollen Mann. Zu meinen Lebzeiten jedoch gab es zwei Männer von ungeheurer Tatkraft und völlig unterschiedlichen Charakteren. Wo nun der Ablauf der Darstellung mich auf sie geführt hatte, war es nicht meine Absicht, sie stillschweigend zu übergehen, sondern das Wesen und die Verhaltensweisen der beiden, soweit es in meinen Kräften steht, darzulegen.[180]

(54) Diese Männer waren in bezug auf Herkunft, Alter und rhetorische Fähigkeiten beinahe gleich, besaßen die gleiche Charakterstärke, ebenso den gleichen Ruhm, aber jeder auf seine Weise.[181] Caesar hielt man wegen seiner Wohltätigkeit und seiner Freigebigkeit, Cato wegen seiner untadeligen Lebensführung für bedeutend. Ersterer war wegen seiner Milde und seinem Mitgefühl berühmt geworden, letzterem hatte sein strenger Ernst sein ehrenhaftes Wesen noch verstärkt. Caesar erlangte Ruhm durch Geben, Helfen und Verzeihen, Cato durch seine Weigerung etwas zu schenken. Der eine war ein Zufluchtsort für Unglückliche[182], der andere das Verderben für Leute mit schlechtem Charakter. Man lobte die Umgänglichkeit des einen und die Prinzipientreue des anderen. Caesar hatte es sich schließlich zum Grundsatz gemacht, zu arbeiten und zu wachen, durch die Angelegenheiten seiner Freunde in Anspruch genommen die eigenen zu vernachlässigen und nichts abzuschlagen, was einer Schenkung wert wäre; für sich ersehnte er große Macht, ein Heer und einen neuen Krieg.[183]

Catos ganzes Bestreben dagegen galt der Selbstbeherrschung, der sittlichen Würde, besonders aber der ernsten Strenge. Er wetteiferte nicht mit einem Reichen um den Reichtum, nicht mit einem Parteimenschen um die Linientreue, sondern mit einem Tatkräftigen in der Tüchtigkeit, mit einem Anständigen in der Ehrbarkeit und mit einem Unbescholtenen in der Uneigennützigkeit. Er wollte lieber gut sein als scheinen. Je weniger er darum nach Ruhm strebte, desto mehr wurde ihm dieser zuteil.[184]

(55) Nachdem, wie gesagt, der Senat Catos Antrag angenommen hatte, glaubte der Konsul, daß es das beste sei, die Nacht, die bald hereinbrechen würde, nicht abzuwarten, damit in der Zwischenzeit nicht neue Unruhen entstünden, und er befahl dem Dreimännerkollegium[185], die für die Hinrichtung notwendigen Vorbereitungen zu treffen. Er stellte Sicherheitswachen auf und führte dann eigenhändig den Lentulus in den Kerker; dasselbe führten die Prätoren mit den anderen aus. Im Kerker gibt es einen Raum, zu dem man vom Eingang aus ein wenig nach links hinaufsteigt, den man Tullianum nennt und der etwa zwölf Fuß tief in den Boden eingelassen ist.[186] Er ist ringsherum mit Wänden geschützt und von oben her durch ein Gewölbe auf steinernen Schwibbögen. Er vermittelt durch seine Verwahrlosung, seine Dunkelheit und seinen Gestank einen häßlichen und abschreckenden Eindruck. Nachdem man Lentulus in diesen Raum hinabgelassen hatte, erdrosselten ihn die Henker mit einem Strick.[187] So fand dieser Patrizier aus dem hochberühmten Geschlecht der Cornelier, der in Rom die konsularische Amtsgewalt innegehabt hatte, ein seinem Charakter und seinen Verbrechen würdiges Ende. An Cethegus, Statilius, Gabinius und Caeparius wurde in gleicher Weise die Hinrichtung vollstreckt.

Das Ende der Verschwörung

(56) Während dieser Ereignisse in Rom bildete Catilina aus der ganzen Anzahl von Menschen, die er selbst zugeführt hatte und die Manlius schon gehabt hatte, zwei Legionen[188] aus und ergänzte die Kohorten entsprechend der Zahl der zur Verfügung stehenden Soldaten. Danach hatte er die Freiwilligen und Mitverschworenen, wie sie jeweils ins Lager gekommen waren, gleichmäßig auf die Kohorten aufgeteilt und hatte so in kurzer Zeit die Legionen auf volle Personenstärke ergänzt, obwohl er zu Beginn nicht mehr als zweitausend Leute zusammenhatte. Von dieser ganzen Anzahl war aber nur ein Viertel mit richtiger Kriegsbewaffnung ausgerüstet. Die übrigen trugen, wie sie eben der Zufall mit Waffen versehen hatte, Jagdspieße oder Lanzen, zum Teil nur zugespitzte Pfähle.

Als sich Antonius mit seinem Heer zu nähern versuchte, marschierte Catilina durch das Gebirge und rückte bald in Richtung Hauptstadt, bald umgekehrt in Richtung Gallien vor[189], ohne den Feinden eine Gelegenheit zum Kampf zu bieten. Er hoffte, in naher Zukunft starke Streitkräfte zur Verfügung zu haben, wenn die Verbündeten in Rom seine Vorhaben in die Tat umgesetzt hätten. Er wies indessen auch die Sklaven immer zurück, die zunächst in Scharen zu ihm geströmt waren, weil er auf die der Verschwörung zur Verfügung stehende Macht vertraute und zugleich der Meinung war, daß es seinen Plänen offensichtlich widerspräche, wenn er bei dem Bürgerstreit mit entlaufenen Sklaven gemeinsame Sache machte.

(57) Nachdem aber im Lager die Nachricht eingetroffen war, daß die Verschwörung in Rom aufgedeckt sei und daß an Lentulus, Cethegus und den übrigen oben Erwähnten die Hinrichtung vollzogen worden sei, desertierten die meisten, die die Hoffnung auf Raub und die Gier nach Revolution zum Krieg verlockt hatte. Die Verbliebenen führte Catilina durch das rauhe Gebirge in Eilmärschen in das Gebiet von Pistoria[190], in der Absicht, auf Nebenwegen heimlich in das Gallien jenseits der Alpen zu entkommen.[191] Aber im Gebiet von Picenum stand Quintus Metellus Celer mit drei Legionen in Bereitschaft, weil er glaubte, daß Catilina wegen seiner schwierigen Lage genau das eben Erwähnte vorhabe. Als er durch Überläufer von dessen Marsch erfuhr, brach er schnell auf und ließ sich am Fuße des Gebirges nieder, wo jener auf seinem Eilmarsch nach Gallien hinabsteigen würde. Doch auch Antonius war nicht weit entfernt, da er mit seinem großen Heer den auf ihrer Flucht nur leicht Bepackten auf der Ebene nachfolgte. Als Catilina sah, daß er von Bergen und den feindlichen Truppen eingeschlossen war, daß es in der Stadt um seine Sache schlecht stand und daß keine Hoffnung auf Flucht oder Hilfe bestand, glaubte er, daß es in einer solchen Lage das beste sei, das Kriegsglück zu versuchen, und er beschloß, so schnell wie möglich mit Antonius zu kämpfen.[192] Daher berief er sein Heer zu einer Versammlung und hielt folgende Rede[193]:

(59) „Ich weiß aus Erfahrung, Soldaten, daß Worte keinen Mut verleihen, und daß die Rede eines Feldherrn nicht aus einem kraftlosen und furchtsamen Heer ein starkes und tapferes machen kann. Im Kampf offenbart sich immer, wieviel Kühnheit jeder von Natur aus oder durch

seinen Charakter besitzt. Einen, den weder Ruhm noch Gefahren reizen, ermuntert man vergebens: Die Furcht versperrt die Ohren. Doch euch habe ich zusammengerufen, um euch einiges ins Gedächtnis zu rufen und um euch gleichzeitig den Grund zu meinem Entschluß darzulegen.

Ihr wißt ja selbst, welch großes Unglück Lentulus durch seine Fahrlässigkeit und Feigheit über sich selbst und uns gebracht hat, und daß es für mich unmöglich ist, nach Gallien zu marschieren, während ich noch auf Verstärkung aus der Stadt warte. Wie aber unsere Lage jetzt ist, seht ihr ebensogut wie ich. Zwei feindliche Heere, eins in Richtung Stadt, das andere in Richtung Gallien, stehen uns im Wege. Unser Mangel an Nahrungsmitteln und anderen notwendigen Dingen hindert uns daran, auch beim besten Willen länger in unserer gegenwärtigen Stellung zu verweilen. Wohin wir uns auch wenden wollen, muß der Weg mit dem Schwert gebahnt werden.[194] Deshalb ermahne ich euch, tapfer und entschlossen zu sein, und, wenn ihr in den Kampf geht, euch daran zu erinnern, daß ihr Reichtum, Ehre, Ruhm, dazu eure Freiheit und eure Heimat[195] in eurer rechten Hand tragt. Wenn wir siegen, ist für uns alles gesichert: Nachschub wird für uns im Überfluß vorhanden sein, die freien Städte und die Siedlerstellen werden uns offenstehen; wenn wir furchtsam weichen, wird sich das alles gegen uns wenden, kein Ort und kein Freund wird jemandem Schutz gewähren, dessen Waffen ihn nicht selbst geschützt haben. Außerdem, Soldaten, bedroht uns nicht die gleiche Notlage wie diese anderen: Wir kämpfen für unsere Heimat, für unsere Freiheit und für unser Leben; für jene ist es unnötig, für die Macht einiger weniger zu kämpfen. So greift um so mutiger an und denkt an eure frühere Tapferkeit. Es stand euch frei, euer Leben in größter Schande im Exil zu verbringen; einige von euch hätten nach dem Verlust ihres Vermögens in Rom auf fremde Hilfe warten können. Weil euch das abstoßend und unerträglich erschien, habt ihr euch entschlossen, diesen Weg einzuschlagen. Wenn ihr ihn wieder verlassen wollt, so ist Kühnheit notwendig. Nur der Sieger macht aus Krieg Frieden. Denn in der Flucht auf Rettung zu hoffen, indem man die Waffen von den Feinden abkehrt, mit denen man seinen Körper schützt, das ist doch purer Unsinn. Im Kampf besteht immer die größte Gefahr für die, die sich am meisten fürchten; Kühnheit gilt als Mauer.

Wenn ich euch betrachte, Soldaten, und eure Taten würdige, erfüllt mich große Siegeshoffnung. Euer Mut, eure Jugend und eure Tatkraft ermutigen mich dazu, außerdem auch unsere Notlage, die selbst Furchtsame tapfer macht. Denn daß uns die Übermacht der Feinde einschließen kann, verhindern die Engpässe dieser Gegend.[196] Wenn nun das Schicksal euch um eure Tapferkeit beneidet, so hütet euch davor, euer Leben ohne Rache zu verlieren oder eher noch gefangen und wie Vieh abgeschlachtet zu werden, sondern dann kämpft wie Männer und überlaßt den Feinden einen blutigen und trauervollen Sieg."

(59) Als er dies gesagt hatte, wartete er einen kurzen Augenblick, ließ dann das Zeichen geben und führte seine Leute in Reih und Glied auf die Ebene hinab.[197] Danach ließ er die Pferde aller entfernen, um durch die Gleichstellung in der Gefahr den Mut seiner Soldaten zu erhöhen. Er selbst stellte zu Fuß sein Heer entsprechend den örtlichen Verhältnissen und der Truppenzahl auf. Denn da die Ebene auf der linken Seite durch Berge, auf der rechten Seite durch eine Felswand eingeschlossen war, stellte er acht Kohorten in vorderster Front auf, die übrigen Abteilungen postierte er dichter zusammengedrängt als Reserve. Von allen diesen führte er die Altgedienten und die Hauptleute, dazu die tüchtigsten von den einfachen Soldaten in die vorderste Linie. Gaius Manlius ließ er den linken, einen Mann aus Faesulae den rechten Flügel kommandieren. Er selber stellte sich mit den Freigelassenen und den Siedlern in der Nähe des Legionsadlers auf, den Gaius Marius im Krieg gegen die Kimbern[198] in seinem Heer geführt haben soll.

Auf der anderen Seite aber überließ Gaius Antonius, weil er wegen eines Fußleidens nicht an der Schlacht teilnehmen konnte, seinem Legaten Marcus Petreius das Kommando über sein Heer.[199] Dieser stellte die Veteranenkohorten, die er wegen des Aufruhrs angemustert hatte, in die erste Linie. Dahinter stellte er das restliche Heer als Reserve auf. Er selbst ritt durch die Reihen, redete jeden einzelnen mit Namen an, ermutigte und bat sie, daran zu denken, daß sie gegen eine schlecht gerüstete Räuberbande für ihre Heimat, für ihre Kinder, ihre Götter und Häuser kämpften. Weil dieser kriegserfahrene Mann über dreißig Jahre lang als Tribun, Präfekt, Legat oder Prätor mit großem Erfolg im Heer gedient hatte, kannte er die meisten persönlich ebenso wie ihre großen Taten. Durch deren Erwähnung versuchte er, den Mut seiner Soldaten zu steigern.

(60) Als Petreius alles geprüft hatte und er das Trompetensignal hatte geben lassen, befahl er den Kohorten, langsam vorzurücken. Dasselbe tat das Heer der Feinde. Als man sich so nahe gekommen war, daß man den Kampf mit den Wurfschützen beginnen konnte, stürzten sie unter gewaltigem Geschrei im Sturmangriff aufeinander los. Sie warfen ihre Wurfspieße weg und schritten zum Nahkampf mit dem Schwert. Die altgedienten Soldaten erinnerten sich ihrer alten Tapferkeit und drängten mächtig im Handgemenge, die anderen leisteten tapfer Widerstand. Man kämpfte mit aller Macht. Währenddessen befand sich Catilina im heftigen Kampf in der vordersten Reihe bei seinen eifrig kämpfenden Soldaten, eilte Bedrängten zu Hilfe, holte frische Männer für Verwundete herbei, kümmerte sich um alles, nahm selbst oft am Kampf teil und streckte viele Feinde nieder: Er erfüllte gleichzeitig die Aufgabe eines tapferen Soldaten und eines guten Feldherrn. Als Petreius Catilina – gegen seine Vermutung – heftig kämpfen sah, führte er die prätorische Kohorte[200] mitten in die Reihe der Feinde, löste deren Ordnung auf und tötete alle, die hier und da Widerstand leisteten. Danach griff er die übrigen von beiden Flügeln her an. Manlius und der Faesulaner, die in vorderster Reihe kämpften, fielen. Als Catilina sah, daß seine Truppen geschlagen waren und er selbst nur noch mit wenigen übrig war, erinnerte er sich an die frühere Ehre seiner Familie und seiner selbst, stürmte mitten in die dichteste Reihe der Feinde und wurde dort im Kampf durchbohrt.

(61) Aber erst nach erfolgreichem Ende des Kampfes konnte man richtig einschätzen, welche Kühnheit und welche Charakterstärke im Heer des Catilina herrschte. Denn fast jeder deckte die Stelle, die er lebend im Kampf eingenommen hatte, im Tod noch mit seinem Körper. Catilina aber wurde weit entfernt von seinen Soldaten mitten unter den Leichen der Feinde gefunden; er atmete sogar noch ein wenig und in seinem Gesicht lag noch die Unerschrockenheit, die er in seinem Leben besessen hatte. Überhaupt wurde von der ganzen Menschenmenge weder im Kampf noch auf der Flucht ein einziger freigeborener Bürger gefangen genommen: So hatten alle ihr eigenes Leben und das ihrer Feinde in gleicher Weise geschont. Aber auch das Heer des römischen Volkes hatte keinen glücklich stimmenden oder unblutigen Sieg errungen. Denn gerade die Tapfersten waren entweder im Kampf gefallen

oder hatten schwere Wunden davongetragen.[201] Viele aber, die aus Neugier oder Beutelust aus dem Lager herbeigekommen waren, fanden, als sie die Leichen der Feinde umdrehten, manche einen Freund, andere einen früheren Gastfreund oder einen Verwandten. Einige erkannten ihre früheren politischen Feinde wieder. So herrschte abwechselnd bei allen im Heer Jubel, Trauer, Jammer und Freude.[202]

II. DER KRIEG GEGEN JUGURTHA

Proömium

1. Ohne Grund beklagt sich der Mensch über seine Natur, daß dieselbe, gebrechlich und von kurzer Dauer, mehr vom Zufall als durch innere Tüchtigkeit geleitet werde. Denn im Gegenteil dürfte man bei genauem Nachdenken finden, daß es überall nichts Größeres und Vorzüglicheres gebe, und daß es der Natur mehr an der Menschen Energie als an Kraft oder Zeit fehle. Aber freilich ist Führer und Gebieter des Menschen allein der Geist. Wenn nun dieser dem Ruhm auf der Bahn der Tüchtigkeit zustrebt,[1] so ist er im Übermaß stark, mächtig und berühmt, und bedarf des Glückes nicht, daß ja Anstand, Tatkraft und andere gute Eigenschaften einem weder geben noch rauben kann.[2] Ist er aber gefesselt von verkehrten Begierden[3] in Untätigkeit und in Sinnesgenüsse versunken, so wird, wenn er verderbliche Lust eine Weile genossen und in Untätigkeit Kräfte, Zeit, Geist zerronnen sind, die Schwäche der Natur angeklagt, und obwohl man selbst verantwortlich ist, schiebt jeder die Schuld auf die Verhältnisse. Würden nun die Menschen so viel Sinn fürs Gute haben, wie sie mit regem Eifer nach Unangemessenem[4] und Unnützen, ja oft selbst Gefährlichem trachten, so würden sie nicht von zufälligen Ereignissen beherrscht werden, sondern eher diese beherrschen, und sich zu einer Stufe von Größe aufschwingen, wo sie aus Sterblichen durch Ruhm zu Unsterblichen würden.[5]

2. Denn wie das Wesen des Menschen aus Leib und Seele besteht, so richten sich alle Handlungen und alle Bestrebungen teils nach der leiblichen, teils nach der geistigen Natur. Daher zerfallen ein glänzendes Äußeres, großer Reichtum, zudem Körperkraft und alles andere von der Art in kurzer Zeit,[6] dagegen sind ausgezeichnete Werke des Geistes wie die Seele selbst unsterblich. Überhaupt haben Leibes- und Glücksgüter wie einen Anfang, so auch ein Ende, und alles Entstandene vergeht und altert, wenn es seine Größe erreicht hat: der Geist, unvergänglich, ewig, Lenker des menschlichen Geschlechts, leitet und besitzt alles, ist selbst aber in niemandes Besitz. Um so mehr muß man sich über die Verkehrtheit der Menschen wundern, die, Sklaven sinnlicher Freuden, in Üppigkeit und Untätigkeit ihr Leben verbringen,[7] ihren Geist dagegen, in jeder Beziehung das Beste und Bedeutendste am menschlichen Wesen, aus Mangel an Bildung und in Stumpfsinn erlahmen lassen, besonders da es

so viele und verschiedenartige Beschäftigungen des Geistes gibt, durch die man die höchste Berühmtheit gewinnen kann.

3. Von diesen aber sind, wie mir scheint, Staatsämter und Posten beim Militär, kurz, jede Beteiligung an den öffentlichen Belangen heutzutage[8] am wenigsten wünschenswert, weil ja doch weder der Tüchtigkeit Auszeichnungen erteilt werden, noch auch selbst diejenigen, die auf Schleichwegen zu solchen gelangten, dadurch gesichert oder deshalb mehr geehrt sind.[9] Denn mit Gewalt Vaterland oder Untertanen regieren, ist, wenn man es auch kann und so Mißstände verbessert, eben doch etwas Bedenkliches, zumal da alle größeren Veränderungen im Staatswesen Mord, Ächtung und andere feindselige Maßnahmen befürchten lassen. Vergebens aber sich anzustrengen und bei aller Mühe nichts anderes als Haß zu ernten,[10] zeugt vom äußersten Unsinn, es müßte denn einer von der ehrlosen und verderblichen Sucht beherrscht sein, der Macht einiger Weniger seine Ehre und Freiheit zum Opfer zu bringen.[11]

4. Im übrigen ist unter anderen Beschäftigungen, die mit dem Geiste betrieben werden, von besonders hohem Gewinn die Darstellung der Geschichte. Weil aber über ihren Wert sich schon viele ausgesprochen haben,[12] so meine ich, dies übergehen zu können, zugleich auch darum, damit niemand der Meinung sei, ich wolle aus Überheblichkeit mein Lieblingsfach durch Lobsprüche herausheben. Nun glaube ich zwar, es werde Leute geben, die, weil ich mich entschlossen habe, fern von Staatsgeschäften mein Leben hinzubringen, meine so bedeutende und so nützliche Beschäftigung mit dem Namen Untätigkeit belegen,[13] wenigstens diejenigen, denen es als die größte Betriebsamkeit erscheint, dem Volk den Hof zu machen und mit Gelagen um seine Gunst zu werben. Wenn diese doch an die Zeiten denken würden, in denen ich zu Staatsämtern gelangte, dann an die ausgezeichneten Männer, die eben dazu nicht gelangen konnten, und an die Sorte von Menschen, die später in den Senat kam,[14] wahrlich sie würden dann ermessen können, daß ich vielmehr mit Fug und Recht, als aus Arbeitsscheu meine Ansicht geändert habe, und daß von meiner Geschäftslosigkeit dem Staate ein größerer Gewinn zufließen werde, als von der Geschäftigkeit anderer. Denn oft habe ich gehört, daß Quintus Maximus, Publius Scipio und außer ihnen noch andere hervorragende Männer unseres Staates[15] sich wiederholt dahingehend äußerten: wenn sie die Bilder ihrer Ahnen anschauten,

so werde ihnen das Herz aufs gewaltigste für Vollkommenheit ent-
flammt.[16] Freilich nicht das Wachs noch die Gestalt übe so bedeutenden
Einfluß auf sie aus, sondern durch die Erinnerung an deren Taten wachse
diese Flamme im Herzen von ausgezeichneten Männern und werde nicht
eher gedämpft, bis ihre eigene Leistung dem Ruf und dem Ruhm jener
gleichgekommen ist. Dagegen aber, wo ist beim jetzigen Zeitgeist ein
einziger, der nicht lieber in Reichtum und Aufwand, als in Anstand und
Fleiß mit seinen Vorfahren wetteiferte? Auch Männer ohne adelige Vorfahren, die früher durch Verdienste den Adel zu übertreffen pflegten,
streben jetzt lieber auf heimliche und räuberische Weise als durch recht-
liche Mittel nach Machtpositionen und Ehrenämtern,[17] gleich als ob
Prätur und Konsulat und alles derart an und für sich etwas Glänzendes
und Großartiges wären, und nicht vielmehr ihre Geltung sich nach dem
Wert derer richtete, welche sie bekleiden. Doch ich habe mich zu frei
und tief eingelassen, indem die sittlichen Zustände in unserem Staate
mich ärgern und anwidern. Jetzt kehre ich zu meinem Vorhaben zurück.

Die Vorgeschichte des Krieges bis zur Teilung Numidiens

5. Den Krieg will ich beschreiben, den das römische Volk mit Jugurtha[18],
dem König der Numider, geführt hat, erstens, weil er bedeutend und
blutig und von wechselndem Siegesglück begleitet war,[19] zweitens, weil
man da zum ersten Mal dem Hochmut des Adels entgegentrat: dieser
Kampf brachte jede göttliche und menschliche Ordnung durcheinander
und stieg bis zu so einem Grade von Wahnsinn, daß erst leidenschaftliche
Auseinandersetzungen der Bürger dem Krieg und der Verödung Italiens
ein Ende setzen konnten.[20] Ehe ich aber eine solche Begebenheit von
ihrem Beginn an auseinandersetze, muß ich zuvor in der Geschichte ein
wenig zurückgehen,damit zum Verständnis alles klarer und offener da-
liege.

Im zweiten punischen Krieg, in dem der karthagische Feldherr Hannibal der Macht Italiens die empfindlichsten Schläge beigebracht hatte, seit
der Zeit, in der der Ruhm Roms stark geworden war,[21] hatte Masinissa[22],
König der Numider, von Publius Scipio, der später wegen seiner Verdienste den Beinamen Africanus erhielt, in die Freundschaft des römi-

schen Volkes aufgenommen, viele hervorragende Kriegstaten vollbracht. Dafür gab ihm das römische Volk nach dem Sieg über die
Karthager und der Gefangennahme des Syphax, der in Afrika ein
großes, machtvoll ausgedehntes Reich besaß,[23] alle Städte und Landes-
teile, die es erobert hatte, zum Geschenk. Und so blieb uns denn Masinissa ein redlicher und ehrenwerter Freund.[24] Aber mit seinem Leben
endete auch seine Herrschaft. Hierauf erhielt sein Sohn, Micipsa, nachdem dessen Brüder, Mastanabal und Gulussa[25] von einer Krankheit dahingerafft worden waren, die Alleinherrschaft. Dieser zeugte den Adherbal und Hiempsal und ließ den Sohn seines Bruders Mastanabal, den
Jugurtha, den Masinissa als Abkömmling einer Nebenfrau von der
Thronfolge ausgeschlossen hatte, gleich seinen eigenen Kindern am Hofe
erziehen.

6. Sobald nun dieser ins Jünglingsalter eingetreten war, gewaltig an
Körperkraft, von schönem Äußeren, ganz besonders aber stark an geisti-
ger Begabung, gab er sich nicht den Verderbnissen der Üppigkeit und
dem Müßiggang hin, sondern wie es dort Volkssitte ist, übte er sich im
Reiten[26], Speerwerfen, Wettlaufen mit Altersgenossen, und obgleich er
alle an Ruhm übertraf, war er doch bei allen beliebt. Zudem brachte er
seine meiste Zeit auf der Jagd zu[27]: er erlegte Löwen und andere wilde
Tiere zuerst oder doch mit unter den ersten; er tat sehr viel, und sprach
sehr wenig von sich selbst. Über diese Erscheinungen war Micipsa zwar
anfangs erfreut, in der Meinung, Jugurthas Vorzüge würden seiner Herrschaft Ruhm einbringen, doch als er sah, daß der junge Mann immer
größeren Einfluß bekam, während er selbst dem Lebensende nahe[28] und
seine eigenen Kinder noch klein waren, war er über diesen Umstand
ernstlich besorgt und erwog bei sich viel hin und her. Es schreckte ihn das
menschliche Wesen, herrschsüchtig und stürmisch darauf bedacht, seine
Begierden zu befriedigen, überdies die günstige Gelegenheit, die sein
und seiner Kinder Alter darbot, was auch einfache Menschen durch
Hoffnung auf Gewinn auf Abwege führt, zudem die Begeisterung der
Numider für Jugurtha, aus der er die Entstehung von Aufruhr und
Bürgerkrieg befürchtete, wenn er einen so ausgezeichneten Mann aus
dem Weg räumen wollte.

7. Als er von diesen Schwierigkeiten bedrängt war und einsah, daß ein
so beliebter Mann sich weder durch Gewalt noch durch Nachstellungen

aus dem Weg räumen lasse, beschloß er, den Jugurtha, weil dieser tapfer und begierig auf Kriegsruhm war, Gefahren auszusetzen und auf diesem Weg sein Glück zu versuchen. Als daher Micipsa dem römischen Volk in den Numantinischen Krieg Reiterei und Fußvolk zu Hilfe sandte, stellte er ihn an die Spitze der Numider, die er nach Spanien sandte, in der Hoffnung, er werde entweder seiner sich vordrängenden Tapferkeit oder der Wut der Feinde leicht zum Opfer fallen.[29] Doch ganz anders, als er erwartet hatte, war der Erfolg. Denn sobald Jugurtha sich mit Hilfe seines tatkräftigen und scharfblickenden Geistes mit der Eigentümlichkeit des damaligen römischen Feldherren, Publius Scipio, und der Kampfesweise des Feindes vertraut gemacht hatte, war er durch viel Anstrengung und Umsicht, überdies durch die anspruchsloseste Unterordnung und dadurch, daß er oft Gefahren aufsuchte, in kurzer Zeit zu einer so großen Berühmtheit gediehen, daß er bei unseren Leuten in hohem Maße beliebt, für die Numantiner der größte Schrecken wurde. Und in der Tat war er, was ganz besonders schwierig zu vereinbaren ist, sowohl persönlich tapfer im Kampf, als auch hilfreich in der Beratung. Vorzüge, von denen der eine meist aus Vorsicht Furcht, der andere aus der Kühnheit Tollkühnheit zu erzeugen pflegt. Daher ließ der Feldherr in der Regel alle schwierigen Aufgaben durch Jugurtha ausführen, behandelte ihn wie einen Freund[30], und gewann ihn von Tag zu Tag lieber, denn ihm mißlang kein Plan, kein Unternehmen. Hierzu kam sein freigiebiger Sinn und seine geistige Gewandtheit, wodurch er mit vielen der dortigen Römer in kurzer Zeit ein Freundschaftsverhältnis angeknüpft hatte.[31]

8. Zu dieser Zeit befanden sich in unserem Heer viele Emporkömmlinge und Adlige, denen Reichtum mehr bedeutete als Anstand und Ehre, cliquensüchtig in ihrer Heimat, einflußreich bei unseren Verbündeten[32], mehr berühmt als angesehen. Sie setzten den ohnedies unmäßigen Sinn Jugurthas durch wiederholte Versprechungen in Flammen: wenn Micipsa tot sei, so werde er die Alleinherrschaft über Numidien in seine Hand bekommen;[33] in seiner Person vereinigten sich die größten Vorzüge; in Rom sei alles käuflich. Als aber nach Numantias Zerstörung[34] Publius Scipio beschlossen hatte, die Hilfstruppen zu entlassen und selbst heimzukehren, beschenkte und lobte er Jugurtha vor der Heeresversammlung ausgiebig, nahm denselben darauf in seinem Feldherren-

zelt beiseite und gab ihm unter vier Augen die Warnung, er solle lieber über staatliche Institutionen als über Privatleute Freundschaft mit dem römischen Volke pflegen[35] und sich nicht an Bestechungen gewöhnen; gefährlich sei es, von wenigen zu kaufen, was vielen gehöre.[36] Wenn er seinem bisherigen Verhalten treu bleibe, so werde ihm von selbst Ruhm und Thron zuteil werden. Wenn er aber zu hastig vorgehe, so werde er durch sein eigenes Geld in den Abgrund stürzen.[37]

9. Nach dieser Ansprache entließ er ihn mit einem Schreiben, das er Micipsa aushändigen sollte. Sein Inhalt war folgender:[38] Dein Jugurtha hat sich im Numantinischen Kriege vor allen ausgezeichnet, was dich, wie ich weiß, freuen wird. Uns ist er seiner Verdienste wegen teuer; daß er es auch dem Senat und Volk von Rom werde, darum wollen wir uns mit aller Kraft bemühen. Dir persönlich wünsche ich bei unserer Freundschaft Glück. Siehe, da hast du einen Mann, wert deiner und seines Großvaters Masinissa!

Als nun der König, was er schon durch das Gerücht vernommen, auch im Briefe des Feldherren bestätigt fand, änderte er, durch die Verdienste des Mannes, besonders aber durch seine Beliebtheit veranlaßt, seine Absichten und machte einen Versuch, Jugurtha dadurch, daß er ihm seine Gunst bewies, für sich zu gewinnen; sofort adoptierte er ihn und setzte ihn per Testament mit seinen Söhnen zum gleichberechtigten Erben ein.[39] Als er selbst aber wenige Jahre später[40], durch Krankheit und Alter geschwächt, sein Lebensende herannahen fühlte, soll er in Gegenwart seiner Vertrauten und seiner Verwandten[41], desgleichen seiner Söhne Adherbal und Hiempsal, an Jugurtha folgende Worte gerichtet haben:

10. Als einen Knaben ohne Aussichten, ohne Mittel, habe ich dich, Jugurtha, nach dem Verlust deines Vaters in die Nähe meines Thrones aufgenommen, in gutem Glauben, ich werde dir nicht weniger als leiblichen Kindern, falls mir welche geboren würden, wegen meiner Wohltaten lieb sein. Auch habe ich mich hierin nicht getäuscht. Denn um deine übrigen bedeutenden und ausgezeichneten Vorzüge gar nicht erst zu erwähnen, so bist du vor kurzem erst zur Ehre für mich und meinen Thron mit Ruhm gekrönt von Numantia zurückgekehrt und hast durch deine Verdienste die Römer, zuvor schon unsere Freunde, mit uns aufs innigste befreundet; in Spanien ist der Name unserer Familie neu aufge-

lebt, ja, was auf der Welt das schwerste ist, du hast durch deinen Ruhm
den Neid zum Schweigen gebracht. Jetzt, weil nun einmal bei mir die
Natur dem Leben ein Ende setzt, ermahne und beschwöre ich dich bei
dieser Rechten und bei deiner Pflicht als König, daß du diese, die dir
durch Abkunft schon verwandt, durch meine Gnade deine Brüder sind,
in Ehren hältst und nicht lieber Fremde an dich ziehst, als die Verbindung
mit Blutsverwandten bewahrst. Weder Heere noch Schätze sind die
Stützen eines Throns,[42] vielmehr Freunde sind es, die man aber weder
mit Waffen erzwingen, noch mit Gold dürfte erkaufen können: durch
Liebesdienste und Treue werden sie gewonnen. Wer ist aber einem
befreundeter als ein Bruder dem Bruder? Oder wo wird man einen
Freund verläßlich finden, wenn man mit seinen Verwandten verfeindet
ist? Ich für meine Person vererbe euch den Thron festbegründet, wenn
ihr gut seid, wankend, wenn ihr schlecht seid. Denn durch Eintracht
wächst auch Unbedeutendes, durch Zwietracht fällt selbst das Größte
auseinander.[43] Übrigens gebührt es dir, Jugurtha, der du an Alter und
Einsicht diesen da überlegen bist, dafür zu sorgen, daß es sich nicht anders
verhält. Denn bei jedem Streit erscheint der Mächtigere, auch dann,
wenn ihm Unrecht widerfahren ist, doch als derjenige, der Unrecht tut,
weil er der Stärkere ist. Ihr aber, Adherbal und Hiempsal, achtet, ehret
diesen ausgezeichneten Mann; eifert seinen Verdiensten nach und gebt
euch alle Mühe, daß es nicht den Anschein gewinne, als habe ich bessere
Kinder angenommen, als erzeugt.

11. Obgleich Jugurtha die Heuchelei in den Worten des Königs
durchschaute und selbst auch ganz andere Gedanken in seinem Inneren
hegte, so gab er doch den Umständen gemäß darauf eine verbindliche
Antwort. Wenige Tage später starb Micipsa. Als sie ihm mit gewohnter
königlicher Pracht die letzte Ehre erwiesen hatten,[44] hielten die Fürsten
eine Zusammenkunft , um sich über alle Angelegenheiten untereinander
zu verständigen. Aber Hiempsal, der jüngste von ihnen, der, von Natur
trotzig, schon früher auf Jugurthas unedle Abkunft herabsah, weil dieser
mütterlicherseits nicht ebenbürtig war,[45] setzte sich dem Adherbal zur
Rechten, damit nicht Jugurtha in die Mitte käme, was bei den Numidern als Ehrenplatz gilt.[46] Später jedoch ließ er sich auf Drängen seines
Bruders, er möchte doch dem Alter den Vorrang einräumen, aber gegen
seinen Willen auf die andere Seite bewegen.

Als sie nun hier über die Reichsverwaltung mancherlei hin und her sprachen, ließ Jugurtha unter anderem die Äußerung fallen, man müsse alle Beschlüsse und Verordnungen der letzten fünf Jahre als ungültig aufheben, denn in diesem Zeitraum sei Micipsa vor Altersschwäche seiner Denkkraft nicht mehr recht mächtig gewesen.[47]

Darauf antworte Hiempsal, er sei derselben Meinung, denn in den letzten drei Jahren sei jener durch Adoption zu seinem Anspruch auf die Krone gekommen. Diese Äußerung drang tiefer in Jugurthas Herz ein, als man hätte glauben sollen. Daher setzte er seit dieser Zeit, von Rachegefühl und Besorgnis getrieben, alles in Bewegung und beschäftigte sich mit keinem anderen Gedanken, als wie er dem Hiempsal eine Schlinge legen könnte. Als ihm dieses aber nicht schnell genug ging, und doch sein heftiger Zorn nicht besänftigt wurde, beschloß er, um jeden Preis sein Vorhaben durchzusetzen.

12. Bei der ersten Zusammenkunft, die, wie ich oben angab, die jungen Könige hielten, hatte man wegen der Meinungsverschiedenheiten beschlossen, die Schätze zu teilen und jedem ein gesondertes Gebiet zuzuteilen.[48] Daher wurde zur Durchführung beider Geschäfte ein Zeitpunkt festgesetzt, und zwar zuerst zur Geldverteilung. Inzwischen zog sich jeder der jungen Könige an einen der Schatzkammer nahen Ort zurück. Zufällig nahm Hiempsal in der Stadt Thirmida[49] seine Wohnung im Hause eines Mannes, der dem Jugurtha als persönlicher Liktor[50] immer lieb und willkommen gewesen war. Diesem Manne, den ein glücklicher Zufall ihm zum Werkzeug anbot, machte er die glänzendsten Versprechungen und brachte ihn so dazu, sich nach seinem Hause, als wolle er sich sein Eigentum anschauen, zu begeben und sich Nachschlüssel zu verschaffen. Denn die echten wurden dem Hiempsal übergeben. Im übrigen werde er selbst, sobald die Umstände es erforderten, mit zahlreicher Mannschaft herbeikommen. Der Numider erledigte seinen Auftrag in kurzer Zeit und ließ, wie es ihm befohlen war, bei Nacht die Soldaten Jugurthas ein. Sobald diese ins Haus eingedrungen waren, suchten sie den König, indem sie sich in verschiedene Richtungen verteilten, töteten einige im Schlaf, andere, wie sie ihnen entgegentaumelten, durchforschten alle Winkel, sprengten die Schlösser auf und erfüllten alles mit Lärm und Aufruhr. Währenddessen fand man den Hiempsal, in der Hütte einer Sklavin versteckt, wohin er sich im ersten Schrecken und

ohne Ortskenntnis geflüchtet hatte. Die Numider überbrachten, wie
ihnen befohlen war, sein Haupt dem Jugurtha.

13. Übrigens verbreitete sich das Gerücht von einem so großen Verbrechen in kurzem durch ganz Afrika[51]. Den Adherbal und alle, die
bisher unter Micipsas Herrschaft gestanden hatten, befiel Furcht; in zwei
Parteien teilten sich die Numider; die Mehrzahl schloß sich dem Adherbal, dem anderen aber die tüchtigeren Krieger an. Demnach bewaffnete
Jugurtha, was er nur an Streitkräften zusammenbringen konnte, eroberte einige Städte mit Gewalt, schloß andere mit ihrer Zustimmung
seiner Herrschaft an und schickte sich an, über ganz Numidien Herr zu
werden. Adherbal hatte zwar Abgeordnete nach Rom gesandt, um den
Senat von der Ermordung seines Bruders und seiner eigenen Lage zu
unterrichten, bereitete sich jedoch im Vertrauen auf die Zahl seiner
Truppen darauf vor, den Streit mit Waffen zu entscheiden. Als es aber
zum Kampf kam, wurde er geschlagen, entfloh in die Provinz und eilte
von da nach Rom.[52]

Als nun Jugurtha seine Pläne verwirklicht hatte, im Besitz von ganz
Numidien war und in Ruhe über seine Tat nachdachte, da stieg in ihm
Furcht vor dem römischen Volke auf, und er wußte gegen dessen Rache
nirgends als in der Habsucht des Adels und in seinem Gelde Hoffnung zu
finden. Deshalb schickte er einige Tage darauf Gesandte mit viel Gold
und Silber nach Rom und gab ihnen die Weisung, zuerst seine alten
Freunde mit Geschenken zu überhäufen,[53] danach für ihn neue zu gewinnen,[54] kurz, ohne Bedenken, was sie nur vermöchten, durch Bestechung
für ihn anzuwerben. Als nun die Gesandten in Rom angelangt waren
und nach des Königs Anweisung an dessen Gastfreunde und andere, die
um diese Zeit einen bedeutenden Einfluß im Senat ausübten, wertvolle
Geschenke übersandt hatten, trat in der Stimmung gegen Jugurtha ein so
großer Umschwung ein, daß der eben noch so bitter gehaßte beim Adel
zu Gunst und Wohlwollen gelangte. So umwarb ein Teil von diesen
durch Aussichten, andere durch wirkliche Belohnungen veranlaßt, einzelne Senatoren und versuchte zu erreichen,[55] daß keine allzu strengen
Maßnahmen gegen ihn ergriffen würden. Als sich daher die Gesandten
hinlänglich gesichert glaubten, wurde an einem festgelegten Tag beiden
Parteien Senatsaudienz gewährt. Da soll Adherbal folgende Rede gehalten haben:[56]

14. Versammelte Senatoren![57] Mein Vater Micipsa hat mir bei seinem Tod die Lehre gegeben, ich sollte mich auf dem numidischen Throne nur als Stadthalter ansehen; ansonsten läge das Hoheitsrecht und die Herrschergewalt in euren Händen.[58] Zugleich sollte ich mich darum bemühen, daheim und im Felde dem römischen Volke so nützlich wie möglich zu sein. Euch sollte ich als meine Blutsfreunde, euch als meine Verwandten betrachten; Wenn ich so handelte, so hätte ich in eurer Freundschaft eine militärische, finanzielle und moralische Stütze für meinen Thron. Indem ich aber diesen Lehren meines Vaters nachzukommen suchte, hat Jugurtha, der verruchteste Bösewicht unter allen, die die Erde trägt, unter Verachtung eurer Oberhoheit mich, den Enkel Masinissas und Bundesgenossen und Freund des römischen Volkes schon durch die Geburt, vom Reich und allem Besitztum verdrängt. Weil es einmal mit mir bis zu diesem Grade von Elend kommen sollte, Senatoren, hätte ich es lieber gesehen, daß ich mein Hilfegesuch an euch auf meine eigenen statt auf meiner Ahnen Verdienste hätte gründen dürfen, und am liebsten daß das römische Volk mir zu Gegenleistungen verpflichtet gewesen wäre, deren ich nicht bedurft hätte, dem am nächsten aber, wenn ich diese schon nötig hätte, daß ich sie als eine Schuld von eurer Seite hätte benutzen können.

Aber weil eben Redlichkeit, auf sich beschränkt, nicht genug Sicherheit gewährt und Jugurthas Betragen nicht in meiner Hand lag, so nehme ich zu euch meine Zuflucht, Senatoren, die ich, was für mich das Peinlichste ist, belästigen muß, ehe ich euch dienen konnte. Sonst sind Könige entweder auf dem Schlachtfelde besiegt, zu Freunden von euch angenommen worden, oder haben in eigener mißlicher Lage um ein Bündnis mit euch nachgesucht.[59] Unsere Familie hat mit dem römischen Volke im Karthagischen Kriege Freundschaft begonnen zu einer Zeit, wo mehr auf dessen Treue, als auf sein Glück zu rechnen war. Lasset deshalb nicht zu, Senatoren, daß deren Sprößling, ich, ein Enkel Masinissas, euch vergebens um Hilfe angehe. Gäbe es auch zu deren Gewährung an mich keinen anderen Grund, als mein bejammernswertes Schicksal, daß ich, eben erst noch König, durch Geburt, Ruf und Macht bedeutend, jetzt entstellt durch Leiden, hilflos auf fremde Hilfe warten muß, so wäre es dennoch bei der Größe des römischen Volkes angebracht, Rechtsverletzungen zu verhindern und nicht zuzulassen, daß einer sein Reich durch Freveltaten erweitere. Ich aber bin aus dem Gebiete geworfen worden, das das römische Volk meinen Vorfahren gab,[60] aus dem mein Vater und Großvater mit euch vereint den Syphax und die Karthager vertrieben haben. Die Gaben eures Wohlwollens, Senatoren, sind mir entrissen, ihr seid im Unrecht gegen mich verächtlich behandelt worden. Wehe mir Armem! Dahin, mein Vater Micipsa, ist es mit deinen Beweisen der Gunst gekommen, daß der gerade, den du deinen Kindern gleichstelltest und zum Miterben deines Thrones machtest, der Vernichter deines Stammes wird? Nie also darf unsere Familie zur Ruhe kommen? Immer müssen wir uns in blutiger Fehde, Waffenlärm und Verbannung herumtreiben? Solange die Macht Karthagos noch ungeschwächt dastand, hatten wir ganz natürlich jedes grausame Los zu ertragen; der Feind in unserer Flanke, ihr, unsere Freunde, fern: alle Hoffnung beruhte da auf den Waffen. Seitdem jene Unheilstifterin von Afrikas Boden vertilgt war, lebten wir glücklich im Frieden. Es gab ja für uns keinen Feind[61] mehr, außer wenn ihr etwa gegen uns einen solchen aufbietet. Siehe aber, da erhob sich unerwartet Jugurtha mit unerträglicher Frechheit und verbrecherischem Übermut, tötete meinen Bruder und in ihm seinen eigenen Blutsverwandten und machte zuerst dessen Reich zum Raube seines Frevels. Als er mich hierauf nicht durch gleiche Tücke fangen kann und ich in eurem Herrschaftsbereich alles andere als Gewalt und Tücke erwartete, hat er mich, wie ihr seht, von Heimat und Haus verjagt, in Hilflosigkeit und in einen Abgrund von Leiden gestürzt und es dahin gebracht, daß ich mich überall sicherer fühlte als in meinem eigenen Reiche.

Ich war bisher der Ansicht, Senatoren, wie ich dies auch meinen Vater hatte aussprechen hören. wer Freundschaft mit euch sorgfältig unterhalte, der übernehme ein gut Stück Arbeit,[62] sei aber dafür auch vollkommen sicher. Was in der Macht unserer Familie lag, das hat sie geleistet, daß sie in allen Kriegen euch zur Seite stand; daß nun wir in Zeiten der Waffenruhe sicher sein dürfen, liegt in eurer Hand, Senatoren.

Mein Vater hinterließ uns zwei Brüder; vom dritten, Jugurtha, glaubte er, dieser werde uns durch seine Gunstbeweise verbunden bleiben. Der eine von uns ist ermordet, des anderen ruchlosen Händen bin ich selbst mit Mühe entronnen. Was soll ich jetzt machen? Vor allem, wohin soll ich in meinem Unglück mich wenden? Die Stützen meines

Stammes sind alle dahin; mein Bruder hat der Natur seine Schuld bezahlt; meinem Bruder hat einer, der es am wenigsten hätte tun dürfen, ein Blutsverwandter, in verbrecherischer Weise das Leben geraubt. Von den Angehörigen, Freunden, den übrigen Mitgliedern meiner Familie hat den einen da, den anderen dort der Untergang ereilt; ergriffen von Jugurtha, wurde ein Teil ans Kreuz geheftet, ein anderer wilden Tieren vorgeworfen,[63] die wenigen, denen man das Leben ließ, fristen, eingesperrt in Finsternis, ein Leben in Trauer und Klagen, drückender als der Tod! Wären auch alle meine Verluste oder meine widerwärtigen Erfahrungen von Seiten naher Angehöriger unterblieben, so würde ich doch, wenn mich unversehens ein Unglück getroffen hätte, euch um Schutz anflehen, Senatoren, da es sich bei der Größe eurer Macht gehört, daß ihr auf Recht und Unrecht jeglicher Art achtgebt. Jetzt aber, verbannt von Heimat und Haus, verlassen und von allem, was meinem Range zukommt, entblößt, wohin soll ich mich wenden, oder wen soll ich anrufen? Völker etwa oder Könige? Die sind ja alle auf unsere Familie wegen ihrer Freundschaft zu euch erbittert. Oder kann ich irgendeinen Ort betreten, wo es nicht eine Menge von Mahnmalen der Feindschaft mit meinen Vorfahren gäbe? Oder kann sich jemand unserer erbarmen, der einmal euch feind war? Überhaupt hat uns Masinissa den Grundsatz eingeprägt, wir sollten uns in keine Bündnisse, keine neuen Verträge einlassen;[64] mehr als genügenden Schutz würden wir an eurer Freundschaft finden; sollte das Glück eurer Herrschaft sich wenden, so müßten wir mit euch untergehen. Durch Mannhaftigkeit und Göttergnade seid ihr groß und machtvoll, alles gelingt, alles fügt sich euch. Desto leichter müßt ihr euch um Unrecht gegen eure Verbündeten kümmern.

Nur das fürchte ich, daß den einen und den anderen seine persönlichen Beziehungen zu Jugurtha, den er als Freund nicht genug kennt, in die Irre leiten könnten. Von solchen höre ich, sie machten die größten Anstrengungen, gehen bei euch umher und bestürmen jeden einzeln, über jenen in seiner Abwesenheit ohne vorangegangene Untersuchung doch ja nichts zu beschließen; meine Aussagen seien unwahr, meine Flucht eine Heuchelei, da ich ja in meinem Reich hätte bleiben können. O, dürfte ich doch ihn, durch dessen ruchloses Benehmen ich in diese Leiden gestürzt worden bin, dieselbe Heuchlerrolle spielen sehen, und würde endlich einmal bei euch oder bei den unsterblichen Göttern Teilnahme am Schicksal der Menschen erwachen! Fürwahr dann würde jener Mensch, der jetzt durch seine Verbrechen mutig und großartig dasteht, von Unglück aller Art gepeinigt und für seinen Undank gegen unseren Vater, für die Ermordung meines Bruders und für mein eigenes Elend empfindlich büßen.

Schon, mein innig geliebter Bruder, obgleich dir zu früh und durch eine Hand, die es am wenigsten hätte sollen, das Leben geraubt worden ist, glaube ich, über dein Schicksal eher mich freuen als jammern zu müssen. Denn nicht dem Thron, sondern der Flucht, der Verbannung, der Hilflosigkeit und all dem Leid, das mich bedrückt, bist du mit dem letzten Atemzuge entrückt worden. Aber ich Unglücklicher, in so tiefen Jammer von der Höhe des väterlichen Thrones herabgestürzt, gewähre den Anblick menschlichen Leids, unschlüssig, was ich tun, ob ich, selbst hilfsbedürftig, das Unrecht gegen dich rächen oder mich um meine eigene Herrschaft kümmern soll, wo bei mir selbst Leben und Tod von fremder Macht abhängt. Wenn doch für mich Sterben ein ehrenvolles Scheiden aus meiner Lage wäre und mein Leben nicht verächtlich erschiene, wenn ich, durch Leiden erschöpft, vor einem Unrecht weichen würde. So aber darf ich weder leben noch sterben ohne Schande.

Senatoren, um eurer selbst, um eurer Kinder und Eltern, um der Hoheit des römischen Volkes willen kommt mir Elendem zur Hilfe, tretet dem Unrecht entgegen, duldet nicht, daß Numidiens Reich, das euch gehört, unter Verbrechen und Mordtaten in unserer Familie hinsieche![65]

15. Der König schloß hier seine Rede, worauf Jugurthas Abgeordnete, mehr im Vertrauen auf ihre Bestechungen, als auf ihre Sache, nur weniges erwiderten: Hiempsal sei wegen seines herrischen Wesens von den Numidern getötet worden, Adherbal habe ungereizt den Krieg eröffnet und beklage sich jetzt, da er unterlegen, daß er ein Unrecht nicht habe zufügen können. Jugurtha ersuche den Senat, ihn nicht anders zu beurteilen, als man ihn vor Numantia kennengelernt habe, und auf das Gerede seines Feindes nicht mehr Gewicht zu legen als auf seine Taten. Hierauf verließen beide Parteien die Kurie.[66] Im Senat schritt man sofort zur Beratung. Die Gönner der Gesandten, überdies eine bedeutende Anzahl von Senatoren, durch Rücksichtnahme auf persönliche Beziehungen verführt, setzten Adherbals Erläuterungen herab, hoben Jugur-

thas Verdienste mit ihren Lobsprüchen hervor, arbeiteten durch Einfluß-
nahme, Zurufe, kurz auf alle mögliche Weise für eines Fremden Verbrechen und Schandtat, als ginge es um ihren eigenen Ruhm. Dagegen aber
beantragten einige wenige, denen Anstand und Recht wertvoller als
Reichtum war, man solle dem Adherbal zur Hilfe kommen und Hiempsals Ermordung streng bestrafen, unter allen aber am meisten Ämilius
Scaurus[67], ein Mann von altem Adel, unermüdlich, in Cliquenwirtschaft
verstrickt, nach Macht, Ehre, Reichtum gierig, allerdings seine Fehler
schlau verhüllend.[68] Als dieser sah, daß die Bestechungen des Königs im
Gerede und unverschämt waren, fürchtete er, der schmutzig freche Handel könnte, wie es in solchen Fällen gewöhnlich geht, Haß erregen, und
enthielt sich seiner gewohnten Begierde.

16. Dennoch drang im Senat diejenige Partei durch, die Geld und
Gunst der Gerechtigkeit vorzog. Es wurde der Beschluß gefaßt, es sollten
zehn Gesandte das Reich, das Micipsa innegehabt hatte, zwischen Jugurtha und Adherbal teilen. An der Spitze dieser Gesandtschaft stand
Lucius Opimius[69], ein angesehener und damals im Senat einflußreicher
Mann, weil er als Konsul nach der Ermordung des Gaius Gracchus und
Marcus Fulvius Flaccus[70] den Sieg des Adels in grausamster Weise gegen
das Volk ausgenutzt hatte.[71] Obgleich Jugurtha denselben in Rom zu
seinen Gegnern hatte zählen müssen, so empfing er ihn doch mit der
größten Auszeichnung und brachte es durch viele Geschenke und Ver-
sprechen dahin, daß er Ruf, Pflichttreue, kurz seine ganze Stellung dem
Vorteil des Königs aufopferte. An die übrigen Gesandten machte er sich
auf demselben Weg und gewann die meisten für sich. Wenigen war
Pflichttreue teurer als Geld. Bei der Teilung wurde diejenige Hälfte von
Numidien, die an Mauretanien grenzt, an Land und Leuten reicher, dem
Jugurtha übergeben; die andere dagegen, die mehr dem Scheine als der
Wirklichkeit nach besser, sicherer an Häfen und besser ausgestattet mit
Gebäuden war, bekam Adherbal in seinen Besitz.[72]

Exkurs über Afrika

17. Es scheint hier angebracht zu sein, eine geographische Skizze von Afrika zu entwerfen und diejenigen Völker zu berühren, mit denen wir in Krieg oder Freundschaft lebten. Von denjenigen Gegenden und Völkerschaften aber, die der Hitze oder Unwegsamkeit, desgleichen der Wüste wegen weniger besucht sind, könnte ich kaum etwas Zuverlässiges berichten; bei dem übrigen will ich mich so kurz wie möglich fassen.

Bei der Einteilung des Erdkreises haben die meisten Afrika als dritten Teil angesetzt, wenige zählen bloß Asien und Europa, Afrika aber zu Europa. Seine Grenze im Westen bildet der Sund zwischen unserem Meer und dem Ozean,[73] im Osten eine breite Absenkung, ein Gebiet, das die Einwohner Katabathmos nennen[74]. Das Meer ist stürmisch, arm an Häfen, das Land fruchtbar für den Ackerbau, geeignet für Viehzucht,[75] für Bäume unfruchtbar; Himmel und Boden haben Wassermangel.[76] Der Menschenschlag besitzt eine gesunde körperliche Verfassung, ist gewandt und ausdauernd in Anstrengungen; die meisten sterben in hohem Alter, sofern sie nicht durchs Schwert oder durch wilde Tiere umkommen; denn Krankheit überwältigt selten jemanden.[77] Außerdem gibt es sehr viele gefährliche Tierarten. Von Afrikas Ureinwohnern sowie von den späteren Einwanderern und der Art der Vermischung will ich, obgleich es von der bei den meisten vorherrschenden Sage abweicht, doch möglichst kurz berichten, wie es aus den punischen Büchern, die dem König Hiempsal zugeschrieben wurden, uns übersetzt vorliegt, und was auch die Bewohner dieses Landes für den wahren Sachverhalt ansehen. Im übrigen liegt die Zuverlässigkeit der Darstellung bei meinen Gewährsleuten.[78]

Afrika[79] bewohnten anfangs die Gätuler und Libyer,[80] rohe und ungebildete Menschen, die sich vom Fleisch des Wildes und den Kräutern des Feldes ernährten, wie ihr Vieh. Sie wurden weder durch moralische, noch durch gesetzliche Ordnung, noch durch eine geordnete Staatsform regiert; unstet umherschweifend, hatten sie ihre Lagerstätten da, wo eben die Nacht sie hierzu nötigte. Als aber in Spanien Herkules, wie die Afrikaner glauben, umgekommen war,[81] löste sich sein Heer, aus mancherlei Völkern zusammengesetzt, nach dem Verlust des Anführers, und da von vielen bald dieser, bald jener für sich selbst nach dem Oberbefehl strebte, in kurzem auf. Die Meder, Perser und Armenier, die sich in dieser Menge befanden,[82] fuhren nach Afrika hinüber und besetzten die unserem Meere zunächst gelegenen Gegenden, aber die Perser mehr im Bereich des Ozeans; und diese bedienten sich umgedrehter Schiffskörper als Hütten, weil es im Lande kein Bauholz gab, und man auch keine Gelegenheit hatte, solches von den Spaniern zu kaufen oder einzutauschen. Das große Meer und die Unkenntnis der Sprache verhinderten Handelsbeziehungen. Nach und nach vermischten sie sich durch Heirat mit den Gätulern, und weil sie, um den Boden kennenzulernen, häufig von einer Gegend in die andere gewandert waren, nannten sie sich selbst Numider.[83] Übrigens sind bis auf den heutigen Tag die Wohnungen des numidischen Landvolkes, welche sie Mapalia nennen, länglich, mit gekrümmten Dachseiten gedeckt, Schiffskörpern ähnlich. Die Meder aber und Armenier schlossen sich den Libyern an, – diese nämlich hausten näher dem afrikanischen Meer, die Gätuler mehr im Süden, nicht weit von der Hitze der Wüsten entfernt – und diese hatten früh schon Städte, denn nur durch eine Meerenge von Spanien geschieden, hatten sie Tauschhandel mit dessen Bewohnern eingerichtet. Ihren Namen entstellten allmählich die Libyer und nannten sie in ihrer ungeschliffenen Sprache Mauren statt Meder.[84] Bald aber erstarkte die Macht der Perser, und später nahmen sie unter dem Namen Numider, als sie wegen Überbevölkerung von ihren Stammeltern weggezogen waren, die Gegenden in Besitz, die ganz in der Nähe von Karthago jetzt Numidien heißen. In der Folgezeit brachten beide, auf wechselseitigen Beistand gestützt, ihre Nachbarn durch Waffengewalt oder Verbreitung von Furcht unter ihre Herrschaft und erwarben sich Namen und Ruhm, mehr jedoch diejenigen, die an unser Meer vorgedrungen waren, weil die Libyer weniger kriegerisch sind als die Gätuler. Endlich wurde der größte Teil des Landes von den Numidern besetzt, alle Besiegten gingen im Volk und Namen der Herrschenden auf.

19. Später gründeten die Phönizier, die einen, um die Überbevölkerung in ihren Städten zu vermindern, andere aus Gier nach eigener Herrschaft, nachdem sie das einfache Volk und andere Männer, die auf Umsturz aus waren, aufgewiegelt hatten, Hippo, Hadrametum, Leptis und andere Städte an der Küste.[85] Diese wuchsen in kurzer Zeit stark an und dienten ihren Ursprungsstädten teils als Schutz, teils als Aushänge-

schild. Denn über Karthago halte ich es für besser zu schweigen, als zu wenig zu sagen.

Bei dem Katabathmos, der Gegend, die die Grenze zwischen Ägypten und Afrika darstellt, liegt als erste Stadt, wenn man dem Meer folgt, Kyrene, eine Tochterstadt von Thera[86], und daran anschließend die beiden Syrten und Leptis[87] zwischen diesen, danach die Altäre der Philaeni, der Ort, den die Karthager als Reichsgrenze zu Ägypten hatten,[88] danach andere punische Städte. Das restliche Gebiet bis nach Mauretanien bewohnen die Numider, Spanien direkt gegenüber wohnen die Mauren. Hinter Numidien leben, wie wir gehört haben, die Gätuler zum Teil in Hütten, zum Teil noch wilder als Nomaden. Hinter ihnen wohnen die Äthiopier,[89] danach kommen die Gegenden, die von der Sonnenhitze verbrannt sind.

Im Jugurthinischen Krieg also verwaltete das römische Volk die meisten punischen Städte und das ehemalige Gebiet der Karthager durch Beamte. Ein großer Teil der Gätuler und die Numider bis zum Fluß Muluccha standen unter Jugurthas Herrschaft.[90] Über alle Mauren herrschte der König Bocchus, der das römische Volk nur dem Namen nach kannte und uns ebenso weder in kriegerischem noch in friedlichem Zusammenhang bekannt geworden war.[91] Über Afrika und seine Einwohner ist damit, soweit es sachlich erforderlich war, genug gesagt.

Von der Teilung Numidiens bis zum Ausbruch des Krieges

20. Als nach der Teilung des Reiches die Gesandten sich aus Afrika entfernt hatten und Jugurtha entgegen seiner Befürchtung sich noch für sein Verbrechen belohnt sah, hielt er das für völlig sicher, was er schon von seinen Freunden vor Numantia vernommen hatte, daß man in Rom für Geld alles bekäme.[92] Zudem wurde er noch durch die Versprechungen derjenigen angefeuert, welche er kurz vorher mit Geschenken überhäuft hatte, und er richtete daher seine Gedanken auf das Reich des Adherbal. Er selbst war tatkräftig, kriegerisch, aber der, auf den er es abgesehen hatte, ruhiger Natur, unkriegerisch, sanftmütigen Geistes, ein geeignetes Opfer für ein Unrecht, mehr furchtsam als furchterregend. Er

fiel also unversehens mit einer zahlreichen Schar in dessen Gebiet ein, schleppte viele Menschen zusammen mit Vieh und anderer Beute gefangen fort, zündete Gebäude an, durchzog als Feind den größten Teil des Landes mit seiner Reiterei, dann kehrte er mit dem ganzen Heerhaufen in sein Reich um, in der Meinung, Adherbal werde sich im Schmerzgefühl für die erlittenen Ungerechtigkeiten durch Kampf rächen, und das werde einen Anlaß zum Kriege abgeben. Aber dieser hielt sich einerseits im Felde für nicht gewachsen, und verließ sich andererseits mehr auf die Freundschaft des römischen Volkes, als auf seine Numider, und schickte deshalb Abgeordnete an Jugurtha, um sich über die widerrechtliche Behandlung zu beschweren. Obgleich nun diese eine höhnische Antwort zurückbrachten, beschloß er doch, sich lieber alles gefallen zu lassen, als den Kampf aufzunehmen, weil der frühere Versuch so ungünstig abgelaufen war. Trotzdem verminderte sich die Gier Jugurthas nicht, denn schon hatte dieser das ganze Reich in Gedanken besetzt. Also fing er nicht, wie früher, mit einer Plündererschar, sondern mit einem bedeutenden, wohlgerüsteten Heer den Krieg an und trachtete jetzt offen nach der Herrschaft über ganz Numidien. Dabei verwüstete er auf seinem ganzen Weg Stadt und Land, schleppte Beute aller Art weg und erhöhte so bei seinen Soldaten den Mut, beim Feind den Schrecken.

21. Als Adherbal sah, daß es soweit gekommen sei, daß er sein Reich entweder verlassen oder mit Waffen behaupten müsse, zog er notgedrungen seine Streitkräfte zusammen und rückte Jugurtha entgegen. Indessen lagerten die beiden Heere nicht eben weit vom Meer, nahe der Stadt Cirta.[93] Schon neigte sich der Tag seinem Ende zu, und deshalb wurde der Kampf nicht mehr eröffnet. Als aber die Nacht größtenteils verstrichen war und noch Dämmerlicht herrschte, überfielen auf ein Zeichen hin Jugurthas Soldaten das feindliche Lager und schlugen die einen noch halb im Schlaf, die anderen, wie sie eben zu den Waffen greifen wollten, völlig in die Flucht. Adherbal entkam mit wenigen Reitern nach Cirta, und wäre nicht eine große Zahl römischer Bürger gewesen, die die nachsetzenden Numider von den Mauern abwehrte, so wäre an einem Tag der Krieg zwischen zwei Königen begonnen und beendet worden. Jugurtha schloß nun die Stadt ein und machte sich daran, sie mit Sturmdächern, Belagerungstürmen und Geräten aller Art zu bezwingen. Er betrieb hauptsächlich deshalb die Sache mit solcher

Eile, um den Gesandten, welche Adherbal, wie er gehört, vor der Schlacht nach Rom abgeschickt hatte, zuvorzukommen.

Als aber der Senat von ihrem Krieg erfuhr, wurden drei junge Männer nach Afrika abgeordnet, mit der Weisung, sich zu den beiden Königen zu begeben und denselben im Auftrage des Senates und des römischen Volkes zu verkünden, es sei deren Wille und Meinung, daß sie die Waffen niederlegten; ihre Streitigkeiten sollten sie eher auf dem Rechtsweg als durch Krieg entscheiden: so sei es der Ehre Roms und ihrer eigenen angemessen.

22. Die Gesandten beeilten sich, nach Afrika zu kommen, und das um so mehr, weil man in Rom, als sie eben Anstalten zur Abreise trafen, von der Schlacht und Cirtas Bestürmung hörte; doch war das Gerücht hiervon nur schwach. Als Jugurtha ihren Vortrag vernommen, erwiderte er: Für ihn sei nichts höher noch teurer, als die Willenserklärung des Senats. Von Jugend auf habe er danach gestrebt, den Beifall gerade der anständigsten Leute zu gewinnen; durch seine guten Eigenschaften, nicht durch Schlechtigkeit habe er sich die Gunst des Publius Scipio, dieses großen Mannes, erworben; gerade um solcher Eigenschaften willen, nicht aus Mangel an Kindern, sei er von Micipsa zum Miterben des Thrones erklärt worden. Außerdem aber könne sein Herz, je mehr er anständig und entschlossen gehandelt, sich um so weniger Kränkung gefallen lassen. Adherbal habe ihm heimtückisch nach dem Leben getrachtet, als er dies erfahren habe, sei er seinen verbrecherischen Plänen entgegengetreten, das römische Volk würde weder recht noch gut handeln, wenn es ihm die Anwendung des Völkerrechts verwehren wollte. Überhaupt wolle er über alle diese Angelegenheiten demnächst Gesandte nach Rom schicken. Nach dieser Erklärung trennte man sich beiderseits. Mit Adherbal zu sprechen hatten die Gesandten keine Gelegenheit.[94]

23. Als Jugurtha glaubte, daß sie aus Afrika abgezogen seien, und er Cirta wegen seiner natürlichen Lage[95] nicht im Sturm einnehmen konnte, umgab er die Ringmauern mit Wall und Graben, errichtete Türme und legte Besatzungen hinein; außerdem versuchte er es bei Tag und bei Nacht mit Gewalt oder List, stellte den Verteidigern der Festung bald Belohnungen, bald grauenvolle Aussichten vor Augen, feuerte seine Leute durch Zuspruch zur Tapferkeit an, kurz er bot angestrengt alles auf. Als Adherbal einsah, daß seine Lage insgesamt äußerst bedrohlich

war, der Feind zum Angriff bereit, nirgends Aussicht auf Hilfe, und daß der Krieg aus Mangel am Notwendigsten nicht mehr in die Länge gezogen werden könne, wählte er aus der Zahl derjenigen, die sich mit ihm nach Cirta geflüchtet hatten, zwei besonders unermüdliche aus und brachte sie durch glänzende Versprechungen und Jammern über sein Mißgeschick zu dem mutigen Entschluß, durch die feindlichen Verschanzungen hindurch in der Nacht zum nächsten Küstenpunkt und sofort nach Rom zu eilen.

24. Die Numider erfüllten in wenigen Tagen seine Befehle; Adherbals Brief wurde im Senat vorgelesen, sein Inhalt war folgender: Nicht meine Schuld ist es, Senatoren, daß ich euch so oft mit Bitten aufsuchen lasse, sondern Jugurthas Gewalttätigkeit zwingt mich dazu. Ihn hat eine solche Gier, mich zu vernichten, befallen, daß er weder um euch, noch um die unsterblichen Götter sich kümmert und vor allem nach meinem Blute lechzt. Daher werde ich, ein Bundesgenosse und Freund des römischen Volkes,[96] schon fünf Monate lang durch Waffengewalt eingeschlossen gehalten, und weder die Gnadenbezeigungen meines Vaters Micipsa, noch eure Beschlüsse helfen mir etwas. Ob ich vom Schwert oder vom Hunger schwerer bedrängt werde, weiß ich selbst nicht zu sagen. Meine Lage rät mir davon ab, mehr über Jugurtha zu schreiben, habe ich doch schon früher erfahren müssen, daß Unglückliche nicht genug Glauben finden. Soviel jedoch merke ich wohl, daß er es auf mehr als auf meine Person abgesehen hat und sich nicht zugleich Hoffnungen auf eure Freundschaft und auf meinen Thron macht. Welches von beiden er höher einschätzt, ist für niemanden ein Geheimnis. Denn zuerst hat er meinen Bruder Hiempsal ermordet, dann mich aus meinem väterlichen Reich vertrieben. Allerdings betrafen diese Rechtsverletzungen bloß uns, nichts davon berührte euch. Aber jetzt hat er euer Reich durch Anwendung von Gewalt inne, mich, den ihr zum Beherrscher der Numider eingesetzt habt, hält er eng eingeschlossen.[97] Wie hoch er die Forderungen der Gesandten achtet, zeigt deutlich meine gefahrvolle Lage. Was ist noch übrig, das Eindruck auf ihn machen könnte, außer einem Beweis von Stärke von eurer Seite. Ich jedenfalls würde es vorziehen, daß sowohl das, was ich hier schreibe, als auch das, worüber ich früher schon im Senat geklagt habe, unbegründet wäre, als daß mein Elend erst meinen Aussagen Glauben verschaffen soll.

Aber weil nun einmal das meine Bestimmung ist, an mir selbst einen sichtbaren Beweis von Jugurthas Verbrechen zu liefern, so flehe ich jetzt nicht um Abwendung von Tod und Leiden, sondern nur von der Gewalt meines Feindes über mich und körperlichen Qualen. Über das Königreich Numidien, das euch gehört, verfügt nach Belieben; nur reißt mich aus den Händen dieses Verbrechers, um der Hoheit eurer Herrschaft, um der Freundschaftstreue willen, wenn bei euch in irgendeiner Form ein Andenken an meinen Großvater Masinissa fortlebt!

25. Nachdem man diese Bittschrift verlesen hatte, stimmten einige dafür, man müsse ein Heer nach Afrika schicken und dem Adherbal so bald wie möglich zu Hilfe kommen, unterdessen solle man über den Jugurtha sich beraten, weil er den Gesandten keine Folge geleistet habe. Aber eben jene Gönner des Königs arbeiteten mit der größten Anstrengung darauf hin, daß in dieser Richtung kein Beschluß gefaßt wurde, und so kam es denn, daß, wie gewöhnlich in den meisten politischen Entscheidungen, das Allgemeinwohl dem Einfluß von Einzelinteressen unterlag. Allerdings wurden ältere Männer, von Adel und die in hohen Ämtern gestanden hatten, nach Afrika abgeordnet, unter diesen der oben schon erwähnte Marcus Scaurus, ein ehemaliger Konsul und damals Senatsältester.[98] Weil die Sache besonderen Unwillen erzeugt hatte, und diese von den Numidern dringend gebeten wurden,[99] schifften sie sich schon nach drei Tagen ein. Bald darauf landeten sie in Utica und sandten ein Schreiben an Jugurtha: er solle schleunigst zur Provinz kommen, und sie seien an ihn vom Senat geschickt. Als er vernahm, daß so erlauchte Männer, von deren großem Einfluß in Rom er gehört hatte, eingetroffen seien, um sein Vorhaben zu stoppen, war er anfangs beunruhigt und schwankte unentschieden zwischen Furcht und Begierde. Er fürchtete sich vor dem Zorn des Senats, wenn er den Gesandten nicht gehorchte; auf der anderen Seite riß ihn seine blinde Leidenschaft zum begonnenen Verbrechen fort. Trotzdem gewann in seinem gierigen Herzen die falsche Überlegung die Oberhand. Er umzingelte also Cirta mit seinem Heer und suchte mit äußerster Anstrengung dort einzudringen, in der festen Hoffnung, bei Teilung der feindlichen Streitkräfte werde er durch Gewalt oder List eine günstige Gelegenheit zum Sieg finden. Als ihm dies aber nicht gelingen wollte und er seine Absicht, vor seiner Zusammenkunft mit den Gesandten den Adherbal in seine Hände zu

bekommen, nicht durchzuführen vermochte, erschien er mit wenigen Reitern in der Provinz, um nicht durch fortgesetzte Verzögerung den Scaurus, welchen er am meisten fürchtete, zu verärgern. Obgleich nun im Auftrage des Senats scharfe Drohungen gegen ihn ausgesprochen wurden, wenn er die Bestürmung nicht aufgeben würde, so mußten doch die Gesandten, nachdem man viele Worte veschwendet hatte, unverrichteter Dinge wieder abziehen.[100]

26. Kaum hatte man dies in Cirta gehört, als die Italiker[101], durch deren Tapferkeit die Stadt bis dahin verteidigt wurde, im Vertrauen, sie würden im Falle der Übergabe aus Rücksicht auf die Macht des römischen Volkes unangetastet bleiben, dem Adherbal rieten, er solle sich mit der Stadt dem Jugurtha ergeben und nur das Leben von ihm ausbedingen; für das weitere werde der Senat schon Sorge tragen. Zwar glaubte jener an alles eher, als an Jugurthas Wort, weil aber eben diese Italiker die Macht besaßen, ihn zu zwingen, wenn er sich widersetzte, ergab er sich doch, wie sie beschlossen hatten. Jugurtha ließ vor allen den Adherbal unter großen Qualen hinrichten, dann alle erwachsenen Numider und die Kaufleute, ohne Unterschied, wie gerade einer seinen Soldaten über den Weg lief, töten.

27. Als man dies in Rom erfuhr und die Sache im Senat zur Verhandlung kam, da suchten wieder jene dienstfertigen Freunde des Königs durch Unterbrechungen, oft auch durch ihren Einfluß, manchmal mit Zänkereien, die Sache in die Länge zu ziehen und so das Gräßliche der Tat zu mildern. Und wenn nicht Gaius Memmius, der designierte Volkstribun, ein tatkräftiger Mann und Feind des Adels,[102] dem römischen Volke nachgewiesen hätte, man gehe darauf aus, durch einige Vertreter der Adelsclique dem Jugurtha Verzeihung seines Verbrechens auszuwirken,[103] fürwahr aller Unwille hätte sich durch den Aufschub der Beratungen in nichts aufgelöst. Eine so große Macht besaßen die Beziehungen und Bestechungsgelder des Königs. Als aber der Senat im Bewußtsein seines Vergehens sich vor dem Volk fürchtete, wurden kraft des Sempronischen Gesetzes für die künftigen Konsuln Numidien und Italien als Provinzen festgelegt.[104] Zu Konsuln wurden Publius Scipio Nascia und Lucius Calpurnius Bestia erklärt.[105] Calpurnius fiel Numidien, Scipio Italien zu. Hierauf wurde ein Heer ausgehoben, um nach Afrika überzusetzen. Sold und andere notwendige Kriegsgüter wurden bewilligt.

28. In Jugurthas Gedanken hatte sich die Meinung festgesetzt, in Rom sei alles käuflich; daher traf ihn diese Nachricht entgegen seiner Zuversicht und er schickte seinen Sohn[106] und mit ihm zwei seiner Vertrauten als Gesandte an den Senat und erteilte diesen, wie denjenigen, welche er nach Hiempsals Ermordung abgesandt hatte, die Weisung, sie sollten sich an alle möglichen Leute mit Bestechungsgeld heranmachen. Als diese in der Nähe von Rom eintrafen, wurde der Senat von Bestia um seine Meinung befragt, ob er dafür stimme, die Gesandten in die Stadt einzulassen, worauf dieser beschloß: falls sie nicht die Unterwerfung des Reiches und seiner Person brächten, so sollten sie innerhalb der nächsten zehn Tage sich aus Italien wieder entfernen. Der Konsul ließ dies gemäß dem Senatsbeschluß den Gesandten melden; so zogen sie unverrichteter Dinge wieder nach Hause.[107]

Die Feldzüge des Bestia und des Albinus

Indessen hatte man ein Heer aufgestellt, und Bestia wählte sich adlige Parteimänner als Legaten aus, durch deren Ansehen er hoffen durfte, in seinen Vergehen gedeckt zu sein. Unter diesen befand sich auch Scaurus, von dessen Wesen und Charakter wir oben gesprochen haben.[108] Unser Konsul vereinigte nämlich in sich viele gute geistige und körperliche Qualitäten, die aber die Habsucht insgesamt unwirksam machte. Er war ausdauernd in Strapazen, besaß Tatkraft, ausreichend Umsicht, lange Kriegserfahrung und eine besondere Standfestigkeit bei Gefahren und harter Kritik. Die Legionen aber wurden durch Italien und Rhegium und von da nach Sizilien, dann weiter nach Afrika übergesetzt.[109] Sobald nun Calpurnius sich mit Lebensmitteln versorgt hatte, drang er anfangs energisch in Numidien ein, machte viele Gefangene und nahm einige Städte im Sturm ein.[110]

29. Als aber Jugurtha anfing, durch Unterhändler Bestechungsversuche zu unternehmen und die Schwierigkeiten des Krieges, den er zu führen hatte, ihm nachzuweisen, da wurde sein an Habsucht krankender Charakter leicht umgestimmt.[111] Übrigens wurde als Partner und Helfer bei allen seinen Planungen Scaurus zugezogen; dieser hatte zwar, als bereits die meisten von seiner Partei bestochen waren, den König noch

aufs heftigste bekämpft, dennoch ließ er sich durch die Größe der Geldsumme vom Pfad der Pflicht und Ehre zum Unrecht hinreißen. Jugurtha wollte aber zunächst nur Verzögerung des Krieges erkaufen, in der Erwartung, er werde inzwischen in Rom etwas mit Geld oder Beziehungen ausrichten können; als er jedoch erfuhr, daß Scaurus Teilnehmer an dem Handel war, faßte er die größte Hoffnung, wieder Frieden zu erlangen, und beschloß daher, mit ihnen über alle Vertragspunkte persönlich zu verhandeln.[112] Übrigens wurde unterdessen als Bürgschaft für seine Sicherheit vom Konsul der Quästor Sextius in Jugurthas Stadt Vaga geschickt. Der Vorwand für diesen Vorgang war der Empfang von Getreide, dessen Lieferung Calpurnius den Gesandten öffentlich auferlegt hatte, weil während der Verzögerung der Übergabe Waffenstillstand herrschte.[113] Der König kam also, wie er beschlossen hatte, ins Lager, und nachdem er in Gegenwart des Kriegsrates über das Gehässige seiner Tat, und, daß man seine Ergebung annehmen möchte, sich kurz ausgesprochen hatte, verhandelte er das weitere mit Bestia und Scaurus insgeheim. Am folgenden Tag wurden hierauf die Stimmen wie bei der Verabschiedung von Sammelgesetzen gesammelt und so seine Kapitulation angenommen.[114] Jedoch mußten, wie man vor dem Kriegsrate gefordert hatte, dreißig Elefanten, Vieh und eine Menge Pferde, dazu eine unbedeutende Geldsumme an den Quästor abgeliefert werden. Calpurnius reiste zur Wahl der Beamten nach Rom. In Numidien und bei unserem Heer herrschte Friede.[115]

30. Nachdem sich das Gerücht über die Vorfälle in Afrika und die Art, wie es dabei hergegangen war, verbreitet hatte, wurde in Rom an allen Orten und in allen Versammlungen über das Verfahren des Konsuls gesprochen. Unter dem Volk herrschte große Erbitterung; die Senatoren waren voll Besorgnis und wußten nicht recht, ob sie ein so schändliches Benehmen gutheißen oder den Vertragsabschluß des Konsuls aufheben sollten. Und am meisten hinderte sie der Einfluß des Scaurus, nach Recht und Pflicht zu handeln, weil man diesen allgemein als Ratgeber und Partner des Bestia bezeichnete. Allein Gaius Memmius, von dessen freimütigem Charakter und Haß gegen die Adelsherrschaft wir oben gesprochen haben,[116] munterte, während der Senat unentschlossen war und zögerte, das Volk in öffentlichen Reden auf, dagegen einzuschreiten, ermahnte es, nicht den Staat, nicht seine Freiheit preiszugeben, wies an

einer Menge von Beispielen den Übermut und die Grausamkeit des Adels nach; kurz, mit großem Nachdruck suchte er auf jede Weise den Zorn des Volkes zu entfachen. Weil aber um diese Zeit des Memmius Beredsamkeit gefeiert und einflußreich war, so glaube ich, daß es angebracht ist, von seinen so zahlreichen Reden eine hier aufzuzeichnen, und zwar will ich gerade die anführen, welche er nach Bestias Rückkehr in der Volksversammlung gehalten hat. Sie lautete folgendermaßen:[117]

31. Vieles müßte mir davon abraten, Bürger Roms[118], vor euch aufzutreten, würde nicht die Vaterlandsliebe bei mir alle anderen Rücksichten überbieten: die Macht einer Partei, eure Nachgiebigkeit, unsere rechtlosen Zustände, und hauptsächlich die Erfahrung, daß Unbescholtenheit mehr Gefahr als Ehre einbringt. Denn davon mag ich gar nicht sprechen, wie sehr ihr in den letzten fünfzehn Jahren dem Hochmut einer Minderheit zum Spott dienen mußtet,[119] wie schmählich und wie ungerächt eure Verteidiger gefallen sind, wie ihr infolge von Feigheit und Schlaffheit ganz herabgekommen seid, die ihr nicht einmal jetzt, wo eure Feinde sich bloßgestellt haben, euch erhebt und auch jetzt noch diejenigen fürchtet, denen ihr Schrecken einflößen solltet. Obgleich die Lage so ist, drängt mich doch mein Inneres, der Übermacht jener Partei entgegenzutreten. Wenigstens will ich von der Freiheit, die sich von meinem Vater auf mich vererbt hat, Gebrauch machen; ob ich dies aber vergebens oder mit Erfolg tun werde, das liegt in eurer Hand, Römer.

Damit fordere ich euch jedoch nicht auf, daß ihr, was eure Vorfahren oft getan haben, gegen Rechtsverletzungen bewaffnet antreten sollt. Keine Gewalt, keine Trennung ist notwendig. Sie müssen notwendigerweise an ihren eigenen Verfahren zugrunde gehen. Nach der Ermordung des Tiberius Gracchus, dem sie ein Trachten nach Gewaltherrschaft vorwarfen,[120] wurden über die römischen Bürger gerichtliche Untersuchungen verhängt; nach der Ermordung des Gaius Gracchus und Marcus Fulvius wurden desgleichen viele Leute eures Standes im Kerker hingerichtet.[121] Beide Male hat nicht ein Gesetz, sondern ihre Laune dem Blutbad ein Ende gesetzt. Doch es mag immerhin ein Trachten nach Alleinherrschaft sein, wenn man die Volksrechte wiederherstellt; alles, was ohne Bürgerblut nicht gerächt werden kann, soll zu Recht geschehen! In früheren Jahren saht ihr mit schweigendem Unmut zu, wie der Staatsschatz ausgeplündert wurde, wie Könige und freie Völker wenigen

vom Adel Abgaben zahlten,[122] wie in den Händen derselben Leute sich
der höchste Ruhmesglanz und die größten Reichtümer befanden; und
doch hatten sie nicht genug daran, solcherlei Übeltaten ungestraft verübt
zu haben; daher wurden zuletzt Gesetze, eure Hoheitsrechte, alle göttlichen und menschlichen Ordnungen, an die Feinde verkauft. Diejenigen
aber, die dies verübten, zeigen weder Scham noch Reue, sondern prahlerisch schreiten sie vor euren Augen vorüber, mit ihren Priesterämtern
und Konsulaten, ein Teil mit seinen Triumphen sich brüstend, gleich als
ob sie daran eine Auszeichnung und nicht einen Raub besäßen. Sklaven,
für Geld gekauft, halten die Tyrannei ihrer Gebieter nicht aus; und ihr,
Bürger Roms, geborene Herrscher, fügt euch mit eurem Gleichmut ins
Sklavenjoch? Aber was sind denn das für Leute, die den Staat in ihren
Besitz genommen haben? Die schlimmsten Verbrecher sind sie, mit
blutbefleckten Händen von maßloser Habsucht, in tiefster Schuld und
zugleich in größtem Hochmut, die mit Treue, Ehre, heiligen Pflichten,
kurz mit allem, mit Ehre und Schande Handel treiben. Einigen dient
Tötung von Volkstribunen, anderen ungerechte Untersuchungen, den
meisten Mordtaten, die sie an euch verübt haben, als Schutz. Je länger es
daher einer getrieben hat, desto sicherer ist er; statt sich selbst wegen ihrer
Verbrechen zu fürchten, setzen sie euch in eurer Feigheit in Angst: sie alle
haben dieselben Wünsche, dieselben Abneigungen, dieselben Befürchtungen zur Einigkeit gezwungen. Doch so etwas heißt nur unter Guten
Freundschaft, unter Schlechten Parteiung.[123] Wäret nur ihr um eure
Freiheit ebenso besorgt, wie sie für ihre Gewaltherrschaft entbrannt sind,
fürwahr unser Gemeinwesen läge nicht, wie es jetzt der Fall ist, im argen
und die Ämter, die in eurem Einfluß liegen, wären in den Händen der
anständigsten, nicht der dreiestesten Männer. Eure Vorfahren haben, um
sich Recht zu verschaffen und ihre Hoheit zu begründen, zweimal sich
getrennt und mit den Waffen in der Hand den Aventin besetzt;[124] und ihr
wollt für die Freiheit, die ihr von ihnen ererbt habt, nicht mit höchster
Anstrengung ringen? Und das um so leidenschaftlicher, je größer die
Schande ist, Erworbenes zu verlieren, als überhaupt nichts erworben zu
haben.

Fragt nun etwa einer: Was beantragst du also? Daß man gegen diejenigen einschreiten soll, die an den Feind den Staat verraten haben? Nicht
mit der Faust, auch nicht mit Gewalt; so zu handeln stünde euch nicht

an, wenn auch jene es wohl verdient haben; sondern auf dem Wege gerichtlicher Untersuchung und durch Jugurthas eigenes Geständnis.[125] Ergibt nämlich dieser sich wirklich, so wird er gewiß euren Befehlen Folge leisten; achtet er aber dieselben nicht, nun dann könnt ihr daraus entnehmen, was für ein Friede oder was für eine Kapitulation das sei, wodurch dem Jugurtha Straflosigkeit für seine Verbrechen, wenigen Machthabern gewaltiger Reichtum, dem Staate Schaden und Schande aller Art zugefallen ist. Es müßte denn sein, daß ihr die Tyrannei dieser Leute noch immer nicht satt hättet oder euch mehr als die jetzigen Zeiten jene gefielen, wo Königreiche, Provinzen, Gesetze, Rechte, Gerichte, Kriege und Friedensschlüsse, kurz, alle göttlichen und menschlichen Ordnungen, in den Händen weniger lagen, ihr aber, das heißt das römische Volk, von keinem Feind besiegt, Beherrscher aller Nationen, zufrieden wart, das bloße Leben zu behalten. Denn wer von euch wagte es, sich gegen Knechtschaft zu sträuben.

Nun ist es zwar nach meiner Meinung die größte Schande für einen Mann, erlittenes Unrecht nicht zu rächen; dennoch wollte ich mir das gefallen lassen, daß ihr den größten Verbrechern verzeiht, weil sie nun einmal eure Mitbürger sind, würde nur nicht euer Mitleid zu eurem Verderben umschlagen. Denn ihnen − so rücksichtslos sind sie − ist es nicht genug, ungestraft Verbrechen begangen zu haben, wenn man ihnen nicht die Möglichkeit entzieht, auch weiterhin so zu handeln; und ihr werdet in steter Unruhe leben, wenn ihr zu der Einsicht gelangt, daß ihr entweder Sklaven sein oder die Freiheit durch Kampf behaupten müßt. Denn wie läßt sich noch auf Vertrauen und auf Eintracht hoffen? Sie wollen herrschen, ihr wollt frei sein; sie Unrecht begehen, ihr es abwehren; endlich behandeln sie eure Verbündeten als Feinde, eure Feinde als Verbündete. Kann bei so gegensätzlichen Ansichten noch Friede oder Freundschaft bestehen?

Daher ermahne ich euch dringend, laßt ein so großes Verbrechen nicht ungestraft hingehen! Nicht um eine Veruntreuung der Staatskasse, auch nicht um Gelderpressung bei den Bundesgenossen handelt es sich: Vergehen, die allerdings schwer sind, aber weil man daran gewöhnt ist, nicht mehr beachtet werden. Nein, an den härtesten Feind wurde die Würde des Senats verraten, verraten eure Hoheit; daheim und im Felde wurde die Sache des Staates zur käuflichen Ware. Untersucht man das nicht gerichtlich, schreitet man gegen die Schuldigen nicht ein, was bleibt dann noch übrig, als daß wir als Untertanen derjenigen leben müssen, die solches verübt haben? Denn ungestraft treiben, was einem beliebt, das heißt ja König sein. Ich fordere euch jedoch hiermit nicht auf, Bürger Roms, es lieber zu sehen, wenn eure Mitbürger unrecht, als wenn sie recht gehandelt haben, sondern nur dazu, daß ihr nicht durch Nachsicht gegen Verbrecher die anständigen Leute ins Verderben stürzt. Zudem ist es im politischen Leben besser, eine verdienstvolle Tat als ein Verbrechen zu vergessen. Der gute Bürger wird höchstens lässiger, wenn man ihn nicht beachtet, aber der böse nur noch unverschämter. Zudem wenn kein Unrecht verübt wird, so ist auch nicht oft Hilfe nötig.

32. Durch diese und andere ähnliche, oft wiederholte Äußerungen überredete Memmius das Volk,[126] den damaligen Prätor Lucius Cassius[127] zu Jugurtha zu entsenden und ihn unter Zusage freien Geleits nach Rom zu bringen, damit durch die Angaben des Königs die Vergehen des Scaurus und der übrigen, die man wegen Bestechung vor Gericht laden wollte, um so leichter aufgedeckt würden. Während dieser Ereignisse in Rom erlaubten sich die von Bestia in Numidien zurückgelassenen Befehlshaber des Heeres nach dem Beispiel ihres Feldherrn eine Menge von Schandtaten. Da gab es einige, die für Geld an Jugurtha die Elefanten auslieferten; andere verkauften an ihn die Überläufer; noch andere trieben Beute aus der Provinz weg. Eine so gewaltige Habsucht hatte einer Seuche gleich ihr Verhalten angesteckt. Aber Cassius ging, als Gaius Memmius seinen Vorschlag durchgesetzt hatte und der ganze Adel hierüber bestürzt war, zu Jugurtha und bestimmt diesen, der ängstlich war und wegen seines schlechten Gewissens an seinen eigenen Unternehmungen verzweifelte, er solle, weil er sich nun einmal dem römischen Volke unterworfen habe, es lieber auf dessen Mitleid als auf dessen Macht ankommen lassen. Überdies verbürgte er sich noch persönlich mit seinem Worte, auf das jener keinen geringeren Wert legte als auf die öffentliche Zusage. Einen so guten Ruf genoß Cassius damals.

33. Und so kam Jugurtha im Gegensatz zu seiner königlichen Würde im jämmerlichsten Aufzug mit Cassius nach Rom.[128] Zwar besaß er selbst große Überzeugungskraft, gewann jedoch, von allen ermutigt, unter deren Einfluß oder verbrecherischer Beihilfe er alles oben Gesagte unternommen hatte, zu einem bedeutenden Preis den Volkstribunen

Gaius Baebius,[129] um durch dessen Unverschämtheit gegen alles Recht und Unrecht gedeckt zu sein. Aber Gaius Memmius rief das Volk zusammen, und obwohl es über den König aufgebracht war, so daß ein Teil verlangte, man solle ihn in Ketten werfen, andere, man solle, wenn er seine Mitschuldigen nicht enthülle, an ihm als an einem Feinde nach altem Brauch die Todesstrafe vollziehen,[130] so ließ er sich doch mehr von Rücksichten der Ehre als vom Rachegefühl leiten und suchte den Tumulten Einhalt zu gebieten und die Gemüter zu besänftigen. Ja er versicherte, das von Staats wegen erteilte freie Geleit solle, so weit es ihn beträfe, unangetastet bleiben. Als hierauf Stille eingetreten war, führte er den Jugurtha vor und ergriff das Wort, er zählte seine Verbrechen in Rom und Numidien auf, wies seine Frevel gegen Vater und Brüder nach; und zwar wisse das römische Volk recht wohl, mit wessen Hilfe und Dienst er das vollbracht, aber dennoch verlange es aus seinem Munde noch handfeste Beweise hierfür. Wenn er die Wahrheit enthüllen würde, so dürfe er auf das Wort und die Gnade des römischen Volkes große Hoffnung setzen.[131] Wenn er sie aber verschweige, so werde das seinen Genossen nichts helfen, wohl aber über ihn selbst und seine Aussichten Verderben bringen.

34. Als hierauf Memmius seinen Vortrag beendet hatte und Jugurtha nun aufgefordert wurde zu antworten, so befahl der Volkstribun Gaius Baebius, der, wie wir oben gesagt haben, sich hatte bestechen lassen, dem König zu schweigen, und obwohl die Volksmenge, die in der Versammlung zugegen war, in heftiger Aufregung ihn durch Geschrei und Gebärden, wiederholt auch durch stürmisches Vordringen und alle sonst gewöhnlichen Äußerungen des Zorns zu schrecken suchte, so behielt doch seine Unverschämtheit die Oberhand. So verließ das Volk, zum besten gehalten, die Versammlung, bei Jugurtha, Bestia und den übrigen, die diese Untersuchung beunruhigte, wuchs wiederum der Mut.

35. Um diese Zeit hielt sich in Rom ein Numider namens Massiva auf, ein Sohn des Gulussa und Enkel des Masinissa.[132] Dieser war bei dem Streit der Könige gegen Jugurtha aufgetreten und war deshalb nach Cirtas Übergabe und Adherbals Ermordung aus Afrika geflohen. Diesen überredete Spurius Albinus, der im folgenden Jahr nach Bestia mit Quintus Minucius Rufus das Konsulat verwaltete,[133] er solle sich beim Senat um die numidische Krone bewerben, weil er ja aus Masinissas

Familie stamme und Jugurtha wegen seiner Verbrechen von Haß und
Furcht in die Enge getrieben sei. Der Konsul, der begierig auf einen
Krieg war, wollte lieber alles in Bewegung setzen, als es einschlafen
lassen, ihm selbst war Numidien, dem Minucius Makedonien als Provinz
zugefallen. Da nun Massiva seine Sache voranzutreiben begann, und
Jugurtha bei seinen Freunden keinen ausreichenden Schutz fand, weil
den einen von ihnen sein böses Gewissen, den anderen die Gefahr eines
schlechten Rufes und Furcht in seiner Tätigkeit lähmte, so erteilte er dem
Bomilkar, der ihm am nächsten stand und der am ergebensten war,[134]
den Befehl, für Geld, womit er schon so vieles ausgerichtet hatte, Meu-
chelmörder gegen Massiva zu kaufen, und zwar so geheim wie möglich;
wenn dies aber nicht so recht gelingen wolle, so solle er den Numider
um jeden Preis aus dem Wege räumen. Bomilkar erfüllte eilig den
Auftrag des Königs und ließ durch Leute, die in derlei Geschäften Meister waren, dessen Wege und Gänge, überhaupt alle seine Aufenthalts-
orte und Termine, auskundschaften. Dann legte er ihm, als es die Umstände zuließen, einen Hinterhalt. Einer also von der Zahl derer, die für
den Mord gedungen waren, griff etwas zu unvorsichtig den Massiva an,
stach ihn nieder, wurde aber selbst ergriffen und legte auf Zureden vieler
und insbesondere des Konsuls Albinus ein Geständnis ab. Mehr nach
geltendem Gesetz und Gerechtigkeit als nach dem Völkerrecht wurde
Bomilkar vor Gericht gestellt, obwohl er als Begleiter dessen galt, der
mit freiem Geleit nach Rom gekommen war. Jugurtha aber, obwohl
eines so schweren Verbrechens offenbar überführt, ließ nicht eher ab,
gegen die Wahrheit anzukämpfen, bis er merkte, daß die Empörung
über seine Tat seinen Einfluß und sein Geld überstieg.[135] Obschon er
daher bei der ersten gerichtlichen Verhandlung fünfzig Bürgen aus den
Reihen seiner Freunde gestellt hatte, so schickte er doch, mehr auf seinen
Thron als auf seine Bürgen bedacht, den Bomilkar heimlich nach Numidien, aus Besorgnis, seine übrigen Untertanen könnten Furcht bekommen, ihm länger zu gehorchen, wenn an jenem die Todesstrafe vollzogen würde.[136] Auch er selbst ging wenige Tage später ebendorthin ab, auf
den Befehl des Senats, Italien zu verlassen.[137] Als er Rom verlassen hatte,
soll er oft schweigend darauf zurückgeschaut und zuletzt gesagt haben:
Wehe dieser Stadt, die zum Verkauf bereitsteht und die bald zugrunde
gehen wird, wenn sich einmal ein Käufer für sie findet!

36. Indessen ließ Albinus beim Wiederausbruch des Krieges Proviant, Sold und andere notwendige Dinge für seine Truppen in Eile nach Afrika hinüberschaffen und ging selbst sogleich dahin ab, um vor den Wahlen, deren Zeitpunkt nicht ferne war, durch Waffengewalt oder Übergabe oder auf jede andere Weise den Krieg zu Ende zu bringen.[138] Dagegen zog Jugurtha alles in die Länge, schuf bald diesen bald jenen Grund für eine Verzögerung, versprach die Unterwerfung und stellte sich dann wieder besorgt, wich vor einem Angriff zurück und ging bald darauf, damit seine Leute den Mut nicht verlieren sollten, selbst wieder zum Angriff, und narrte so den Konsul, indem er bald die Kriegsführung, bald die Friedensverhandlungen hinzog. Es gab auch wirklich Leute, die der Ansicht waren, Albinus habe um den Plan des Königs damals sehr wohl gewußt, und sie glaubten, nach so großer Eilfertigkeit sei der Krieg nicht so leicht aus Unfähigkeit als vielmehr aus unlauterer Absicht in die Länge gezogen worden.[139] Als nun aber die Zeit ohne Erfolg verstrichen war, und der Wahltag sich näherte, ließ Albinus seinen Bruder Aulus im Lager als seinen Stellvertreter zurück und reiste nach Rom.

37. Um diese Zeit wurde der Staat durch Unruhen, die die Tribunen verursachten, furchtbar erschüttert. Die Volkstribunen Publius Lucullus und Lucius Annius versuchten nämlich trotz des Widerstands ihrer Amtsgenossen noch länger in ihrem Amt zu verbleiben, ein Streit, der das ganze Jahr hindurch die Amtswahlen verhinderte.[140] Dieser Verzug veranlaßte den Aulus, der, wie wir oben gesagt haben, als Stellvertreter im Lager zurückgelassen worden war, zu der Hoffnung, entweder den Krieg zu Ende zu führen, oder vom König durch Einsatz seines Heeres als Druckmittel Geld zu erhalten. Er rief also im Januar[141] seine Soldaten aus den Winterquartieren ins Feld und kam trotz des strengen Winters in starken Tagesmärschen vor der Stadt Suthul an, wo sich die Schätze des Königs befanden.[142] Zwar konnte man diesen Ort wegen der stürmischen Jahreszeit und seiner vorteilhaften Lage weder einnehmen noch belagern – denn um die Mauer, die am Rande eines schroffen Berges angelegt war, hatte die schlammige Ebene durch die Regenzeit des Winters einen Sumpf gebildet –, trotzdem ließ er, entweder zum Schein, um dem König Schrecken einzuflößen, oder in blinder Begierde, um sich der Schätze zu bemächtigen, Sturmdächer vorrücken, einen Damm aufwer-

fen und anderes, was dem Unternehmen förderlich sein konnte, schnell vorantreiben.

38. Als aber Jugurtha sich von der Nutzlosigkeit des Unternehmens und der Ungeschicklichkeit des Legaten überzeugt hatte, so bestärkte er ihn hinterlistig in seinem Irrsinn, schickte einen Gesandten nach dem anderen an ihn ab und ließ um Gnade flehen; er selbst zog mit seinem Heer, gleich als wolle er ihm aus dem Wege gehen, durch gebirgige Gegenden und auf Seitenpfaden. Endlich trieb er den Aulus durch die Aussicht auf ein geheimes Abkommen dazu, sich von Suthul zurückzuziehen und ihn, als weiche er zurück, in abgelegene Gegenden zu verfolgen; so werde das Vergehen eher verborgen bleiben. Unterdessen versuchte er durch geschickte Leute, Tag und Nacht das Heer zu verführen, bestach Hauptleute und Befehlshaber der Reiterschwadronen,[143] daß sie teils zu ihm übergehen, andere auf ein Zeichen hin ihren Posten verlassen sollten. Als er nach seinem Plan diese Vorkehrungen getroffen hatte, umzingelte er in tiefer Nacht unversehens mit seinen Numiderscharen das Lager des Aulus. Die römischen Soldaten, durch den ungewöhnlichen Lärm aufgeschreckt, griffen zum Teil zu den Waffen, andere versteckten sich, andere sprachen den Erschrockenen Mut zu, überall lief man ängstlich hin und her. Die Menge der Feinde war groß, der Himmel in Nacht und Wolken gehüllt, Gefahr von zwei Seiten; am Ende wußte man nicht, ob fliehen oder standhalten sicherer sei. Von der Zahl derjenigen aber, die, wie wir eben gesagt haben, bestochen waren, ging eine Kohorte Ligurer mit zwei Reiterschwadronen Thraker[144] und wenigen gemeinen Soldaten zum König über, und der Hauptmann des ersten Manipels der dritten Legion[145] machte es den Feinden möglich, durch einen Teil des Befestigungswerkes, den er zur Verteidigung erhalten hatte, einzudringen, und hier brachen nun auch die Numider in Massen ein. Unsere Leute ergriffen in schimpflicher Weise die Flucht, wobei die meisten ihre Waffen wegwarfen, und besetzten den nächstgelegenen Hügel. Die Nacht und die Plünderung des Lagers hielt den Feind davon ab, seinen Sieg auszunutzen. Am folgenden Tage erklärte darauf Jugurtha in einer persönlichen Zusammenkunft mit Aulus folgendes: Zwar stehe es in seiner Macht, ihn und sein eng eingeschlossenes Heer durch Hunger und Schwert zu vernichten, doch wolle er mit Rücksicht auf die Menschlichkeit, wenn jener einen Vertrag mit ihm abschließe,

alle unversehrt durchs Joch abziehen lassen;[146] zudem müsse er binnen
zehn Tagen Numidien räumen. So hart und schmachvoll auch diese
Bedingungen waren, so kam doch, weil diese an die Stelle der Todes-
furcht traten, der Friede so zustande, wie es der König gerne wollte.

39. Sobald man diese Vorgänge in Rom erfuhr, befiel die Bürger
Angst und tiefe Trauer. Einige waren tief betroffen wegen des Ruhms
des Reiches, ein Teil, nicht gewohnt an kriegerische Bedrohung, fürchtete für die Freiheit, alle waren gegen Aulus erbittert, und zwar besonders diejenigen, die sich im Krieg oft hervorgetan hatten, daß er, die
Waffen in der Hand, lieber in Schmach als im Kampfe sein Heil gesucht
habe. Deswegen befragte der Konsul Albinus, der wegen der Schuld
seines Bruders Haß und infolgedessen Gefahr befürchtete, den Senat
über den Friedensvertrag, hob aber dennoch inzwischen Ergänzungsmannschaft für das Heer aus, berief von den Bundesgenossen und den
Latinern Hilfstruppen ein, kurz, er vollzog eilig alle möglichen Maßnahmen.[147] Der Beschluß des Senats fiel richtigerweise so aus, daß ohne sein
und des Volkes Auftrag kein Vertrag abgeschlossen werden könne. Der
Konsul, den die Tribunen daran hinderten, die Truppen, die er zu-
sammengebracht hatte, mitzunehmen, fuhr wenige Tage darauf nach
Afrika ab. Denn das ganze Heer hatte der Übereinkunft zufolge Numidien geräumt und lag in der Provinz in Winterquartieren. Als er hier
angelangt war, brannte er zwar darauf, den Jugurtha zu verfolgen und
den auf seinem Bruder lastenden Haß zu mildern, als er aber seine
Soldaten sah, die abgesehen von der Flucht durch Auflösung der Ordnung ein ausschweifender und zügelloser Lebenswandel verdorben
hatte, kam er in Anbetracht der Umstände zu der Ansicht, daß für ihn
jetzt nichts zu unternehmen sei.

40. Indessen kündigte in Rom der Volkstribun Gaius Mamilius Limentanus[148] folgenden Antrag an das Volk an: Es solle eine Untersuchung
angestellt werden gegen diejenigen, auf deren Rat sich Jugurtha über
Senatsbeschlüsse hinweggesetzt, die als Gesandte oder Befehlshaber von
ihm Geld genommen, die ihm Elefanten und Überläufer ausgeliefert,
desgleichen gegen diejenigen, die über Frieden oder Krieg mit dem
Feinde Verträge abgeschlossen hätten. Diesem Antrag konnten sich einige wegen ihres schlechten Gewissens, andere aus Furcht vor Gefahren
wegen des offenen Hasses unter den Parteien nicht offen widersetzen,

ohne damit selbst ihre Billigung dieser und ähnlicher Schritte auszusprechen; daher versuchten sie, gegen denselben insgeheim durch Freunde
und insbesondere durch Leute mit latinischem Recht und italische Bundesgenossen Hindernisse in den Weg zu legen.[149] Unglaublich aber klingt
es, welche Spannung das Volk zeigte und mit welchem Nachdruck es
den Antrag guthieß, genehmigte, verlangte, mehr aus Haß gegen den
Adel, auf den es mit diesem Schlage abgesehen war, als aus Teilnahme
für das Staatswohl: solche Leidenschaftlichkeit herrschte damals unter
den Parteien. Während nun die übrigen von Furcht gelähmt waren,
hatte Marcus Scaurus, der, wie wir oben erklärt haben, Bestias Legat
gewesen war,[150] mitten im Jubel des Volkes und dem Rückzug seines
Anhangs, bei der in der Stadt andauernden Unruhe es durchgesetzt, daß
auch er in den Untersuchungsausschuß gewählt wurde, für den nach
Mamilius Antrag drei Mitglieder ernannt werden sollten.[151] Bei der
Untersuchung selbst verfuhr man übrigens scharf und heftig, nach dem
Gerede und der Laune des Volkes. Wie oft den Adel, so hatte um diese
Zeit das Volk sein Glück übermütig gemacht.[152]

Der Parteienexkurs

41. Übrigens war das Unwesen der Interessensgruppen und Cliquen im
Senat, und somit die Ursache all der üblen Praktiken, erst wenige Jahre
zuvor in Rom aufgekommen infolge von Friedensruhe und Überfluß an
allem dem, was der Mensch für das wichtigste erachtet. Denn vor Karthagos Zerstörung regierten Volk und Senat von Rom friedlich und
maßvoll miteinander als Gemeinwesen, kein Wettstreit um Ehre oder
Übermacht herrschte da unter den Bürgern:[153] Furcht vor dem Feinde
hielt die Bürger bei ihrem guten Verhalten. Sobald aber dieses Gefühl
der Bedrohung aus den Gemütern verschwunden war, da trat offenbar
das ein, was das Glück gewöhnlich zur Folge hat, Zügellosigkeit und
Übermut. So wurde für sie der Friede, den sie in Notzeiten herbeige-
wünscht hatten, als sie ihn errungen hatten, nur noch ein drückenderes
und bittereres Unheil. Denn jetzt fing der Adel an, seinen hohen Rang,
das Volk seine Freiheit nach seiner Laune zu mißbrauchen; jeder wollte
für sich bekommen, plündern, rauben. So wurde alles in zwei Parteien

gespalten, der Staat, der bisher im Mittelpunkt gestanden hatte, zerfleischt.[154] Übrigens war der Adel durch seinen Zusammenhalt der Interessen stärker, die Volksmacht hatte durch ihre Auflösung und Zersplitte-
rung trotz der Überzahl geringere Macht.[155] Nach der Willkür einiger
weniger wurde im Felde und daheim Politik betrieben. In denselben
Händen lagen Staatsschatz, Provinzen, Ämter, Ehren und Triumphe. das
Volk wurde von Kriegsdienst und Mangel bedrückt. Die Kriegsbeute
plünderten die Feldherren mit einigen wenigen;[156] inzwischen wurden
die Eltern oder die unmündigen Kinder der Soldaten, wie gerade einer
an einen mächtigen Nachbarn grenzte, aus ihren Besitzungen verjagt.[157]
So riß mit der Macht auch Habsucht ohne Maß und Ziel ein, entweihte
und zerstörte alles, kannte keine Rücksicht auf Menschliches und Heiliges, bis sie sich selbst den Untergang bereitete. Denn sobald sich unter
dem Adel Männer fanden, die wahren Ruhm ungerechter Macht vorzogen, da entstand Aufruhr und Streit unter den Bürgern, als ob ein
Aufruhr unter den Elementen entstanden sei.

42. Denn seitdem Tiberius Gracchus und Gaius Gracchus[158], deren
Vorfahren im punischen und in anderen Kriegen zur Vergrößerung des
Staates viel beigetragen hatten,[159] dem Volk die Freiheit zu erringen und
die Freveltaten der Oligarchie zu enthüllen begannen,[160] war der Adel,
schuldig, wie er war, und deshalb bestürzt, bald durch Bundesgenossen
und Latiner, manchmal durch römische Ritter, die die Hoffnung auf
Gleichstellung mit ihm vom Volk getrennt hatte, den Anträgen der
Gracchen entgegengetreten,[161] und hatte zuerst den Tiberius und wenige
Jahre später den Gaius Gracchus, der denselben Weg einschlug, den einen
als Tribunen, den anderen als Triumvir zur Stiftung von Kolonien,
zusammen mit Marcus Fulvius Flaccus in offenem Kampf getötet.[162]
Allerdings hatten die Gracchen in ihrer Gier nach Erfolg nicht genug
maßvolle Vorstellung bewiesen, da es doch besser ist, auf anständige
Weise zu verlieren, als durch schlechte Mittel über das Unrecht zu
siegen.[163] Diesen Sieg benutzte nun der Adel nach Lust und Laune,
räumte eine Menge Menschen durch Schwert oder Verbannung aus dem
Weg und umgab sich mit wahrer Macht: ein Verfahren, das große
Staaten meistens zugrunde richtet, indem nämlich die eine Partei um
jeden Preis über die andere siegen und an dem Besiegten grausame
Rache üben will.[164] Wollte ich es jedoch versuchen, über die Parteibestre-

bungen und den sittlichen Zustand unseres ganzen Staates ins einzelne zu gehen, oder die Sache entsprechend ihrer Bedeutung darzulegen, so würde mir eher die Zeit als der Stoff ausgehen. Deshalb kehre ich zu meinem Gegenstand zurück.

Die Feldzüge des Metellus

43. Nach dem Vertrag des Aulus und dem schmählichen Rückzug unseres Heeres hatten Gaius Metellus und Marcus Silanus[165], die designierten Konsuln, die Provinzen unter sich verlost, und dem Metellus war Numidien zugefallen, einem tatkräftigen Mann und, obgleich Widersacher der Volkspartei, doch im Ruf von Beständigkeit und Unbescholtenheit.[166] Kaum hatte dieser sein Amt angetreten, so richtete er sein Hauptaugenmerk auf den Krieg, den er führen wollte, da er glaubtc, daß alle seine anderen Ziele von seinem Amtskollegen geteilt würden.[167] Weil er nun ins alte Heer kein Vertrauen hatte, so hob er Truppen aus, schaffte von überall Verstärkung herbei, beschaffte sich Rüstung und Waffen, Pferde und das übrige Kriegsgerät, außerdem Proviant im Überfluß, kurz alles, was in einem so verwickelten und materialintensiven Krieg gewöhnlich von Nutzen ist. Darüberhinaus sandten zur Förderung des Unternehmens auf Befehl des Senats Bundesgenossen und Latiner und auch Könige freiwillig Hilfstruppen[168] , schließlich unternahmen alle Bürger mit höchstem Eifer hierfür Anstrengungen. Als daher alles nach Wunsch beschafft war und bereitstand, setzte er nach Numidien über, begleitet von großen Hoffnungen seiner Mitbürger sowohl wegen seiner sonstigen Vorzüge, als auch insbesondere, weil er durch kein Geld in seinen Grundsätzen zu erschüttern war und weil vor dieser Zeit durch die Habsucht der Staatsbeamten in Numidien unsere Macht geschwächt, die der Feinde gestärkt worden war.

44. Als er aber in Afrika angelangt war, wurde ihm das Heer vom Prokonsul Spurius Albinus übergeben, ein träger Haufen, wenig kriegstüchtig, ohne Ausdauer in Gefahr und Anstrengung, mit der Zunge rüstiger als mit der Faust, Plünderer der Verbündeten und selbst eine Beute des Feindes, ohne geregelten Dienst und Gehorsam gehalten. So ergab sich für den neuen Feldherrn wegen der schlimmen Moral seiner

Soldaten mehr Besorgnis, als wegen ihrer großen Zahl Unterstützung und günstige Erwartung.[169] Obgleich nun die Verzögerung der Wahlen die Zeit für den Sommerfeldzug verkürzt hatte,[170] und Metellus sich denken konnte, daß seine Mitbürger mit Spannung einer Entscheidung entgegensahen, so beschloß er dennoch, den Krieg nicht eher zu beginnen, als bis er im Sinne der alten Militärdisziplin seine Soldaten wieder an Strapazen gewöhnt hätte. Denn Albinus, durch die Niederlage seines Bruders Aulus und des Heeres eingeschüchtert, hatte sich vorgenommen, aus der Provinz nicht wegzuziehen, und hielt daher, solange er noch den Oberbefehl hatte, seine Soldaten meist im Standlager, wenn ihn nicht etwa der Gestank oder Futtermangel zur Änderung seines Standortes nötigte. Aber das Lager wurde weder befestigt, noch wurden nach Gewohnheit des Militärdienstes Wachtposten aufgestellt. Jeder entfernte sich, wie er gerade Lust hatte, von seinen Fahnen. Marketender mischten sich unter die Soldaten und streiften miteinander Tag und Nacht umher, verwüsteten auf ihren Touren die Ländereien, brachen in Landhäuser ein, trieben um die Wette Vieh und Sklaven als Beute weg und tauschten sie bei den Händlern gegen fremde Weine und andere Waren dieser Art um.[171] Zuletzt verkauften sie das Getreide, das ihnen der Staat zuteilen ließ, und kauften sich Tag für Tag Brot.[172] Kurz, was sich nur an Schandtaten durch Mangel an Beschäftigung und üppigem Lebenswandel nennen oder denken läßt, das fand sich alles bei diesem Heere zusammen und noch weiteres dazu.

45. In diesen schweren Verhältnissen zeigte sich aber Metellus, wie ich berichtet finde, nicht minder groß und einsichtsvoll als dem Feinde gegenüber. Mit so großer Ausgewogenheit verstand er es, zwischen dem Buhlen um die Gunst und grausamer Strenge das rechte Maß zu finden. Denn zuerst verbannte er durch einen Heeresbefehl alles, was die Disziplinlosigkeit fördern konnte: niemand sollte im Lager Brot oder eine andere zubereitete Speise verkaufen, kein Marketender dem Heer nachziehen, kein einfacher Soldat oder Gefreiter im Lager oder auf dem Marsch sich einen Sklaven oder ein Lasttier halten. Die übrigen beschränkte er gleichfalls streng. Zudem ließ er täglich in Kreuz- und Quermärschen das Lager weiter verlegen, befestigte es, als stünde der Feind in der Nähe, mit Wall und Graben, stellte an vielen Punkten Wachtposten auf und machte bei diesen persönlich mit seinen Legaten

die Runde. War das Heer auf dem Marsch, so war er ebenso bald an der Spitze des Zuges, bald bei der Nachhut, oft auch in der Mitte, damit keiner aus Reih und Glied trete, sondern alle dicht geschart um die Feldzeichen vorwärtsschritten, der Soldat Verpflegung und Waffen selbst trüge.[173] Indem er auf diese Weise Vergehen eher vorbeugte als strafend verfuhr, gab er dem Heer in kurzer Zeit seine Schlagkraft zurück.[174]

Sobald Jugurtha von den Aktionen des Metellus durch Boten erfahren hatte und zugleich von Rom aus über dessen Unbestechlichkeit Gewißheit erhalten hatte, befiel ihn Mißtrauen zu seiner Lage und er versuchte erst jetzt, eine echte Unterwerfung in die Wege zu leiten. Er schickte daher Abgeordnete mit Zeichen der Ergebung[175] an den Konsul, um nur für sich und seine Kinder das Leben zu erbitten,[176] alles übrige dem römischen Volk auszuliefern. Aber Metellus wußte schon aus früheren Erfahrungen, daß die Numider unzuverlässig, von schnell wechselndem Temperament und zu Unruhen sehr geneigt waren.[177] Er machte sich deshalb an die Abgeordneten einzeln, einem nach dem anderen, heran, stellte sie allmählich auf die Probe und, als er sie für seine Absichten brauchbar fand, überredete er sie durch große Versprechungen, ihm den Jugurtha womöglich lebendig, sollte das aber nicht recht gelingen, tot auszuliefern. Übrigens ließ er sie öffentlich die gewünschte Antwort an den König melden.[178]

Sodann rückte er selbst nach wenigen Tagen mit schlagfertigem Heer feindlich in Numidien vor, wo entgegen den sonstigen Erscheinungen im Krieg die Hütten voll Menschen, Vieh und Arbeiter auf den Feldern waren. Aus den Städten und Dörfern kamen ihm Beamte des Königs entgegen, mit dem Angebot, Getreide zu liefern, den Kriegsbedarf zu transportieren, kurz jeder Forderung genüge zu leisten. Nichtsdestoweniger zog Metellus, gerade als ob der Feind in der Nähe stünde, ebenso gedeckt mit seinem Heere weiter, ließ weit und breit alles auskundschaften und sah jene Zeichen der Unterwerfung als Schein und für einen Versuch an, ihn selbst in einen Hinterhalt zu locken. Daher hielt er sich selbst mit kampfbereiten Kohorten, ebenso einer auserlesenen Schar von Schleuderern und Bogenschützen an der Heeresspitze[179] auf, den Nachtrab befehligte der Legat Gaius Marius mit der Reiterei; auf beiden Flanken hatte er die Reiterei der Völker, die Hilfstruppen gestellt hatten, den Legionstribunen und Kohortenführern[180] zugeteilt, damit die Leichtbewaffneten, die mit ihnen vermischt marschierten, die feindlichen Reitertruppen an jedem Punkt, an dem sie sich nähern würden, zurückwerfen könnten. Denn Jugurtha vereinigte in sich eine solche Schlauheit und solche Kenntnis der Örtlichkeit und der Kriegsführung, daß es schwer zu entscheiden war, ob er in der Ferne oder in der Nähe, im Friedens- oder Kriegszustand gefährlicher sei.

47. Nicht weit von der Straße, auf der Metellus vorrückte, lag die numidische Stadt Vaga, der am stärksten besuchte Handelsplatz des ganzen Reiches, wo viele Leute italischer Abkunft sich niederzulassen und Handel zu treiben pflegten. Hierher verlegte der Konsul eine Besatzung, sowohl um zu erproben, ob man es sich gefallen ließe, als auch, um von der vorteilhaften Lage Gewinn zu ziehen.[181] Außerdem befahl er Getreide und andere nützliche Dinge für den Krieg dorthin zu liefern, in der Überzeugung, worauf ihn auch die Verhältnisse in der Stadt hinwiesen, daß die dortige zahlreiche kaufmännische Bevölkerung und ihre Handelsbeziehungen seinem Heere von Nutzen sein und die bereits herbeigeschafften Vorräte sichern würden. Während dieser Vorgänge schickte Jugurtha nur noch dringender um Gnade flehende Gesandte, bat um Frieden und wollte außer seinem und seiner Kinder Leben alles dem Metellus überliefern. Auch diese verlockte der Konsul zum Verrat und entließ sie dann in ihre Heimat. den verlangten Frieden schlug er dem König weder ab, noch versprach er ihm diesen, und er wartete während dieser Verzögerungen auf die Erfüllung der Zusagen von Seiten der Gesandten.

48. Als Jugurtha Metellus' Äußerungen mit seinem Verhalten verglich und merkte, daß man ihm mit seinen eigenen Mitteln zusetzte – denn während man ihm den Worten nach Frieden ankündigte, herrschte in Wirklichkeit schwerster Kriegszustand, seine bedeutendste Stadt war in fremde Hände gefallen, das Land von den Feinden ausgekundschaftet, die Stimmung in der Bevölkerung unruhig – da beschloß er, durch den Druck der Lage hierzu gezwungen, das Glück mit den Waffen zu versuchen. Nachdem er daher über den Marschweg des Feindes Erkundigungen eingezogen hatte, schöpfte er aus der günstigen Örtlichkeit Hoffnung auf Sieg, brachte eine möglichst große Truppenzahl jeglicher Waffengattung auf die Beine und gewann auf geheimen Seitenwegen einen

Vorsprung vor dem Heer des Metellus. In demjenigen Teil Numidiens, den Adherbal bei der Teilung in Besitz bekommen hatte, gab es einen Fluß, der im Süden entsprang, namens Muthul[182]. Von diesem etwa 30 Kilometer entfernt zog sich in gleicher Richtung ein Gebirge hin, wüst von Natur und ohne Anbau von Menschenhand. Ungefähr aus seiner Mitte trat ein Hügel hervor, in unabsehbare Formen sich erstreckend und mit wilden Ölbäumen, Myrten und anderen Baumarten bewachsen, die auf einem trockenen und sandigen Boden gedeihen.[183] Die dazwischenliegende Ebene aber war wegen Wassermangels eine Wüste, abgesehen von einem Streifen nahe des Flusses. Dieser war mit Bäumen bepflanzt und von Herden und Landleuten bevölkert.

49. Auf dem Hügel nun, der wie wir gezeigt haben, sich quer zur Marschrichtung hinzog, lagerte sich Jugurtha mit seinem Heer in lang gedehnten Schlachtlinien; über die Elefanten und einen Teil des Fußvolkes gab er den Befehl dem Bomilkar und erteilte ihm die erforderlichen Anweisungen, er selbst stellte sich mit der gesamten Reiterei und dem Kern des Fußvolkes näher zum Gebirge hin auf. Hierauf machte er bei den einzelnen Geschwadern und Manipeln die Runde, ermahnte und beschwor sie, sie sollten sich an ihre alte Tapferkeit und ihre Siege erinnern und ihn und seinen Thron gegen die Habgier der Römer[184] verteidigen. Sie hätten gegen Leute zu kämpfen, die sie schon besiegt durchs Joch hätten ziehen lassen; nur ihr Anführer sei ein anderer geworden, nicht ihr Mut. Alle Vorsichtsmaßregeln, die von einem Heerführer zu erwarten seien, habe er für seine Leute getroffen, die Stellung auf einer Anhöhe genommen, damit sie, gut vorbereitet, mit unvorbereiteten Soldaten, nicht eine geringe Zahl mit einer Übermacht oder eine ungeübte mit kriegserfahrenen in Kampf gerieten. Deshalb sollten sie bereit und entschlossen sein, auf ein Zeichen hin die Römer anzugreifen. Dieser Tag werde entweder alle ihre Anstrengungen und Siege krönen oder der Anfang zu schlimmen Leiden sein. Zudem erinnerte er sie Mann für Mann, wie er gerade einen für eine Heldentat mit Geldspenden oder Ehre ausgezeichnet hatte, an seine Gunstbezeugungen und stellte sie namentlich den anderen als Vorbild dar.[185] Endlich suchte er sie je nach ihrem Charakter durch Versprechen, Drohen, Beschwören, auf verschiedene Weise anzufeuern. Inzwischen erblickte man Metellus, der, ohne vom Feinde etwas zu wissen, vom Gebirge herabzog.

Anfangs war er im Zweifel, was denn die ungewöhnliche Erscheinung zu bedeuten habe: denn zwischen den Sträuchern hatten sich die Numider mit ihren Pferden gelagert, einerseits durch die niedrigen Bäume nicht ganz verdeckt, und doch andererseits nicht recht zu erkennen, was es wäre, da sie selbst und ihre Feldzeichen durch die Beschaffenheit des Ortes, noch mehr aber durch List unkenntlich gemacht waren. Bald jedoch merkte er die Falle und hielt den Heereszug eine Weile an. Jetzt änderte er die Stellung der Abteilungen und ließ auf dem rechten Flügel, der dem Feind zunächst war, das Heer in drei Reihen aufrücken und verteilte zwischen die Manipel Schleuderer und Bogenschützen. Die gesamte Reiterei stellte er auf die Flügel, hielt nach Zeit und Umständen eine kurze Ansprache an seine Soldaten und führte das Heer, wie er es aufgestellt hatte, nach einem kurzen Schwenk in die Ebene hinab.[186]

50. Als er aber bemerkte, daß die Numider ruhig blieben und von der Anhöhe nicht herabkamen, befürchtete er wegen der Jahreszeit und des Wassermangels, das Heer könnte durch Durst aufgerieben werden, und schickte daher den Legaten Rutilius[187] mit leichtbewaffneten Kohorten und einer Abteilung Reiterei an den Fluß voraus, um dort einen Lagerplatz zuvor zu besetzen; denn er nahm an, die Feinde würden durch wiederholte Flankenangriffe seinen Marsch aufhalten und, weil sie nun einmal in ihre eigenen Waffen kein Vertrauen setzten, versuchen, seinen Soldaten durch die Erschöpfung und den Durst beizukommen. Hierauf rückte er selbst entsprechend den Umständen und örtlichen Gegebenheiten, sowie er vom Berge herabgestiegen war, langsam vor, wies dem Marius seinen Platz hinter der vordersten Schlachtreihe an, er selbst hielt sich bei der Reiterei des linken Flügels auf, die beim Vorrücken an die Spitze des Heeres gekommen war.

Sobald aber Jugurtha sah, daß Metellus' Nachhut an der vordersten Reihe seiner Soldaten vorbeigerückt war, besetzte er den Berg an dem Punkte, wo Metellus herabgezogen war, mit etwa 2000 Mann Fußvolk, damit nicht etwa der Gegner, wenn er zurückwich, sich dahin zurückziehen und nachher verschanzen könnte; dann gab er plötzlich das Zeichen, und stürzte sich auf den Feind. Ein Teil der Numider schlug die Nachhut nieder, ein anderer griff die linke und rechte Flanke an. Erbittert drangen und brachen sie ein und setzten an allen Punkten die Römer in Verwirrung, von denen auch diejenigen, die mit festerem Mut dem Feind entgegengetreten waren, durch den verwirrenden Kampf genarrt, nur selbst aus der Ferne verwundet wurden, ohne daß sie den Feind treffen oder in einen Nahkampf verwickeln konnten. Die Reiter zogen sich, wie sie Jugurtha schon vorher angewiesen hatte, sobald gerade eine römische Reiterabteilung ihnen zuzusetzen begann, jedesmal nicht in geschlossenen Gliedern und auch nicht auf einen Punkt zurück, sondern sprengten vielmehr so weit wie möglich auseinander. So an Zahl überlegen, umzingelten sie den zerstreuten Feind, wenn sie denselben von der Verfolgung nicht hatten abschrecken können, im Rücken oder in der Flanke. War aber die Anhöhe zur Flucht günstiger als die Ebene, so entkamen die numidischen Pferde, die daran gewöhnt waren, mit Leichtigkeit durch das Gebüsch; unsere Leute hielt das rauhe und ungewohnte Gelände auf.

51. Im übrigen bot der ganze Kampf ein wechselndes, zweifelhaftes, grauenvolles und jämmerliches Bild; versprengt von ihren Kameraden wichen die einen, die anderen setzten nach, man hielt sich weder an die Feldzeichen noch an die Formation. Wo jeden die Gefahr betroffen hatte, da versuchte er Widerstand und Abwehr; Rüstungen und Waffen, Roß und Mann, Feind und Freund, alles war durcheinander gewirbelt: nichts ging nach Plan oder Befehl, der Zufall lenkte alles. Und so war schon der Tag größtenteils vergangen und der Ausgang noch immer ungewiß. Endlich als alle von Anstrengung und Hitze erschöpft waren und Metellus sah, daß die Numider nicht mehr so heftig andrängten, zog er allmählich seine Truppen auf einen Punkt zusammen, brachte in ihre Reihen wieder Ordnung und stellte vier Legionskohorten gegen das feindliche Fußvolk auf.[188] Von diesem hatte sich ein großer Teil ermüdet auf den Anhöhen niedergelassen. Zugleich bat und ermahnte er seine Krieger, sie sollten den Mut nicht sinken lassen, noch zulassen, daß der fliehende Feind siege; sie hätten kein Lager, keinen festen Punkt, wohin sie zurückweichen und sich aufstellen könnten, auf den Waffen beruhe alles. Aber auch Jugurtha blieb inzwischen nicht untätig. Er ging umher, ermutigte alle, begann erneut das Gefecht und versuchte persönlich mit einer Elitetruppe alles Mögliche, kam seinen Soldaten zur Hilfe, bedrängte den Feind, wo er wankte, wo er diesen als stark erkannte, suchte er ihn durch Kampf aus der Ferne aufzuhalten.

52. Auf diese Weise bekämpften einander zwei so ausgezeichnete

Feldherren, persönlich einander gleich, aber mit ungleichen Mitteln. Denn für Metellus war die Tapferkeit seiner Soldaten, gegen ihn das Gelände, für Jugurtha war sonst alles günstig, ausgenommen seine Soldaten. Als die Römer endlich einsehen mußten, daß sie keinen Rückzugspunkt hatten, und andererseits der Feind keine Gelegenheit zum Kampf bot, und es war schon Abend dieses Tages, so stürmten sie, wie ihnen befohlen war, den Hügel gerade hinauf. Die Numider büßten ihre Stellung ein und wurden völlig in die Flucht geschlagen. Wenige kamen um, die meisten rettete ihre Schnelligkeit und die mangelnde Ortskenntnis der Feinde.

Inzwischen führte Bomilkar, den Jugurtha, wie wir oben gesagt haben, an die Spitze der Elefanten und eines Teils des Fußvolks gestellt hatte, sobald Rutilius an ihm vorübergezogen war, seine Leute langsam in die Ebene hinab und ordnete, während der Legat in Richtung auf den Fluß, wohin er vorausgeschickt war, im Eilmarsch weiterzog, in aller Ruhe, wie es die Umstände forderten, seine Schlachtreihen, versäumte es jedoch nicht, auszukundschaften, wo der Feind stehe und was er treibe. Als er erfahren hatte, daß Rutilius sich bereits gelagert habe und unbesorgt sei, zugleich auch, daß das Geschrei von Jugurthas Kampf her stärker werde, so fürchtete er, der Legat könnte, wenn er davon Kenntnis erhalten habe, seinen bedrängten Kameraden zur Hilfe kommen, ließ die Schlachtlinie, die er, mißtrauisch gegen die Tapferkeit seiner eigenen Soldaten, dichtgedrängt aufgestellt hatte, sich weiter auseinanderziehen, um dem Feind den Weg zu versperren, und rückte auf diese Weise gegen Rutilius Lager vor.

53. Die Römer bemerkten unerwartet eine große Staubwolke; denn das Gelände, das mit Gesträuch bewachsen war, verwehrte die Aussicht. Zuerst nun glaubten sie, das trockene Erdreich werde vom Wind aufgewirbelt. Als sie aber sahen, daß die Wolke unverändert blieb und, sowie der Heereszug sich fortbewegte, immer näher kam, griffen sie, als sie die Ursache erkannt hatten, eilends zu den Waffen und stellten sich, wie befohlen, vor dem Lager auf. Als man sich dann einander genähert hatte, stürzten die beiden Heere unter großem Geschrei aufeinander los. Die Numider hielten nur solange stand, wie sie von den Elefanten Hilfe erwarteten. Sobald sie aber sahen, daß diese von Baumästen behindert und so voneinander getrennt und umzingelt wurden, ergriffen sie die

Flucht, die meisten warfen ihre Waffen weg und kamen unter dem Schutz des Hügels oder der bereits einbrechenden Nacht unversehrt davon. Vier Elefanten wurden gefangen, die übrigen alle, vierzig an der Zahl, getötet. Obwohl aber die Männer, von dem Marsch und auch von der Arbeit am Lager und dem Kampf völlig erschöpft waren, so gingen sie doch, weil Metellus über Erwarten lange ausblieb, diesem kampfbereit und gerüstet entgegen; denn die List der Numider gestattete keine Nachlässigkeit und keine Ruhe. Als sie nun nicht mehr weit voneinander entfernt waren, lösten sie anfänglich im Dunkel der Nacht durch das Geräusch, als ob sich Feinde näherten, bei den jeweils anderen gleichzeitig Furcht und lähmende Unruhe aus, und beinahe wäre es durch Unvorsichtigkeit zu einem beklagenswerten Zwischenfall gekommen, wenn nicht von beiden Seiten vorausgesandte Reiter die Sache aufgeklärt hätten. Deshalb trat an die Stelle der Furcht plötzlich Freude. Jubelnd riefen die Soldaten einander zu, sie erzählten und ließen sich erzählen, was vorgefallen war, jeder erhebt seine Heldentaten bis zum Himmel. So ist es nun einmal im Leben: beim Sieg darf auch der Feige prahlen, Unglück setzt auch den Wackeren herab.

54. Metellus blieb vier Tage in demselben Lager stehen[189], sorgte fürsorglich für die Wiederherstellung der Verwundeten, beschenkte nach militärischem Brauch diejenigen, die sich bei den Kämpfen verdient gemacht hatten, bezeugte dem ganzen Heere in einer Versammlung seinen Beifall und Dank, und ermahnte es, bei dem Rest, was leicht sei, gleichen Mut zu zeigen; für den Sieg sei bereits zur genüge gekämpft worden, die weiteren Anstrengungen würden nur noch der Beute gelten. Doch schickte er inzwischen Überläufer und andere hierzu taugliche Leute ab, um auszukundschaften, wo in aller Welt Jugurtha sich befinde oder was er treibe, ob er wenige Begleiter oder ein Heer bei sich habe, wie er sich nach seiner Niederlage verhalte. Aber dieser hatte sich in waldige und von Natur aus sichere Gebirgsgegenden zurückgezogen[190] und brachte hier ein Heer zusammen, der Zahl nach ansehnlicher, jedoch ohne Geschick und Kraft, mehr zu Ackerbau und Viehzucht als zum Kriegsdienst geeignet.[191] Dies kam daher, daß außer den königlichen Reitern von allen Numidern keiner den König auf der Flucht begleitete; wohin jeden seine Neigung trieb, dahin liefen sie auseinander; dies galt aber nicht als Kriegsverbrechen. So waren nun einmal die sittlichen

Vorstellungen. Als also Metellus bemerkte, daß der Wille des Königs noch immer ungebrochen war, daß der Krieg von neuem begann, den man nur nach dessen Belieben führen konnte, daß er überdies einen ungleichen Kampf mit dem Feind zu bestehen habe und dieser bei einer Niederlage weniger einbüße, als seine Leute bei einem Sieg[192], so beschloß er, den Krieg nicht mehr in Gefechten oder Schlachten, sondern auf andere Weise zu führen. Daher rückte er in die reichsten Gegenden Numidiens vor[193], verwüstete die Ländereien, nahm viele Burgen und Städte, die planlos befestigt oder ohne Besatzung waren, weg und steckte sie in Brand, ließ die waffenfähige Mannschaft niedermachen, alles übrige gab er seinen Soldaten zur Plünderung. Der Schrecken darüber gab den Römern viele Geiseln in die Hände und verschaffte ihnen Getreide und anderes nützliches Material im Überfluß. Überall wo es die Umstände erforderten, wurde eine Besatzung auferlegt. Diese Unternehmungen schreckten den König weit mehr als der Verlust eines Gefechts auf seiner Seite. Denn er, bei dem alle Hoffnung auf Flucht beruhte, sah sich jetzt genötigt zu folgen und, da er günstig gelegene Positionen nicht hatte halten können, an ungünstigen den Krieg zu führen. Doch faßte er einen Plan, der ihm den Umständen nach noch der zweckmäßigste zu sein schien: er ließ den größten Teil seines Heeres an denselben Standorten Halt machen. Er selbst folgte mit dem Kern seiner Reiterei dem Metellus nach und fiel, durch seine Nachtmärsche auf Schleichwegen unentdeckt geblieben, plötzlich über die umherschweifenden Römer her. Die meisten von diesen fielen ohne Gegenwehr, viele wurden gefangen, kein einziger entkam unverletzt; und ehe man aus dem Lager zur Hilfe kommen konnte, zogen sich die Numider, wie ihnen befohlen war, auf die nächstgelegenen Anhöhen zurück.

55. Unterdessen entstand in Rom eine ungeheure Freude, als man von Metellus Taten erfuhr, wie er und sein Heer sich im Geiste der Vorfahren verhielten, wie er trotz einer ungünstigen Stellung doch durch seine Tapferkeit Sieger geblieben sei, auf feindlichem Gebiet Eroberungen mache, den Jugurtha, der wegen der Dummheit des Aulus glänzend dagestanden hatte, genötigt habe, in Wüsten oder auf der Flucht seine Rettung zu suchen. Daher verkündete der Senat wegen dieser glücklichen Unternehmungen Dankfeste für die unsterblichen Götter.[194] Die Bürger, zuvor unruhig und über den Ausgang des Krieges besorgt, zeigten sich jetzt in froher Stimmung, Metellus' Name war hochgeehrt.

Daher rang er nur um so angestrengter um den endgültigen Sieg, trieb alle Maßnahmen eilig voran, hütete sich jedoch, dem Feind irgendwo eine Blöße zu bieten, weil er daran dachte, daß die Mißgunst dem Ruhm auf dem Fuße folgt. So kam es, daß er, je gepriesener, auch um so besorgter, seit Jugurthas Überfall sein Heer nicht mehr zerstreut zum Beutemachen ausschwärmen ließ. Wenn Getreide oder Futter nötig war, so bildeten Kohorten mit der ganzen Reiterei die Bedeckung. Einen Teil des Heeres befehligte er selbst, die übrigen Marius[195]. Das Land wurde jedoch mehr durch Feuer als durch Plündern verheert. An zwei Stellen, nicht weit voneinander, pflegten sie ihr Lager aufzuschlagen; war ein Angriff nötig, so waren alle zur Hand, im übrigen handelten sie getrennt voneinander, damit Flucht und Schrecken sich um so weiter ausbreiteten. Um diese Zeit folgte Jugurtha über die Anhöhen und suchte eine Gelegenheit oder eine Stellung für einen Kampf. Wo er die Annäherung des Feindes bemerkte, verdarb er das Futter und die Wasserquellen, an denen Mangel war, bald zeigte er sich dem Metellus, zuweilen auch dem Marius, griff die hinteren Reihen auf dem Marsch an und zog sich dann sofort wieder auf die Anhöhen zurück, drohte wiederum bald diesen, bald jenen, ließ sich weder auf ein Gefecht ein, noch gönnte er Ruhe, nur den Feind versuchte er von seinen Vorhaben abzubringen.[196]

56. Als der römische Feldherr sah, daß er vom Feind durch Hinterhalte hart mitgenommen wurde, und dieser ihm keine Gelegenheit zum Kampf bot, beschloß er, eine bedeutende Stadt, die in dem Landesteil, wo sie lag, die Stütze des Königreichs war, namens Zama[197], zu bestürmen, mit der Überlegung, Jugurtha werde seinen Untertanen in ihrer Bedrängnis zur Hilfe kommen, und darüber werde es zu einer Schlacht kommen. Jener aber, von diesem Vorhaben durch Überläufer unterrichtet, kam dem Metellus in Eilmärschen zuvor. Er ermunterte die Einwohner, ihre Stadt zu verteidigen, wozu er ihnen Überläufer zur Unterstützung gab, eine Sorte von Soldaten, die unter den königlichen Truppen die zuverlässigste war, weil sie nicht wieder abfallen konnten. Überdies versprach er, mit dem Heer rechtzeitig einzutreffen. Nach diesen Anordnungen zog er sich in möglichst entlegene Gebiete zurück und erfuhr kurz darauf, Marius sei, um Getreide zu besorgen, von der Marschlinie weg mit wenigen Kohorten nach Sicca beordert worden, der Stadt, die

als erste unter allen nach dem unglücklichen Kampf vom König abgefallen war.[198] Dorthin zog er mit ausgewählten Reitern bei Nacht und lieferte den Römern, gerade als sie ausrücken wollten, am Stadttor einen Kampf. Zugleich forderte er mit lauter Stimme die Siccenser auf, sie sollten die Kohorten von hinten her umzingeln, das Glück gebe ihnen hier Gelegenheit zu einer ruhmvollen Tat; wenn sie diese ausführten, werde er selbst in Zukunft auf seinem Thron, sie in Freiheit furchtlos ihre Tage verleben. Und hätte sich nicht Marius mit dem Angriff und dem Auszug aus der Stadt beeilt, gewiß wären alle Siccenser oder wenigstens ein großer Teil von ihnen abtrünnig geworden; so wankelmütig verhalten sich die Numider. Aber Jugurthas Soldaten, die vom König nur eine Weile zum Standhalten bewegt werden konnten, flohen, als der Feind mit verstärkter Gewalt auf sie eindrang, nach unbedeutenden Verlusten auseinander.

57. Marius gelangte nach Zama. Diese Stadt, in einer Ebene gelegen, war mehr durch künstliche Befestigung als von Natur selbst gesichert, ohne Mangel an geeigneten Mitteln mit Waffen und Mannschaft reichlich versehen. Nachdem nun Metellus entsprechend der zeitlichen und räumlichen Gegebenheiten seine Vorkehrungen getroffen hatte, umzingelte er die ganze Stadtmauer. Jedem Legaten wies er eine Position zu. darauf erhob sich auf ein Zeichen von allen Seiten zugleich ein ungeheures Geschrei; dies schreckte jedoch die Numider nicht, feindselig und kampfbereit blieben sie lautlos auf ihren Posten. Der Kampf begann. Die Römer kämpften je nach ihren Fähigkeiten, ein Teil aus der Ferne mit Kugeln oder Steinen, andere rückten näher heran und versuchten, bald die Mauer zu untergraben, bald Sturmleitern anzusetzen, sie wollten den Kampf im Handgemenge führen.[199] Dagegen wälzten die Verteidiger der Stadt auf die zunächst stehenden Steine, warfen Pfähle, Spieße, zudem brennende Kienfackeln, mit Pech und Schwefel bestrichen. Aber auch diejenigen, die sich fern gehalten hatten, hatte ihre Angst nicht ausreichend gesichert. Denn die meisten trafen Geschosse, aus Maschinen oder freier Hand geschleudert, und gleiche Gefahr, aber ungleichen Ruhm hatten Tapfere und Feige.

58. Während so bei Zama gekämpft wurde, griff Jugurtha unversehens das feindliche Lager mit einer bedeutenden Truppenzahl an. Da die Besatzung sorglos war und alles andere als einen Angriff erwartete, brach

er durchs Tor ein.[200] Unsere Soldaten dagegen, von plötzlicher Furcht erfaßt, suchten sich, jeder auf seine Weise, zu helfen; die einen flohen, die anderen griffen zu den Waffen, ein großer Teil wurde verwundet oder getötet. Dagegen erinnerten sich von der ganzen Menge nicht mehr als vierzig an ihren Ruhm als Römer und schlossen sich fester zusammen, besetzten eine Stelle, die etwas höher lag als die Umgebung, und konnten auch mit der größten Anstrengung nicht von dort vertrieben werden, sondern schleuderten vielmehr die aus der Ferne abgesandten Geschosse wieder zurück, wobei sie in Unterzahl bei der Übermacht seltener das Ziel verfehlten. Sooft aber die Numider näher heranrückten, da entfalteten sie erst recht ihre Tapferkeit und hieben mit aller Macht auf diese ein und schlugen sie in die Flucht. Während sich inzwischen Metellus im hitzigen Gefecht befand, vernahm er feindliches Geschrei im Rücken. Er wendete sein Pferd um und bemerkte, daß eine Flucht auf ihn zu im Gange war: ein Umstand, der ihm anzeigte, daß es seine Leute seien. Er schickte daher eilends die ganze Reiterei zum Lager ab, und darauf auch den Marius mit den Kohorten der Bundesgenossen und beschwor ihn unter Tränen bei ihrer Freundschaft und beim Wohle des Staates, er solle keine Schande auf dem siegreichen Heere sitzen und den Feind ungestraft abziehen lassen.[201] Jener führte in kurzer Zeit die Aufgabe durch, Jugurtha dagegen, durch die Lagerbefestigung aufgehalten, zog sich, während sich einige über den Wall stürzten, andere in den engen Gassen in ihrer Eile sich selbst den Weg versperrten[202], nach bedeutenden Verlusten in eine sichere Stellung zurück. Metellus kehrte, als die Nacht einbrach, unverrichteter Dinge mit seinem Heer wieder ins Lager zurück.

59. Ehe er nun am folgenden Tag zum Sturm auszog, ließ er die gesamte Reiterei sich auf der Seite, wo der König herkommen mußte, vor dem Lager aufhalten, wies die Tore und die zunächst gelegenen Punkte den Tribunen zu, rückte danach selbst vor die Stadt und griff wie Tags zuvor ihre Mauern an. Indessen überfiel Jugurtha aus seinem Versteck heraus plötzlich unsere Leute; die ihm am nächsten standen, gerieten im ersten Schrecken eine Weile in Verwirrung, die übrigen kamen schnell zur Hilfe. Auch hätten die Numider nicht länger Widerstand leisten können, wenn nicht das Fußvolk, unter die Reiterei gemischt, beim Zusammenprall ein großes Blutbad angerichtet hätte.[203] Im Ver-

trauen darauf setzten jene nicht, wie es sonst bei einem Reitergefecht üblich ist, dem Feind nach und wichen dann wieder zurück, sondern sie sprengten mit ihren Pferden geradewegs an, brachen in unsere Schlachtreihen ein, brachten sie hierdurch in Verwirrung und waren nahe daran, durch Anwendung ihres leichten Fußvolkes über den Feind zu siegen.

60. Zur selben Zeit wurde bei Zama mit großem Kraftaufwand gekämpft. Wo gerade ein Legat oder Tribun befehligte, da machte man die größten Anstrengungen, auch setzte keiner mehr Hoffnung auf den anderen, als auf sich selbst. Ebenso verhielten sich die Bewohner der Stadt; an allen Punkten fand Sturm oder Gegenwehr statt; jeder war mehr darauf aus, den Gegner zu verwunden, als sich selbst zu decken, Geschrei, eine Mischung zwischen Zuruf, Jubel, Wehklagen und Waffengetöse, tönte zum Himmel, Geschosse flogen von beiden Seiten. Jene aber, die die Stadt verteidigten, schauten, wenn die Feinde nur ein wenig mit dem Angriff nachließen, mit Spannung auf das Reitergefecht. Man konnte sie, wie gerade Jugurthas Lage war, bald jubelnd, bald ängstlich sehen, und als ob sie von ihren Kameraden hätten gehört oder bemerkt werden können, warnten einige, andere munterten auf oder gaben mit der Hand Zeichen oder beugten sich mit ihrem Körper vorwärts oder machten dahin oder dorthin Wendungen, gleich als wollten sie Geschossen ausweichen oder welche werfen. Als Marius – er befehligte nämlich auf dieser Seite – dies bemerkte, so ging er absichtlich weniger heftig zu Werke und stellte sich, als wäre er ohne Hoffnung auf den Erfolg, ließ auch die Numider ohne Störung dem Kampf ihres Königs zusehen. Während sie so durch ihre Anteilnahme am Kampf ihrer Kameraden gefesselt waren, startete er plötzlich mit aller Gewalt einen Angriff auf die Mauer. Und schon hatten die Soldaten ihre Leitern erklommen und beinahe die Zinnen erfaßt, als die Stadtbewohner herbeirannten und Steine, Feuer, überdies andere Geschosse auf sie herabschleuderten. Unsere Leute leisteten anfangs Widerstand, als aber die eine und andere Leiter brach und diejenigen, die darauf gestanden hatten, zu Boden geschmettert wurden, da zogen die übrigen, so gut sie eben konnten, wenige unverletzt, ein großer Teil mit Wunden bedeckt ab. Endlich setzte die Nacht dem Kampf auf beiden Seiten ein Ende.

61. Als Metellus sah, daß seine Unternehmung fehlgeschlagen und die Stadt nicht zu erobern war, auch daß sich Jugurtha nur von seinem

Hinterhalt aus oder in einem ihm günstigen Gelände auf einen Kampf
einließ, zudem der Sommer bereits zu Ende war, zog er von Zama ab
und legte in diejenigen Städte, die zu ihm abgefallen und durch ihre Lage
oder Befestigung ausreichend gesichert waren, Besatzungen. Das übrige
Heer verlegte er in den an Numidien grenzenden Teil der Provinz in
Winterquartiere.

Jedoch gab er sich in dieser Zeit nicht nach dem Brauch anderer der
Ruhe oder dem Vergnügen hin, sondern, weil nun einmal der Krieg
durch Waffengewalt keinen rechten Fortgang nehmen wollte, stellte er
dem König durch seine eigenen Freunde Fallen und versuchte, sich ihrer
Treulosigkeit statt der Waffen zu bedienen. Deshalb macht er sich an
Bomilkar, der mit Jugurtha in Rom gewesen war und nach Stellung von
Bürgen sich durch heimliche Flucht der Verurteilung wegen Massivas
Ermordung entzogen hatte[204], mit mancherlei Versprechungen, weil dieser bei seinem besonderen Vertrauensverhältnis mit dem König die beste
Gelegenheit hatte, diesen zu hintergehen. Zuerst brachte er diesen auch
dazu, sich bei ihm zu einer geheimen Unterredung einzufinden; dann
gab er dem Bomilkar sein Wort, wenn er den Jugurtha lebendig oder tot
in seine Hände spiele, werde der Senat ihm Straflosigkeit und den Erhalt
seines ganzen Vermögens gewähren, und gewann so leicht den Numider,
der neben seiner natürlichen Treulosigkeit auch noch insbesondere
fürchtete, wenn mit den Römern Friede geschlossen würde, könnte
seine Auslieferung und Hinrichtung zu einer der Bedingungen gemacht
werden.

62. Dieser trat dann bei der ersten günstigen Gelegenheit vor Jugurtha, der in Furcht war und über seine Lage jammerte,[205] ermahnte
und beschwor ihn unter Tränen, er solle doch endlich einmal für sich und
seine Kinder und das um ihn so hochverdiente Numidervolk sorgen; in
allen Kämpfen seien sie besiegt worden, das Land sei verwüstet, viele
Menschen gefangen, getötet, die Hilfsmittel des Reiches erschöpft.[206] Oft
genug schon habe man den Mut der Soldaten und das Glück auf die
Probe gestellt; er solle sich hüten, daß nicht bei längerem Zögern von
seiner Seite die Numider sich selbst zu helfen suchten. Durch diese und
andere derartige Reden stimmte er den König zur Unterwerfung. Es
wurden Abgeordnete an den Feldherrn gesandt, um zu erklären, Jugurtha wolle sich seinen Befehlen fügen und übergebe sich und sein

Reich ohne jede Bedingung seiner Gnade. Metellus ließ eilig alle aus dem Senatorenstand aus den Winterquartieren herbeirufen, mit ihnen und anderen, die er hierzu für geeignet erachtete, hielt er einen Kriegsrat.[207] Also verlangte er nach dem Brauch der Vorfahren von Jugurtha aufgrund des Beschlusses des Rates 200000 Pfund Silber[208], alle Elefanten, eine ziemliche Anzahl von Pferden und Waffen. Als dies ohne Verzug geschehen war, befahl er alle Überläufer gefesselt herbeizuführen. Ein großer Teil von diesen wurde, wie es befohlen war, herbeigeführt; wenige waren, sobald die Übergabe eingeleitet worden war, zu König Bocchus nach Mauretanien entwichen.[209] Als Jugurtha der Waffen, der Mannschaft und des Geldes beraubt war und, um Befehle zu empfangen, plötzlich nach Tisidium gerufen wurde,[210] fing er wieder an, seinen Entschluß zu ändern und bei seinem bösen Gewissen verdiente Strafe zu befürchten. Nachdem er endlich viele Tage in Unschlüssigkeit zugebracht hatte, indem er bald aus Unmut über seine unglückliche Lage alles für erträglicher hielt als den Krieg, bisweilen wieder darüber nachdachte, wie schwer der Sturz von der Höhe des Throns in die Knechtschaft sein würde, nahm er trotz fruchtloser Aufopferung vieler bedeutender Mittel den Krieg von neuem auf. Auch in Rom hatte der Senat bei der Beratung über die Provinzen Numidien wieder dem Metellus zuerkannt.[211]

63. Als um diese Zeit gerade G. Marius zu Utica den Göttern ein Dankopfer darbrachte, hatte ihm der Opferschauer eine große und wunderbare Zukunft verkündigt; darum solle er, was er im Sinn habe, im Vertrauen auf die Götter ausführen, das Glück so oft wie möglich versuchen, es werde alles günstig ausgehen.[212] Es trieb ihn aber schon früher eine ungeheure Begierde nach dem Konsulat, zu dessen Erlangung er mit Ausnahme einer alten Familie alle anderen Erfordernisse in Fülle besaß:[213] Fleiß, Redlichkeit, eine große Kriegserfahrung, einen ungeheuren Mut im Krieg, Besonnenheit im Frieden, und er war erhaben über Begierden und Reichtum, nur gierig nach Ruhm. In Arpinum geboren, hatte er seine ganze Jugend dort verbracht. Sobald er im kriegsfähigen Alter war, übte er sich in Feldzügen, nicht in griechischer Beredsamkeit, noch in den Künsten städtischer Eleganz.[214] So reiften inmitten seiner guten Fähigkeiten seine Anlagen unverdorben heran. Als er sich daher das erste Mal beim Volk um ein Kriegstribunat bewarb, wurde er, obwohl ihn die

meisten persönlich nicht kannten, durch seine Taten dagegen wohlbekannt, durch alle Tribus dazu gewählt.[215] Hierauf schwang er sich nach diesem Amt von Stufe zu Stufe empor,[216] und führte seine Ämter immer auf eine Weise, daß man ihn eines höheren als des gerade von ihm verwalteten für würdig erachtete. Und doch wagte es dieser bis dahin so ausgezeichnete Mann – denn später kam er durch seinen Ehrgeiz zu Fall – noch nicht, sich ums Konsulat zu bewerben,. Noch immer vergab das Volk die anderen Ämter, der Adel das Konsulat unter sich von Hand zu Hand; war ein Mann ohne Ahnen auch noch so gefeiert und durch Taten ausgezeichnet, so galt er doch für unwürdig jener Ehrenstelle und gleichsam für unrein.[217]

64. Als also Marius sah, daß die Äußerungen des Opferschauers eben darauf hindeuteten, wohin sein eigenes leidenschaftliches Verlangen ihn hintrieb, bat er den Metellus um Entlassung, um sich bewerben zu können. Obwohl aber dieser Mann Tüchtigkeit, Ruhm und andere für einen Ehrenmann wünschenswerte Vorzüge in Fülle besaß, so wohnte doch auch in ihm jene Verachtung und jener Hochmut, das gemeinsame Übel des Adels. Daher war er anfangs durch das Ungewöhnliche der Sache überrascht, verwunderte sich über Marius' Vorhaben und warnte ihn in freundschaftlichem Ton, er solle nichts so verkehrtes beginnen und nicht mit seinen Gedanken über seinen Stand hinausstreben; nicht alles dürften alle begehren, er müsse mit seiner gegenwärtigen Lage zufrieden sein; schließlich solle er sich hüten, das römische Volk um etwas zu ersuchen, was ihm mit Recht würde verweigert werden. Als er sich in dieser und ähnlicher Weise ausgesprochen hatte, und doch Marius nicht umgestimmt wurde, gab er ihm zur Antwort, er wolle, sobald es der Dienst des Staates erlaube, seine Bitte erfüllen. Und da nun Marius noch wiederholt dieselbe Forderung stellte, soll er ihm erklärt haben; er solle sich mit seiner Abreise nicht so beeilen, noch zeitig genug werde er sich mit seinem Sohn ums Konsulat bewerben können.[218] Dieser, ungefähr zwanzig Jahre alt, machte um dieselbe Zeit im Gefolge seines Vaters den Feldzug mit. Eine Wendung in dieser Sache, die den Marius sowohl für die Ehrenstelle, nach der er strebte, als auch und noch mehr gegen Metellus gewaltig aufbrachte. So ließ er sich von Leidenschaft und Erbitterung, den schlimmsten Ratgebern, fortreißen, hielt sich in seinen Handlungen und Gesprächen nicht zurück, wenn es ihm nur Gunst

gewinnen konnte, hielt die Soldaten, über die er im Winterlager den Befehl führte, weniger streng als vorher[219], sprach sich bei den Kaufleuten, die sich damals sehr zahlreich in Utica aufhielten, ebenso verleumderisch wie großsprecherisch über den Krieg aus; wenn ihm nur die Hälfte des Heeres anvertraut würde, so wolle er binnen weniger Tage den Jugurtha in Ketten gefangen halten. Vom Feldherrn werde der Krieg absichtlich in die Länge gezogen, weil der eitle Mensch, der von tyrannischer Überheblichkeit sei, an seiner Machtposition allzugroße Freude habe. Alles dieses erschien jenen um so begründeter, weil sie durch den langwierigen Krieg in ihren Geschäften geschädigt waren, und für ein leidenschaftliches Verlangen nichts schnell genug geht.

65. Bei unserem Heer befand sich damals auch ein Numider namens Gauda, Mastanabals Sohn, Masinissas Enkel, den Micipsa in seinem Testament als Nacherben eingesetzt hatte[220], durch Krankheiten hart mitgenommen und aus diesem Grunde ein wenig geistig behindert. Dieser hatte den Metellus um die Vergünstigung, einen Sitz, wie es bei Königen Sitte ist, neben seinen hinstellen zu dürfen, desgleichen um eine römische Reiterschwadron als Leibwache gebeten. Dieser aber hatte ihm beides abgeschlagen, den Ehrenplatz, weil ein solcher nur denjenigen zustehe, die das römische Volk als Könige anerkannt habe, die Leibwache, weil es für römische Ritter unzumutbar sei, einem Numider als Gefolgsmann überlassen zu werden. Da dieser hierüber verärgert war, machte sich Marius an ihn und forderte ihn auf, er solle für diese schmachvolle Behandlung mit seiner Hilfe den Feldherrn zu strafen suchen. Den durch Kränklichkeit geistesschwachen Menschen richtete er durch schmeichlerische Äußerungen auf; er sei ein König, ein gewaltiger Mann, Masinissas Enkel; wenn Jugurtha gefangen oder getötet werde, so werde er ohne Verzug die numidische Krone erhalten. Dies eben könne sehr bald eintreten, wenn nur er selbst als Konsul mit diesem Krieg betraut werde. Daher ließen sich jener und die römischen Ritter, Soldaten und Kaufleute, zum Teil durch Marius persönlichen Einfluß, die meisten aber durch Hoffnung auf Frieden bewegen, in Briefen an ihre Angehörigen in Rom sich über Metellus und dessen Kriegsführung zu beschweren und den Marius zum Feldherrn zu fordern.[221] So wurde von vielen Leuten durch hochgeachtete Empfehlung das Konsulat für ihn erbeten. Zugleich suchte um diese Zeit das Volk, nachdem der Adel

durch das mamilische Gesetz eine Niederlage erlitten hatte,[222] Männer ohne Ahnen zu erheben. So entwickelte sich für Marius alles günstig.

66. Nachdem Jugurtha in der Zwischenzeit den Gedanken an Unterwerfung aufgegeben und den Krieg wieder begonnen hatte, traf er mit viel Sorgfalt und Eile seine Vorbereitungen und zog ein Heer zusammen. Die Städte, die von ihm abgefallen waren, versuchte er durch Drohungen oder Versprechen von Belohnungen wiederzugewinnen, befestigte die für ihn günstig gelegenen Plätze, ließ Rüstungsgüter und anderes, was er in der Hoffnung auf Frieden aufgeopfert hatte, neu anfertigen oder aufkaufen, lockte römische Sklaven an sich und versuchte selbst Besatzungstruppen durch Geld zu verführen, kurz, er ließ nichts unversucht und ungestört, setzte alles in Bewegung. Daher verschworen sich in Vaga, wohin Metellus gleich beim Beginn von Jugurthas Friedensverhandlungen eine Besatzung verlegt hatte, die vornehmsten Einwohner, vom König mit dringenden Bitten bestürmt und zuvor schon ihm nicht abgeneigt. Denn wie das einfache Volk meistens zu sein pflegt, und besonders das numidische, war es von unzuverlässigem Charakter, aufrührerisch und streitsüchtig, begierig nach Umsturz, ein Feind von Ruhe und Frieden. Nachdem sie hierauf alles untereinander verabredet hatten, bestimmten sie den übernächsten Tag, weil dieser als ein in ganz Afrika gefeierter Festtag mehr Scherz und Ausgelassenheit als Schrecken in Aussicht stellte. Als aber die Zeit da war, luden sie Centurionen und Kriegstribunen und den Kommandanten der Stadt selbst, T. Turpilius Silanus, in verschieden Häuser ein.[223] Diese alle metzelten sie, den Turpilius ausgenommen, bei dem Gelage nieder; dann griffen sie die Soldaten an, die sich natürlich an einem solchen Tag waffenlos und ohne Führung herumtrieben. Dasselbe machte das Volk, teils vom Adel genau eingeweiht, andere durch eigene Lust zu solchen Taten angespornt, Leute die auch ohne Kenntnis der Vorgänge und des Planes schon an Unruhen und an Umsturz genügend Freude hatten.

67. Die römischen Soldaten, durch den unerwarteten Schrecken verwirrt und ratlos, was sie als erstes tun sollten, rannten auf die Burg zu, wo ihre Feldzeichen und Schilde sich befanden; ein feindlicher Posten und zuvor schon geschlossene Tore verhinderten ihre Flucht dorthin; zudem schleuderten Frauen und Kinder von den Dächern der Häuser Steine und was ihnen der Ort sonst an die Hand gab, um die Wette auf sie herunter.

So konnte man sich weder vor dem doppelten Übel schützen, noch selbst die Tapfersten der schwächsten Art von Feinden Widerstand leisten. Tüchtige und Untüchtige, Tapfere und Feige wurden auf gleiche Weise ohne Möglichkeit der Gegenwehr niedergemacht. In dieser so großen Not entkam, als die Numider aufs schlimmste wüteten und die Stadt von allen Seiten abgesperrt war, der Stadtpräfekt Turpilius allein von allen Italern unversehrt. Ob dies infolge des Mitleids seines Gastgebers oder einer Verabredung oder eines Zufalls so geschah, konnten wir nicht zur Genüge in Erfahrung bringen. Jedenfalls erscheint er als ein schlechter und ehrloser Mensch, weil ihm bei einem so großen Unglück ein Leben in Schande lieber war als ein unbescholtener Ruf.[224]

68. Nachdem Metellus von den Vorfällen in Vaga Nachricht erhalten hatte, entzog er sich für kurze Zeit tiefbetrübt den Blicken der Menschen, als hierauf Erbitterung zu seinem Kummer trat, beeilte er sich, mit größter Sorgfalt das Unrecht zu rächen. Die Legion, mit der er in den Winterquartieren lag, und soviel er nur numidische Reiter aufbringen konnte, ließ er gleich beim Sonnenuntergang ohne Gepäck ausrücken und gelangte am folgenden Tage ungefähr um die dritte Stunde[225] in eine Ebene, die von leichten Bodenerhebungen umgeben war. Da hier die Soldaten, vom starken Marsch erschöpft, schon alles verweigerten, legte er ihnen dar, die Stadt Vaga sei nicht weiter als eine Meile entfernt, es sei für sie eine Ehrensache, die noch übrige Anstrengung auf sich zu nehmen, bis sie für ihre Mitbürger, tapferste und bemitleidenswerteste Männer, Rache genommen hätten. Überdies stellte er ihnen freigiebig die Beute in Aussicht. So richtete er ihren Mut wieder auf und ließ dann die Reiter vorn in breiter Linie, die Fußsoldaten so gedrängt wie möglich ziehen und die Feldzeichen verstecken.

69. Sobald die Vagenser gewahr wurden, daß ein Heer gegen sie heranziehe, dachten sie zuerst, wie es auch wirklich der Fall war, es sei Metellus, und verschlossen daher ihre Tore. Als sie dann sahen, daß nicht nur keine Felder verwüstet wurden, sondern daß auch die, die als erste heranrückten, numidische Reiter waren, glaubten sie wiederum, es sei Jugurtha, und gingen ihm mit großer Freude entgegen. Da stachen einige der Reiter und Fußsoldaten, als plötzlich ein Zeichen gegeben wurde, das aus der Stadt geströmte Volk nieder, andere eilten zu den Toren, ein Teil besetzte die Türme; Zorn und Aussicht auf Beute siegten

über die Erschöpfung. So hatten die Vagenser nur zwei Tage Freude an ihrem Verrat; die ganze große und reiche Stadt fiel der Rache oder der Plünderung zum Opfer. Der Stadtkommandant Turpilius, von dem wir oben angegeben haben, daß er allein von allen entkommen sei, wurde von Metellus zur Verantwortung gezogen, und als er sich nicht zur Genüge rechtfertigen konnte, verurteilt, ausgepeitscht und büßte schließlich mit seinem Kopf; er war nämlich ein Bürger aus Latium.[226]

70. Um dieselbe Zeit wurde Bomilkar, auf dessen Veranlassung Jugurtha die Kapitulation, die er aus Furcht wieder aufgab, eingeleitet hatte, dem König verdächtig, und er selbst mißtraute diesem auch. Deshalb wünschte er einen Umsturz, suchte nach einer List, um ihn zu vernichten, und zerbrach sich Tag und Nacht darüber den Kopf. Indem er so alles versuchte, verbündete er sich schließlich mit Nabdalsa, einem Mann von edler Abkunft, großem Reichtum, berühmt und beliebt bei seinen Landsleuten.[227] Dieser befehligte gewöhnlich ein vom königlichen getrenntes Heer und erledigte alle Aufgaben, die Jugurtha erschöpft oder durch wichtigere in Anspruch genommen, selbst nicht hatte erledigen können. Dadurch war er zu Ruhm und Reichtum gekommen. Daher wurde nach beiderseitiger Verabredung zur Ausführung des Verrats ein Tag festgesetzt, die übrigen Vorkehrungen beschloß man, wie es die Ausführung erforderte, den Umständen gemäß zu treffen. Nabdalsa begab sich zu seinem Heer, mit dem er auf Befehl zwischen den römischen Winterlagern stand, damit der Feind nicht ungestraft die Felder verwüsten könnte. Als er dann, vor der Größe der Untat bestürzt zur verabredeten Zeit nicht eintraf, und somit seine Furcht die Ausführung verhinderte, schickte Bomilkar, zugleich begierig, sein Vorhaben durchzuführen, und von der Furcht gequält, sein Mitverschworener könnte seinen früheren Plan aufgegeben und einen neuen ausgesonnen haben, durch zuverlässige Leute einen Brief an ihn ab, worin er sich über dessen Weichlichkeit und Unverstand beklagte, die Götter, bei denen er geschworen habe, zu Zeugen anrief und ihn warnte, er solle doch die Belohnungen des Metellus nicht zu seinem eigenen Verderben kehren. Jugurthas Untergang sei nahe, jetzt handle es sich nur noch darum, ob er durch ihn oder durch Metellus Verdienst zugrunde gehe. Darum solle er wohl überlegen, ob er Belohnungen oder Martern vorziehe.

71. Als dieser Brief ankam, ruhte Nabdalsa, eben durch körperliche

Anstrengungen erschöpft, auf seinem Bett aus, wo dann, als er Bomilkars Zeilen gelesen hatte, zuerst Besorgnis, hierauf, wie das bei einem angegriffenen Gemütszustand gewöhnlich ist, der Schlaf über ihn kam. Nun hatte er als Sekretär einen Numider um sich, der ihm treu und lieb und in alle seine Pläne, den jüngsten ausgenommen, eingeweiht war. Als dieser hörte, daß ein Schreiben angekommen sei, trat er, in der Meinung, es werde hier wie gewöhnlich etwas für ihn zu tun oder zu raten geben, in das Zelt, nahm , da jener schlief, den Brief, und las ihn durch. Als er den Verrat daraus erkannt hatte, eilte er sofort zum König. Als Nabdalsa, bald darauf erwacht, den Brief nicht mehr vorfand und zudem den Verlauf der ganzen Sache durchschaute, versuchte er zuerst, den Verräter zu verfolgen. Als dies aber umsonst war, ging er selbst zu Jugurtha, um ihn zu besänftigen, erklärte diesem, was er selbst zu tun vorgehabt habe, daß ihm darin die Treulosigkeit seines Dieners zuvorgekommen sei. Er beschwor ihn unter Tränen, bei seiner Freundschaft und seinen früheren treuen Leistungen, er solle ihn doch wegen eines solchen Verbrechens nicht in Verdacht haben.

72. Der König gab ihm hierauf, anders als seine Stimmung war, eine besänftigende Antwort. Den Bomilkar und viele andere, deren Teilnahme am Verrat von ihm entdeckt worden war, ließ er hinrichten und hatte danach seinen Zorn soweit unterdrückt, daß nicht aus dieser Angelegenheit Unruhen entstünden. Doch hatte Jugurtha von diesem Zeitpunkt an weder Tag noch Nacht mehr Ruhe; an keinem Ort, vor keinem Menschen und in keinem Augenblick hielt er sich für sicher; vor Untertanen und Feinden fürchtete er sich gleichermaßen. Ängstlich schaute er sich überall um und erschrak bei jedem Geräusch, hielt bald da bald dort, oft gegen die Würde eines Königs, seine Nachtruhe. Manchmal fuhr er vom Schlafe auf, griff nach seinen Waffen und machte Lärm; so wurde er von einer an Wahnsinn grenzenden Furcht umhergetrieben.[228]

73. Sobald nun Metellus den Sturz Bomilkars und die erfolgte Entdeckung durch Überläufer erfuhr, rüstete er wieder wie zu einem neuen Krieg in Eile vollständig auf. Den Marius, der ihm wegen seiner Abreise keine Ruhe ließ, und von dem er sich auch, da er zugleich widerwillig und gekränkt war, nicht viel versprechen durfte, entließ er nach Hause.[229]

Als das Volk in Rom vom Inhalt der Briefe, die über Metellus und

Marius geschickt worden waren, gehört hatte, hatte es die Nachrichten von beiden mit Freude aufgenommen. Die adlige Abkunft des Feldherrn, die früher eine Auszeichnung gewesen war, war nun Stein des Anstoßes, aber den anderen hatte seine niedrige Abkunft nur noch in größere Gunst gesetzt; übrigens wirkten bei beiden die Parteiungen stärker als ihre persönlichen Vorzüge oder Fehler.[230] Zudem hetzten damals aufrührerische Beamte die Menge auf, klagten in allen ihren Versammlungen den Metellus wegen eines Kapitalverbrechens an und feierten Marius' Verdienste über die Maßen.[231] Endlich wurde das Volk so aufgehetzt, daß alle Handwerker und Bauern[232], deren Besitz und Kredit auf ihrer Handarbeit beruhte, ihr Geschäft im Stich ließen, den Marius besuchten und seiner Ehre ihre Lebensbedürfnisse aufopferten. Da der Adel schwer erschüttert war, wurde nach langer Zeit wieder einem Mann ohne senatorische Vorfahren das Konsulat übertragen, und als später das Volk vom Volkstribunen Manlius Mancinus befragt wurde, wer nach seinem Willen den Krieg gegen Jugurtha führen solle, verlangte die Mehrheit den Marius.[233] Der Senat hatte aber kurz vorher dem Metellus Numidien zuerkannt, dies war jetzt hinfällig.

74. Zur selben Zeit war Jugurtha nach dem Verlust seiner Freunde, von denen er die meisten hatte töten lassen, die übrigen aber aus Schrekken zum Teil zu den Römern, andere zu Bocchus sich geflüchtet hatten, in seinem Handeln schwankend und unentschlossen, da der Krieg nicht ohne Gehilfen geführt werden konnte und er es doch für gefährlich hielt, bei der so großen Treulosigkeit seiner alten Freunde mit der Treue neuer einen Versuch zu wagen. Kein Ding, kein Plan, kein Mensch genügte ihm mehr, Märsche und Befehlshaber wechselte er Tag für Tag; bald zog er gegen den Feind heran, bald in die Wüsten. Oft setzte er seine Hoffnung auf Flucht und kurz nachher wieder auf die Waffen; er wußte nicht recht, ob er der Tapferkeit oder der Treue seiner Untertanen weniger trauen dürfte, so war ihm, wohin er sich auch wendete, alles zuwider. Aber während dieser Verzögerungen zeigte sich Metellus plötzlich mit seinem Heer.[234] Die Numider wurden, soweit es die Zeit gestattete, von Jugurtha kampfbereit aufgestellt. Danach begann der Kampf. Auf der Seite, auf der der König selbst am Kampf teilnahm, dauerte dieser eine Weile; seine übrigen Soldaten wurden alle beim ersten Zusammenstoß geschlagen und in die Flucht getrieben. Die Römer bekamen eine ziem-

liche Anzahl von Feldzeichen und Waffen, Feinde nur wenige in ihre
Gewalt, denn in der Regel bieten den Numidern in allen Kämpfen mehr
ihre Füße als ihre Waffen Sicherheit.

75. Auf dieser Flucht gelangte Jugurtha, der nur um so mehr seiner
Lage mißtraute, mit den Überläufern und einem Teil der Reiterei in die
Wüste und von da nach Thala,[235] einer großen und reichen Stadt, wo der
größte Teil seiner Schätze sich befand und seine Söhne eine glänzende
Ausbildung genossen. Dies brachte Metellus in Erfahrung, und obgleich
er wußte, daß zwischen Thala und dem nächsten Fluß auf einer Strecke
von 75 Kilometern eine wasserlose Wüste lag, so machte er sich doch, in
der Aussicht, nach Eroberung dieser Stadt den Krieg beenden zu können, daran, alle Schwierigkeiten zu überwinden und selbst die Natur zu
besiegen. Daher ließ er allen Lasttieren ihr Gepäck bis auf einen Getrei-
devorrat für zehn Tage abnehmen, im übrigen sie nur mit Schläuchen
und anderen Wasserbehältern beladen. Überdies suchte er aus der Umgegend soviel zahmes Vieh wie möglich zusammen, und ließ dieses mit
Gefäßen aller Art, meistens jedoch hölzernen, bepacken, die man aus den
Hütten der Numider aufgetrieben hatte. Zudem befahl er den Leuten
der Umgegend, die sich nach der Flucht des Königs dem Metellus
ergeben hatten, jeder solle soviel Wasser wie möglich herbeischaffen,
und bestimmte ihnen Tag und Ort, wo sie sich einfinden sollten. Er selbst
ließ aus dem Fluß, der, wie oben gesagt wurde, das nächste Gewässer bei
der Stadt war, den Lasttieren aufladen.[236] So versehen, setzte er sich in
Richtung Thala in Marsch. Als man hierauf an dem Ort, wohin er die
Numider befohlen hatte, angelangt war und das Lager aufgeschlagen
und befestigt hatte, soll sich plötzlich eine so große Menge Wasser vom
Himmel ergossen haben, daß an diesem schon das Heer genug, ja mehr
als genug hatte.[237] Außerdem fiel die Zufuhr über Erwarten reichlich aus,
weil die Numider, wie es in der ersten Zeit nach einer Unterwerfung
meist geschieht, ihren Verpflichtungen gewissenhaft nachgekommen
waren. Übrigens machten die Soldaten aus religiösen Gründen mehr
vom Regenwasser Gebrauch, ein Umstand, welcher ihren Mut bedeutend stärkte; denn sie glaubten, unter der Fürsorge der unsterblichen
Götter zu stehen. Hierauf langten sie am folgenden Tage entgegen Jugurthas Erwartung in der Nähe von Thala an. Die Stadtbewohner, die
sich durch die Unwegsamkeit der Umgegend geschützt glaubten, gerie-

ten über das große und ungewöhnliche Unternehmen in Bestürzung, rüsteten sich aber keineswegs weniger entschlossen zum Kampf, dasselbe taten auch unsere Soldaten.

76. Der König aber, im Glauben, jetzt sei für Metellus nichts mehr unmöglich, da er ja alles, Waffen, Raum und Zeit, und nun gar die Natur, die alle übrigen beherrscht, besiegt hatte, entfloh mit seinen Kindern und einem großen Teil seiner Schätze bei Nacht aus der Stadt, verweilte seitdem nie mehr länger als einen Tag oder eine Nacht an einem Ort, und gab dann vor, daß er wegen wichtiger Dinge Eile habe. Im Grunde aber fürchtete er Verrat, dem er durch schnelle Ortswechsel ausweichen zu können glaubte. Denn derlei Pläne würden nur, wenn man Zeit und günstige Gelegenheit habe, gefaßt. Als aber Metellus sah, daß die Stadtbewohner auf einen Kampf aus waren, und die Stadt selbst durch Befestigungen und ihre natürliche Lage geschützt war, umgab er ihre Mauern mit Wall und Graben. Danach ließ er an zwei Stellen, die ihrer Lage nach am geeignetsten waren, Sturmdächer vorrücken, einen Damm aufwerfen, und auf dem Damm Türme errichten, um dadurch Arbeit und Arbeiter zu sichern. Dagegen trafen nun die Stadtbewohner eilig Gegenmaßnahmen, kurz, auf beiden Seiten ließ man es an nichts fehlen. Endlich bemächtigten sich die Römer, durch die vielen vorangegangenen Anstrengungen und Gefechte erschöpft, vierzig Tage nach ihrem Eintreffen der Stadt, aber nur ihrer, alle Beute war von den Überläufern zerstört worden. Als diese sahen, daß die Mauern von den Widdern getroffen wurden,[238] und ihre Lage verzweifelt war, schleppten sie Gold und Silber und andere Kostbarkeiten in den königlichen Palast. Hier taten sie sich mit Wein und Speisen gütlich und verbrannten dann sich selbst samt den Schätzen und dem Palast. So vollzogen sie an sich die Strafe, die sie bei einer Niederlage vom Feind zu befürchten hatten, eigenhändig und freiwillig.

77. Gleichzeitig mit Thalas Eroberung waren Gesandte aus der Stadt Leptis bei Metellus mit der Bitte eingetroffen, er möge ihnen eine Besatzung mit einem Befehlshaber schicken; ein Mann namens Hamilkar, ein Adliger mit Beziehungen,[239] gehe auf einen Umsturz aus; gegen ihn könnte weder die Macht der Beamten noch Gesetze etwas ausrichten. Wenn Metellus sich nicht beeile, würde ihr Leben, würden sie, die Verbündeten der Römer, in höchster Gefahr schweben. Die Leptianer

hatten nämlich schon zu Beginn des jugurthinischen Krieges an den Konsul Bestia und in der Folge nach Rom Gesandte geschickt, um Freundschaft und ein Bündnis[240] zu erbitten. Danach, als sie das erlangt hatten, waren sie immer redlich und treu geblieben und hatten alles, was Bestia, Albinus und Metellus von ihnen verlangt hatten, mit Eifer geleistet. Daher erhielten sie auch ohne Umschweife ihr Gesuch vom Feldherrn bewilligt. Vier ligurische Kohorten und C. Annius an deren Spitze wurden dorthin abgeschickt.[241]

78. Diese Stadt wurde von Sidoniern gegründet,[242] die, wie wir in Erfahrung gebracht haben, wegen Streitigkeiten unter den Bürgern geflüchtet, zu Schiff in diese Gegend gekommen waren. Sie liegt übrigens zwischen den zwei Syrten, denen der Name aufgrund ihres natürlichen Charakters gegeben wurde.[243] Es sind dies nämlich zwei Buchten, fast am äußersten Ende von Afrika, ungleich an Größe, aber von gleicher natürlicher Beschaffenheit. In unmittelbarer Nähe zum Land sind sie sehr tief, im übrigen, wie es der Zufall mit sich brachte, zum Teil tief, zum Teil bei Stürmen nicht.[244] Denn wenn das Meer anfängt hoch zu gehen und von Winden aufgewühlt zu werden, spülen die Wogen Schlamm und Sand und gewaltige Felsmassen mit sich fort, so wechselt das Aussehen dieser Stellen zugleich mit den Winden. Syrten werden sie nach diesem Fortschleppen genannt[245]. In dieser Stadt hatte Heirat mit Numidern die Sprache bald verändert, in den Gesetzen und der Lebensart blieb das meiste sidonisch; was sie um so leichter bewahren konnten, weil sie fern von der Herrschaft des Königs lebten. Zwischen ihnen und dem bewohnten Teil Numidiens lagen viele Wüstengebiete.

79. Weil uns aber die Angelegenheiten der Leptianer in diese Gegenden geführt haben, scheint es mir nicht unangebracht zu sein, einer ausgezeichneten und bewundernswerten Tat zweier Karthager zu gedenken; der Ort hat uns dies Ereignis ins Gedächtnis gerufen. Zu der Zeit, als die Karthager den größten Teil Afrikas beherrschten, waren auch die Kyrenäer groß und mächtig. Das Land zwischen ihnen war eine Sandfläche von einförmigem Aussehen; es gab keinen Fluß, keinen Berg, der ihre Gebiete voneinander abgegrenzt hätte. Ein Umstand, der sie in einen schweren und langwierigen Krieg miteinander verwickelte.[246] Nachdem auf beiden Seiten Landheere, ebenso Flotten oft geschlagen und zerstreut worden waren und sie sich gegenseitig bedeutend ge-

schwächt hatten, fürchteten sie, Sieger und Besiegte könnte in ihrer
Erschöpfung bald ein Dritter angreifen, und trafen deshalb während
eines Waffenstillstands folgende Übereinkunft. An einem bestimmten
Tage sollten Gesandte von zu Hause aufbrechen, und die Stelle, wo sie
zusammentreffen würden, sollte fortan als gemeinsame Grenze beider
Völker betrachtet werden.[247] Demzufolge wurden von Karthago zwei
Brüder namens Philänus abgesandt, und diese marschierten eilig vorwärts. Die Kyrenäer gingen langsamer. Ob daran ihre Lustlosigkeit oder
der Zufall schuld gewesen ist, habe ich nicht recht erfahren können.
Allerdings pflegt in diesen Gegenden der Sturm nicht weniger aufzuhalten als auf dem Meere. Denn wenn über diesen ebenen und unbewachse-
nen Landstrich ein Wind sich erhebt und den Sand vom Boden aufjagt,
so pflegt dieser, mit großer Gewalt umhergewirbelt, Mund und Augen
zu füllen und dadurch die Sicht zu nehmen und den Marsch aufzuhalten.
Als die Kyrenäer bemerkten, daß sie weit zurückgeblieben waren und,
weil sie verloren hatten, zu Hause Strafe fürchteten, warfen sie den
Karthagern vor, diese wären vor der Zeit von zu Hause weggegangen
und hätten so gegen die Abmachung verstoßen. Kurz, sie wollten um
keinen Preis als Besiegte abziehen. Als dagegen die Punier einen anderen,
aber nur gerechten Vorschlag verlangten, ließen die Griechen den Karthagern die Wahl, entweder sollten diese da, wo sie die Grenze für ihr
Volk haben wollten, sich lebendig begraben lassen, oder sie würden
unter derselben Bedingung, so weit sie wollten, vorwärtsgehen. Die
Philänen nahmen diesen Vorschlag an und brachten sich und ihr Leben
dem Staat zum Opfer. Also wurden sie lebendig begraben. Die Karthager weihten an dieser Stelle den Brüdern Philäni Altäre[248] und stifteten
für sie in der Heimat noch andere Ehrenmale. Jetzt wieder zur Sache.

80. Nach dem Verlust von Thala hielt Jugurtha dem Metellus gegenüber nichts mehr für genügend sicher. Er zog also mit einem kleinen
Gefolge durch große Wüstengebiete und kam zu den Gätulern, einem
wilden und unzivilisierten Menschenschlag, der damals den Namen
Rom noch gar nicht kannte.[249] Von diesen brachte er eine beträchtliche
Anzahl zusammen und gewöhnte sie allmählich daran, in Reih und
Glied zu bleiben, den Feldzeichen zu folgen, auf den Befehl zu achten
und ebenso andere militärische Gepflogenheiten auszuführen. Außerdem brachte er die engsten Vertrauten des Königs Bocchus durch große

Geschenke und noch größere Versprechungen auf seine Seite, machte sich, von ihnen unterstützt, an den König und veranlaßte diesen, gegen die Römer Krieg anzufangen.Dies gelang aus dem Grund um so leichter, weil Bocchus zu Beginn des numidischen Krieges Gesandte nach Rom geschickt hatte, um Bündnis und Freundschaft zu erbitten.[250] Die Annahme dieses Antrages, so förderlich er auch für den begonnenen Krieg gewesen wäre, hatten einige wenige, von Habsucht verblendet, verhindert, die gewohnt waren, Recht und Unrecht zu verkaufen.[251] Auch war schon früher eine Tochter von Bocchus mit Jugurtha die Ehe eingegangen. Allerdings genießt eine solche Verbindung bei den Numidern und Mauren geringe Geltung, weil jeder so viele Frauen hat, wie ihm nur seine Mittel erlauben, einige zehn, andere darüber, aber die Könige um so mehr. So wird die Neigung durch die Menge geteilt; keine hat die Stellung einer Lebensgefährtin, alle sind gering geschätzt.

81. Die Heere kamen also an einem Ort, den sie beide festgelegt hatten, zusammen. Nachdem man sich hier gegenseitig Treue geschworen hatte, spornte Jugurtha den Bocchus mit seinen Äußerungen an: die Römer seien ungerechte Leute von bodenloser Habgier, die gemeinsamen Feinde aller Welt. Sie hätten den gleichen Grund zum Kriege mit Bocchus, wie mit ihm selbst und mit anderen Völkern, nämlich die Herrschsucht, da ihnen jede Königsherrschaft verhaßt sei. Jetzt sei er Feind der Römer, wie kurz zuvor die Karthager, desgleichen König Perseus, und so werde es künftig jeder sein, der ihnen mächtig genug erscheine. Nach diesen und anderen derartigen Äußerungen verabredeten sie einen Zug gegen die Stadt Cirta, weil Metellus Beute, Gefangene und Gepäck dorthin hatte bringen lassen.[252] So glaubte Jugurtha, die Eroberung der Stadt sei schon der Mühe wert oder es werde, wenn der Römer seinen Leuten zur Hilfe käme, doch zu einer Schlacht kommen. Denn schlau, wie er war, trieb er jetzt nur das eine voran, nämlich den Friedenszustand des Bocchus zu verkürzen, damit er nicht bei längerem Zögern andere Dinge einem Krieg vorzöge.

82. Als der Feldherr von der Verbindung der Könige Nachricht erhalten hatte, bot er nicht so aufs Geratewohl, noch wie er es sich bei seinen häufigen Siegen über Jugurtha angewöhnt hatte, an jedem Ort eine Schlacht an. Dagegen erwartete er nicht weit von Cirta in einem befestigten Lager die Könige, weil er es für besser hielt, die Mauren zuerst

kennenzulernen, da diese als neue Feinde hinzugekommen waren, und dann erst bei günstiger Gelegenheit eine Schlacht zu liefern.

Unterdessen wurde er aus Rom durch Schreiben darüber informiert, daß Numidien dem Marius als Provinz verliehen worden sei. Denn daß dieser Konsul geworden war, hatte er bereits früher vernommen. Über diese Vorfälle wurde er mehr, als recht und ehrenhaft war, betroffen, konnte weder seine Tränen unterdrücken, noch seine Zunge im Zaum halten. Der durch andere Eigenschaften so hervorragende Mann gab sich allzu empfindsam seinem Kummer hin. Dieses Verhalten schrieben einige seinem Stolz zu, andere seinem durch die Schmach gereizten edlen Charakter, viele dem Umstand, daß der bereits gewonnene Sieg ihm wieder aus den Händen gerissen wurde.[253] Wir sind ausreichend darüber informiert, daß ihn mehr die Auszeichnung des Marius als die persönliche Kränkung getroffen hat, und daß er nicht so empfindlich reagiert hätte, wenn die ihm entzogene Provinz einem anderen als dem Marius übertragen worden wäre.

83. Durch den Schmerz darüber also gelähmt, und weil es Torheit zu sein schien, die Sache eines anderen auf eigene Gefahr zu betreiben, schickte er Gesandte an Bocchus mit der Aufforderung, er solle nicht ohne Grund ein Feind des römischen Volkes werden. Jetzt habe er eine gute Gelegenheit, ein Freundschaftsbündnis zu schließen, das dem Kriege vorzuziehen sei. Wie sehr er auch seinen Streitkräften vertraue, so dürfe er doch nicht Unsicheres gegen Sicheres eintauschen; einen Krieg anzufangen, sei immer leicht, aber sehr schwer, damit aufzuhören. Anfang und Ende stehe nicht in seiner Gewalt. Ihn zu beginnen, stehe jedem, auch dem Feigen, frei, beendet werde er nach dem Willen des Siegers. Deshalb solle er an sich und sein Reich denken und seine blühende Macht nicht mit der zum Untergang bestimmten Jugurthas verbinden.

Hierauf erwiderte der König in ziemlich ruhigem Ton, er wünsche den Frieden, aber er bedaure das Schicksal Jugurthas. Wenn diesem dieselbe Möglichkeit eingeräumt würde, so könnte man sich über alles verständigen. Wiederum sandte der Feldherr eine Gegenbotschaft auf die Forderungen des Bocchus; dieser nahm sie zum Teil an, anderes wies er ab. Auf diese Weise wurden oft von beiden Seiten Botschafter hin- und hergeschickt, darüber ging die Zeit hin, und der Krieg wurde, ohne das etwas geschah, nach Metellus' Wunsch in die Länge gezogen.

Der Feldzug des Marius

84. Marius aber, der, wie wir oben gesagt haben, unter lebhaftester Beteiligung des Volkes zum Konsul gewählt worden war, setzte, nachdem ein Volksbeschluß ihm Numidien als Provinz zuerkannt hatte, zuvor schon auf den Adel erbittert, diesen jetzt gerade mit viel Eifer unter Druck, griff bald einzelne, bald die Gesamtheit an, erklärte wiederholt, er habe das Konsulat als Siegesbeute ihnen abgenommen, und anderes mehr, was ihn selbst heraushob und jene schmerzte. Gleichzeitig hielt er, was für den Krieg notwendig war, für das wichtigste. Er verlangte Ergänzung für die Legionen,[254] rief Hilfstruppen von freien Völkern und Königen herbei, bot überdies gerade die Tapfersten aus Latium und von den Verbündeten auf, wobei ihm die meisten durch den Kriegsdienst, wenige bloß dem Rufe nach bekannt waren,[255] und veranlaßte durch persönliches Zureden selbst Ausgediente, mit ihm ins Feld zu ziehen. Auch wagte der Senat, so sehr er ihm auch feindlich gesonnen war, es doch nicht, ihm irgendeine Forderung abzuschlagen, ja er hatte die Truppenergänzung ihm sogar mit Freuden bewilligt, weil man nicht nur glaubte, daß der Kriegsdienst keineswegs nach dem Geschmack des einfachen Volkes sei, sondern auch, Marius entweder um die erforderlichen Mittel zum Krieg oder um die Ergebenheit der Menge kommen werde.[256] Doch hierauf hatte man umsonst gehofft: eine solche Leidenschaft, mit Marius zu ziehen, hatte die meisten befallen. Jeder stellte sich in Gedanken vor, er werde durch Beute bereichert und siegreich heimziehen und anderes mehr. Auch hatte Marius durch eine Ansprache sie in diesen Erwartungen nicht wenig gesteigert.[257] Denn als ihm alle seine Forderungen bewilligt waren und er nun die Truppenaushebung beginnen wollte, berief er das Volk, um es anzufeuern, zugleich auch, um den Adel, wie er es gewohnt war, anzugreifen, zu einer Versammlung und hielt dann folgende Rede:

85. Ich weiß wohl, Bürger Roms, daß die meisten sich ganz anders zeigen, wenn sie sich bei euch um einen Oberbefehl bewerben, als wenn sie ihn erlangt haben und nun wirklich führen. Erst sind sie eifrig, demütig und bescheiden, dann leben sie in Untätigkeit und Hochmut dahin. Aber mir scheint das Gegenteil richtig. Denn um wieviel wichtiger der ganze Staat als Konsulat und Prätur ist, mit desto größerer

Sorgfalt muß man jenen verwalten, als man sich um diese bewirbt. Auch ist mir nicht unbekannt,welch schwere Aufgabe ich durch eure so große Gunstbezeugung übernommen habe. Vorbereitungen zum Kriege zu treffen und doch zugleich die Staatskasse zu schonen,[258] Leute zum Kriegsdienst heranzuziehen, bei denen man doch nicht anecken möchte, daheim und draußen sich um alles zu kümmern – und das mitten unter Mißgünstigen, Widerspenstigen, eigenen Interessen dienenden Menschen voranzutreiben, dies, Bürger Roms, ist schwieriger, als man sich vorstellt. Zudem wenn andere sich etwas zuschulden kommen ließen, so steht alter Adel, die Heldentaten der Vorfahren, der Einfluß ihrer Verwandten und Verschwägerten, eine Menge von Schützlingen, alles das steht ihnen schützend zur Seite.[259] Für mich beruhen alle Aussichten auf mir selbst, und diese muß ich durch Verdienst und Unbescholtenheit sichern; denn das andere ist unzuverlässig. Auch das sehe ich wohl ein, Bürger Roms, daß die Blicke aller auf mich gerichtet sind, daß Gerechte und Anständige mich begünstigen, weil meine guten Dienste für den Staat förderlich sind, daß hingegen der Adel eine Gelegenheit sucht, über mich herzufallen. Um so angestrengter muß ich darauf hinarbeiten, daß ihr nicht überlistet werdet und sie keinen Erfolg haben.

Ich habe mich bis zu dieser Stufe von Jugend auf so verhalten, daß ich alle Anstrengungen und Gefahren gewohnt bin. Was ich vor den Auszeichnungen durch euch ohne Entgelt tat, das nach empfangener Belohnung aufzugeben, ist nicht meine Absicht, Bürger Roms. Jenen, die aus Ehrgeiz sich rechtschaffen stellten, fällt es schwer, im Besitz ihrer Amtsgewalt Maß zu halten, mir, der ich mein ganzes Leben unter den besten Bestrebungen hingebracht habe, ist rechtes Handeln durch Gewohnheit zum Wesensmerkmal geworden.

Ihr habt mir die Führung des Krieges gegen Jugurtha aufgetragen, und das hat den Adel schwer getroffen. Ich bitte, erwäget einmal bei euch selbst, ob es besser wäre, darin eine Änderung zu treffen, wenn ihr einen aus jener Adelsklasse zu diesem oder einem anderen ähnlichen Geschäft abschickt, einen Menschen von altem Adel, vielen Ahnenbildern, aber ohne Kriegserfahrung, natürlich, damit er, in einer so wichtigen Sache gänzlich unerfahren, voll Angst hin und her hastet und sich einen vom Volk zum Lehrmeister in seiner Dienstpflicht nimmt.[260] So kommt es dann gewöhnlich, daß der, welchen ihr zum Feldherrn ernannt habt, einen anderen sich zum Feldherrn suchen muß. Und so kenne ich Leute, Bürger Roms, die erst, nachdem sie zu Konsuln ernannt waren, anfingen, die Taten der Vorfahren und Schriften der Griechen über die Kriegskunst zu lesen.Diese verkehrten Menschen! Denn der Zeit nach folgt die Amtsführung auf die Ernennung, der Sache und der Übung nach aber, geht sie voran. Vergleicht jetzt, Bürger Roms, mit jenen übermütigen mich, den Emporkömmling. Was sie zu hören und zu lesen pflegen, habe ich einen Teil selbst erlebt, anderes persönlich ausgeführt, was sie aus Büchern, das habe ich im Felde gelernt. Jetzt urteilt selbst, ob Taten oder Worte mehr wert sind. Sie verachten meinen jungen Adel, ich ihre Untätigkeit. Mir wird mein Stand, ihnen werden ihre Schandtaten zum Vorwurf gemacht. Allerdings sind, wie ich glaube, alle Menschen von Natur aus gleich, aber je tapferer einer ist, desto edler ist seine Abkunft.[261] Und wenn man jetzt die Väter eines Albinus oder Bestia fragen könnte, ob sie lieber mich oder jene zu Söhnen haben möchten, was, glaubt ihr, würden sie antworten, als daß sie sich möglichst gute Kinder gewünscht hätten?[262] Sehen sie aber nun mit Recht auf mich herab, so mögen sie dasselbe auch ihren Vorfahren gegenüber tun, bei denen, wie bei mir, der Adel vom Verdienst ausging. Sie beneiden mich um mein Ansehen. Nun, so mögen sie mich denn auch um meine Anstrengung, Unbescholtenheit, auch um meine Gefahren beneiden, da ich nun einmal durch diese mir jene errungen habe. Aber diese durch Hochmut verdorbenen Menschen bringen ihre Tage in einer Weise hin, als verachteten sie eure Ehrenstellen, und bewerben sich wieder um dieselben, als hätten sie ehrenhaft gelebt. Wahrlich, die sind im Irrtum, die für sich Dinge von so ganz verschiedener Art erwarten, den Genuß der Untätigkeit und die Belohnungen des Verdienstes.

Aber zudem, wenn sie vor euch oder im Senat das Wort ergreifen, besteht ihre Rede größtenteils nur aus Lobsprüchen für ihre Ahnen. Indem sie deren Heldentaten erwähnen, meinen sie, selbst an Glanz zu gewinnen. Gerade das Gegenteil ist der Fall: denn je glänzender das Leben jener Männer dasteht, desto schändlicher ist deren Schlaffheit. Und in der Tat, so verhält sich die Sache: der Ruhm der Vorfahren ist für die Nachkommen gleichsam ein Licht und läßt weder ihre guten, noch ihre schlimmen Seiten im Dunkel. Daran fehlt es mir, ich gestehe es, Bürger Roms. Aber, was weit herrlicher ist, ich darf von meinen eigenen

Taten sprechen. Jetzt seht, wie ungerecht sie sind. Was sie wegen fremder Tüchtigkeit sich anmaßen, das wollen sie mir wegen meiner eigenen nicht zugestehen: natürlich, weil ich keine Ahnenbilder habe und weil mein Adel noch jung ist, und doch ist es gewiß besser, einen solchen erworben, als den ererbten heruntergebracht zu haben.

Zwar weiß ich recht wohl, wenn sie mir jetzt entgegnen wollten, würde ihnen ein beredter und wohlgesetzter Vortrag in Fülle zur Verfügung stehen. Allein da sie bei eurer so großen Anerkennung bei jeder Gelegenheit mich und euch mit Schmähreden verunglimpfen, so habe ich nicht schweigen wollen, damit niemand meine Zurückhaltung als schlechtes Gewissen auslege. Denn was mich betrifft, so kann nach meiner innersten Überzeugung keine Rede mir etwas anhaben: denn ist sie wahr, so muß sie nur Gutes von mir aussagen; eine unwahre widerlegt mein Leben und mein Charakter. Aber weil nun einmal eure Beschlüsse angegriffen werden, die ihr mir eine so hohe Ehrenstelle und eine so bedeutende Aufgabe übertragen habt, so überlegt euch immer wieder, ob ihr dies zu bereuen habt. Ich kann um meiner Glaubwürdigkeit willen keine Ahnenbilder, noch Triumphe oder Konsulate meiner Ahnen vorzeigen, wohl aber, wenn es erforderlich ist, Ehrenspeere, ein Ehrenband, Reiterorden und andere Kriegsauszeichnungen,[263] Überdies Narben auf der Brust. Das sind meine Ahnenbilder, das mein Adel, der nicht durch Vererbung an mich übergegangen ist, wie ihrer, sondern ich habe mir das durch sehr viele Anstrengungen und Gefahren erworben. Nicht wohlgesetzt sind meine Worte, wenig mache ich mir daraus. Verdienst weist sich selbst zur Genüge aus. Jene brauchen ihre Kunstfertigkeit, um Schandtaten mit Redensarten zu verhüllen. Ich habe auch kein Griechisch gelernt: ich fand zu wenig Gefallen daran, eine Sprache zu lernen, die ja ihren Lehrmeistern nicht zur Tapferkeit verholfen hat. Aber in dem, was für das Gemeinwesen bei weitem das Nützlichste ist, bin ich unterrichtet, einen Feind zu töten, Posten zu stehen, nichts zu fürchten als schändliche Nachrede, Winterkälte und Sommerhitze gleichermaßen zu ertragen, auf dem Boden zu schlafen und gleichzeitig Mangel und Anstrengung zu ertragen. Mit solchen Lehren will ich die Soldaten anfeuern, will weder diese knapp halten und mich selbst üppig pflegen, noch für mich Ruhm, für sie Anstrengung bereiten. Das heißt eine gemeinnützige, das eine bürgerfreundliche Amtsführung. Denn während man selbst in Weichlichkeit lebt, das Heer mit scharfen Zucht-mitteln zur Pflicht anzuhalten, das heißt den Herrn spielen, nicht Feld-herr sein. Durch ein solches und ähnliches Verhalten haben eure Vorfah-ren sich und das Gemeinwesen berühmt gemacht. Auf sie stützt sich der Adel, selbst von ganz anderem Charakter, verachtet er uns, ihre Nachei-ferer, und fordert von euch alle Auszeichnungen nicht nach seinem Verdienst, sondern als ob ihr sie ihnen schuldig wäret. Allerdings irren sich diese so anmaßenden Menschen. Ihre Vorfahren haben ihnen alles, was möglich war, hinterlassen, Reichtum, Ahnenbilder, ihr eigenes ruhmvolles Andenken. Tüchtigkeit haben sie ihnen nicht hinterlassen, sie konnten es auch nicht; sie allein wird weder als Geschenk verliehen, noch empfangen. Schmutzig nennen sie mich, und von ungehobeltem Beneh-men, weil ich mich auf die Veranstaltung eines vornehmen Gastmahls nicht recht verstehe, keinen Possenreißer halte und auch keinen Koch habe, der mich teurer zu stehen käme als ein Gutsverwalter.[264] Und das gestehe ich gern ein, Bürger Roms. Denn von meinem Vater und anderen ehrwürdigen Männern habe ich es so gehört, daß Eleganz zu den Frauen paßt, harte Arbeit aber zu Männern, und das jeder anständige Mann mehr Ruhm als Reichtum besitzen müsse. Waffen, nicht Hausrat seien seine Zierde. Wohlan denn, so mögen sie immerhin tun, woran sie Spaß haben, was sie für wertvoll halten, sie sollen lieben, zechen, wo sie ihre Jugend verlebt haben, da auch ihr Alter hinbringen; bei Gelagen, ergeben dem Bauch und dem schändlichsten Glied des Leibes; Schweiß, Staub und anderes dergleichen mögen sie uns überlassen, für die das erfreulicher ist als Gastmähler. So ist es aber auch nicht. Denn wenn sich diese schändlichen Kerle durch Schandtaten entehrt haben, gehen sie darauf aus, Anständigen ihren Lohn zu entreißen. So bringen in unge-rechtester Weise Ausschweifung und Faulheit, die schlimmsten Eigen-schaften, denen, die sie gepflegt haben, keinen Schaden; das Gemeinwe-sen, das nichts dafür kann, stürzen sie ins Verderben.

Jetzt will ich, da ich ihnen ja wie es meine Denkart, nicht ihre Schand-taten forderten, entgegnet habe, noch einige Worte über die Politik sprechen. Vor allen Dingen, seid zuversichtlich in Bezug auf Numidien, Bürger Roms. Denn was bis heute den Jugurtha geschützt hat, das habt ihr alles beseitigt: Habgier, Unerfahrenheit und Hochmut.[265] Dann steht dort ein Heer, bekannt mit den Gegenden, aber, beim Herkules, mehr tapfer als glücklich. Denn ein großer Teil desselben ist durch Habsucht oder Unbesonnenheit der Anführer aufgerieben worden.[266] Darum ihr, die das dienstfähige Alter haben, vereinigt eure Anstrengungen mit meinen und nehmt euch des Gemeinwohls an, und keiner lasse sich vom Unglück anderer oder vom Hochmut der Feldherren abschrecken. Ich selbst will auf dem Marsch und im Kampf zugleich als Ratgeber und Gefährte an der Gefahr euch zur Seite stehen und mich und euch in jeder Beziehung gleich halten. Und fürwahr, mit der Götter Beistand ist alles reif für uns, Sieg, Beute, Ruhm. Wäre es aber auch noch ungewiß oder in der Ferne, so wäre es doch für alle geeigneten Leute angebracht, dem Gemeinwesen zur Hilfe zu kommen. Denn durch Feigheit ist noch keiner unsterblich geworden, und noch nie hat ein Vater seinen Kindern gewünscht, daß sie ewig leben, sondern vielmehr, daß sie gut und ehrenhaft ihr Leben führen sollen. Ich würde noch mehr sagen, Bürger Roms, wenn Worte Furchtsamen Mut verleihen könnten, denn für Tapfere glaube ich mehr als genug gesagt zu haben.

86. Als Marius eine solche Rede gehalten hatte und sah, daß der Mut des Volkes dadurch neu belebt worden war, ließ er schnell Proviant, Sold, Waffen und andere notwendige Dinge auf die Lastschiffe bringen und befahl dem Legaten Aulus Manlius, damit aufzubrechen.[267] Indessen hob er selbst Soldaten aus, nicht nach dem Brauch der Vorfahren und nicht nach den Klassen,[268] sondern wie gerade ein jeder Lust hatte, meist aus der besitzlosen Klasse.[269] Dies schrieben einige dem Mangel an Tauglichen, andere dem Trachten des Konsuls nach der Gunst des Volkes zu, weil er von Leuten dieser Gattung gefeiert und gefördert worden war,[270] und einem Mann, der auf Machtgewinn aus ist, die Ärmsten immer auch die Nützlichsten sind, da ihnen Eigentum keine Sorge verursacht, da sie eben nichts haben und alles Gewinnbringende ihnen als ehrenhaft erscheint. Also ging Marius mit einer bedeutend größeren Anzahl, als ihm bewilligt worden war,[271] nach Afrika ab und landete nach wenigen Tagen bei Utica. Das Heer wurde ihm von dem Legaten P. Rutilius übergeben, denn Metellus war dem Anblick des Marius ausgewichen, um nicht sehen zu müssen, was schon zu hören seinem Gefühl unerträglich gewesen war.[272]

87. Sobald nun der Konsul Legionen und Kohorten der Hilfstruppen aufgefüllt hatte, zog er in ein fruchtbares und beutereiches Gebiet.[273]

Alles, was dort gewonnen wurde, verschenkte er an die Soldaten; hierauf griff er Burgen und Städte an, die durch ihre Lage und Besatzung nicht genügend geschützt waren, und lieferte bald da, bald dort viele, jedoch nur unbedeutende Gefechte. Dabei nahmen die neuen Soldaten ohne Furcht am Kampf teil; sie sahen, wie Fliehende gefangen oder niedergemacht wurden, der Tapferste gerade am sichersten war, durch die Waffen Freiheit, Vaterland, Eltern und alles andere beschützt, Ruhm und Reichtum erworben wurden. So verschmolzen in kurzer Zeit neue und alte Soldaten und an Tapferkeit wurden sie alle gleich. Als aber die Könige von Marius' Ankunft Kenntnis bekamen, zogen sie sich in verschiedene Richtung in schwer zugängliche Gebiete zurück. So hatte es Jugurtha beschlossen, in der Hoffnung, man werde den Feind bald, wenn er sich zerstreut habe, angreifen können, und die Römer würden sich, wie es meist geschieht, nach Beseitigung der Furcht lockerer und zügelloser verhalten.

88. Inzwischen war Metellus nach Rom gereist, wurde da gegen seine Erwartung mit größter Freude aufgenommen, und, nachdem der Haß geschwunden, vom Volk und von den Senatoren gleich hoch geachtet.[274] Aber Marius richtete gleichermaßen unternehmungslustig und vorsichtig sein Augenmerk auf die Lage seiner Soldaten und der Feinde, forschte, was beiden Vorteil oder das Gegenteil einbringen könnte, kundschaftete die Bewegungen der Könige aus, kam ihren Absichten und Anschlägen zuvor, gönnte weder sich Lässigkeit, noch ihnen Sicherheit. Und so hatte er die Gätuler und den Jugurtha, die von unseren Bundesgenossen Beute fortschleppten, oft auf dem Marsch angegriffen und geschlagen und auch dem König selbst nicht weit von Cirta seine Waffen abgejagt.[275] Als er aber einsah, daß dies nur ruhmvoll, nicht aber für die Beendigung des Krieges entscheidend war, beschloß er, von den Städten, die durch ihre Besatzung oder durch die natürliche Lage zum Vorteil der Feinde und zu seinem Nachteil von besonderer Bedeutung waren, eine nach der anderen zu bestürmen. So werde Jugurtha, wenn er ruhig dabei zusehe, entweder der Stützpunkte seiner Macht entblößt oder in offener Feldschlacht kämpfen müssen.[276] Denn Bocchus hatte ihm oft durch Botschafter erklären lassen, er wünsche Freundschaft mit dem römischen Volk. Marius solle von ihm keine Feindseligkeiten befürchten. Ob dies nur Verstellung von seiner Seite war, um unerwartet

einen desto empfindlicheren Schlag zu führen, oder ob er in seiner Unbeständigkeit gewohnt war, zwischen Frieden und Krieg zu wechseln, ist nicht ausreichend gesichert.[277]

89. Der Konsul aber ging, wie er beschlossen hatte, auf die befestigten Städte und Burgen los und machte sie teils durch Gewalt, teils durch Einschüchterung oder Vorspiegelung von Belohnungen dem Feind abspenstig. Anfangs nun führte er nichts von Bedeutung aus, in dem Glauben, Jugurtha werde, um seine Untertanen zu schützen, sich mit ihm in einen Kampf einlassen. Als er aber vernahm, daß dieser weit weg und mit anderen Dingen beschäftigt sei,[278] schien es ihm Zeit zu sein, an Größeres und Schwierigeres zu gehen. Zwischen riesigen Wüstengebieten lag eine große und mächtige Stadt, namens Capsa, als deren Gründer der libysche Herkules angegeben wurde.[279] Ihre Bürger waren bei Jugurtha abgabenfrei, standen unter einer milden Regierung und galten deswegen für seine getreuesten Untertanen. Gegen Feinde waren sie nicht nur durch ihre Festungswerke, Waffen und Mannschaft, sondern auch noch, und noch weit mehr, durch die schwer zugängliche Lage geschützt. Denn außer der direkten Umgebung der Stadt selbst war alles andere wüst, unbebaut, wasserarm[280], gefährdet durch Schlangen, deren Wut, wie das bei allen wilden Tieren der Fall ist, durch Mangel an Nahrung noch gesteigert wurde. Zudem wird die Schlange, an und für sich schon gefährlich, durch Durst noch mehr als durch irgend etwas anderes gereizt. Dieser Stadt sich zu bemächtigen, hatte den Marius die größte Begierde befallen, sowohl wegen ihrer Brauchbarkeit im Kriege, als auch weil das Unternehmen schwierig zu sein schien und Metellus zu seinem großen Ruhm die Stadt Thala erobert hatte, die nach Lage und Befestigung gar nicht unähnlich war, außer daß es bei Thala nicht weit von der Befestigungsanlage einige Quellen gab, die Einwohner von Capsa nur eine im Innern der Stadt hatten, im übrigen das Regenwasser benutzten. Dies ließ sich hier und in ganz Afrika, wo man fern vom Meer noch roher lebte, um so leichter ertragen, weil die Hauptnahrung der Numider in Milch und Wildbret bestand, und sie weder Salz noch andere Reizmittel für den Gaumen verlangten; Nahrung diente ihnen gegen Hunger und Durst, nicht zur Lust und Schwelgerei.[281]

90. Nachdem also der Konsul alles ausgekundschaftet hatte, wagte er es, glaube ich, im Vertrauen auf die Götter[282] – denn gegen so große

Schwierigkeiten konnte er mit eigener Klugheit nicht genügend Vorsorge treffen, zumal ihm auch Getreidemangel drohte, da die Numider sich mehr mit Anbau von Viehfutter als von Getreide abgeben und alles, was gewachsen war, auf Befehl des Königs in die festen Plätze geschafft hatten, der Boden aber zu dieser Zeit ausgedörrt und ohne Früchte war, denn es war das Ende des Sommers[283] – und rüstete sich dennoch entsprechend den Möglichkeiten einigermaßen vorausschauend aus. Alles Vieh, das man in den letzten Tagen erbeutet hatte, ließ er durch die Reiterei der Verbündeten treiben,[284] befahl dem Legaten A. Manlius, mit den leichtbewaffneten Kohorten zur Stadt Lares zu marschieren,[285] wohin er Sold und Proviant hatte schaffen lassen, und sagte, er werde auf seinem Beutezug wenige Tage später auch dorthin kommen. So hielt er sein Vorhaben geheim und rückte nach dem Fluß Tanas vor.

91. Auf dem Marsch hatte er übrigens täglich unter das Heer, unter den Centurien und ebenso unter die Schwadronen gleichmäßig Vieh ausgeteilt und dafür gesorgt, daß aus den Häuten Schläuche angefertigt wurden; zugleich suchte er hierdurch den Getreidemangel etwas abzumildern und, ohne daß jemand von seinem Plan wußte, etwas vorzubereiten, was bald von Nutzen sein würde.[286] Als man endlich nach sechs Tagen am Fluß anlangte,[287] war schon eine sehr große Anzahl Schläuche fertig. Hier ließ er ein Lager mit leichter Befestigung aufschlagen und befahl den Soldaten, Nahrung zu sich zu nehmen und sich bereitzumachen, um mit Sonnenuntergang ausrücken zu können; Alles Gepäck sollten sie abwerfen und sich und ihre Lasttiere nur mit Wasser beladen. Als es hierauf Zeit zu sein schien, brach er vom Lager auf, und ließ dann, nachdem er die ganze Nacht hindurch marschiert war, Halt machen. Dasselbe tat er in der folgenden Nacht; in der dritten gelangte er vor Tagesanbruch in eine hügelige Landschaft, von Capsa nicht weiter als drei Kilometer entfernt,[288] und wartete dort so geheim wie möglich mit seiner ganzen Heeresmacht. Sobald aber der Tag angebrochen und die Numider, ohne etwas von einem Feind zu ahnen, in großer Zahl aus der Stadt gegangen waren, befahl er plötzlich der ganzen Reiterei und mit ihr den schnellsten vom Fußvolk im Laufschritt nach Capsa zu eilen und die Tore zu besetzen; hierauf folgte er selbst kampfbereit rasch nach und gestattete auch den Soldaten keine Plünderung. Als dies die Stadtbewohner wahrnahmen, geriet alles in Verwirrung. Dieser Umstand, der ge-

waltige Schrecken, das unvorhergesehene Unglück, zudem die Tatsache, daß ein Teil der Bürger außerhalb der Mauer in Feindesgewalt war, zwang sie zur Übergabe. Trotzdem wurde die Stadt in Brand gesteckt, die waffenfähigen Numider niedergemacht, alle anderen verkauft, die Beute unter die Soldaten verteilt.[289] Wie sehr auch dieses Vorgehen dem Kriegsrecht zuwiderlief, so war es doch keine Folge von Habsucht oder verbrecherischer Absicht des Konsuls, sondern der Grund war, daß der Platz für Jugurtha günstig gelegen, für uns schwer zugänglich, diese Art Menschen wankelmütig und früher schon treulos war und weder durch Güte noch durch Furcht im Zaume gehalten werden konnte.[290]

92. Nachdem Marius eine so bedeutende Unternehmung ohne jeden Verlust für seine Leute ausgeführt hatte, stand er, zuvor schon groß und gefeiert, jetzt noch größer und gefeierter da. Alles, selbst was er nicht gut überlegt hatte, wurde ihm als Verdienst angerechnet; seine Soldaten, von ihrem Feldherrn unter gemäßigtem Kommando gehalten und zugleich bereichert, erhoben diesen bis in den Himmel. Die Numider fürchteten ihn mehr als einen Sterblichen; kurz, alle glaubten, Verbündete und Feinde, in ihm stecke ein göttlicher Geist oder es werde ihm durch Götterwink alles offenbart.[291] Als aber dem Konsul dieses Unternehmen so gut geglückt war, so rückte er gegen andere Städte vor; wenige eroberte er gegen den Widerstand der Numider; mehrere, die wegen des traurigen Schicksals der Bewohner von Capsa verlassen waren, zerstörte er durch Feuer: mit Jammer und Blutvergießen wurde alles erfüllt. Nachdem er sich endlich einer Menge von Plätzen, und zwar meist ohne Verlust für sein Heer, bemächtigt hatte, machte er sich an ein anderes Unternehmen, nicht so gefährlich wie das gegen Capsa, doch nicht weniger schwierig.

Nicht weit nämlich vom Fluß Muluccha, der zwischen den Reichen des Jugurtha und Bocchus die Grenze bildete,[292] lag in einer sonst ebenen Landschaft ein felsiger Berg, ausgedehnt genug für eine kleine Festung, unermeßlich hoch, zu der nur ein sehr schmaler Pfad führte; denn sonst war er ringsum von Natur steil abfallend, wie durch Menschenhand und planmäßig so angelegt. Diesen Punkt versuchte Marius, weil sich dort Schätze des Königs befanden, mit größter Anstrengung einzunehmen.[293] Aber das Gelingen war mehr ein Werk des Zufalls als kluger Berechnung. Denn die Burg hatte Mannschaft und Waffen in genügender Zahl, große Vorräte von Getreide und eine Wasserquelle; mit Dämmen und Türmen und anderen Belagerungsgeräten war der Festung nicht beizukommen, der Pfad für die Besatzung nur schmal, auf beiden Seiten abschüssig. Sturmdächer wurden mit der größten Gefahr vergeblich heranbewegt; denn kaum waren diese nur ein wenig vorgerückt, so wurden sie durch Feuer oder Steinwürfe zerstört. Die Soldaten konnten wegen der Unebenheit des Bodens weder vor der Befestigungsanlage festen Fuß fassen, noch unter den Sturmdächern ohne Gefahr arbeiten, gerade die Mutigsten fielen oder wurden verwundet, bei den übrigen stieg die Furcht.

93. Nachdem man viel Zeit und Mühen aufgewendet hatte, erwog aber Marius sorgenvoll hin und her, ob er das Unternehmen, weil es eben umsonst war, aufgeben oder die Gunst des Glücks abwarten sollte, das er schon so oft erfolgreich ausgenutzt hatte. Während er sich nun viele Tage und Nächte in großer Aufregung mit diesen Gedanken beschäftigte, fügte es sich, daß ein Ligurer, ein einfacher Soldat von den Hilfskohorten, der zum Wasserholen aus dem Lager gegangen, auf der Seite der Burg, die den Kämpfenden im Rücken lag, Schnecken, die zwischen den Felsen herumkrochen, bemerkte. Indem er nun eine und noch eine und so weiter immer mehr auflas, gelangte er im Eifer des Sammelns allmählich fast bis zum Gipfel des Berges empor. Als er hier alles einsam fand, gab die Lust zu Abenteuern, wie es ja eine Eigenart des menschlichen Charakters ist, seinen Gedanken eine andere Richtung. Zufällig war auch an derselben Stelle zwischen Felsen eine große Steineiche hervorgewachsen, erst ein wenig abwärts geneigt, dann mit einer Biegung wieder in die Höhe geschossen, wohin alle Gewächse von Natur aus streben. Bald auf ihre Äste, bald auf hervorragende Felsstücke sich stützend, gelangte der Ligurer auf die Fläche der Burg, weil alle Numider mit Spannung am Kampf teilnahmen. Nachdem er alles ausgeforscht hatte, was nach seinem Ermessen sich vielleicht bald nutzen ließe, ging er auf demselben Weg wieder zurück, nicht achtlos, wie er heraufgestiegen war, sondern indem er alles untersuchte und sich genau umschaute.[294] Und so begab er sich sofort zu Marius, setzte ihn vom Hergang der Sache in Kenntnis, forderte ihn auf, an der Seite, wo er selbst heraufgestiegen war, einen Angriff auf die Burg zu unternehmen. Er versprach, auf dem Weg und in der Gefahr voranzugehen. Marius

sandte von seiner Umgebung einige mit dem Ligurer ab, um dessen Versprechungen zu prüfen; diese schilderten je nach ihrem Naturell die Sache als schwierig oder aber als leicht; doch wurde der Mut des Konsuls hierdurch wieder ein wenig aufgerichtet. Daher wählte er von der Truppe der Trompeter und Hornbläser[295] die fünf gewandtesten aus und vier Centurionen zusammen mit Leuten, die ihnen zum Schutz dienen sollten,[296] und befahl allen, dem Ligurer Folge zu leisten und setzte für das Unternehmen den folgenden Tag fest.

94. Als es nun nach der Anweisung Zeit zu sein schien, und alles vorbereitet und geordnet war, begab sich dieser an Ort und Stelle. Übrigens hatten diejenigen, die mit hinaufsteigen sollten, von ihrem Führer zuvor schon angewiesen, Waffen und Ausrüstung gewechselt; sie waren an Haupt und Füßen bloß, um die freie Sicht und das Klettern durch die Felsen zu erleichtern; auf dem Rücken trugen sie Schwerter und Schilde, aber diese nach numidischer Art aus Leder, ihrer Leichtigkeit wegen, und zugleich um beim Anstoßen weniger Geräusch zu verursachen.[297] Der Ligurer schritt also voran, band um Felsen und, wenn alte Wurzeln hervorragten, daran Stricke, um mit deren Hilfe den Soldaten das Heraufsteigen zu erleichtern; zuweilen half er den wegen des ungewohnten Weges Ängstlichen mit der Hand nach; wo der Aufstieg etwas schwieriger war, schickte er sie einzeln unbewaffnet vor sich her, dann folgte er selbst mit ihren Waffen nach, wo der Tritt unsicher schien, versuchte er es selbst zuerst, stieg öfters auf demselben Pfad hinauf und wieder hinab, trat danach sofort zur Seite und machte den übrigen Mut. Nachdem sie sich also lange und schwer abgemüht hatten, gelangten sie endlich an die Burg, die auf dieser Seite unbesetzt war, weil alle, wie an früheren Tagen, zum Feind hingewandt waren.

Als Marius durch Boten erfahren, was der Ligurer geschafft hatte, hielt er eine begeisternde Ansprache an seine Soldaten und trat, obgleich er schon den ganzen Tag über die Numider durch Kampf in Atem gehalten hatte, selbst aus den Sturmdächern hervor, ließ, nachdem er ein Dach aus Schilden hergestellt hatte,[298] vorrücken, und zugleich den Feind durch Wurfmaschinen, Bogenschützen und Schleuderer aus der Ferne zurückschrecken. Aber die Numider, die oft zuvor die Sturmdächer der Römer zerschmettert und auch verbrannt hatten, suchten nicht mehr hinter den Festungsmauern Schutz, sondern schwärmten Tag und Nacht

vor den Mauern herum, verspotteten die Römer, warfen dem Marius
Wahnsinn vor, drohten unseren Soldaten täglich mit Knechtschaft bei
Jugurtha und waren wegen ihrer Erfolge übermütig. Während indes
alle, Römer und Feinde, durch den Kampf in Spannung gehalten waren
und man von beiden Seiten mit großer Anstrengung, hier für Ruhm
und Herrschaft, dort für die Rettung, kämpfte, wurden plötzlich im
Rücken Signale geblasen. Zuerst flohen die Frauen und Kinder, die zum
Zuschauen herausgegangen waren, dann die der Mauer zunächst stehenden, endlich alle, Bewaffnete und Unbewaffnete. Sobald dies geschehen
war, drängten die Römer um so stürmischer, streckten alles nieder,
verwundeten jedoch nur die meisten; dann schritten sie über die Leich-
name der Erschlagenen hin und gingen, nach Ruhm begierig, um die
Wette auf die Mauer los; auch ließ sich kein einziger durch Plünderung
aufhalten. So wurde durch einen Zufall die Unbesonnenheit des Marius
wieder gut gemacht, und trotz seines Fehlers gewann er noch Ruhm.[299]
   95. Während dieser Vorgänge kam aber der Quästor L. Sulla mit
einer starken Reiterei im Lager an.[300] Er war in Rom zurückgelassen
worden, um diese aus Latium und von den Verbündeten zu sammeln.[301]
Weil uns nun der Gang der Geschichte an einen so bedeutenden Mann
erinnert, halte ich es für angebracht, von seinem Wesen und seiner
Bildung einiges zu sagen; denn an keiner anderen Stelle werde ich wieder
auf Sulla zu sprechen kommen.[302] Auch scheint es mir, daß L. Sisenna,
der doch von allen, die diese Ereignisse besprochen haben, sie am besten
und sorgfältigsten bearbeitet hat, zu wenig freimütig davon geredet
hat.[303] Sulla also war ein Adliger patrizischen Geschlechts, aus einer durch
die Unfähigkeit ihrer Ahnen fast erloschenen Familie. Er besaß in griechischer und römischer Literatur gleichermaßen sehr gründliche Kennt-
nisse, hatte einen sehr starken Verstand, war begierig nach Sinnesgenüs-
sen, aber noch begieriger nach Ruhm, liebte zwar einen ausschweifenden
Lebenswandel, doch hat ihn nie ein Vergnügen von Geschäften abgehalten, außer daß er sich um seine Frau mit mehr Anstand hätte kümmern
können.[304] Er war beredt, schlau und in Freundschaft umgänglich. Er
besaß eine unglaubliche Verschlossenheit, um seine wahren Absichten zu
verstellen, war mit vielen Dingen und am meisten mit Geld freigiebig.
Und bei ihm, dem glücklichsten von allen, überbot vor dem Bürgerkrieg das Glück niemals seinen Fleiß, und daher haben viele gezweifelt,

ob seine Tatkraft oder sein Glück größer gewesen sei; denn was seine späteren Handlungen betrifft, so bin ich ungewiß, ob ich mehr aus Scham oder aus Widerwillen es unterlasse, sie zu besprechen.

96. Als nun Sulla, wie oben gesagt, mit seiner Reiterei in Afrika und im Lager des Marius angekommen war, wurde er, zuvor ohne Erfahrung und Kenntnis im Kriegswesen, in kurzer Zeit der Geschickteste von allen. Zudem redete er freundlich mit den Soldaten, erwies vielen auf ihre Bitte, anderen aus eigenem Antrieb Gefälligkeiten, nahm nur ungern solche an, gab sie aber eiliger als einen Kredit zurück. Er selbst forderte seine von niemandem zurück und arbeitete mehr darauf hin, daß sich ihm so viele wie möglich verpflichtet fühlten; in Scherz und Ernst verkehrte er mit den Niedrigsten; bei Schanzarbeiten, auf dem Marsch und auf den Wachtposten war er häufig anwesend, setzte indessen nicht, wie es falscher Ehrgeiz zu tun pflegt, den guten Namen des Konsuls oder eines anderen Ehrenmannes herab; nur in Rat und Tat ließ er keinem den Vorrang, sondern übertraf darin die meisten. Durch dieses Benehmen und diese Eigenschaften wurde er in kurzem der Liebling des Marius und der Soldaten.

97. Nachdem aber Jugurtha die Stadt Capsa und andere feste, ihm vorteilhafte Plätze und zugleich große Geldsummen verloren hatte, schickte er an Bocchus eine Botschaft: er solle so bald wie möglich seine Streitkräfte nach Numidien führen; die Zeit sei da, eine Schlacht zu liefern.[305] Als er hörte, daß dieser zögere und unschlüssig die Gründe für Krieg und Frieden abwäge, bestach er wiederum, wie früher, seine nächste Umgebung mit Geschenken und versprach dem Mauren selbst den dritten Teil Numidiens,[306] wenn entweder die Römer aus Afrika verjagt würden oder doch der Krieg ohne Gebietsverlust sich beilegen ließe. Durch diesen Preis verlockt, stieß Bocchus mit einer ansehnlichen Macht zu Jugurtha. So griffen beide mit vereinigtem Heer den Marius, der bereits in die Winterquartiere zog, an, als kaum der zehnte Teil des Tages noch übrig war, mit der Überlegung, die Nacht, die schon hereinbrach, werde ihnen, wenn sie besiegt würden, Schutz bieten, siegten sie aber, bei ihrer Ortskenntnis kein Hindernis sein, für die Römer dagegen in beiden Fällen die Lage durch die Finsternis schwieriger werden.[307] Kaum hatte daher der Konsul von vielen Seiten vom Herannahen des Feindes erfahren, als auch dieser selbst schon da war, und ehe das Heer

sich aufstellen oder sein Gepäck zusammenbringen, ja ehe es nur ein
Zeichen oder einen Befehl empfangen konnte, sprengten schon die mau-
rischen und gätulischen Reiter, nicht in Schlachtordnung noch in sonst
gewöhnlicher Kampfesart, sondern rottenweise, wie sie gerade der Zufall zusammengescharrt hatte, auf unsere Leute zu. Diese, durch den
unerwarteten Schrecken alle verwirrt und doch in Gedanken an ihre
Tapferkeit, griffen entweder zu den Waffen oder deckten andere, die
diese ergriffen, gegen den Feind. Ein Teil schwang sich aufs Pferd und
ging dem Feind entgegen; der Kampf glich mehr einem Raubüberfall als
einer Schlacht, ohne Feldzeichen, ohne Gefechtsordnungen, Reiter und
Fußgänger durcheinander, wichen die einen zurück, viele, die die gegen-
überstehenden Feinde aufs hitzigste bekämpften, wurden von hinten
umzingelt. Weder Tapferkeit noch Waffen gaben genügend Schutz, weil
die Feinde in der Überzahl waren[308] und von allen Seiten drängten.
Endlich schlossen die altgedienten und daher kampferprobten römischen
Soldaten, wenn Ort oder Zufall solche zusammengeführt hatte, sich zu
Kreisen zusammen[309] und hielten so, von allen Seiten gleichzeitig gedeckt und geordnet, dem feindlichen Ansturm stand.

98. Und doch ließ sich Marius in einer so bedrohlichen Lage weder
einschüchtern noch seinen Mut mehr als zuvor sinken, sondern schweifte
mit seiner Schwadron, die er mehr aus den tapfersten als den vertraute-
sten Leuten gebildet hatte,[310] da und dort umher, und kam bald seinen
Soldaten in ihrer Bedrängnis zur Hilfe, bald griff er die Feinde an, wo sie
in den dichtesten Haufen Widerstand leisteten, mit der Hand leistete er
seinen Soldaten Hilfe, weil er in der allgemeinen Verwirrung unmöglich
Befehle erteilen konnte. Und schon war der Tag zu Ende; trotzdem
ließen die Barbaren nicht nach, sondern drangen vielmehr im Glauben,
die Nacht sei günstig für sie, wie die Könige befohlen hatten, nur um so
hitziger vor. Jetzt faßte Marius nach den vorliegenden Umständen einen
Entschluß, und besetzte, damit seine Soldaten einen Rückzugspunkt
hätten, zwei einander benachbarte Hügel. Auf einem von diesen, der für
ein Lager zu wenig Raum bot, befand sich eine starke Wasserquelle; der
andere war zur Benutzung geeignet, weil er, größtenteils hoch und steil,
nur wenig Verschanzung verlangte. Inzwischen erteilte er dem Sulla den
Befehl, die Nacht über mit der Reiterei beim Wasser Posten zu beziehen.
Er selbst zog allmählich, während der Feind in nicht geringerer Verwir-

rung war, seine zerstreuten Soldaten auf einen Punkt zusammen. Danach führte er sie alle im Laufschritt den Hügel hinauf. So wurden die Könige, durch die Schwierigkeiten des Geländes gezwungen, von weiteren Angriffen abgeschreckt, gestatteten ihren Leuten jedoch nicht, sich von da weiter zu entfernen, sondern umzingelten beide Hügel mit ihren Scharen und lagerten sich davor ohne jede Ordnung. Nachdem hierauf zahlreiche Feuer angezündet waren, überließen sich die Barbaren den größten Teil der Nacht nach ihrer Weise der Freude, frohlockten und schrieen durcheinander; die Führer selbst waren übermütig und gebärdeten sich überheblich, weil sie nicht geflohen waren, als Sieger. Dies alles aber war für die Römer aus der Finsternis und bei ihrer höheren Stellung leicht wahrzunehmen und für sie eine große Ermutigung.

99. Am meisten jedoch wurde Marius durch den Unverstand der Feinde ermutigt, ließ daher größtmögliche Stille einhalten und nicht einmal die sonst bei Nachtwachen üblichen Signale blasen.[311] Dann, als das Tageslicht anbrach und der Feind bereits erschöpft und kurz zuvor in Schlaf gefallen war, befahl er plötzlich den Wachen, desgleichen den Trompetern der Kohorten, Reiterabteilungen und der Legionen, alle zu gleicher Zeit die Signale zu geben, und den Soldaten, ein Geschrei zu erheben und aus den Toren herauszustürmen. Die Mauren und Gätuler, durch das unbekannte und schreckliche Getöse plötzlich aufgeschreckt, konnten weder fliehen, noch zu den Waffen greifen, noch überhaupt etwas tun oder Vorkehrungen treffen. So hatte bei dem Getöse und Geschrei, während niemand zur Hilfe kam und die Unsrigen herandrängten, alle wegen der Verwirrung und des Schreckens die Furcht ganz besinnungslos gemacht. Schließlich wurden alle zerstreut und in die Flucht geschlagen. Waffen und Feldzeichen wurden meist erbeutet, und in diesem Kampf mehr getötet, als in allen früheren. Denn durch Schlaf und ungewöhnlichen Schrecken war die Flucht behindert worden.[312]

100. Hierauf setzte Marius den begonnenen Marsch in die Winterquartiere fort, die er wegen der Getreidezufuhr in den Seestädten zu halten beschlossen hatte. Jedoch war er durch seinen Sieg weder fahrlässig noch übermütig geworden, sondern zog gleich wie vor den Augen des Feindes in einem Heereszug in Schlachtordnung einher.[313] Sulla war mit der Reiterei auf der rechten Flanke, auf der linken Aulus Manlius mit den Schleuderern und Bogenschützen, überdies befehligte dieser auch

die ligurischen Kohorten, vorn und hinten hatte er den Tribunen mit den leichtbewaffneten Manipeln ihre Stellung angewiesen. Die Überläufer, am wenigsten geachtet und mit der Gegend am besten vertraut, mußten den Marsch der Feinde ausspähen. Zugleich sorgte der Konsul, gleich als wäre niemand dazu abgestellt, selbst für alles, zeigte sich vor allen, lobte und tadelte je nach Verdienst. Er selbst, bewaffnet und kampfbereit, zwang seine Soldaten auch dazu. Ebenso vorsichtig, wie er marschierte, befestigte er das Lager und beorderte zur Wache ans Tor Kohorten von den Legionen, vor das Lager Reiter von den Hilfstruppen. Außerdem stellte er andere auf dem Wall in den Verschanzungen auf; er selbst machte die Runde bei den Nachtwachen, nicht so sehr aus Mißtrauen, daß seine Befehle ausgeführt würden, als vielmehr, um die Soldaten durch Anteilnahme an der Anstrengung durch den Feldherrn hierzu willig zu machen. Und in der Tat hielt Marius zu dieser und zu anderen Zeiten des jugurthinischen Krieges mehr durch Ehrgefühl als durch Strafen das Heer im Zaum. Dies sei, erklärten viele, aus dem Bemühen um die Gunst geschehen, andere, weil er von Jugend auf an rauhe Lebensweise gewöhnt war, habe er an dieser und an anderem, was die übrigen Menschen Leiden nennen, seine Lust gehabt. [314] Jedenfalls wurde das Gemeinwesen ebenso gut und würdig wie unter der härtesten Amtsführung geleitet.

101. Nach drei Tagen schließlich, nicht weit von der Stadt Cirta, zeigten sich die Kundschafter, von allen Seiten zugleich heraneilend,[315] woraus man die Nähe des Feindes ersehen konnte. Aber weil sie von verschiedenen Seiten, der eine von daher, der andere von dorther zurückkamen und doch alle dieselbe Meldung mitbrachten, so war der Konsul unschlüssig, auf welche Weise er denn das Heer aufstellen sollte, nahm daher in den Schlachtreihen keine Änderung vor und wartete, auf alles gefaßt, an derselben Stelle. So wurde Jugurtha in seinen Erwartungen getäuscht; er hatte nämlich seine Streitkräfte in vier Heerhaufen geteilt und war der Meinung, daß von allen jedenfalls einige den Feinden in den Rücken kommen würden. Indessen griff Sulla, auf den die Feinde zuerst getroffen waren, nachdem er seine Soldaten ermutigt hatte, mit einem Teil seiner Leute in einzelnen Schwadronen und mit möglichst dichtgedrängten Pferden die Mauren an, die übrigen blieben in ihrer Stellung, deckten gegen die aus der Ferne geschleuderten Wurfspeere

ihre Leiber und hieben nieder, wenn immer irgendwelche zum Nahkampf herangekommen waren. Während in solcher Weise die Reiterei
kämpfte, griff Bocchus mit dem Fußvolk, das sein Sohn Volux herbeigeführt hatte und das an der vorherigen Schlacht nicht teilgenommen
hatte, weil es sich auf dem Marsch verspätet hatte, die hinterste Reihe der
Römer an.[316] Eben hielt sich Marius in den vordersten Reihen auf, weil
hier Jugurtha mit seiner Hauptmacht stand. Als der Numider dann vom
Eintreffen des Bocchus Nachricht erhalten hatte, wandte er sich mit
wenigen Begleitern heimlich gegen das Fußvolk und rief hier in lateini-
scher Sprache aus, – er hatte sie nämlich vor Numantia reden gelernt –
die Unsrigen kämpften vergeblich, kurz zuvor habe er den Marius mit
eigener Hand getötet. Zugleich zeigte er sein bluttriefendes Schwert, das
er im Gefecht ziemlich eifrig blutrot gemacht hatte, nachdem er einen
Fußsoldaten getötet hatte. Als die Soldaten dies vernahmen, wurden sie
mehr durch das Schauderhafte der Nachricht, als durch die Glaubwürdigkeit des Überbringers erschreckt, zugleich wuchs bei den Barbaren
der Mut, und sie drangen heftiger auf die erschütterten Römer ein. Und
schon waren sie nahe daran zu fliehen, als Sulla, nach dem Sieg über
diejenigen, denen er entgegengetreten war, zurückkehrte und den Mauren in die Flanke fiel.[317] Bocchus wendete sich sofort zur Flucht. Während dagegen Jugurtha versuchte, seine Soldaten zum Standhalten zu
bewegen und den beinah schon errungenen Sieg zu behaupten, wurde er
von Reitern umzingelt, und es gelang ihm, nachdem rechts und links
alles getötet war, allein unter den feindlichen Geschossen sich durchzu-
schlagen. Inzwischen hatte Marius die Reiterei in die Flucht geschlagen
und eilte jetzt seinen Leuten zur Hilfe, die, wie er vernommen hatte,
bereits zu weichen begannen. Endlich wurden die Feinde auf allen Seiten
in die Flucht geschlagen. da zeigte sich ein schauderhaftes Schauspiel auf
den weiten Gefilden[318]: Verfolgung, Flucht, Tod und Gefangennahme.
Pferde und Männer waren zu Boden gestreckt, und viele, die wegen
ihrer erlittenen Wunden weder fliehen noch sich ruhig halten konnten,
rafften sich bald auf und sanken sogleich wieder zusammen; kurz, soweit
das Auge reichte, war alles mit Geschossen, Waffen, Leichnamen bedeckt, und dazwischen die Erde mit Blut getränkt.

  102. Nach diesem Zeitpunkt gelangte der Konsul schon als unbestrit-
tener Sieger[319] in die Stadt Cirta, wohin er gleich anfangs seinen Marsch

gerichtet hatte. Dahin kamen fünf Tage, nachdem die Barbaren zum zweitenmal unglücklich gekämpft hatten, Abgeordnete von Bocchus, die im Auftrag des Königs den Marius ersuchten, zwei seiner Getreuesten an ihn zu senden; er wolle sich mit diesen über sein und des römischen Volkes Interesse besprechen. Jener entsandte sogleich den Lucius Sulla und den Aulus Manlius. Obwohl sie auf dessen Ruf hin zu ihm gingen, so beschlossen sie doch, an den König eine Rede zu richten, um ihn, wenn er ungünstig gestimmt wäre, umzustimmen, oder, wenn er Frieden wünschte, ihn noch heftiger dazu zu ermuntern.[320] Und so hielt denn Sulla, dessen Rednergabe, nicht dessen Alter Manlius den Vortritt ließ, eine kurze Rede folgenden Inhalts:

König Bocchus, es ist für uns eine große Freude, daß dir, einem so ausgezeichneten Mann, die Götter es nahegelegt haben, endlich einmal den Frieden dem Krieg vorzuziehen, und auch, daß ein so trefflicher Mann wie du sich nicht durch eine enge Verbindung mit Jugurtha, dem allerschlimmsten Menschen, besudelt, zugleich aber uns die bittere Notwendigkeit erspart, dich, den Irregeführten, und jenen schlimmsten Verbrecher auf gleiche Weise als Feinde zu behandeln. Zudem hat es das römische Volk schon zu Beginn seiner Herrschaft für besser erachtet, Freunde, als Sklaven zu gewinnen, und es hat immer für sicherer gehalten, über Leute die willig sind, zu herrschen als über solche, die gezwungen wurden.[321] Für dich aber ist keine Freundschaft vorteilhafter, als unsere, erstens, weil wir weit entfernt sind, wobei möglichst wenig Anlaß zu Reibungen und doch das gleiche Wohlwollen besteht, wie in unmittelbarer Nähe, zweitens, weil wir Untertanen im Überfluß besitzen, aber Freunde ebenso wenig wie sonst jemand genug haben können. Und hättest du doch von Anfang an so gedacht! Gewiß, du hättest vom römischen Volk bis heute weit mehr Gutes empfangen, als du Schlimmes von ihm hast hinnehmen müssen. Aber da nun einmal das Glück beim Schicksal der Menschen den größten Einfluß besitzt,[322] dem es eben gefiel, dich unsere Macht als auch unsere Gunst fühlen zu lassen, so eile denn, weil es dir von diesem vergönnt ist, und fahre fort, wie du begonnen hast. Du hast viele geeignete Möglichkeiten und kannst um so leichter deine Verirrungen durch Freundschaft mehr als gutmachen. Schließlich präge dir tief ein, daß das römische Volk an Freundschaft nie überboten worden ist. Denn was es im Krieg vermag, weißt du selbst.

Hierauf erwiderte Bocchus in freundlichem und wohlwollendem Ton, sagte auch einiges zur Entschuldigung seines Vergehens: er habe nicht in feindlicher Absicht, sondern nur zur Sicherung seines Reiches die Waffen ergriffen; denn der Teil Numidiens, aus dem er den Jugurtha mit Gewalt vertrieben habe, sei nach Kriegsrecht sein Eigentum geworden;[323] daß dieser von Marius verwüstet wurde, habe er nicht zugeben können; überdies habe er zwar früher Gesandte nach Rom geschickt, sei aber mit seinem Freundschaftsgesuch abgewiesen worden.[324] Doch wolle er das Vergangene auf sich beruhen lassen und jetzt, wenn es ihm Marius erlaube, Gesandte an den Senat schicken.[325] Obgleich ihm aber die Erlaubnis hierzu erteilt wurde, ließ sich doch der Barbar von seinen Vertrauten wieder umstimmen, die Jugurtha, nachdem er von Sullas und Manlius Mission erfahren hatte, aus Furcht vor dem, was da vorbereitet wurde, durch Geschenke bestochen hatte.[326]

103. Marius, der inzwischen sein Heer in den Winterquartieren untergebracht hatte, zog darauf mit leichtbewaffneten Kohorten und einem Teil der Reiterei in die Wüste hinaus, um einen Festungsturm des Königs zu belagern, wohin Jugurtha alle Überläufer als Besatzung gelegt hatte. Sei es nun, daß Bocchus bedachte, wie es ihm in zwei Schlachten ergangen war, oder daß er sich von anderen Freunden, die Jugurtha unbestochen gelassen hatte, raten ließ, jedenfalls wählte er wiederum aus der Zahl seiner Vertrauten fünf aus, deren Treue ihm bekannt war und die von ihrem Verstand her die tüchtigsten waren. Ihnen befahl er, zu Marius, und sofort, wenn dieser es genehmige, nach Rom zu gehen, und räumte diesen die Vollmacht ein, die Verhandlungen zu führen und auf jede mögliche Weise den Krieg zu beenden. Diese begaben sich unverzüglich in die Winterquartiere der Römer. Dann wurden sie aber unterwegs von gätulischen Räubern angefallen und ausgeplündert und entflohen voll Angst und ohne Rangabzeichen zu Sulla, den der Konsul, als er seinen Kriegszug antrat, als seinen Stellvertreter zurückgelassen hatte. Dieser behandelte sie nicht, wie sie es verdient hatten, als unzuverlässige Feinde, sondern rücksichtsvoll und gastfreundlich, weshalb die Barbaren nicht allein das Gerücht von der Habgier der Römer für unbegründet, sondern auch den Sulla wegen seiner Freigiebigkeit gegen sie für ihren Freund hielten. Denn noch immer war Bestechung für viele eine unbekannte Sache, für freigiebig galt nur jemand, der gleichermaßen willig

gab; jedes Geschenk wurde als Ausdruck von Freundlichkeit angesehen. daher enthüllten sie dem Quästor die Aufträge des Bocchus. Zugleich baten sie ihn, er möge ihnen als Gönner und Berater beistehen, Streitkräfte, Zuverlässigkeit und Bedeutung ihres Königs und anderes, was nach ihrer Meinung für sie Vorteile und Wohlwollen bringen konnte, hoben sie in ihrer Rede hervor. Nachdem hierauf Sulla ihnen alles zugesagt hatte und sie darüber aufgeklärt waren, wie sie bei Marius und ebenso vor dem Senat reden sollten, warteten sie an diesem Ort noch ungefähr vierzig Tage.

104. Als Marius das Unternehmen, das er in Angriff genommen hatte, erfolgreich beendet hatte[327] und nach Cirta zurückgekehrt war, wurde er von der Ankunft der Gesandten benachrichtigt und ließ diese mit Sulla von Tucca zu sich kommen,[328] ebenso den Prätor Lucius Bellienus von Utica,[329] außerdem von allen Orten her alle des Senatorenstandes und prüfte in ihrem Beisein die Aufträge des Bocchus. Den Gesandten wurde die Erlaubnis erteilt, nach Rom zu gehen; für die Zwischenzeit wurde vom Konsul ein Waffenstillstand zur Bedingung gemacht. Sulla und die Mehrzahl stimmten dafür, wenige stimmten für eine härtere Maßnahme, Leute eben ohne Kenntnis von den Verhältnissen bei den Menschen, die wandelbar und unbeständig immer ins Gegenteil umschlagen. Nachdem so die Mauren alles durchgesetzt hatten, gingen drei von ihnen nach Rom in Begleitung des Gnaeus Octavius Ruso, der als Quästor den Sold nach Afrika überbracht hatte, zwei kehrten zum König zurück.[330] Von diesen erfuhr Bocchus alles, insbesondere aber das gütige und zuvorkommende Verhalten des Sulla mit Befriedigung. Nachdem seine Gesandten in Rom als Entschuldigung angeführt hatten, der König habe einen Irrtum begangen und sei durch das Verbrechen des Jugurtha auf Abwege geraten, und um Freundschaft und Bündnis nachsuchten, wurde ihnen folgende Antwort erteilt: Senat und Volk von Rom pflegen gute Dienste und Rechtsverletzungen im Gedächtnis zu behalten. Im übrigen verzeihen sie dem Bocchus, weil er seinen Fehltritt bereut. Bündnis und Freundschaft sollen ihm gewährt werden, sobald er sie verdient.[331]

105. Als Bocchus von diesem Stand der Dinge erfahren hatte, ersuchte er den Marius schriftlich, er solle den Sulla zu ihm schicken, um nach dessen Ermessen über die gemeinsamen Angelegenheiten zu unterhan-

deln.[332] Dieser wurde mit einer Bedeckung von Reiterei und balearischen Schleuderern[333] abgesandt, außerdem begleiteten ihn Bogenschützen und eine pälignische Kohorte[334] mit leichter Bewaffnung,[335] um auf dem Marsch rascher vorwärts zu kommen, doch waren sie mit diesen Waffen ebenso gut wie mit anderen gegen feindliche Geschosse geschützt, weil diese leicht sind. Auf dem Marsch aber zeigte sich endlich am fünften Tag Volux,[336] der Sohn des Bocchus, plötzlich auf einer offenen Ebene mit nicht mehr als 1000 Reitern. Diese zogen ohne Ordnung und zerstreut einher und erregten den Eindruck einer größeren Anzahl, als sie tatsächlich waren, und die Furcht vor feindlichen Absichten. Daher machte sich jeder bereit, untersuchte die Rüstung und die Waffen und richtete sie aus. Die Furcht war ziemlich bedeutend, aber die Hoffnung noch größer, wie immer bei Siegern und im Angesicht von Leuten, die sie oft besiegt hatten. Inzwischen meldeten Reiter, die zum Auskundschaften vorangeschickt worden waren, es sei alles, wie es tatsächlich war, ruhig.

106. Volux kam heran, sprach den Quästor an und erklärte ihm, er sei von seinem Vater Bocchus ihnen entgegen und gleichzeitig zu ihrem Schutz geschickt worden. Danach zogen sie diesen und den folgenden Tag unbesorgt miteinander. Als dann das Lager aufgeschlagen und der Abend herangekommen war, eilte plötzlich der Maure mit verlegener Miene ängstlich zu Sulla heran und meldete, er habe durch Kundschafter erfahren, Jugurtha sei nicht weit entfernt; zugleich bat er ihn dringend, bei Nacht heimlich mit ihm zu entfliehen. Jener erklärte stolzen Mutes, er habe vor dem so oft geschlagenen Numider keine Angst, und er vertraue ganz der Tapferkeit seiner Leute; auch wenn der gewisse Untergang drohe, so werde er doch lieber bleiben, als diejenigen, die er befehlige, zu verraten und durch schändliche Flucht sein Leben zu schonen, das unsicher sei und doch vielleicht bald an einer Krankheit zugrunde gehen würde. Seinem anderen Vorschlag aber, noch in dieser Nacht aufzubrechen, stimmte er zu und erteilte sogleich den Befehl, die Soldaten sollten zu Abend essen, im Lager möglichst viele Feuer anzünden und sodann mit der ersten Nachtwache[337] ohne Lärm ausrücken. Und schon waren alle von dem nächtlichen Marsch erschöpft, und Sulla ließ eben mit Sonnenaufgang ein Lager abstecken,[338] als maurische Reiter meldeten, Jugurtha habe sich in einer Entfernung von ungefähr drei

Kilometern vor ihnen gelagert. Als man dies gehört hatte, da befiel unsere Soldaten doch sehr große Furcht. Sie glaubten von Volux verraten und in eine Falle gelockt worden zu sein. Und es gab welche, die äußerten, man müsse gewaltsam Rache üben und jenem ein so großes Verbrechen nicht ungestraft hingehen lassen.

107. Obwohl aber Sulla diese Vermutung teilte, schützte er noch den Mauren vor einem persönlichen Angriff; seine Soldaten ermahnte er, festen Mut zu zeigen; oft schon hätten wenige entschlossene Männer gegen eine Übermacht mit Glück gekämpft; je weniger sie sich selbst im Handgemenge schonten, desto sicherer wären sie. Auch sei es nicht ehrenvoll, wenn einer, der seinen Arm bewaffnet habe, bei den wehrlosen Füßen Hilfe suche und in höchster Angst die ungeschützte, blinde Körperhälfte dem Feind zuwende. Hierauf fleht er Jupiter Optimus an, er solle als Zeuge von Bocchus' Verbrechen und Treulosigkeit nahe sein, und befahl dann dem Volux, weil er Feindliches im Schilde führe, das Lager zu verlassen. Jener bat ihn unter Tränen, er solle so etwas von ihm nicht glauben; es sei hier keine Arglist im Spiel, sondern das Geschehen sei der Schlauheit Jugurthas zuzuschreiben, der offenbar ihren Marsch durch Kundschafter erfahren habe. Übrigens glaube er, weil dieser keine sehr große Menge Soldaten bei sich habe und mit seinen Aussichten und Mitteln von seinem Vater abhänge, daß er nichts offen wagen werde, da er, der Sohn, selbst als Zeuge zugegen sei. Daher scheine es ihm am besten, wenn man ganz offen mitten durch sein Lager marschiere; er wolle seine Mauren entweder voraussenden oder hier zurücklassen und allein mit Sulla ziehen. Dieser Vorschlag wurde unter den vorliegenden Umständen angenommen. Sie brachen sogleich auf, und weil sie so ganz unvermutet erschienen waren, kamen sie unangetastet durch, während Jugurtha noch schwankte und zögerte. Wenige Tage darauf gelangten sie an das Ziel ihres Marsches.

108. Dort verhandelte ein Numider namens Aspar mit Bocchus ausführlich und freundschaftlich. Ihn hatte Jugurtha, nachdem er von der Einladung des Sulla gehört hatte, als Unterhändler und um die Pläne des Bocchus schlau auszuspähen vorausgeschickt. Außer ihm war dort Dabar, ein Sohn des Massugrada, aus Masinissas Geschlecht,[339] im übrigen mütterlicherseits nicht ebenbürtig, – denn sein Vater stammte von einer Konkubine ab – dem Mauren wegen seiner vielen geistigen Vor-

züge lieb und willkommen. Bocchus wußte von diesem schon seit langer
Zeit aus Erfahrung, daß er den Römern ergeben war, und sandte ihn
daher auf der Stelle an Sulla mit der Botschaft, er sei bereit zu tun, was
das römische Volk verlange; zu einer Unternehmung solle er selbst Tag,
Ort, Stunde auswählen. Er solle sich wegen des Abgeordneten von
Jugurtha keine Sorgen machen; er habe absichtlich mit diesem alles in der
Schwebe gelassen, damit die gemeinschaftliche Angelegenheit desto un-
gestörter betrieben werden könnte; denn gegen dessen Anschläge habe
man sich durch kein anderes Mittel absichern können. Ich weiß aber
zuverlässig, daß Bocchus mehr aus punischer Treulosigkeit als aus den
von ihm angegebenen Gründen die Römer und den Numider gleichzeitig mit Friedenshoffnungen hingehalten und er viel und oft darüber
nachgedacht hat, ob er den Jugurtha den Römern oder diesem Sulla
ausliefern solle; seine Neigung habe gegen, seine Furcht für uns gesprochen.

109. Sulla gab ihm also zur Antwort, er werde nur weniges in Aspars
Gegenwart sprechen, das übrige insgeheim entweder in Gegenwart von
keinem oder nur von sehr wenigen Zeugen; zugleich erklärte er, welche
Antworten ihm gegeben werden sollten. Als sie, wie er gewünscht hatte,
zusammengetreten waren, erklärte er, er komme als Abgesandter des
Konsuls, um ihn zu fragen, ob er Frieden oder Krieg haben wolle.
Hierauf befahl ihm der König, seinen Anweisungen gemäß, nach zehn
Tagen wiederzukommen. Auch habe er zur Stunde noch keinen Ent-
schluß gefaßt, werde aber an diesem Tag Bescheid erteilen. Hierauf
zogen sich beide in ihr Lager zurück.

Als aber der größte Teil der Nacht vergangen war, ließ Bocchus Sulla
heimlich zu sich kommen. Von beiden Seiten wurden nur treuergebene
Dolmetscher hinzugezogen, außerdem als Vermittler noch Dabar, ein
ehrwürdiger Mann und nach dem Willen beider. Sogleich begann nun
der König folgendermaßen:

Nie hätte ich es für möglich gehalten, daß ich, der größte König in
diesen Landen und unter allen überhaupt, die ich kenne, einem einfachen
Mann mich zu Dank verpflichtet fühlen müßte. Und beim Herkules,
Sulla, ehe ich dich kennengelernt habe, habe ich vielen auf ihre Bitten
hin, anderen aus freien Stücken Hilfe geleistet, von keinem sie bedurft.
Daß es anders geworden ist, freut mich, während so etwas sonst in der

Regel schmerzt; einmal etwas nötig gehabt zu haben, soll für mich der Preis für deine Freundschaft gewesen sein, die in meinem Herzen an Wert durch nichts übertroffen wird. Genau das darfst du erproben. Waffen, Mannschaft, Geld, kurz, was deinem Herzen gefällt, nimm es, bediene dich dessen, und sei, solange du lebst, in dem Glauben, daß dir der Dank nie völlig abgestattet sei. Immer wird er bei mir ohne Einschränkung bestehen bleiben. Kurz, du sollst nach meinem Wissen keinen Wunsch vergeblich hegen. Denn wie ich meine, bringt es einem König weniger Schande, wenn er durch Waffen, als wenn er durch Freigiebigkeit sich besiegen läßt. Was ansonsten das Verhältnis zu eurem Staat betrifft, als dessen Vertreter du hierher gesandt wurdest, so vernimm darüber in der Kürze: Krieg habe ich mit dem römischen Volk nicht geführt und nie führen wollen, nur mein Gebiet habe ich mit den Waffen gegen Bewaffnete verteidigt.[340] Das gebe ich auf, sobald es euch so genehm ist. Führt mit Jugurtha Krieg, wie ihr wollt. Ich will den Fluß Muluccha, der zwischen mir und Micipsa die Grenze war, nicht überschreiten, aber auch nicht zugeben, daß Jugurtha über ihn hereinkommt. Verlangst du noch außerdem etwas, das mit meiner und eurer Würde vereinbar ist, so wirst du damit nicht abgewiesen werden.

111. Hierauf erwiderte Sulla in Bezug auf sein eigenes Interesse kurz und bescheiden, bezüglich des Friedens und der gemeinschaftlichen Angelegenheiten sprach er ausführlich. Am Schluß eröffnete er dem König, für das, was er verspreche, würden sich ihm Senat und Volk von Rom, weil sie nun doch einmal durch Waffengewalt das Übergewicht hätten, zu keinem Dank verpflichtet fühlen; er müsse etwas tun, von dem man sagen könne, daß er dabei mehr ihren als seinen Vorteil im Auge gehabt habe. Dies sei gerade jetzt für ihn eine leichte Sache, weil er den Jugurtha in seiner Gewalt habe. Liefere er diesen an die Römer aus, so werde der Fall eintreten, daß man sich ihm ganz besonders verpflichtet fühle; Freundschaft, Bündnis, der Teil von Numidien, auf welchen er jetzt Anspruch erhebe, würden ihm dann von selbst zufallen. Anfangs weigerte sich der König entschieden, Verschwägerung, Blutsverwandtschaft, außerdem ein Bündnis bestehe zwischen ihnen; zudem fürchte er, durch Unzuverlässigkeit sich seine Untertanen zu entfremden, – bei diesen nämlich war Jugurtha ebenso beliebt, wie die Römer verhaßt. Nachdem Sulla ihn öfter drängte, gab er endlich nach und versprach,

alles nach dessen Willen zu tun. Im übrigen setzte man, um sich den Anschein von Frieden zu geben, den der Numider, des Krieges müde, sich sehnlich wünschte, Dinge fest, die offensichtlich vorteilhaft dafür waren. Nachdem so der Verrat verabredet war, trennten sie sich.

112. Am folgenden Tag aber rief der König den Aspar, Jugurthas Gesandten, zu sich und sagte demselben, er habe durch Dabar von Sulla erfahren, daß der Krieg auf Bedingungen hin beigelegt werden könne; deshalb solle er die Ansicht seines Königs darüber erkunden. Jener begab sich freudig in Jugurthas Lager. Als er von diesem alle Anweisungen erhalten hatte, kehrte er in großer Eile nach acht Tagen zu Bocchus zurück und meldete ihm, Jugurtha wolle alles, was von ihm gefordert werde, gern leisten, aber er traue dem Marius nicht recht. Schon oft seien frühere Friedensschlüsse mit römischen Feldherren erfolglos gewesen. Wenn Bocchus wolle, daß ihnen beiden geholfen werde und der Friede gesichert sei, so solle er sich darum bemühen, daß eine allgemeine Zusammenkunft unter dem Vorwand von Friedensverhandlungen stattfinde, und bei dieser Gelegenheit solle er ihm Sulla übergeben. Wenn er erst einen Mann von solcher Bedeutung in seiner Gewalt habe, so werde auf Anordnung des Senats und des Volkes von Rom ein Vertrag zustande kommen und ein Mann von Adel, der nicht aus Feigheit, sondern im Staatsdienst in Feindeshand gefallen sei, nicht darin gelassen werden.[341]

113. Lange erwog der Maure bei sich diesen Antrag hin und her und sagte endlich zu. Allerdings konnte ich nicht ermitteln, ob er nur aus List oder in Wahrheit gezögert hat. Aber gewöhnlich sind die Willensäußerungen der Könige ebenso wandelbar wie leidenschaftlich, oft mit sich selbst im Widerspruch. Als nachher Zeit und Ort festgesetzt waren, um wegen der Friedensverhandlungen zusammenzutreten, richtete Bocchus bald an Sulla, bald an Jugurthas Gesandten das Wort, behandelte sie zuvorkommend und versprach beiden dasselbe. Jene waren gleich froh und guter Hoffnung. Aber in der Nacht, welche dem zur Unterredung anberaumten Tag unmittelbar voranging, zog der Maure seine Freunde zu, entfernte sie aber, weil er seine Meinung geändert hatte, bald wieder und soll dann lange unschlüssig nachgedacht haben, in der Haltung des Körpers und dem Ausdruck seiner Augen ebenso wechselnd wie in seinem Inneren, was natürlich, obgleich er selbst schwieg, seine gehei-

men Gedanken verriet. Doch ließ er am Ende den Sulla herbeiholen und stellte nach dessen Wunsch dem Numider eine Falle. Als hierauf der Tag gekommen und ihm gemeldet worden war, daß Jugurtha nicht mehr fern sei, ging er diesem mit wenigen Freunden und unserem Quästor wie zu ehrenvollem Empfang auf eine Anhöhe entgegen, die für die Leute, die sich im Hinterhalt befanden, sehr leicht einzusehen war. Dahin kam auch der Numider mit dem größten Teil seiner Vertrauten unbewaffnet, wie verabredet war, und wurde plötzlich auf ein Zeichen hin von allen Seiten zugleich aus dem Hinterhalt überfallen. Die übrigen wurden niedergemacht. Jugurtha wurde gefesselt und Sulla übergeben und von diesem zu Marius geführt.

114. Um dieselbe Zeit wurde gegen die Gallier von unseren Heerführern Q. Caepio und Gn. Manlius unglücklich gekämpft, worüber ganz Italien vor Furcht erzitterte.[342] Damals und von da an bis auf unsere Tage waren die Römer der Ansicht, alles andere müsse sich vor ihrer Tapferkeit beugen, mit den Galliern ringe man um Selbsterhaltung, nicht um Ruhm. Als aber der Krieg in Numidien beendigt und die Nachricht in Rom angelangt war, Jugurtha werde in Fesseln herbeigebracht, wurde Marius in seiner Abwesenheit zum Konsul erwählt und ihm Gallien als Provinz zuerkannt, und am ersten Januar hielt dieser als Konsul mit großem Ruhm seinen Triumphzug.[343] Um diese Zeit hat die Hoffnung und die Macht des Staates auf ihm beruht.

III. HISTORISCHE FRAGMENTE

Rede des Konsuls Lepidus[1] an das römische Volk

Eure Milde und Redlichkeit, römische Bürger, um deretwillen ihr unter den übrigen Völkern besonders stark und glänzend dasteht[2], erregen bei mir die größte Sorge im Hinblick auf die Zwangsherrschaft des Lucius Sulla, daß ihr dadurch in Bedrängnis geraten könntet, daß ihr das, was ihr selbst für ruchlos haltet, von anderen nicht so recht glauben wollt – zumal da er seine ganze Hoffnung auf Verbrechen und Treulosigkeit verlegt und sich auf keine andere Weise für sicher hält, als wenn er noch schlimmer und abscheulicher ist, als ihr befürchtet, damit das Elend euch den Sinn für Freiheit raubt, wenn ihr erst einmal von dieser Furcht ergriffen seid – oder wenn ihr Vorsorge trefft, daß ihr dann mehr damit beschäftigt seid, euch vor Gefahren zu schützen als euch zu rächen. Ich kann allerdings meinem Erstaunen über seine Helfer, Männer mit besten Namen, mit vorbildlichsten Vorfahren, nicht genügend Ausdruck verleihen, die ihre eigene Knechtschaft als Preis für die Zwangsherrschaft über euch bezahlen und es vorziehen, beides durch Unrecht zu tun als im vollem Genuß des Rechtes in Freiheit zu leben: diese feine Nachkommenschaft von Leuten wie Brutus, Aemilius[3] und Lutatius[4], die dazu geboren ist, das zu zerstören, was ihre Vorfahren durch Tüchtigkeit erworben haben. Denn was ist vor Pyrrhus, Hannibal, Philipp und Antiochus anderes verteidigt worden als die Freiheit, die eigene Wohnstätte für jeden und die Tatsache, daß wir keinem anderen als den Gesetzen gehorchen sollen? Dieses alles hält dieser törichte Romulus[5] in Händen, als ob er es von fremden Völkern geraubt hätte, der noch nicht mit dem Untergang so vieler Heere, Konsuln und anderer hervorragender Leute, die das Schicksal des Krieges dahingerafft hatte, zufrieden ist, sondern sogar da noch grausamer, wo sonst das Glück bei den meisten Menschen den Zorn in Mitleid verwandelt. Ja, er allein von allen seit Menschengedenken hat Strafen gegen Menschen, die noch geboren werden[6], festgesetzt, so daß ihnen ein Unrecht früher sicher ist als das Leben, und er war bisher in ungerechtester Weise wegen der Ungeheuerlichkeit seines Verbrechens sicher, während ihr aus Furcht vor einer noch schlimmeren Knechtschaft vor der Forderung auf Wiedererlangung eurer Freiheit zurückschreckt. Man muß handeln und sich dagegen auflehnen, Bürger Roms, daß das, was man euch geraubt hat, weiter im

Besitz von diesen Leuten ist, man darf nichts aufschieben und auf Hilfe durch Gebete warten. Es sei denn, ihr hofft darauf, daß Sulla Widerwillen und Scham über seine Zwangsherrschaft verspürt und auf das, was er sich durch Verbrechen erworben hat, mit größerer Gefahr verzichten wird. Aber er geht sogar soweit, daß er nichts außer der Sicherung seiner Herrschaft für rühmlich und alles zum Erhalt seiner Herrschaft für ehrenvoll hält. Daher gibt es diese Ruhe und Muße in Verbindung mit Freiheit, nach der viele anständige Bürger lieber greifen als nach einer Anstrengung, verbunden mit Ehrenstellen, überhaupt nicht mehr. Heutzutage muß man dienen oder herrschen, Furcht haben oder Furcht einflößen, Bürger. Denn was gibt es sonst noch? Welches menschliche Recht gibt es noch oder welches göttliche ist noch nicht entweiht? Das römische Volk, vor kurzem noch Lenker der Völker, jetzt seiner Herrschaft, seines Ruhms und seines Rechtes beraubt, völlig handlungsunfähig und verachtet, hat nicht einmal mehr Sklavenkost[7] übrig. Die große Masse der Bundesgenossen und Latiner wird an der Ausübung ihres Bürgerrechtes, das ihr ihnen für die zahlreichen ausgezeichneten Taten verliehen habt, gehindert, und die wenigen Helfer haben die ererbten Wohnsitze des unschuldigen Volkes als Lohn für ihre Verbrechen einfach in Besitz genommen. Die Gesetze, die Zusammensetzung der Gerichte, die Staatskasse, die Provinzen und die Könige sind in der Hand eines einzigen, schließlich sogar die willkürliche Macht über Leben und Tod der Bürger. Gleichzeitig habt ihr Menschen als Schlachtopfer gesehen und Gräber, die mit Bürgerblut befleckt sind. Bleibt da richtigen Männern etwas anderes übrig als das Unrecht zu beenden oder in Tapferkeit zu sterben? Weil die Natur für alle, auch für die mit einem Schwert Geschützten, dasselbe Ende festgesetzt hat, wartet niemand auf die äußerste Notlage, ohne etwas zu riskieren, außer er hat einen weibischen Charakter.

Ich aber bin ein Aufrührer, wie Sulla sagt, wo ich doch die Belohnungen für die Unruhestifter beklage, und wünsche angeblich Krieg, wo ich doch die Rechte des Friedens zurückfordere. Natürlich, weil ihr ja nicht auf andere Weise wohlbehalten und sicher in eurer Herrschaft seid, außer wenn der Picener Vettius[8] und der Schreiberling Cornelius[9] anständig erworbenes Eigentum anderer verschwenden, außer wenn ihr der Proskription Unschuldiger wegen ihres Reichtums, der qualvollen Hinrich-

tung angesehener Männer, der Verödung unserer Stadt durch Flucht und
Blutbäder, dem Verkauf oder dem Verschenken des Hab und Gutes
unglücklicher Mitbürger, als wäre es Beute von den Cimbern, eure
Zustimmung gebt. Er dagegen wirft mir Besitztümer von der Habe von
Geächteten vor. Aber gerade das ist ja das schlimmste von seinen Verbrechen, daß weder ich noch irgend jemand anders sicher gewesen wäre,
wenn wir das Richtige getan hätten. Und das, was ich damals aus Furcht
gekauft habe, wovon ich, nachdem ich den Preis bezahlt habe, rechtmäßig Eigentümer bin, erstatte ich dennoch zurück, und es ist meine Absicht, nicht zuzulassen, daß irgendein Eigentum unserer Bürger Kriegsbeute bleibt.[10] Das soll genug gewesen sein, was wir uns durch Wahnsinn
zugezogen und erduldet haben, daß nämlich römische Heere gegeneinander gekämpft haben und Waffen von fremden Völkern weg auf uns
gerichtet wurden. Alle Verbrechen und alle Beleidigungen sollen ein
Ende haben. Sulla bereut diese so wenig, daß er sie sich sogar als Ruh-
mestaten anrechnen würde, und sie, wenn er Gelegenheit hätte, noch
leidenschaftlicher verüben würde.

Ich bin nun aber nicht darüber besorgt, was ihr über diesen Menschen
denkt, sondern wieviel ihr wagt, und, daß ihr, wenn einer auf den
Vortritt des anderen wartet, vorher überwältigt werdet, nicht durch
dessen Machtmittel, die nichtig und innerlich zerfressen sind, sondern
durch eure Lässigkeit, durch die es erlaubt ist, hinzugehen, um zu rauben,
und in dem Maße als glücklicher Mensch zu erscheinen[11], wie man
Dreistigkeit besitzt. Denn wer, abgesehen von seinen schmutzbefleckten
Helfern, hegt genau diesen Wunsch, und wer will nicht, daß sich alles
ändert mit Ausnahme des Sieges? Natürlich die Soldaten, mit deren Blut
man für Tarula und Scyrtus, der übelsten Sorte von Sklaven, Reichtum
erwarb. Oder diejenigen, denen bei der Besetzung von Ämtern der
Fufidius[12], dieser schändliche Sklave, diese Entehrung aller Ehrenposten,
vorgezogen worden ist. Daher flößt mir das siegreiche Heer größtes
Vertrauen ein, das sich durch so viele Wunden und Strapazen nichts
erwarb als einen Tyrannen. Es sei denn, sie wären ausgezogen, um die
Macht der Tribunen, die von ihren eigenen Vorfahren begründet wurde,
mit ihren Waffen zu vernichten, und um sich selbst Recht und Gerichts-
barkeit zu entreißen: für einen vortrefflichen Sold, da sie, nachdem sie in
Sümpfe und Wälder[13] fortgeschickt worden waren, die Schande und den

Haß als ihren Anteil, die wirklichen Gewinne in Händen einiger weniger sahen. Warum also läuft er mit so großem Gefolge und so großem Stolz einher? Weil Glück in wunderbarer Weise Fehlern als Deckmantel dient. Wenn dieses ins Wanken gerät, wird man ihn in dem Maße verachten, in dem man ihn fürchtete, außer er gibt sich den Anschein von Einigkeit und Frieden, Bezeichnungen, die er seinem Verbrechen und Verrat beigelegt hat. Auch sagt er, daß der Staat und das Ende des Krieges in keiner anderen Weise Bestand haben kann, als wenn das Volk von seinem Ackerland vertrieben bleibt – der bitterste Raub an den Bürgern – und Recht und Rechtsprechung in allem in seiner Hand bleibt, was früher Aufgabe des römischen Volkes war. Wenn euch dies auch als wohlgeordneter Friede erscheint, dann billigt die Verwirrungen und Zerrüttungen des Staates, stimmt den auferlegten Gesetzen zu, nehmt die Ruhe zusammen mit eurer Unterdrückung an und liefert euren Nachkommen ein Vorbild dafür, daß der Staat um den Preis seines eigenen Blutes unterdrückt werden kann. Obwohl ich mit der höchsten Amtsgewalt nun genug erworben habe für den Namen meiner Vorfahren, für meine eigene Ehre und auch für meine Sicherheit, war es dennoch nicht meine Absicht, mir persönliche Macht zu verschaffen; eine Freiheit mit Gefahr erschien mir erstrebenswerter als eine Unterdrückung mit Grabesruhe. Wenn ihr dem zustimmt, helft mir, römische Bürger, und folgt mit der wohlwollenden Hilfe der Götter eurem Konsul Markus Aemilius als eurem Anführer und Vorreiter auf dem Weg, die Freiheit wiederzuerlangen.[14]

Rede des Philippus vor dem Senat[15]

Mein größter Wunsch wäre es, Senatoren, wenn der Staat Frieden hätte oder in gefährlichen Situationen gerade von den entschlossensten Männern verteidigt würde, schließlich, daß bei unrechten Unternehmen die Anstifter den Schaden davontrügen. Doch ganz im Gegensatz dazu ist alles durch Aufruhr in Verwirrung gebracht, und zwar von Leuten, für die es sich eher gehören würde, daß sie diesen verhinderten. Schließlich muß sogar das, was die übelsten und dümmsten Kerle beschlossen haben, von anständigen und weisen Bürgern ausgeführt werden. Denn obwohl euch Krieg und Waffengewalt verhaßt sind, müßt ihr dazu greifen, weil es Lepidus so beliebt. Es sei denn, jemand hätte die Absicht, Frieden zu schaffen und dafür den Krieg in Kauf zu nehmen. Bei den gütigen Göttern, die ihr diese Stadt bis heute schützt, obwohl sie jede Sorgfalt vermissen läßt, Marcus Aemilius, der letzte aller Verbrecher, bei dem man nicht entscheiden kann, ob er schlimmer oder feiger ist, ist im Besitz eines Heeres, um die Freiheit zu unterdrücken, und hat bewirkt, daß er, der sonst verachtet wurde, nun gefürchtet werden muß. Indem ihr aber Redensarten und Prophetensprüche vor euch hinmurmelt und immer wieder überdenkt[16], habt ihr mehr den Wunsch nach Frieden als die Bereitschaft, ihn zu verteidigen, und ihr erkennt nicht, daß ihr durch die Schwäche eurer Beschlüsse euch selbst die Würde und jenem die Furcht nehmt. Und das geschieht mit Recht, da er sich durch Raubzüge das Konsulat, durch Aufruhr eine Provinz mit einem Heer erworben hat. Was hätte er für Verdienste erhalten, wo ihr ihm schon für seine Verbrechen so große Belohnungen zugestanden habt? Aber natürlich haben sich diese Leute, die bis zum letzten Augenblick in einem fort für Gesandtschaften, Frieden, Einigkeit und andere derartige Dinge gestimmt haben, Gunst bei ihm erworben! Nein, sie werden vielmehr verachtet, für unwürdige Vertreter unseres Gemeinwesens gehalten und als Beutestück eingeschätzt, da sie mit der gleichen Furcht den Frieden wiedergewinnen wollen, mit der sie dessen Besitz verloren hatten. Als ich sah, daß sich Etrurien[17] verschwor, daß Geächtete herbeigeholt wurden und der Staat durch Bestechungen zerrüttet wurde, habe ich persönlich von Anfang an für rasches Handeln gestimmt und ich bin mit einigen wenigen den Anträgen des Catulus[18] gefolgt. Im übrigen haben diejenigen, die die Verdienste des aemilischen Hauses hervorhoben und wiederholt sagten, das römische Volk sei durch Verzeihen in seiner Größe gewachsen und Lepidus sei in keinem Punkt zu weit gegangen, selbst zu dem Zeitpunkt, als er schon auf eigene Faust die Waffen erhoben hatte, um die Freiheit zu unterdrücken, die öffentliche Planung verdorben, indem sie jeder für sich Macht oder Schutz suchten. Damals war Lepidus nur ein Wegelagerer mit Troßknechten und ein paar Meuchelmördern als Gefolge, von denen keiner sein Leben für einen Tageslohn hingegeben hätte. Jetzt ist er mit prokonsularischer Macht ausgestattet, die er sich

nicht erkauft hat, sondern die ihm von euch verliehen worden ist, mit
Legaten im Gefolge, die ihm bislang von Rechts wegen gehorchen, und
zu ihm sind die verwerflichsten Menschen aller Schichten geströmt, die
durch ihre Armut oder durch ihre Gelüste wutentbrannt sind, die von
ihrem schlechten Gewissen wegen ihrer Verbrechen verfolgt sind, für die
die innere Ruhe im Aufruhr und die Unruhe im Frieden liegt. Sie reihen
Aufstand an Aufstand, Krieg an Krieg, die Spießgesellen einst des Saturninus[19], später des Sulpicius[20], danach die des Marius und des Damasippus[21], heute die des Lepidus. Außerdem ist Etrurien und, was der Krieg
sonst übriggelassen hat, in Aufregung, die beiden Spanien sind durch
Waffengeklirr aufgewiegelt[22], Mithridates, im Nacken unserer Steuer-
pflichtigen sitzend, durch die wir bisher unseren Lebensunterhalt bestritten, hält nach einem günstigen Termin für einen Krieg Ausschau[23], nein,
außer einem geeigneten Organisator fehlt nichts zur Vernichtung unserer Macht. Darum bitte und beschwöre ich euch, Senatoren, daß ihr
achtgebt und nicht zulaßt, daß die schrankenlose Verbrechenswillkür wie
eine Seuche durch Ansteckung sich auf bisher Unverdorbene überträgt.
Denn sobald den Schlechten Belohnungen zuteil werden, ist niemand
leicht anständig ohne Entgelt.

Oder möchtet ihr warten, bis er sein Heer vor die Stadt führt und mit
Feuer und Schwert eindringt. Das ist ein viel kleinerer Schritt von dem
Punkt aus, an dem er sich jetzt befindet, als der von Frieden und Eintracht zum Bürgerkrieg. Diesen hat er gegen jede göttliche und menschliche Ordnung begonnen, nicht wegen eines Unrechts an ihm selbst oder
an anderen, für die er es vorgibt, sondern um Gesetz und Freiheit zu
zerstören. Er wird getrieben und zerfleischt durch seine Gier und seine
Furcht vor Strafen, planlos, ruhelos, dieses und jenes versuchend. Er
fürchtet friedliche Ruhe und haßt den Krieg, er sieht, daß er auf üppigen
Lebensstil und schrankenloses Verhalten verzichten müßte, und mißbraucht unterdessen eure Sorglosigkeit. Ich bin mir auch nicht ganz im
klaren darüber, ob ich dieses Verhalten Furcht, Trägheit oder Unverstand nennen soll, daß ihr nämlich, wo ihr dieses wie ein Blitz so bedrohliche Unheil seht, alle für euch selbst wünscht, daß es euch nicht trifft,
aber nicht einmal den Versuch unternehmt, es zu verhindern. Und
betrachtet bitte, Senatoren, wie sich die Lage in ihrem Wesen grundle-
gend geändert hat. Früher bereitete man ein Verbrechen gegen die Öf-

fentlichkeit im geheimen, Gegenmaßnahmen öffentlich vor, und die anständigen Bürger kamen den Schlechtgesinnten immer leicht zuvor. Heute wird der Friede und die innere Sicherheit öffentlich gestört, insgeheim nur Widerstand geleistet. Diejenigen, die das erstere gutheißen, sind im Kampf, ihr seid in Furcht. Worauf wartet ihr? Es sei denn, es erfüllt euch mit Scham und Widerwillen, das Richtige zu tun. Oder machen die Anträge des Lepidus einen solchen Eindruck auf euch? Der sagt, er stimme dafür, daß jedem sein Eigentum zurückgegeben werden solle, und er behält fremdes Eigentum. Das Kriegsrecht solle aufgehoben werden, während er selbst mit Waffengewalt Zwang ausübt; das Bürgerrecht solle für die wieder für gültig erklärt werden, denen es, wie er behauptet, gar nicht weggenommen worden ist; die Macht der Volkstribune solle um des inneren Friedens willen wiederhergestellt werden, obwohl wegen dieser doch alle Streitigkeiten entbrannt sind. Du übelster und scheinheiligster aller Bürger, dir soll die Not und die Trauer der Bürger zu Herzen gehen? Wo du daheim nichts besitzt, außer was du mit Waffengewalt oder durch Unrecht erworben hast. Du forderst ein zweites Konsulat, als ob du das erste schon niedergelegt hättest, du versuchst, den inneren Frieden durch Krieg zu gewinnen, wodurch dieser, der gerade erst erreicht worden ist, gestört wird, du Verräter an uns, du Treuloser gegen deine jetzige Anhängerschaft, du Feind aller anständigen Leute! Daß du dich nicht vor den Menschen und den Göttern schämst, die du durch den Mißbrauch des Vertrauens und durch deinen Meineid verletzt hast! Aber weil du nun mal so bist, fordere ich dich auf, bleibe bei deiner Meinung, behalte deine Waffen, und halte uns nicht länger in Unruhe, ruhelos wie du selber bist, indem du die Aufstände hinausschiebst. Weder die Provinzen, noch die Gesetze, noch unsere staatlichen Schutzgötter[24] erkennen dich als Bürger an. Mach so weiter, wie du begonnen hast, damit du möglichst bald deinen verdienten Lohn erntest.

Ihr aber, Senatoren, wie lange wollt ihr den Staat noch durch euer Zögern ungeschützt lassen und Waffengewalt mit guten Worten angreifen? Eine Truppenaushebung gegen euch hat stattgefunden, öffentliche und private Gelder sind erpreßt worden, Besatzungen sind abgezogen und aufgebürdet worden; Gesetze werden nach Gutdünken erlassen, während ihr unterdessen Vorbereitungen zu Gesandtschaften und Be-

schlüssen trefft. Je begieriger ihr nach Frieden trachtet, um so heftiger
wird der Krieg sein, sobald jener erkennt, daß er eher durch Einflößen
von Furcht als durch Recht und Redlichkeit geschützt ist. Denn wer
sagt, daß er Aufruhr und Bürgermord haßt, und euch deshalb in eurer
Wehrlosigkeit beläßt, während Lepidus selbst zum Krieg gerüstet ist, der
meint wohl eher damit, daß ihr euch gefallen lassen sollt, was Besiegte
erleiden müssen, obwohl ihr es selber als Sieger machen könntet. So rät
er ihm zu Frieden von eurer Seite, euch zu Krieg von seiner Seite. Wenn
ihr dieses beschließt, wenn ein solcher Schwachsinn auf eurem Verstand
lastet, daß ihr die Verbrechen Cinnas vergeßt, bei dessen Rückkehr in die
Stadt ruhmvolle Vertreter dieses Hauses[25] umkamen, und ihr dennoch
eure Frauen und Kinder dem Lepidus ausliefern wollt, was brauchen wir
dann Beschlüsse, was die Hilfe des Catulus. Nein, er und andere Patrio-
ten machen sich umsonst Sorgen um das Allgemeinwohl. Handelt ganz
nach eurem Belieben, verschafft euch den Schutz des Cethegus[26] und der
anderen Verräter, die den Wunsch haben, die Plünderungen und Brandstiftungen wiederaufleben zu lassen und wieder Scharen gegen die
Schutzgötter der Stadt zu rüsten.

Wenn ihr aber mehr für Freiheit und Wahrheit seid, dann faßt einen
Beschluß, der eurem Ruf alle Ehre macht, und vermehrt den natürlichen
Mut dieser tapferen Männer! Ein neues Heer steht bereit, dazu die
Siedlungsstädte der alten Soldaten, der gesamte Adel, die besten Feldher-
ren[27]: Das Glück begleitet den Tüchtigeren. Bald wird sich dann das, was
sich durch eure Sorglosigkeit gesammelt hat, in nichts auflösen.

Daher stelle ich folgenden Antrag: Da Marcus Lepidus auf eigene
Faust ein Heer aufgestellt hat und zusammen mit den schlimmsten Verbrechern und Feinden unseres Staates gegen den Willen dieses Hauses
gegen unsere Stadt führt, soll Appius Claudius als Interrex[28] zusammen
mit dem Prokonsul Quintus Catulus und den übrigen Inhabern militärischer Gewalt die Stadt schützen und dafür sorgen, daß unser Gemeinwesen keinen Schaden erleide.

Rede des Gaius Cotta an das römische Volk[29]

Nachdem Cotta Trauerkleider angelegt hatte, sehr betrübt über die Tatsache, daß das Volk entgegen seinem tiefsten innersten Wunsch ihm abspenstig gemacht worden war, legte er nach wenigen Tagen Folgendes vor der Volksversammlung dar:

„Römische Bürger, viele Gefahren, viele Widerwärtigkeiten hatte ich in Krieg und Frieden zu bestehen, von denen ich die einen habe über mich ergehen lassen, die anderen mit Hilfe der Götter und aus eigener Kraft abgewehrt habe. In allen diesen Lagen hat mir weder der Sinn für das Notwendige noch die Kraft für Entschlüsse gefehlt. Glückliche und unglückliche Umstände haben nur meinen politischen Einfluß, nicht aber meinen Charakter verändert. Im Gegensatz dazu hat mich in meinen jetzigen Leiden alles samt meinem Glück verlassen. Außerdem verdoppelt mein hohes Alter[30], an und für sich schon beschwerliche Last, meinen Kummer; ich Armer darf am Ende meines Lebens nicht einmal mehr auf einen ehrenvollen Tod hoffen. Denn wenn ich nun ein Verräter an euch bin und, nachdem ich hier schon zweimal geboren wurde[31], meine Schutzgötter, meine Heimat und diese meine höchste Amtsgewalt gering achte, welche Marter hier in meinem Leben und welche Strafe nach meinem Tod könnte genügen? Nein, alle Strafen in der Unterwelt, die genannt werden, habe ich mit meinem Verbrechen übertroffen.

Von meiner frühesten Jugend an habe ich unter euren Augen als Privatmann und als Amtsinhaber gelebt. Wer sich meiner Redegabe, meines Rates und meines Vermögens bedienen wollte, hat sich ihrer bedient; und ich habe weder meine Redegewandtheit[32] noch meinen Verstand zu schlechten Taten mißbraucht. Obwohl ich heftig Wohlwollen im Privatleben begehrte, habe ich schlimmste Feindschaften im Interesse des Staates auf mich genommen. Als ich durch diese zusammen mit dem Staat eine Niederlage eingesteckt hatte, auf fremde Hilfe angewiesen war und noch größere Leiden erwartete, habt ihr, römische Bürger, mir meine Heimat und meine heimischen Götter mit dieser außerordentlichen Amtswürde wiedergegeben. Für diese Auszeichnungen dürfte ich selbst dann kaum genügend dankbar erscheinen, wenn ich für jeden einzelnen mein Leben hingäbe, was mir unmöglich ist. Denn Leben und Tod stehen in der Macht der Natur: Daß man sein Leben

ohne Schande, ungeschmälert in seinem Ruf und seinen Lebensumstän-
den, führen kann, das wird als Gabe geschenkt und empfangen.

Ihr habt uns zu Konsuln gemacht zu einem Zeitpunkt, wo der Staat
innen- und außenpolitisch in höchster Bedrängnis war. Denn die Feldherren in Spanien fordern Sold, Soldaten, Rüstung und Lebensmittel[33],
und die Umstände erfordern das, da sie wegen des Abfalls der Verbündeten[34] und der Flucht des Sertorius durch das Gebirge[35] weder einen
offenen Kampf beginnen noch die notwendigen Vorbereitungen treffen
können. In Asien und Kilikien werden Heere unterhalten gegen eine
Übermacht des Mithridates, Makedonien ist voll von Feinden[36], nicht
weniger die Küstengegenden Italiens und der Provinzen[37], während
gleichzeitig die geringen und wegen der Kriegsgefahren unsicheren
Steuereinnahmen kaum einen Teil der Ausgaben decken. So ist die
Stärke unserer Flotte, die unsere Lebensmittelzufuhr zu schützen versucht, geringer als früher. Wenn diese Situation durch arglistiges oder
nachlässiges Verhalten unsererseits herbeigeführt ist, dann handelt, wie es
euer Zorn verlangt, und vollzieht an uns die Todesstrafe. Wenn aber
unsere gemeinsame Lage schwieriger als sonst ist, warum unternehmt ihr
dann etwas, was eurem, unserem und dem Ansehen unseres Gemeinwesens nicht entspricht?

Ich persönlich, dem der Tod wegen meines Alters eng vertraut ist,
bitte nicht um Gnade, wenn durch diesen euch etwas von eurer be-
schwerlichen Lage genommen wird. Denn bald könnte ich bei dem
Zustand meines Körpers meinem Leben kaum ein ehrenvolleres Ende
setzen als im Dienst für euer Wohlergehen. Seht, hier stehe ich, euer
Konsul Gaius Cotta, und ich handle, wie unsere Vorfahren oft in schwierigen Kriegslagen gehandelt haben: Ich gelobe feierlich meine Aufopferung für unser Gemeinwesen. Ihr aber möget euch umschauen, wem ihr
dann den Staat anvertraut.

Denn kein Patriot wird sich eine solche Ehre mehr wünschen, wenn er
Rechenschaft über die Lage zur See und in einem Krieg, der von anderen
geführt wird, ablegen oder in Schande sterben soll. Nur behaltet im
Gedächtnis, daß ich nicht wegen eines Verbrechens oder wegen meiner
Habgier hingerichtet worden bin, sondern daß ich mein Leben freiwillig
für die gewaltigen Auszeichnungen für mich als Geschenk hingegeben
habe. Römische Bürger, um eurer selbst und des Ruhmes eurer Vorfah-

ren willen, haltet in der mißlichen Lage stand und sorgt für euer Gemeinwesen; in der größten Macht liegen viel Verantwortung und viele
gewaltige Anstrengungen. Dagegen sträubt ihr euch vergeblich und
strebt nach dem herrlichen Zustand des Friedens, während alle Provinzen, Königreiche, Meere und Länder in Bedrängnis und kriegsmüde
sind."

Brief des Gnaeus Pompeius an den Senat[38]

Wenn ich im Kampf gegen euch, die Heimat und ihre Schutzgötter so
viele Mühen und Gefahren auf mich genommen hätte, wie von Jugend
an oft unter meiner Führung verbrecherischste Feinde geschlagen wurden und dadurch die Sicherheit eurer Existenz erworben wurde[39], hättet
ihr nichts Schwereres gegen mich in meiner Abwesenheit anordnen
können, Senatoren, als ihr es für diesen Moment macht, indem ihr mich
trotz meiner Jugend[40] in diesen grausamsten Krieg hineingeworfen habt
zusammen mit einem Heer, das sich höchste Verdienste erworben hat,
und, soweit es euch betrifft, dem Verhungern, der grausamsten aller
Todesarten, ausgeliefert habt. Hat das römische Volk seine Kinder mit
einer solchen Hoffnung in den Krieg geschickt? Ist das der Lohn für die
Wunden und das Blut, das so oft für den Staat vergossen wurde? Ich bin
es leid, schriftliche Anfragen zu stellen und Gesandtschaften zu schicken,
und ich habe mein gesamtes persönliches Vermögen und Erbanteile
erschöpft, während ich in dieser Zeit über drei Jahre hin von euch kaum
den Kostenaufwand von einem Jahr erhalten habe. Bei den Göttern,
glaubt ihr denn, ich könnte die Stelle der Staatskasse vertreten oder ein
Heer ohne Nahrung und Sold unterhalten?

Ich gestehe selbst ein, daß ich mehr mit blindem Eifer als mit kühler
Planung in diesen Krieg gezogen bin, weil ich, als ich bloß den Titel
Feldherr von euch empfangen hatte, in vierzig Tagen ein Heer auf die
Beine gestellt habe und die Feinde, die Italien schon im Nacken saßen,
von den Alpen aus nach Spanien zurückgedrängt habe. Ich habe einen
anderen Weg über die Alpen gangbar gemacht als Hannibal, einen
günstigeren für uns.[41] Ich habe Gallien, die Pyrenäen, das Gebiet der
Lacetanen und das der Indigeter wieder eingenommen[42], und ich habe

dem ersten Ansturm des siegreichen Sertorius mit unerfahrenen Soldaten in erheblicher Unterzahl standgehalten.[43] Ich habe den Winter in einem Lager verbracht mitten unter den wildesten Feinden, nicht über die Städte verteilt und nicht, um Popularität zu erhaschen. Was soll ich noch Schlachten, Winterfeldzüge, die Zerstörung oder Wiedereroberung von Städten aufzählen? Wo doch die Wirklichkeit ein stärkeres Gewicht hat als meine Worte. Die Einnahme des Lagers der Feinde bei Sucro[44], die Schlacht am Fluß Turia und die Vernichtung des feindlichen Heeres unter der Führung des Gaius Herennius mitsamt der Stadt Valentia sind euch genügend bekannt. Dafür belohnt ihr uns mit Elend und Hunger, ihr dankbaren Senatoren.

Daher sind mein Heer und das der Feinde in der gleichen Lage. Denn beide erhalten keinen Sold, und beide können im Falle eines Sieges nach Italien kommen. Darum ermahne und bitte ich euch, daß ihr auf diese Situation aufmerksam werdet und mich nicht dazu zwingt, wegen meiner Notlage mir selbst als Privatperson zu helfen. Das östliche Spanien, das nicht von den Feinden besetzt ist, haben wir selbst oder Sertorius bis zur völligen Entvölkerung verwüstet, außer den Küstenstädten: Diese verursachen uns noch obendrein Aufwand und Kosten.[45] Im letzten Jahr hat Gallien das Heer des Metellus mit Sold und Nahrungsmitteln versorgt, und in diesem Jahr kann es selbst wegen einer Mißernte kaum bestehen. Ich habe nicht nur mein Vermögen, sondern auch meine Kreditwürdigkeit völlig aufgezehrt. Jetzt seid nur ihr noch übrig. Wenn ihr keine Abhilfe schafft, wird das Heer gegen meinen Willen und meinen Befehl nach Italien hinüberschreiten und mit ihm der ganze spanische Krieg."

Diese Briefe wurden zu Beginn des folgenden Jahres im Senat verlesen. Die Konsuln aber verteilten die Provinzen, die ihnen vom Senat zugewiesen waren, folgendermaßen: Cotta erhielt das diesseitige Gallien, Oktavius Kilikien. Danach beschafften deren Nachfolger im Konsulat, Lucius Lucullus[46] und Marcus Cotta, die wegen des Briefes und der Nachrichten von Pompeius schwer erschüttert waren, nicht nur wegen der Dringlichkeit, sondern besonders, damit durch die Tatsache, daß sie das Heer nach Italien hatten abmarschieren lassen, ihr Ruhm und Ansehen keinen Schaden erleide, auf jede mögliche Weise Sold und Verstärkung. Dabei zeigte der Adel eine besondere Anstrengung, von dem die meisten schon damals seinem Hochmut mit ihren Worten und seinen Worten mit ihren Taten nachgaben.

Rede des Volkstribunen Macer vor dem Volk[47]

„Wenn ihr nicht genügend einschätzen könntet, welcher Unterschied besteht zwischen dem Recht, das euch eure Vorfahren hinterlassen haben, und der jetzigen Unterdrückung, die euch von Sulla bereitet wurde[48], müßte ich euch einen weitläufigen Vortrag darüber halten, wegen welcher Ungerechtigkeiten und wie oft die Plebejer sich kampfbereit von den Patriziern trennten, und daß sie sich die Volkstribunen als Schützer ihrer Rechte verschafften. So aber brauche ich euch nur zu ermuntern und als Vorreiter auf dem Weg voranzugehen, auf dem, wie ich glaube, die Freiheit zu gewinnen ist. Es entgeht mir nicht, welch große Macht des Adels ich allein und ohne eigene Macht mit einem wertlosen Scheinamt aus der unumschränkten Herrschaft verdrängen will, und um wieviel risikoloser eine feste Gruppe von Verbrechern zu Werke geht als unbescholtene Einzelpersonen. Aber außer meiner guten Zuversicht euretwegen, die die Furcht besiegt, bin ich zu dem Urteil gekommen, daß die Widrigkeiten eines Kampfes für die Freiheit für einen ordentlichen Mann würdiger sind als die völlige Vermeidung eines Kampfes. Alle anderen dagegen, die eigentlich zur Verteidigung eurer Rechte gewählt sind, wenden ihre gesamte Kraft und Macht durch ihr Amt wegen Vetternwirtschaft, Karrierestreben oder der Aussicht auf finanzielle Erkenntlichkeit gegen euch und halten es für besser, gegen Bezahlung Verfehlungen zu begehen, als ohne Entgelt rechtmäßig zu handeln. Daher sind alle die bereits in den Machtapparat der Minderheit übergewechselt, die unter dem Vorwand eines Krieges die Staatskasse, die Heere, Königreiche und Provinzen für sich in Anspruch nehmen und die Beute, die sie euch genommen haben, als Bollwerk verwenden, während ihr gleichzeitig, als große Mehrheit, euch von einzelnen wie Vieh behandeln und ausnutzen laßt, all dessen beraubt, was euch die Vorfahren vererbt haben. Nur daß ihr durch die Wahlen für euch selbst, wie einst eure Leiter, heute die Gebieter bestimmt. Daher sind alle zu den anderen übergetreten, aber bald, wenn ihr euch euer Eigentum zurückgenommen habt, werden die meisten zu euch zurückkehren. Denn wenige Menschen haben den Mut, für das einzustehen, was sie gutheißen, die anderen sind in der Hand der Stärkeren.

Oder habt ihr irgendeinen Zweifel daran, daß euch irgendetwas widerstehen kann, wenn ihr einmütig vorwärtsschreitet, wo man euch trotz eurer Trägheit und Sorglosigkeit schon so gefürchtet hat. Es sei denn, Gaius Cotta, ein Konsul mitten aus der anderen Partei, würde aus anderen Gründen als aus Furcht den Volkstribunen bestimmte Rechte wieder einräumen. Und obwohl Lucius Sicinius[49], der es als erster gewagt hatte, wieder von der Amtsgewalt der Tribunen zu sprechen, ins Unglück gestürzt wurde, während ihr noch unschlüssig wart, fürchteten sie dabei eher euern Haß als euch das Unrecht empörte. Für mein Erstaunen darüber finde ich keine Worte. Denn ihr habt doch erkannt, daß eure Hoffnung umsonst war. Nach dem Tod Sullas, der euch eine verbrecherische Gewaltherrschaft auferlegt hatte, glaubtet ihr, das Leid sei zu Ende. Da entpuppte sich Catulus als ein viel schrecklicherer Tyrann.[50] Es entstand ein Aufruhr unter dem Konsulat des Brutus und des Mamercus.[51] Danach übte Gaius Curio seine Gewaltherrschaft bis zum Tod des unschuldigen Tribuns aus. Ihr habt gesehen, mit welchem Mut Lucullus im vorigen Jahr gegen Lucius Quinctus vorging.[52] Was für einen Sturm werde ich jetzt hervorrufen! Diesen würden sie sicherlich ohne Erfolg in Bewegung setzen, wenn sie ihrer Gewaltherrschaft früher ein Ende setzen wollten als ihr eurer Knechtschaft, zumal da in diesen Bürgerkriegen unter anderem Vorwand, tatsächlich aber von beiden Seiten um die Herrschaft über euch gestritten worden ist. Das übrige entbrannte für eine Zeitlang aus Lust und Laune, aus Haß oder aus Habgier. Eine einzige Ursache nur, die beide Seiten erreichen wollten und die euch für die Zukunft entrissen ist, stand immer im Vordergrund: die tribunizische Gewalt, die Waffe, die sich unsere Vorfahren zum Erhalt ihrer Freiheit verschafft hatten. Darum ermahne und bitte ich euch, daß ihr gut aufpaßt und nicht die Bezeichnungen für tatsächliche Gegebenheiten nach eurer Feigheit umändert und dann friedliche Ruhe anstelle von Unterdrückung sagt. Genau diese seid ihr nicht mehr in Lage zu genießen, jetzt, wo die Niederträchtigkeit über wirkliches Recht und Anstand gesiegt hat. Ihr wäret es gewesen, wenn ihr euch völlig ruhig verhalten hättet. Jetzt sind sie aufmerksam geworden und werden euch am kürzeren Zügel führen, wenn ihr nicht siegt, weil jedes Unrecht unter Druck besser sichergestellt ist.

„Was willst du also beantragen?" möchte vielleicht einer von euch dazwischenrufen. Zu allererst müßt ihr mit der Unsitte aufhören, nach der ihr heute handelt, nämlich flink mit der Zunge und feige im Herzen zu sein und nicht über den bloßen Ort eurer Versammlungen hinaus an Freiheit zu denken. Darüber hinaus – um euch nicht zu der männlichen Haltung aufzurufen, mit der eure Vorfahren sich Volkstribune, Amtsstellen, die sonst den Patriziern vorbehalten waren[53], und Stimmrecht, das vom Einfluß der Patrizier unabhängig war, verschafft haben – wollt ihr auf die Eingebung Jupiters oder irgendeines anderen Gottes warten, während alle Macht, römische Bürger, in eurer Hand ist und ihr alle Befehle, die ihr heute im Interesse anderer über euch ergehen laßt, sicherlich in eurem eigenen Interesse vorantreiben oder abblocken könnt? Diesen hohen Verordnungen der Konsuln und Beschlüssen des Senates verleiht ihr Rechtsgültigkeit, indem ihr sie befolgt, Bürger, und dazu erweitert und stützt ihr selbst schnell die Rechtswillkür gegen euch. Aber ich rufe euch nicht dazu auf, euch für die Unrechtstaten zu rächen, sondern vielmehr Ruhe zu verlangen. Weil ich keine Streitigkeiten will, sondern deren Beendigung, fordere ich nach Völkerrecht alle geraubten Rechte und Besitztümer zurück. Wenn sie sich hartnäckig weigern sollten, stimme ich nicht für Kampf oder Trennung, sondern daß ihr nur nicht länger euer Blut opfert. Sie sollen ihre militärischen Positionen auf ihre Weise ausfüllen und behalten, sie sollen sich ihre Triumphzüge verdienen und den Mithridates, den Sertorius und die Überreste der Verbannten mit ihren Ahnenbildern verfolgen: Aber Gefahr und Mühe soll von denen fernbleiben, die keinen Anteil am Gewinn haben. Es sei denn, es würden nach dem plötzlich aufgetauchten Getreidegesetz eure Dienstleistungen bezahlt werden.[54] Durch dieses Gesetz aber schätzen sie die Freiheit für alle auf je fünf Modien Korn ein, was sicherlich nicht mehr helfen kann als Gefängniskost. Denn wie bei jenen Leute die geringe Kost zwar vor dem Hungertod schützt, die Kräfte aber schwinden, so löst eine so geringe Spende nicht die häusliche Versorgung und täuscht selbst die schwächste Hoffnung jedes Feiglings. Weil diese Spende, wenn sie auch noch so groß wäre, nur den Preis für eure Knechtschaft darstellen würde, was für ein Schwachsinn wäre es, euch betrügen zu lassen und obendrein noch für die Verletzung an eurem Eigentumsrecht zu Dank verpflichtet zu sein. Vor dieser arglistigen Täuschung müssen wir uns hüten. Denn auf andere Weise haben sie keine Macht gegen euch alle und werden auch keinen Versuch unternehmen. Daher beschaffen sie gleichzeitig Mittel zur Beschwichtigung und halten euch bis zur Ankunft des Gnaeus Pompeius hin, den sie auf ihre Schultern gehoben haben, solange sie zitterten[55], und den sie in der Luft zerreißen, wenn der Grund ihrer Furcht genommen ist. Sie schämen sich auch nicht, wo sie sich schon als Schützer der Freiheit ausgeben, mit so vielen Männern ohne die Zustimmung dieses einen Mannes es nicht zu wagen, Unrecht wiedergutzumachen, und nicht in der Lage zu sein, das Recht zu verteidigen. Für mich ist es allerdings ziemlich sicher, daß Pompeius, ein junger Mann mit so großem Ruhm, lieber Alleinherrscher mit eurer Zustimmung sein will als die Zwangsherrschaft mit ihnen teilen, und daß er besonders der Erneuerer der tribunizischen Gewalt sein wird.[56] Früher aber, römische Bürger, fand jeder einzelne bei mehreren Schutz, nicht alle bei einem. Und kein Mensch kann als einzelner solchen Schutz gewähren oder nehmen.

Nun ist genug geredet, denn die Situation ist euch nicht unbekannt. Aber es hat euch wohl eine Art Stumpfsinn befallen, durch den weder Ehre noch Schande auf euch einen Eindruck machen, und ihr habt gegen eure gegenwärtige Mutlosigkeit alle eure Rechte eingetauscht. Ihr meint, mehr als genug Freiheit zu besitzen, weil man eure Rücken unangetastet läßt und ihr hingehen dürft, wohin ihr wollt, Gnadenakte eurer reichen Herren. Und genau diese Rechte besitzen die Leute auf dem Land nicht, sondern sie werden in den Kämpfen der Mächtigen hingeschlachtet und Amtsinhabern als Geschenke mit in die Provinzen gegeben. So kämpft und siegt man für ein paar Leute: Was auch geschieht, das einfache Volk zählt immer zu den Verlierern und wird von Tag zu Tag mehr dazu zählen, wenn jene ihre Gewaltherrschaft mit größerem Einsatz verteidigen, als ihr eure Freiheit zurückfordert.“

Brief des Mithridates an den König Arsaces[57]

Der König Mithridates sendet dem König Arsaces Grüße.

Alle, die in einer glücklichen Lage um ein Kriegsbündnis gebeten werden, müssen gut abwägen, ob sie in dem Moment den Frieden bewahren dürfen, danach, ob das, worum sie gebeten werden, ihrem Pflichtbewußtsein, ihrer Sicherheit und ihrem Ruhm entspricht oder ihrem Anstand widerspricht. Außergewöhnlicher Ruhm wird dir zuteil, wenn du die Römer besiegt hast; wenn du ewigen Frieden genießen dürftest und der Feind nicht leicht angreifbar und zugleich höchst verbrecherisch wäre, dann würde ich es nicht wagen, um ein Bündnis zu bitten, und ich würde vergebens hoffen, meine schlechte mit deiner guten Lage in Verbindung zu bringen. Aber das, was dich offensichtlich hindern könnte, nämlich dein Zorn auf Tigranes wegen eures Krieges neulich und meine wenig glückliche Lage, wird dich am meisten ermuntern, wenn du bereit bist, die Sache im rechten Licht zu betrachten. Denn jener wird in seiner Abhängigkeit ein Bündnis nach deinen Wünschen eingehen. Das Schicksal hat mir zwar viel geraubt, aber die Gabe verliehen, gut zu beraten, und, wie für Mächtige wünschenswert ist, gebe ich, da ich nicht gerade über die stärkste Macht verfüge, ein Beispiel, wie du deine Verhältnisse richtiger in Ordnung bringst.

Denn die Römer hatten von alters her immer ein und denselben Grund, mit allen Stämmen, Völkern und Königen Krieg zu führen: eine unermeßliche Gier nach Macht und Reichtum.[58] Deshalb haben sie mit Philipp, dem König der Makedonen, einen Krieg angefangen, obwohl sie Freundschaft vorgetäuscht hatten, solange sie von den Karthagern bedrängt wurden. Als ihm Antiochus zu Hilfe kam, lenkten sie ihn mit einer List ab, indem sie ihm Kleinasien überließen, doch bald, nachdem sie Philipp überwunden hatten, wurde Antiochus seines ganzen Gebietes diesseits des Taurus und einer Summe von 10000 Talenten beraubt.[59] Als Perseus, der Sohn des Philipp, nach vielen wechselhaften Kämpfen bei den Göttern von Samothrake bedingungslos kapitulierte, töteten sie ihn schlau und erfinderisch in ihrem Treuebruch, weil sie ihm laut Vertrag das Leben geschenkt hatten, durch Schlaflosigkeit.[60] Eumenes, dessen Freundschaft sie prahlerisch zur Schau stellen, haben sie anfangs als Preis für den Frieden an Antiochus verraten.[61] Darauf behandelten sie ihn als

Wachmann ihres eroberten Gebietes und machten ihn durch die Zahlung von Schadenersatzsummen und Beleidigungen von einem König zum elendigsten Sklaven.[62] Dann schoben sie ein gottloses Testament unter und schleiften seinen Sohn Aristonikos, weil er seine Ansprüche auf den Thron seines Vaters geltend gemacht hatte, wie einen Feind im Triumphzug mit.[63] Kleinasien wurde dann von ihnen selbst besetzt. Zuletzt rissen sie nach dem Tod des Nicomedes Bithynien an sich, obwohl zweifelsfrei ein Sohn existierte, den er mit Nysa gezeugt hatte, die er zur Königin erklärt hatte.[64]

Denn was soll ich von mir reden? Obwohl ich von allen Seiten durch Königreiche und die Tetrarchien von ihrem Reich getrennt war, reizten sie mich durch Nikomedes zum Krieg[65], weil mir der Ruf vorauseilte, reich zu sein und nicht bereit zu sein zu dienen. Auch kannte ich ihre verbrecherische Taktik genau und sagte den Kretern, die damals noch als einzige von allen unabhängig waren, und dem König Ptolemäus voraus, was passieren würde. Ich aber rächte mich für die Rechtsverletzungen, vertrieb Nikomedes aus Bithynien, eroberte Asien zurück, das dem König Antiochus geraubt worden war, und nahm von Griechenland das schwere Joch der Sklaverei. Archelaos, der niedrigste aller Sklaven, hemmte meine Unternehmungen, indem er das Heer verriet.[66] Jene aber, die aus Feigheit oder verkehrter Schlauheit nicht am Kampf teilgenommen hatten, weil sie glaubten, durch meine Anstrengungen sicher zu sein, büßten am schlimmsten; Ptolemäus schiebt den Krieg Tag für Tag mit Bestechungsgeldern auf, die Kreter wurden schon einmal angegriffen und werden kein anderes Kriegsende erleben als ihre völlige Vernichtung. Weil ich einsah, daß für mich persönlich die Kämpfe wegen innenpolitischer Schwierigkeiten[67] bei den Römern eher aufgeschoben waren, als ein Friede gewährt war, begann ich den Krieg von neuem, obwohl Tigranes ablehnte, der meinen Worten zu spät zustimmte, obwohl du weit entfernt warst und alle anderen bereits unterworfen. Ich schlug den römischen Feldherrn Marcus Cotta bei Chalkedon im Landkrieg und nahm ihm die herrlichste Flotte im Seekrieg.[68] Als ich bei Kyzikos mit einem großen Heer eingeschlossen war und abwartete, wurden die Lebensmittel knapp, da mich niemand ringsum unterstützte. Gleichzeitig machten Winterstürme eine Zufuhr über das Meer unmöglich. So versuchte ich mich ohne direkten Angriff der Feinde, in mein angestammtes

Königreich zurückzuziehen, verlor aber durch Schiffbruch bei Parium und Heraclea meine besten Soldaten zusammen mit den Schiffen. Danach füllte ich meine Reihen bei Kabera wieder auf. Nach einigen Schlachten mit wechselndem Erfolg zwischen mir und Lucullus trat bei uns beiden wieder Lebensmittelmangel ein. Diesem unterstand das Reich des Ariobarzanes, das vom Krieg unberührt war, ich aber wich nach Armenien zurück, da die gesamte Umgegend verwüstet war. Die Römer folgten – nicht mir, sondern ihrer Gewohnheit, alle Königreiche zu vernichten. Weil sie unsere Überzahl wegen des beengten Geländes am Kampf hinderten, stellen sie heute die mangelnde Umsicht des Tigranes als ihren Sieg dar.

Nun überlege bitte, ob du glaubst, daß du stärkeren Widerstand leisten kannst oder der Krieg zu Ende ist, wenn wir bezwungen sind! Ich weiß sehr gut, daß du eine große Menge an Mannschaft, Rüstung und Geld besitzt. Deshalb kommen wir zu dir, um ein Bündnis zu machen, jene, um dich auszuplündern. Da das Königreich des Tigranes noch ungeschwächt ist und meine Truppen kriegserfahren sind, können wir fern von deinem Königreich aus unserer eigenen Kraft den Krieg erfolgreich beenden, aber zugleich nicht ohne Gefahr für dich siegen oder besiegt werden. Oder weißt du nicht, daß die Römer ihre Waffen hierher gewandt haben, nachdem ihnen der Ozean auf ihrem Weg nach Westen eine natürliche Grenze gesetzt hatte? Oder daß sie von Anfang an nichts als Geraubtes besaßen, Häuser, Frauen, Land und Macht, daß sie einst ein zusammengelaufenes Volk ohne Heimat und Vorfahren waren, zusammengefügt zum Unglück der Welt, oder daß sie kein menschliches oder göttliches Gesetz daran hindert, ihre Verbündeten, ihre Freunde, alle, ob sie nah oder fern wohnen, arm oder reich sind, auszuplündern und zu vernichten, oder daß sie alles, was ihnen nicht als Sklave dient, besonders aber Königreiche, als Feinde ansehen? Wenige nur wollen die Freiheit, ein großer Teil gerechte Herrscher. Wir sind ihnen als Konkurrenten verdächtig, und wir werden zur rechten Zeit als Rächer da sein. Du aber, dem Seleucia, die größte aller Städte, die Königsherrschaft über die Persis mit den berühmten Reichtümern gehört, was erwartest du von denen außer arglistiger Täuschung in der Gegenwart und Krieg in der Zukunft? Die Römer haben Waffen gegen alle, die schärfsten aber gegen die, bei denen die Beute nach einem Sieg am größten ist. Durch Risikobereitschaft, Täuschungsmanöver und geplante Aufeinanderfolge von Krieg auf Krieg sind sie stark geworden. Mit dieser Gewohnheit werden sie alles andere auslöschen oder selbst zugrunde gehen, was nicht schwer zu machen ist, wenn du von Mesopotamien, wir von Armenien aus das Heer umgehen, das dann ohne Lebensmittelversorgung und Verstärkung ist, jetzt aber wegen seines Glücks und unserer Fehler unbeschadet ist. Jener Ruhm wird dir zuteil, daß du großen Königen zu Hilfe gekommen bist und die Räuber aller Völker bezwungen hast. Ich fordere dich dringend dazu auf, dies zu tun und lieber durch unser Bündnis den Sieg erlangen als durch unseren Untergang den eigenen aufschieben zu wollen.

IV. BRIEFE AN CAESAR

Der zweite (frühere) Brief

Ich weiß selbst, wie schwierig und bitter es sein kann, einem König oder Machthaber, ja sogar einem Mann in herausragender Position einen Rat zu geben, da diesen Leuten eine Fülle von Beratern zur Verfügung steht und niemand genügend Klugheit und Einsicht besitzt, um Aussagen über die Zukunft zu treffen. Im Gegenteil, oft haben eher verkehrte als gute Ratschläge einen günstigen Ausgang, da das Schicksal die meisten Dinge nach seiner Lust und Laune bestimmt.[1]

Aber ich hatte schon in frühester Jugend die Neigung, eine politische Laufbahn einzuschlagen, und ich habe sehr umfangreiche Studien betrieben, um den Staat zu durchschauen, nicht so, daß ich nur ein Amt erlangen würde, das viele andere mit üblen Machenschaften erreicht hatten, sondern auch um seine Ordnung in Frieden und Krieg und seine Macht an Rüstung, Soldaten und Finanzen zu kennen. Als ich daher über vieles nachdachte, kam ich zu dem Entschluß, meinen guten Ruf und meine Fähigkeit zur Zurückhaltung deinem Ansehen zu unterstellen und jedes beliebige Wagnis zu unternehmen, so lange dir daraus nur ein wenig Ruhm erwachse. Das habe ich nicht blindlings oder wegen deines Glückes beschlossen, sondern weil ich an dir außer den anderen noch eine besonders bewundernswerte Eigenschaft kennengelernt habe, daß nämlich dein Mut in schwierigen Situationen größer ist als in günstigen. Bei den anderen Leuten aber ist die Tatsache bekannter, daß die Menschen eher müde werden, deine Freigebigkeit zu loben und zu bewundern, als du zu tun, was deines Ruhmes würdig ist.

Für mich jedenfalls steht fest, daß man nichts in noch so verstecktem Winkel ausfindig machen kann, daß es dir nicht, wenn du darüber nachdenkst, gedanklich bereitläge. Ich habe dir meine Ansichten über den Staat nicht deshalb niedergeschrieben, weil ich meine Einsicht und meinen Verstand höher als gerechtfertigt einschätze, sondern ich habe beschlossen, dich mitten in den Strapazen deines Feldzuges[2], mitten in den Schlachten, Siegen, bei der Ausführung deines Amtes an deine Geschäfte in der Stadt zu erinnern. Denn wenn du nur einen Plan im Kopf hast, wie du dich vor einem Angriff deiner Gegner schützen kannst oder wie du gegen einen gegnerischen Konsul[3] die Privilegien des Volkes behaupten kannst, sind deine Gedanken deiner Tüchtigkeit unangemessen. Wenn aber jene Charakterstärke in dir ist, die von Anfang an die Partei des Adels in Verwirrung gebracht hat, die das römische Volk aus schwerer Knechtschaft in die Freiheit zurückversetzte, die während deiner Prätur selbst unbewaffnet die bewaffneten Feinde auseinandertrieb, die zu Hause und im Krieg so große und so berühmte Taten vollbrachte, daß nicht einmal die Gegner sich über irgendetwas zu beklagen wagten außer über deine Stärke, dann höre dir an, was ich über die wichtigste Frage unseres Staates sage. Du wirst sicherlich herausfinden, daß es die Wahrheit oder nicht fern von der Wahrheit ist.

Aber da ja Gnaeus Pompeius entweder durch die Verkehrtheit seines Denkens, oder weil er nichts lieber wollte als dir schaden, so ins Stolpern geriet, daß er den Feinden die Waffen in die Hand fallen ließ[4], mußt du dieselben Dinge, mit denen er den Staat in Unordnung gebracht hat, wieder neu ordnen.[5] Als allererstes übergab er die oberste Entscheidungsgewalt über die Steuereinkünfte, die Ausgaben und die Besetzung der Gerichte ein paar Senatoren, das römische Volk, in dessen Hand diese höchste Macht vorher war, ließ er nicht einmal unter Gesetzesgleichheit in Knechtschaft zurück. Auch wenn die Besetzung der Gerichte, wie früher, den drei Ständen anvertraut ist, herrschen dort eben diese Parteileute, geben und nehmen nach Lust und Laune, bringen Unschuldige in Bedrängnis und erheben ihre eigenen Anhänger zu Ehrenmännern. Keine Untat, keine unehrenhafte Lebensführung, keine Schande hindert sie daran, Ämter zu erhalten. Sie rauben und plündern, wo es für sie von Vorteil ist; kurz, gerade wie nach der Einnahme der Stadt gebrauchen sie ihre eigene Lust und Willkür anstelle der Gesetze.[6] Mich würde allerdings nur ein unbedeutender Schmerz drücken, wenn sie auf ihre Art durch Knechtschaft einen Sieg ausspielten, den sie durch Tüchtigkeit errungen hätten. Aber unfähigste Leute, bei denen die ganze Kraft und Tüchtigkeit auf der Zunge liegt, betreiben in unverschämter Weise eine Zwangsherrschaft, die ihnen der Zufall oder die Fahrlässigkeit eines anderen in die Hand gespielt hat. Denn welcher Aufstand oder welcher Streit der Bürger hat so viele, so bedeutende Familien von Grund auf vernichtet? Oder wessen Leidenschaft ist im Sieg jemals so verderblich und maßlos gewesen? Lucius Sulla, dem im Sieg alles durch das Gesetz des Krieges erlaubt war, wollte, auch wenn er erkannte, daß er durch die Tötung seiner Gegner seine eigene Partei festigen konnte, lieber, nachdem er einige wenige getötet hatte, die übrigen durch Gefälligkeit als durch Furcht in Schranken halten. Aber, beim Hercules, im Interesse des Marcus Cato, des Lucius Domitius und der übrigen aus derselben Partei wurden vierzig Senatoren und dazu viele junge Leute mit vielversprechender Aussicht wie Opfertiere hingeschlachtet, während sich doch diese rücksichtsloseste Sorte Menschen nicht am Blut so vieler, unglücklicher Bürger sättigen konnte[7]: nicht verwaiste Kinder, nicht Eltern im Greisenalter, nicht die Trauer und das Wehklagen von Männern und Frauen rührte die unmenschliche Haltung dieser Leute, daß sie nicht täglich brutaler durch üble Taten oder Reden die einen aus ihrer Stellung, die anderen aus ihrer Staatszugehörigkeit vertrieben. Denn was soll ich von dir reden? Feigste Menschen wollten deine Beschimpfung gegen ihr Leben eintauschen, wenn es ihnen erlaubt wäre. Und diese haben kein so großes Vergnügen an ihrer Gewaltherrschaft, wie jene Trauer wegen deines Ansehens. Ja, sie halten es sogar für wünschenswerter, aufgrund deines Unglücks die Freiheit in Gefahr zu bringen, als daß durch dich das Reich des römischen Volkes von einem großen zu einem sehr großen wird. Um so mehr mußt du immer wieder in Gedanken voraussehen, wie du die Lage sicherst und stärkst. Welche Überlegung mir in den Sinn kommt, zögere ich nicht auszusprechen. Im übrigen ist es Aufgabe deines genialen Verstandes, zu prüfen, was du für richtig und vorteilhaft hältst.

Nach meiner Meinung, und so habe ich es auch von den Vorfahren übernommen, sind die Bürger in zwei Gruppen gegliedert, die Patrizier und die Plebejer. Früher lag der größte politische Einfluß bei den Patriziern, die bei weitem größte Stärke beim Volk. Daher fand oft im Staat eine Abwanderung statt und ständig wurde die Macht des Adels geschwächt und das Recht des Volkes gestärkt. Aber das Volk führte deshalb ein Leben in Freiheit, weil die Macht keines Menschen über den Gesetzen stand und ein Adliger einen Mann aus dem einfachen Volk nicht durch Reichtum und Hochmut, sondern durch einen guten Ruf und große Taten zu übertrumpfen suchte. Gerade die Niedrigsten genügten ihren eigenen Ansprüchen und denen des Vaterlandes im Militärdienst und im Feldzug, weil sie keinen ehrenvollen Besitz entbehrten. Als sie aber allmählich von ihrem Grund und Boden vertrieben wurden und ihre Trägheit und Not sie dazu zwang, wechselnde Wohnsitze zu besitzen, begannen sie den Reichtum anderer zu begehren und ihre Freiheit mitsamt dem Staat für käuflich zu halten. So zerfiel allmählich das Volk, das Herr im eigenen Hause war und über alle Völker herrschte, und anstelle von gemeinsamer Herrschaft erwarb jeder für sich als einzelnen Abhängigkeit.

Daher scheint mir diese Menschenmenge, die erstens voller schlechter Eigenschaften steckt und die zweitens in grundverschiedene Verhaltensweisen und Lebensformen zerfallen ist, die nicht miteinander harmonieren, wenig geeignet dafür, die Macht im Staat in die Hand zu nehmen. Allerdings, wenn man neue Bürger hinzufügt, habe ich die große Hoffnung, daß es soweit kommt, daß alle zur Freiheit erwachen. Denn einerseits wird bei den alten Bürgern das Bedürfnis entstehen, ihr Freiheitsprivileg zu behalten, andererseits bei den neuen, ihre Abhängigkeit zu verlieren. Ich meine, daß du diese neuen mit den alten vermischen und in neuen Stadtgründungen ansiedeln solltest.[8] So wird das Militärwesen gestärkt und das Volk, durch anständige Beschäftigungen gehindert, wird aufhören, Unheil in der Öffentlichkeit zu stiften.

Aber ich weiß recht wohl und sehe voraus, wenn man diese Sache durchführt, welche Stürme der Empörung die Leute des Adels veranstalten werden, wenn sie sich darüber entrüsten, daß alles von Grund auf durcheinandergeworfen werde, daß alteingessenen Bürgern eine solche Knechtschaft aufgebürdet werde, daß aus einer freien Gesellschaft schließlich eine Monarchie werde, sobald eine riesige Menge Menschen durch das Geschenk eines einzigen das Bürgerrecht erhalten habe. Ich persönlich habe in meinen Gedanken folgende Feststellung getroffen: Derjenige, der zum Schaden des Staates Gunst für sich erwirbt, begeht eine Untat gegen sich selbst; sobald das öffentliche Wohl auch persönlichen Nutzen bringt, halte ich es für Dummheit und Feigheit, doch noch zu zögern, sich daran zu begeben.

Marcus Drusus hatte immer in seinem Tribunat die Absicht, sich mit aller Kraft für die Interessen des Adels einzusetzen; und am Anfang beabsichtigte er, nichts zu unternehmen, was nicht auf deren Veranlassung geschähe. Als aber diese parteiischen Menschen, denen Hinterlist und Boshaftigkeit lieber waren als Zuverlässigkeit, erkannten, daß durch einen einzigen Menschen ein gewaltiger Dienst für viele geleistet wurde, schätzten sie Marcus Drusus genau wie sich selbst ein, nämlich ein jeder im guten Wissen um seinen böswilligen und treulosen Charakter. Daher haben sie aus Furcht, daß er sich allein durch so großes Ansehen der Macht bemächtigen könnte, alle Anstrengungen unternommen und so ihre eigenen und seine Pläne vereitelt. Deshalb, Feldherr, mußt du dir mit um so größerer Sorgfalt treue Freunde und starken Schutz verschaffen. Einen Feind niederzuringen, der einem offen entgegentritt, ist nicht schwer für einen tatkräftigen Mann. Für anständige Leute ist es nicht leicht, Hinterhalte zu errichten oder ihnen auszuweichen.

Sobald du diese in die Staatsbürgerschaft eingeführt hast, so beschäftige dich, da das Volk dann erneuert ist, ganz besonders damit, daß die guten Eigenschaften gepflegt werden und die Solidarität zwischen den alten und neuen Bürgern wächst. Aber das bei weitem höchste Gut für das Vaterland und seine Bürger, für dich und die Nachkommenschaft, schließlich für die Menschheit erwirbst du, wenn du den Drang zum Geld entweder beseitigst oder soweit wie möglich verminderst. Andernfalls kann man weder Privatgeschäfte noch ein Staatswesen weder im Frieden noch im Krieg regieren. Denn wenn die Gier nach Reichtum eingekehrt ist, besitzen weder militärische Zucht noch gute Eigenschaften noch eine gute Begabung genügend Kraft, daß die innere Einstellung nicht mehr oder weniger schnell schließlich doch unterliegt. Oft habe ich schon gehört, welche Könige, welche Staaten und Völker im Wohlstand große Reiche verloren haben, die sie in Armut durch Tapferkeit erobert hatten. Das ist nicht gerade verwunderlich: Denn wenn ein anständiger Bürger sieht, daß ein Schlechterer wegen seines Reichtums mehr Ruhm und Anerkennung besitzt, schäumt er zunächst vor Wut und grübelt über vieles nach. Sobald aber Reichtum die Tüchtigkeit jeden Tag mehr an Ruhm und Ehre übertrifft, wendet sich der Mensch von der Vernunft fort zur Lust. Denn Fleiß wird durch Ruhm, der ihm zukommt, gefördert, wenn man letzteren wegnimmt, ist die Tüchtigkeit an sich nur unangenehm und beschwerlich. Wo schließlich der Reichtum als etwas Glänzendes gilt, ist alles Gute wertlos: Zuverlässigkeit, Rechtschaffenheit, Anstand und schamhaftes Verhalten. Denn zur Tüchtigkeit gibt es nur einen steilen Weg, um Geld bemüht sich jeder einzelne, auf welchem Weg er möchte. Und dieses erwirbt man sich durch gute und schlechte Taten. Nimm also vor allem dem Geld sein Ansehen. Niemand soll nach seinem Vermögen mehr oder weniger die Möglichkeit haben, über

Leben und Tod oder über Auszeichnungen gerichtlich zu entscheiden, so wie kein Prätor und kein Konsul nach seinem Reichtum, sondern nach seiner Würdigkeit für das Amt gewählt werden soll. Aber über ein Amt bildet sich das Volk leicht ein Urteil: Es ist Tyrannei, daß Richterstellen von wenigen genehmigt werden, es ist unanständig, daß diese nach dem Reichtum ausgewählt werden. Daher schlage ich vor, daß alle aus der ersten Klasse zur Rechtsprechung herangezogen werden, aber zahlenmäßig mehr als tatsächlich als Richter auftreten. Die Rhodier[9] und andere Staaten haben niemals die Besetzung ihrer Gerichte bereut, wo reich und arm vermischt, wie es das Los jedem einzelnen brachte[10], über schwerwiegendste ebenso wie über bedeutungsloseste Fälle urteilte. Aber für die Wahl der Beamten halte ich ein Gesetz, das Gaius Gracchus öffentlich angekündigt hatte, für keineswegs unbrauchbar, daß nämlich die Zenturien vermischt aus den fünf Klassen nach dem Los aufgerufen werden sollen.[11] So werden sie in Rang und Vermögen gleichgestellt, und jeder versucht eifrig, den anderen an Tüchtigkeit zu übertrumpfen. Das setze ich als starkwirkendes Heilmittel gegen den Reichtum fest. Denn alle Dinge werden ebenso gelobt und angestrebt, wie ihr Nutzen ist. Boshaftigkeit wird durch Belohnungen eingeübt. Wenn man diese wegnimmt, ist kein Mensch von sich aus böse. Im übrigen ist die Habgier eine wilde, schreckliche und unerträgliche Bestie. Wo sie sich hinwendet, verwüstet sie Städte, Ländereien, Heiligtümer und Privathäuser, vermischt Heiliges mit Profanem; Heere und Mauern hindern sie nicht daran, mit ihrer Gewalt einzudringen. Sie raubt allen Menschen ihren guten Ruf, ihr schamhaftes Verhalten, ihre Nachkommen, ihre Heimat und ihre Eltern. Wenn du dem Geld seinen Reiz nimmst, wird diese große Kraft der Habgier durch anständige Verhaltensweisen überwunden. Auch wenn alle Gerechten und Ungerechten berichten, daß es sich so verhält, mußt du trotzdem mit der Adelspartei heftig kämpfen. Wenn du dich vor deren Hinterlist hütest, wird alles andere leicht gehen. Wenn sie genügend Tatkraft besäßen, wären sie lieber Konkurrenten der Tüchtigen als deren Neider. Weil Trägheit und Unfähigkeit, Dummheit und geistige Erstarrung sie befallen hat, toben sie und setzen herab. Den guten Ruf eines anderen halten sie für ihre eigene Schande.

Aber was soll ich weiter beschreiben, als wenn ich über Namenlose rede. Die Tüchtigkeit und Geisteskraft des Marcus Bibulus brach ins

Konsulat herein, schwach in der Redegabe, eher bösartig als klug in seiner geistigen Fähigkeit. Was möchte so einer noch wagen, für den das Konsulat, die höchste Machtposition, zu einem Schandfleck wurde? Oder steckt etwa große Kraft in Lucius Domitius, an dem kein Glied frei von Schande und Verbrechen ist? Seine Rede ist lügenhaft, seine Hände blutbefleckt und seine Füße fluchtbereit. Schändlich ist, was man nicht in allen Ehren nennen kann. Die gewandte, wortreiche, kluge Begabung des Marcus Cato allein achte ich nicht gering. Dieses erwirbt man sich durch die Lehre der Griechen.[12] Aber Tapferkeit, Wachsamkeit und Arbeitskraft ist bei den Griechen nicht vorhanden. Glaubst du, da sie zu Hause ihre Freiheit durch Trägheit verloren haben, daß durch ihre Lehren ein Reich behauptet werden kann? Die übrigen sind träge Adels männer, bei denen wie in einer Aufschrift außer dem guten Familienna men keine Hinzufügung ist. Leute wie Lucius Postumius und Marcus Favonius scheinen mir gleich wie eine überflüssige Last auf einem großen Schiff zu sein. Wenn sie gesund ankommen, sind sie nützlich, wenn etwas Ungünstiges auftritt, werden sie am ehesten über Bord geworfen, weil sie den geringsten Wert besitzen.

Da ich nun, wie mir scheint, genug über die Erneuerung und Besserung des Volkes dargelegt habe, möchte ich noch darüber reden, was du meines Erachtens im Hinblick auf den Senat tun müßtest. Nachdem ich in Alter und Verstand herangereift war, habe ich meinen Körper fast gar nicht mehr im Waffengebrauch und im Reiten trainiert, sondern meine Denkkraft in der Literatur hin und herbewegt: Was von Natur aus kräftiger war, habe ich in Übung gehalten. Und bei dieser Lebensweise habe ich durch viel Lesen und Herumhören folgendes erfahren, daß alle Königreiche, Staaten und Völker solange eine starke Herrschaft hatten, wie die richtigen Einsichten bei ihnen Geltung hatten. Wo immer Vetternwirtschaft, Furcht und Gelüste diese verdarben, verminderte sich nach kurzer Zeit die Macht, danach ging die Herrschaft verloren, schließlich wurde eine Knechtschaft auferlegt. Ich persönlich habe in meinen Gedanken folgende Feststellung getroffen: Wer auch immer in einem Staat eine bedeutendere und angesehenere Position einnimmt als die anderen, der trägt eine große Verantwortung für das Gemeinwesen. Denn für die übrigen ist die Freiheit nur sicher, wenn das Machtzentrum gesund ist. Dem Mut derjenigen, die sich durch Tüchtigkeit Reichtum,

Ansehen und Auszeichnung erworben haben, wird in vielfacher Weise
durch Sorgen und Mühen zugesetzt, sobald das Gemeinwesen ein wenig
ins Wanken gerät und langsam in Unruhe kommt. Er verteidigt entweder seinen Ruhm oder die Freiheit oder sein Vermögen, er ist überall
dabei, handelt überstürzt und ergreift im gleichen Maß, wie er unter
günstigen Umständen mächtiger war, unter ungünstigen Umständen
härtere und beängstigendere Maßnahmen. Wo also das Volk dem Senat
gehorcht wie der Körper dem Geist und seine Beschlüsse ausführt, gehört es sich, daß die Senatoren eine große Fähigkeit zur Einsicht besitzen,
für das Volk ist Klugheit überflüssig. Als daher unsere Vorfahren durch
härteste Kriege bedrängt wurden und sie Pferde, Männer und Vermögen
verloren hatten, wurden sie niemals müde, mit Waffen um den Erhalt
ihrer Macht zu kämpfen. Keine Armut der Staatskasse, keine Stärke von
Feinden und keine widrigen Umstände bezwangen ihren ungeheueren
Mut, das, was sie durch Tapferkeit erobert hatten, zusammen mit ihrem
Leben zu behaupten.

Und dies wurde mehr durch energische Planung als durch gute
Schlachten zustande gebracht. Denn bei ihnen gab es ein einziges Gemeinwesen, dafür sorgten sie alle ständig, eine Partei wurde nur gegen
äußere Feinde gebildet, Körper und Geist betätigte jeder für sein Vaterland, nicht für seine persönliche Macht. Aber heutzutage regieren im
Gegensatz dazu die Männer aus dem Adel, deren Verstand der Schwachsinn und die Trägheit befallen hat, ohne Kenntnis von Anstrengung, von
Feinden und dem Militärdienst, zu Hause in einer Partei geordnet, durch
Hochmut alle Völker. Daher werden die Patrizier, mit deren Klugheit
der Staat früher bei einer bedenklichen Lage immer gefestigt wurde,
jetzt wegen artfremder Gelüste bedrängt, unschlüssig hierhin und dorthin getrieben. Manchmal beschließen sie das eine, dann wieder das
andere; wie es Streit und Gunst der Herrschenden mit sich bringt, so
beurteilen sie das öffentliche Wohl oder Übel. Wenn nun aber die Freiheit aller gleich wäre oder die Stimmabgabe geheimer, stünde dem Staat
mehr Macht zur Verfügung und der Adel wäre weniger mächtig. Aber
weil es schwierig ist, den Einfluß aller gleichzumachen, und zwar weil
die Tüchtigkeit der Vorfahren jenen den Ruhm, die Stellung und die
Gefolgschaft, die diese erworben hatten, vererbte, der größte Teil der
übrigen Menge von außen zugezogen ist, befreie ihre Stimmabgabe von

Furcht; so wird im geheimen jeder sich selbst wertvoller sein als die Macht eines anderen. Die Freiheit ist gleichermaßen für Gute und Schlechte, für Tapfere und Feige erstrebenswert. Aber die meisten lassen sie aus Furcht im Stich. Die dümmsten Menschen nehmen das, was in einem Streit zweifelhaft ist, wie es gerade eintritt, in ihrer Trägheit in sich auf wie Besiegte.

Daher glaube ich, daß der Senat durch zwei Maßnahmen gefestigt werden kann, nämlich wenn er vergrößert wird und eine Abstimmung mit Stimmtafeln vollzogen wird.[13] Die Stimmtafel wird als Deckmantel dienen, damit er mehr nach freier Meinungsbildung zu handeln wagt. In der Menge liegt mehr Schutz und ein größerer Nutzen. Denn fast immer in den heutigen Zeiten haben die einen, in öffentliche gerichtliche Untersuchungen, die anderen, in eigene und Geschäfte von Freunden verstrickt, dem Staat keineswegs mit ihren Ratschlägen geholfen. Aber es hat sie nicht mehr eine eigene Beschäftigung als ihre hochmütigen Amtsführungen in Anspruch genommen. Adlige Männer haben mit ein paar Senatoren alles, was sie gerne billigen, zurückweisen und beschließen wollten, wie es Lust und Laune gerade mit sich brachte, ausgeführt. Sobald aber nun die Zahl der Senatoren erhöht ist und die Stimmen auf Tafeln abgegeben werden, dann werden sie ihren Hochmut fallenlassen, sobald sie denen gehorchen müssen, über die sie vorher in grausamster Weise herrschten.

Vielleicht, Feldherr, möchtest du nach der Lektüre des bisherigen Briefes unbedingt wissen, welche Anzahl von Senatoren ernannt werden soll und wie die vielen verschiedenen Aufgabenbereiche verteilt werden sollen, und da ich ja der Meinung war, daß die Gerichtshöfe allen Mitgliedern des ersten Standes anvertraut werden sollten, welche Einteilung und welche Anzahl in jedem Bereich zukünftig sein soll. Es wäre nicht schwer für mich, dieses alles nach Arten einzuteilen; aber es schien mir wichtiger, mich zunächst um die zentralen Punkte meines Planes zu bemühen und diesen von dir auf seine Richtigkeit prüfen zu lassen. Wenn du beschließt, diesen Weg einzuschlagen, steht das übrige bereit. Ich wünsche, daß mein Plan vorausschauend und besonders vorteilhaft ist. Denn wo immer die Maßnahme für dich erfolgreich verläuft, springt für mich ein guter Ruf in der Öffentlichkeit heraus. Aber mehr quält mich die Begierde, dem Gemeinwesen auf jede beliebige Weise so

schnell wie möglich zu helfen. Ich halte die Freiheit für wertvoller als den
Ruhm, und ich bitte und ermahne dich, daß du als hochberühmter
Feldherr nach der Unterwerfung des gallischen Volkes nicht zuläßt, daß
die höchste und unbesiegte Macht des römischen Volkes durch Alterser-
scheinungen dahinschwindet und durch höchste Fahrlässigkeit zerfällt.
Wenn das geschieht, wird dir sicherlich weder Nacht noch Tag den
Kummer in deinen Gedanken zur Ruhe bringen, daß du nicht von
Schlaflosigkeit gequält, vor Wut rasend und von Sinnen in höchstem
Wahnsinn hin- und hergetrieben wirst. Denn für mich steht als Tatsache
fest, daß das Leben aller Menschen von einer göttlichen Macht beobach-
tet wird, und daß weder eine gute noch eine schlechte Tat irgendeines
Menschen für nichts gilt, und daß guten und schlechten Menschen von
der Weltordnung her entgegengesetzte Belohnungen zuteil werden.
Wenn diese zeitweise vielleicht allzu langsam zum Vorschein kommen,
gewährt jedem sein Denken gemäß seinem Gewissen Aussicht.[14]

Wenn aber die Heimat und die Vorfahren mit dir sprechen könnten,
würden sie sicherlich folgendes sagen: Caesar, wir, tapferste Männer,
haben dich gezeugt in der besten Stadt als Ruhmesblatt und Schutz für
uns und als Schrecken für die Feinde. Das, was wir unter Anstrengungen
und Gefahren erworben hatten, haben wir dir bei deiner Geburt zusammen mit deinem Leben in die Hand gegeben, das größte Vaterland auf
der Erde, das berühmteste Geschlecht und die berühmteste Familie im
Vaterland, außerdem gute Fähigkeiten, ehrenvollen Reichtum, schließlich alle Auszeichnungen des Friedens und Belohnungen des Krieges. Für
diese überaus großen Zeichen der Gunst bitten wir dich nicht um
Schande oder Verbrechen, sondern daß du die zerstörte Freiheit wieder-
herstellst. Wenn du diese Tat vollbracht hast, wird sich der Ruhm deiner
Tüchtigkeit sicherlich durch alle Völker im Fluge verbreiten. Denn auch
wenn du in der heutigen Zeit in Frieden und Krieg glänzende Taten
vollbracht hast, so ist dennoch dein Ruhm mit dem anderer tapferer
Männer gleich. Wenn du aber die Stadt fast schon vom Untergang zum
angesehensten Namen und höchster Macht zurückführst, wer könnte
dann berühmter, wer größer auf der Welt sein als du? Wenn allerdings
diesem Reich durch eine Krankheit oder gar deinen Tod ein Unglück
zustößt, wer zweifelt dann daran, daß auf dem ganzen Erdkreis Verwüstung, Kriege und Gemetzel entstehen? Wenn du aber das gute Verlan-

gen hast, der Heimat und den Vorfahren zu danken, wirst du auch in späterer Zeit nach der Erneuerung des Staats über alle Menschen hinaus Ruhm genießen und bei dir als einzigem wird dein Tod berühmter sein als dein Leben.

Denn manchmal setzt den Menschen das Glück, oft der Neid zu. Sobald das Leben der Natur seinen Tribut gezollt hat und die Neider fort sind, schiebt sich die Tüchtigkeit selbst mehr und mehr in den Vordergrund.

Was mir am nützlichsten schien, und wovon ich glaubte, daß es für dich von Vorteil sein werde, habe ich in möglichst wenigen Worten niedergeschrieben. Im übrigen beschwöre ich die Götter, daß dein Handeln, wie immer es auch aussieht, für dich und den Staat einen günstigen Ausgang nimmt.

Der erste (spätere) Brief

Früher galt es als wahr, daß das Schicksal Königsherrschaften und Reiche zum Geschenk gab, ebenso andere Dinge, die von den Menschen heftig begehrt werden, weil sie oft unwürdigen gehörten, wie durch Willkür gegeben, und sich niemandem in unverfälschtem Zustand erhalten hatten. Die Geschichte aber hat gelehrt, daß das richtig ist, was Appius in seinen Sprüchen sagt[15], daß nämlich jeder seines Glückes Schmied sei, und besonders auf dich zutrifft, der du andere so weit übertroffen hast, daß die Menschen eher müde sind, deine Taten zu loben, als du, Lobenswertes zu vollbringen. Im übrigen gilt wie für handwerklich Geschaffenes so auch für Dinge, die man durch Tüchtigkeit erworben hat: Es gehört sich, daß es mit sehr großem Fleiß behandelt wird, damit es nicht durch Nachlässigkeit entstellt wird oder, wenn es geschwächt ist, zusammenstürzt. Denn niemand überläßt einem anderen freiwillig die Macht, und einer, der mehr Macht besitzt, wird, wenn er auch noch so tüchtig und mild ist, gefürchtet, weil er böse sein darf. Das kommt daher, daß die meisten Mächtigen widersinnig denken und sich für um so sicherer halten, je nichtswürdiger diejenigen gewesen sind, über die sie herrschen. Doch im Gegensatz dazu ist es angebracht, wenn man selbst tüchtig und entschlossen ist, daß man über möglichst Gute herrscht.

Denn gerade die Schlechten nehmen einen Regierenden mit der größten Bitterheit hin. Aber für dich ist das schwerer als für alle vor dir, was du mit Waffengewalt erworben hast, zu ordnen, weil du den Krieg milder geführt hast als der Friede anderer war. Dazu verlangen die Sieger nach Beute, die Besiegten aber sind Mitbürger. Durch diese Schwierigkeiten hindurch mußt du entkommen und du mußt den Staat für die Zukunft nicht nur durch Waffengewalt und gegen äußere Feinde sichern, sondern, was sehr viel schwieriger ist, mit geeigneten friedlichen Mitteln.[16] Also ruft das Problem alle mit großer und mittelmäßiger Weisheit hierher, um vorzubringen, was jeder als bestes vermag. Und mir erscheint folgendes ratsam: Wie du deinen Sieg auch immer gestaltest, so wird alles andere in Zukunft aussehen. Aber höre nun in wenigen Worten, wozu mich meine Überlegung mahnt, damit du besser und leichter einen Entschluß faßt.

Du hattest einen Krieg, Feldherr, mit einem berühmten Mann, mit großem Einfluß, begierig nach Macht und mehr Glück als Weisheit[17], dem nur wenige dir feindlich gesonnene Leute wegen ihres eigenen Unrechts folgten, und ebenso solche, die Verschwägerung oder ein anderer Verwandtschaftsgrad zu ihm hinzog. Denn keiner hatte Anteil an seiner Macht, und wenn er es hätte dulden können, wäre der Erdkreis nicht von einem Krieg erschüttert worden. Die übrige Menschenmenge folgte eher nach Art einer Masse als nach persönlicher Überlegung, einer dem anderen, als ob der klüger wäre. Zu derselben Zeit sind Menschen, bei denen alles durch Schande und ausschweifendes Leben beschmutzt war, wegen der üblen Nachreden deiner Feinde zu der Hoffnung verleitet worden, sich des Gemeinwesens zu bemächtigen, und in dein Lager geströmt und bedrohten die friedlichen Bürger mit Tod, Plünderungen, schließlich allen Dingen, die einem verdorbenen Charakter gefallen. Ein großer Teil von denen fiel wieder ab, als sie sahen, daß du weder Schulden nachließest noch die Mitbürger wie Feinde behandeltest; nur wenige blieben zurück, die in deinem Lager mehr Ruhe hatten als in Rom: eine so große Menge Gläubiger drohte ihnen. Es ist aber ungeheuerlich zu sagen, wie bedeutende und wie viele Menschen aus denselben Gründen später zu Pompeius übergetreten sind, und ihn als Schuldner während der ganzen Kriegszeit wie ein geweihtes, unberaubbares Heiligtum behandelten.[18]

Weil du also als Sieger über den Krieg und Frieden erwägen mußt, daß du ersteren in gemäßigter Weise beendest und daß letzterer möglichst gerecht und langwährend ist, so urteile zunächst über dich selbst, was am besten zu tun ist, wenn du diesen ordnen willst. Ich persönlich glaube, daß alle grausamen Herrschaften eher betrüblich als langwährend sind und daß niemand von vielen gefürchtet werden muß, ohne daß die Furcht von den vielen Leuten auf ihn zurückfällt, daß also eine solche Lebensweise einen ewigen, ungewissen Krieg führt, weil man weder von vorn noch vom Rücken noch von den Seiten her sicher ist und immer in Gefahr und Furcht lebt. Wer dagegen seine Herrschaft mit Güte und Milde ins rechte Maß bringt, dem erscheint alles erfreulich und glänzend und sogar die Feinde wohlwollender als anderen die eigenen Mitbürger.

Ich weiß nicht, ob nicht einige Leute mich wegen dieser Worte lauthals als Verderber deines Sieges bezeichnen und allzu wohlwollend gegenüber den Besiegten. Natürlich ist das so, da ich der Meinung bin, daß wir das, was wir und unsere Vorfahren auswärtigen Völkern, die von Natur aus unsere Feinde sind, oft erwiesen haben, auch unseren Mitbürgern gewähren sollten und nicht nach Art der Barbaren Mord mit Mord und Blut mit Blut sühnen sollten. Oder hat Vergeßlichkeit schon das, was kurz vor diesem Krieg dem Gnaeus Pompeius und dem Sieg Sullas vorgeworfen wurde, ausgelöscht, daß nämlich Domitius, Carbo, Brutus und andere unbewaffnet und nicht nach Kriegsrecht in einem Kampf, sondern später als Bittsteller in verbrecherischster Weise ermordet wurden[19], und daß Angehörige des römischen Volkes auf dem Staatsgut wie Vieh hingeschlachtet wurden.[20] Wehe, wie waren die heimlichen Todesfälle der Mitbürger und plötzlichen Morde, die Flucht von Frauen und Kindern an die Brust ihrer Eltern und Kinder, die Verwüstung der Häuser schrecklich und grausam, bevor du deinen Sieg errungen hattest. Dazu ermunterten dich eben diese Leute. Dann hieß es, es sei umstritten, auf wessen Entscheidung von euch beiden die Unrechtstaten geschehen seien, und der Staat wäre nicht von dir gerettet, sondern erobert worden; die Besten und Ältesten von allen im Heer würden deshalb trotz Ablauf ihrer Dienstzeit gegen Brüder und Eltern kämpfen, damit die schlechtesten Menschen durch das Unglück anderer die Kosten für ihre Freßsucht und unermeßliche Gier gewinnen könnten und diese zum Schandfleck

deines Sieges würden, durch deren Schandtaten das Verdienst der anständigen Leute beschmutzt würde. Denn ich glaube nicht, daß dir entgangen ist, mit welcher Willensstärke und Zurückhaltung sich jeder von
diesen Leuten aufgeführt hat, selbst als der Sieg noch in Frage stand, und
wie sich einige bei der Führung des Krieges mit Dirnen und Gelagen
abgemüht haben, die in ihrem Alter nicht einmal im Frieden eine solche
Vergnügung ohne Schande hätten anrühren können.

Über den Krieg ist nun genug geredet. Da du und alle deine Vertrauten sich Gedanken über die Sicherung des Friedens machen, betrachte
bitte zunächst, wie das aussieht, worüber du zu Rate sitzt. Wenn Vorzüge und Fehler getrennt sind, dann wirst du weiter auf einem auf der
Hand liegenden Weg zum richtigen Ziel marschieren. Meine Meinung
ist folgende: Weil alles, was entstanden ist, vergeht, werden zu dem
Zeitpunkt, wo für die Stadt Rom das Schicksal des Untergangs gekommen ist, Bürger mit anderen Bürgern in einen Kampf geraten und so
ermüdet und kraftlos für einem König oder ein Volk zu einer leichten
Beute werden.[21] Auf andere Weise können der Erdkreis und alle Völker,
selbst wenn sie sich zusammenscharen, dieses Reich nicht erschüttern
oder vernichten. Daher muß man die Vorteile der Einigkeit stärken und
die Fehler der Uneinigkeit beseitigen. Das wird dann erfolgreich verlau-
fen, wenn man die unumschränkte Freiheit zu Geldausgaben und Raubzügen beseitigt und nicht auf die alten Gebräuche zurückführt, die schon
früher wegen der verdorbenen Sitten zum Spielball geworden sind,
sondern wenn man für jeden einzelnen sein Vermögen als Grenze für
seine Ausgaben festsetzt.[22] Weil die Gewohnheit aufgekommen ist, daß
ganz junge Leute ihr Eigentum und das anderer verprassen und es für
besonders rühmlich halten, der eigenen Lust und den Bitten anderer
nichts abzuschlagen, hält man dieses für Tüchtigkeit und menschliche
Größe, Anstand und Maßhalten für Dummheit. Ein ungestümer Geist
schreitet auf dem verkehrten Weg voran, wenn das Gewohnte nicht
ausreicht, und wird in Zorn gegen die Verbündeten und Mitbürger
fortgerissen, verdrängt Wohlgeordnetes und sucht nach Veränderungen,
indem er Traditionen gering achtet. Deshalb muß für die Zukunft der
Wucher beseitigt werden, damit wir uns alle um unsere eigene Habe
kümmern. Das ist ein richtiger und einfacher Weg, ein Amt zum Vorteil
des Volkes und nicht des Gläubigers zu führen und seine Geistesgröße zu

beweisen, indem man dem Gemeinwesen etwas hinzufügt und nicht abnimmt.

Ich weiß wohl, wie schwierig diese Maßnahme zu Beginn sein wird, besonders für die, die glaubten, sich bei einem Sieg eher willkürlicher und freier als eingeschränkter verhalten zu können. Wenn du eher für deren Wohl als ihre Begierde sorgst, versetzt du jene, uns und die Verbündeten in einen sicheren Frieden. Wenn aber die Jugend dieselben Neigungen und Eigenschaften behalten wird[23], wird in der Tat dein vortrefflicher Ruhm zusammen mit der Stadt Rom in kurzer Zeit zusammenbrechen. Außerdem führen weise Leute einen Krieg um des Friedens willen und unterziehen sich einer Mühe in der Hoffnung auf friedliche Ruhe. Wenn du diesen nicht sicher machst, was kommt es dann darauf an, ob man besiegt wurde oder gesiegt hat? Darum nimm den Staat in die Hand und dringe durch alle Schwierigkeiten hindurch, wie du es gewöhnlich machst. Denn entweder kannst du Abhilfe schaffen, oder die Bemühung muß von allen fallengelassen werden. Aber niemand beschwört dich um grausame Strafen und harte Gerichtsurteile, mit denen die Bürgerschaft eher verwüstet als gebessert wird, sondern daß du falsche Verhaltensweisen und üble Begierden von der Jugend fernhältst. Das wird wirkliche Milde sein, dafür gesorgt zu haben, daß die Bürger nicht aus der Heimat vertrieben wurden, wie sie es verdient hätten, sondern sie von ihrer Dummheit und ihren falschen Gelüsten abgehalten zu haben, Frieden und Einigkeit gefestigt zu haben; nicht, wenn man Schandtaten nachgegeben und Verbrechen geduldet und ein momentanes Vergnügen zugleich mit einem zukünftigen Übel zugestanden hat.

Aber ich habe in Gedanken besonders großes Vertrauen wegen der Größe der Aufgabe und, weil du alle Länder und Meere gleichzeitig ordnen mußt, Dinge, um die andere besorgt sind. Denn ein so großes Genie könnte sich nicht an Dinge von geringem Wert machen, hoch ist der Lohn für eine große Verantwortung. Daher mußt du dafür sorgen, daß das Volk, das durch Geldgeschenke und Getreidespenden verdorben ist, seine eigenen Aufgaben hat, mit denen sie von der Schädigung des öffentlichen Wohls abgehalten werden. Die Jugend soll sich um Anstand und Fleiß bemühen, nicht um Geldverschwendung und Reichtum. Ich habe oft darüber nachgedacht, durch welche Tatsachen alle großen Män-

ner ihre Größe gefunden haben und welche Dinge Völker und Volksstämme durch großes Wachstum vermehrt haben, und danach, aus welchen Gründen bedeutendste Königreiche und Staaten zugrunde gegangen sind, und habe immer dieselben Vorzüge und Fehler gefunden und
die Tatsache, daß alle Sieger den Reichtum verachteten und alle Verlierer
ihn begehrten. Und niemand kann auf andere Weise sich emporheben
und als Mensch Göttliches erreichen, als wenn er die Freuden des Reichtums und des Körpers sein läßt und sich seinem klaren Verstand hingibt,
wenn er nicht verkehrtes Wohlwollen erweist, indem er bei allen heißer-
sehnten Dingen zustimmt oder sie gewährt, sondern indem er sich in
Mühsal, Beharrlichkeit, guten Lehren und tapferen Taten übt.[24]
     Denn ein Haus in der Stadt oder auf dem Lande zu bauen, es mit
Standbildern, Teppichen und anderen Kunstwerken zu schmücken und
alles andere sehenswerter zu machen als sich selbst, das heißt eben nicht,
seinen Reichtum für seine Ehre zu benutzen, sondern selbst für diesen ein
Schandfleck zu sein. Weiterhin wollen die, die ihren Bauch zweimal am
Tag vollzuschlagen und keine Nacht ohne Dirne zu schlafen pflegen,
ihren Verstand, wenn sie ihn, der eigentlich herrschen sollte, mit Knechtschaft unterdrückt haben, später vergeblich benutzen, sobald er schwach
und lahm geworden ist, so als ob er geübt wäre. Denn meistens richtet
sich mangelnde Vorausschau auch selber zugrunde. Aber diese und alle
Fehler werden zugleich mit der Verehrung des Geldes aufhören, wenn
weder Ämter noch andere gewöhnlich begehrenswerte Dinge käuflich
sein werden. Zudem mußt du voraussehen, wie Italien und die Provinzen sicherer sind, was ganz klarzumachen ist. Denn dieselben Leute
verwüsten alles, indem sie ihre eigenen Häuser verlassen und durch
Unrecht fremdes Eigentum in Beschlag nehmen. Ebenso soll der Kriegsdienst nicht wie bisher ungerecht und ungleich sein, indem die einen
dreißig Jahre, die anderen gar keinen Dienst leisten.[25] Und es gehört sich,
daß das Getreide, das früher ein Preis der Faulheit war, in den Landstäd-
ten und Neugründungen an die verteilt wird, die nach Ablauf ihrer
Dienstzeit nach Hause zurückgekehrt sind.
     Ich habe das, was meiner Meinung nach für den Staat notwendig, für
dich ruhmvoll ist, in möglichst wenigen Worten abgehandelt. Nicht
schlechter scheint es mir, jetzt einige Worte über mein Handeln zu
verlieren. Die meisten Menschen haben genügend Verstand zum Beur-

teilen oder geben es vor. Denn alle brennen darauf, Taten und Worte anderer zu tadeln, kaum scheint der Mund offen und die Zunge schlagfertig genug zu sein, die Gedanken aus dem Herzen herausströmen zu lassen. Ich bereue es nicht, diesen unterlegen zu sein, sondern ich würde mich grämen, länger geschwiegen zu haben. Denn ob du auf diesem oder einem anderen Weg weitermachst, so habe ich jedenfalls nach meinen Kräften gesprochen und geholfen. Es bleibt mir nur zu wünschen, daß die unsterblichen Götter deine Entschlüsse billigen und gut ausgehen lassen.

V. INVECTIVE

Sallusts Invektive gegen Cicero

Schwer und widerwillig würde ich deine Schmähungen ertragen, Marcus Tullius, wenn ich wüßte, daß du dich eher aufgrund eines vernünftigen Urteils als wegen deiner Geisteskrankheit deiner Boshaftigkeit bedienst. Doch da ich an dir weder Maß noch Selbstbeherrschung erkenne, will ich dir antworten, damit dir die Freude, wenn du welche bei deiner Schmährede empfunden hast, vergeht, wenn du selbst eine hörst.[1] Wo könnte ich mich beklagen, wen könnte ich anflehen, daß der Staat geplündert wird und gerade für die dreistesten Kerle zum Beutemachen herhält? Etwa beim römischen Volk? Das durch Bestechungen so verdorben ist, daß es sich selbst wie ihr Hab und Gut für käuflich hält. Oder an euch, Senatoren? Deren Ansehen dem schändlichsten Verbrecher zum Spott dient. Wo immer sich Marcus Tullius befindet, verteidigt er die Gesetze, die Gerichtshöfe und den Staat[2] und führt in diesem Hause ein Regiment, als ob er der einzige überlebende Sproß der Familie des hochberühmten Scipio Africanus wäre[3], und nicht ein Findelkind, das man aus einer Stadt auf dem Lande holte und dieser Stadt als Bürger einpflanzte.

Oder sind etwa deine Taten und Reden unbekannt, Marcus Tullius? Hast du nicht von Kindheit an so gelebt, daß du nichts als schändlich für deinen Körper ansahst, was irgendeinem anderen gefiel? Und natürlich hast du deine übermäßige Redekunst bei Marcus Piso nicht unter Aufopferung deiner Schamhaftigkeit bis zur Vollendung erlernt.[4] Deshalb braucht man sich gar nicht zu wundern, daß du sie schmachvoll verschacherst, wo du sie dir mit schlimmster Schande erworben hast. Aber, wie ich glaube, richtet der Glanz deines Hauses deine Lebensgeister auf: deine ehebrecherische Gattin, ihre frevlerische Schwester, die mit Meineiden besudelt ist, deine Tochter, die Nebenbuhlerin der Mutter, die dir lieber und höriger ist, als es sich dem Vater gegenüber gehört.[5]

Dein Haus selbst hast du, mit Gewalt und Räubereien besudelt, dir und deiner Familie erworben, sicherlich um uns daran zu erinnern, wie sehr sich die Lage geändert hat, weil du in einem Haus wohnst, schändlichster Mensch, das Publius Crassus gehörte.[6]

Und trotz dieser Tatsachen sagt Cicero, er sei im Rat der unsterblichen Götter gewesen[7] und von dort als Beschützer für die Stadt und ihre

Bürger geschickt worden, aber doch wohl nicht, um den Henkersknecht zu spielen, der den Schaden für den Staat als Ruhmesblatt für sich selbst rechnet. So als ob nicht der Grund für die Verschwörung dein Konsulat war, und deshalb der Staat innerlich zerrissen war, als er dich als Beschützer hatte. Aber wie ich glaube, macht dich das, was du nach deinem Konsulat mit deiner Frau Terentia über den Staat beschlossen hast[8], noch übermütiger, als ihr Urteile nach der Lex Plautia von zu Hause aus spracht, und du den einen von den Verschwörern verurteiltest, den anderen für Geld freisprachst, wenn der eine dir dein Gut in Tusculum, der andere das in Pompeji baute und einer das Haus in der Stadt kaufte.[9] Wer aber nicht in der Lage dazu war, der war ein enger Vertrauter Catilinas, der war gekommen, um dein Haus zu überfallen oder hatte einen Anschlag auf den Senat verübt, kurz, über den wußtest du Bescheid. Sollte das ein falscher Vorwurf sein, dann lege Rechenschaft darüber ab, wieviel an Erbe du übernommen hast, was dir aus den Prozessen zugeflossen ist, mit welchem Geld du das Haus in der Stadt gekauft und die Güter in Tusculum und Pompeji mit unermeßlichem Aufwand erbaut hast, oder wenn du schweigst, wer kann dann noch zweifeln, du hast dir deinen Reichtum aus dem Blut und dem Elend deiner Mitbürger erworben.

Aber, wie ich glaube, dieser Emkporkömmling aus Arpinum, aus der Familie des Gaius Marius[10], ahmt dessen Tüchtigkeit nach, verachtet den Streit unter den Adligen, liebt allein den Staat, wird weder durch Schrecken noch durch Begünstigung von seiner richtigen Einsicht abgebracht und ist die reine Freundschaft und Geisteskraft in Person. Doch im Gegenteil, ein völlig charakterloser Mensch, kniefällig gegen seine Feinde, voll Beschimpfungen gegen seine Freunde, bald in dieser, bald in jener Partei, keinem treu, der unzuverlässigste Senator, ein bestechlicher Verteidiger, kein Teil seines Körpers ist frei von Schande, seine Zunge ist lügenhaft, seine Hände raubgierig, sein Schlund unersättlich, seine Füße immer fluchtbereit.[11] Was man nicht mit Anstand nennen kann, besitzt bei ihm am wenigsten Anstand. Obwohl er so einen Charakter besitzt, wagt er zu sagen: „O glückseliges Rom, geboren unter meinem Konsulat!"[12] Beglückt, als du Konsul warst? Nein, im Gegenteil, es war in Unglück und Elend, da es die grausamsten Proskriptionen erduldete, als du den Staat in Aufruhr brachtest, alle anständigen Bürger in Furcht stürztest und zwangst, deiner Grausamkeit zu gehorchen, als alle Prozesse und alle Gesetze in deiner Willkür standen, als du die Lex Porcia beseitigt, die Freiheit entrissen und die Macht über unser aller Leben und Tod auf dich allein beschränkt hattest.[13] Und nicht genug, daß du es ungestraft getan hast, hältst du es sogar allen durch ständige Erwähnung vor und erlaubst ihnen nicht, ihre Knechtschaft zu vergessen. Ich bitte dich, Cicero, was du auch getan hast, was du auch ausgerichtet hast, es ist genug gelitten. Willst du weiter unsere Ohren mit deinem Haß vollstopfen und uns weiter mit deinem nervtötenden Gerede verfolgen? „Die Waffen sollen der Toga weichen, der Lorbeerkranz der Zunge."[14] Als ob du in der Toga und nicht mit Waffen erreicht hast, wessen du dich rühmst und als ob zwischen dir und dem Diktator Sulla außer in der Herrschaftsbezeichnung ein Unterschied bestünde.[15]

Aber was soll ich noch mehr über deine Überheblichkeit reden? Wo dich doch Minerva alle Künste gelehrt hat, Jupiter Optimus Maximus in den Rat der Götter zugelassen hat und Italien dich als Verbannten auf seinen Schultern heimgetragen hat. Ich bitte dich, Romulus aus Arpinum, der du mit deiner vortrefflichen Tüchtigkeit alle Männer wie Paulus, Fabius und Scipio übertroffen hast, welchen Rang willst du jetzt endlich in der Bürgerschaft einnehmen?[16] Welche Partei im Staat gefällt dir, welchen Freund und welchen Feind hast du? Für den, auf den du in der Bürgerschaft Anschläge verübt hast, spielst du die Dienstmagd, mit welchem Recht verfolgst du den, mit dessen Hilfe du aus deinem Exil in Dyrrhachium zurückgekehrt bist? Du klatschst der Macht derjenigen Beifall, die du Tyrannen nanntest. Die, die dir früher als die Besten erschienen, nennst du verrückt und wahnsinnig.[17] Du verteidigst den Vatinius und hast eine schlechte Meinung von Sestius.[18] Du verletzt Bibulus mit boshaftestem Gerede[19] und lobst Caesar. Wen du am meisten haßt, dem gehorchst du am willigsten. Du denkst über das Gemeinwesen im Stehen etwas anderes als im Sitzen. Du beschimpfst diese, haßt jene, du wankelmütigster Überläufer, der weder auf der einen noch auf der anderen Seite Vertrauen besitzt.

ANMERKUNGEN

Die Verschwörung des Catilina

1 Im musikalisch begleiteten Vortrag ist das Proömium das Vorspiel, im Epos der Musenanruf; in Reden und Prosaliteratur beschäftigt sich das Proömium mit einem bestimmten Thema (z.B. *captatio benevolentiae*, Rechtfertigung der Methode usw.). Manche Autoren und Redner besaßen Sammlungen von Proömien, die z.T. besonders gelungenen Proömien anderer nachgeahmt waren.

2 Die Vorstellungen von *virtus* (Tüchtigkeit) und *gloria* (Ruhm) sind bei Sallust eng miteinander verbunden. Die *virtus* äußert sich immer im Vollbringen von Taten, wodurch *gloria* erworben wird. Der Begriff der *virtus* ist aber nicht immer klar faßbar bei Sallust. Er kann allgemein hervorragende Qualitäten meinen oder auch einfach Fertigkeit auf einem bestimmten Gebiet (*virtus* eines Handwerkers). Der Tätigkeitsaspekt ist aber immer mit der *virtus* verbunden.

3 Nach Aristoteles, Politeia I, 2.

4 Sallust greift hier den Topos des Goldenen Zeitalters *(aetas aurea)* auf, der sowohl in der griechischen als auch in der römischen Literatur vielfach auftaucht. Das berühmteste Beispiel ist wohl Ovid, Metamorphosen I, 89–112.

5 Gemeint ist der persische Großkönig.

6 Sallust bemüht sich trotz seiner offenkundigen Sympathie für Caesar um eine weitgehend objektive Darstellung auch der Gegenseite (Cato, Petreius, Cicero).

7 Zur Person Catilinas s. Anhang.

8 Wahrscheinlich Hinweis auf den Marsischen Krieg (90 v.Chr.), den ersten Bürgerkrieg (88 v.Chr.) und die Sullanischen Proskriptionen (82 ff.). Catilina soll als Anführer einer Bande gallischer Krieger eine Reihe römischer Ritter ermordet haben, darunter auch seinen eigenen Schwager Quintus Caecilius.

9 Siehe Anhang.

10 Sallust weicht hier von der allgemein akzeptierten Version der Stadtgründung durch Romulus ab und nimmt Aeneas als unmittelbaren Gründer Roms an, wahrscheinlich in Anlehnung an Atteius Philologus, einen gebildeten Freigelassenen, der den Geschichtsabriß für Sallust verfaßte.

11 Bezeichnung für die Ureinwohner Latiums, die Sallust als kulturlos schildert. Nach seiner Darstellung ist das römische Volk aus der Vermischung der kulturell hochstehenden Trojaner mit diesen allmählich zur Kultur fortschreitenden Aborigines hervorgegangen.

12 Dieser politische Grundsatz der Bündnistreue wird in der römischen Geschichtsschreibung immer wieder hervorgehoben und häufig als Vorwand für Kriege angeführt, die letztendlich der Eroberung dienten. So räumt z. B. Cicero ein, durch die Verteidigung der Bundesgenossen habe Rom den Erdkreis erobert (Über den Staat III, 17).

13 Neben der inneren Kraft des Geistes (animus) wirkt nach Sallust die äußere des Glücks oder Zufalls (fortuna) auf das Leben der Menschen und somit auch auf den Gang der Geschichte ein. Dabei kann die fortuna die Wirkung des animus teils begünstigten, teilweise aber auch ihm entgegenwirken. Obwohl Sallust keiner philosophischen Richtung anhing, läßt sich hier eine Beeinflussung durch die epikureische Lehre feststellen.

14 Die griechische Geschichtsschreibung wurde von den Römern als nicht sehr zuverlässig angesehen, obwohl man auch bei römischen Historikern zahlreiche Übertreibungen und Verfälschungen findet. Cicero ist der Ansicht, daß die Griechen von der Ernsthaftigkeit der Römer weit entfernt seien (Rede für Sestius LXVII, 141). Plinius (V, 1) und Juvenal, (X, 173f.) sprechen in diesem Zusammenhang sogar von Verlogenheit der Griechen.

15 Die Idealisierung der Vorfahren und ihrer Lebensweise ist ein in römischen Reden und Geschichtswerken immer wiederkehrendes Motiv, das häufig zur Erklärung der Größe Roms herangezogen wird und zum Vorbild für die Nachwelt dienen soll.

16 Das berühmteste Beispiel hierfür dürfte wohl das Schicksal des Titus Manlius Torquatus sein, der i.J. 340 v.Chr. trotz anderslautender Befehle gegen den Feind gekämpft hatte und anschließend, obwohl er gesiegt hatte, wegen dieses Ungehorsams auf Befehl seines Vaters hingerichtet wurde (vgl. Livius VIII, 6f.).

17 Die Feldzeichen, wie etwa den Legionsadler, im Stich zu lassen oder gar in die Hände der Feinde fallen zu lassen galt als eine große Schande für einen römischen Soldaten, besonders natürlich für den Träger der Zeichen (signifer).

18 Lat. *reges, nationes, populi*; mit *reges* sind monarchisch regierte Staaten gemeint, wie Makedonien, Pontus u. a.; *nationes* sind nicht als Staatsverbände zu verstehen, sondern als Volksstämme gemäß ihrer Abstammung und gewissermaßen im „Naturzustand", z. B. Illyrer, Thraker, Gallier; *populi* schließlich sind Völker, die durch politische Einrichtungen zusammengehalten werden: Samniten, Etrusker, Griechen.

19 Die Punier hatten lange die Vormachtstellung im westlichen Mittelmeer inne. Sallust betrachtet die Eroberung und Zerstörung ihrer Hauptstadt Karthago (142 v. Chr.) als Wendepunkt der römischen Geschichte. Der endgültige Sieg und die damit verbundene Sicherung der Macht wird als Ausgangspunkt für den sittlichen Verfall Roms angesehen (so auch Livius XXXIV, 4; Tacitus, Annalen III, 54 und Historien II, 38 u. a.).

20 Einige Römer leiten die allmähliche „Verweichlichung" von dem Einfluß des milden Klimas und des luxuriösen Lebens in den eroberten Städten Kleinasiens und Syriens ab (u. a. Cato bei Livius XXXIV, 4 und andere Stellen desselben Autors, ebenso Plinius XXXIII, 11 und XXXVII, 2.

21 Im Gegensatz zu den großen Feldherren der Vorfahren (Marcellus, Scipio, Flaminius u. a.) plünderten Feldherren und Statthalter späterer Zeiten, z. B. Lucullus und Verres, ebenso Sulla, die eroberten Städte und Provinzen, um sich an den Kunstwerken persönlich zu bereichern oder sich durch das Ausschmücken öffentlicher Gebäude wie Tempel, Theater, Bäder usw. Ansehen zu verschaffen.

22 Die hier angeführten, aus der *luxuria* entspringenden Laster werden bei Sallust wiederholt in Verbindung mit der *iuventus* gebracht. Die Ansicht, daß letztendlich die jungen Leute für den Verfall des Staates verantwortlich sind, entstammt dem Gedankengut der griechischen Philosophie, das z. B. bei Polybios und Poseidonios Niederschlag findet. Obwohl dieselben Eigenschaften in den beiden Briefen an Caesar in Verbindung mit den *nobiles* erwähnt und damit der Partei der Optimaten zugeordnet werden, scheint Sallust sich hier auf den Staat als ganzen zu beziehen und auf die Jugend als solche, unabhängig von Parteizugehörigkeiten.

23 Kapitel 13 wiederholt die im vorigen Kapitel geäußerten Gedanken

in leicht variierter Form, indem besondere Ausprägungen der *luxuria* angeführt werden. Ein auch bei anderen Autoren häufig wiederkehrender Aspekt ist die übertriebene Bautätigkeit reicher Römer. Aber auch diejenigen, die ihren Reichtum aus den verschiedensten Gründen verloren oder durchgebracht hatten, orientierten sich am Lebensstil der Reichen. Aus diesen Kreisen rekrutierte sich Catilinas Anhängerschaft in erster Linie.

24 Sallust bringt die Verschwörung Catilinas in direkten Zusammenhang mit dem vorher beschriebenen moralischen Zustand des römischen Staates und der Stadt Rom im besonderem.

25 Als Vorbild für Sallusts Beschreibung von Catilinas Clique diente wohl die Charakterisierung des Kreises um Philipp II. von Makedonien durch den hellenistischen Autor Theopompos.

26 Die römischen Provinzen waren verschuldet, da sie neben den öffentlichen Zahlungen an Rom von Statthaltern und Steuerpächtern ausgebeutet wurden, was eine allgemeine Verbitterung gegen Rom zur Folge hatte, wie sie sich im Mithridatischen Krieg äußerte. Diese Unzufriedenheit hoffte Catilina für seine Umsturzpläne ausnutzen zu können.

27 Anfang Juni 64 v. Chr.

28 Publius Lentulus Sura: gehörte dem Geschlecht der Cornelier an; 71 v. Chr. Konsul; ein Jahr später zusammen mit 63 weiteren Senatoren wegen schlechten Lebenswandels aus dem Senat ausgeschlossen, in den er später durch eine nochmalige erfolgreiche Kandidatur für das Prätorenamt zurück gelangte; einer der Führer der Verschwörung und deswegen hingerichtet.

29 Publius Autronius Paetus: designierter Konsul für das Jahr 65, aber wegen Wahlbetrugs angeklagt und abgesetzt; wurde zusammen mit anderen Mitverschwörern später gemäß dem plautinischen Gesetz verurteilt und in die Verbannung geschickt.

30 Lucius Cassius Longinus: einer der Mitbewerber Ciceros für das Konsulat d. J. 63, aber erfolglos; soll für Brandstiftungen verantwortlich gewesen sein; wurde verbannt.

31 Gaius Cornelius Cethegus: wie Lentulus aus cornelischem Hause; ebenfalls einer der führenden Köpfe der Revolution; hingerichtet.

32 Publius Cornelius Sulla und Servius Cornelius Sulla: Neffen des Diktators Sulla; später ebenfalls verbannt.

33 Lucius Vargunteius: soll nach Cicero, Rede für Sulla VI, auch an den Unruhen des Jahres 66 beteiligt gewesen sein; verbannt.

34 Quintus Annius: wahrscheinlich Kontaktmann zu den Allobrogern.

35 Marcus Porcius Laeca: gehörte derselben Familie wie Cato an; stellte sein Haus für Treffen der Verschwörer zur Verfügung; verbannt.

36 Lucius Calpurnius Bestia: sympathisierte mit Catilina; sollte als designierter Volkstribun für das Jahr 62 Cicero anklagen, um die Revolution auszulösen; ging dennoch straffrei aus und trat im Dezember 63 das Tribunat an.

37 Quintus Curius: informierte Cicero über die Pläne der Verschwörer.

38 Marcus Fulvius Nobilior: nicht weiter erwähnt; seine Rolle bei der Verschwörung ist unklar.

39 Lucius Statilius: für Brandstiftungen verantwortlich; später als einer der Hingerichteten erwähnt.

40 Publius Gabinius Capito: stand in Verbindung mit den Allobrogern; seine Person gab Anlaß zu Vermutungen über eine Verbindung zu Pompeius, ebenfalls hingerichtet.

41 Gaius Cornelius: gehörte dem plebeischen Zweig der Cornelier an; verübte zusammen mit Vargunteius den Mordanschlag auf Cicero; nach dem plautinischen Gesetz verurteilt.

42 Kolonien und weitgehend selbstverwaltete Städte Italiens.

43 Adlige der italischen Städte mit z. T. nicht unerheblichem Einfluß in Rom durch persönliche Beziehungen zu römischen Politikern und ihr eigenes Stimmrecht in den Komitien.

44 Siehe Anhang.

45 Die sog. erste Catilinarische Verschwörung, bei der Catilina aber anscheinend nur eine untergeordnete Rolle spielte, wie sich auch aus der eher beiläufigen Art der Erwähnung an dieser Stelle schließen läßt.

46 Im Jahre 46 v. Chr.

47 Gemeint ist ursprünglich das Verbrechen der unrechtmäßigen Erpressung von römischen Untertanen und Bundesgenossen durch einen Statthalter, später auch schlechte und willkürliche Amtsaus-

übung. Catilina war von afrikanischen Gesandten beim römischen Senat verklagt worden, weil er als Proprätor in der Provinz Africa seine Amtsgeschäfte schlecht geführt hatte.

48 Siehe Anhang.

49 Die iberische Halbinsel war in zwei Provinzen geteilt worden, die durch den Ebro voneinander getrennt waren: Hispania citerior (das diesseitige, östliche Spanien) und Hispania ulterior (das jenseitige, westliche Spanien).

50 Sallust vermischt hier offenbar zwei voneinander unabhängige Versuche eines Staatsstreichs (vgl. Cicero, Rede gegen Catilina).

51 Aus dem Krieg gegen Sertorius, der in Spanien einen eigenen Staat gegründet hatte (80–72 v. Chr.). Zu Pompeius vgl. Anhang.

52 Diese Behauptung trifft nicht zu: Cicero, Rede gegen Verres II, 4, 56 berichtet von der Ermordung des Proprätors Lucius Piso Frugi i. J. 112 v. Chr.; auch Hannibals Bruder Hasdrubal wurde nach Livius XXI, 2 von Spaniern ermordet.

53 Sowohl diese Rede als auch die zweite Rede Catilinas am Ende des Werkes, ebenso die beiden Reden des Cato und Caesar dürften wohl im wesentlichen dem tatsächlich Gesagten entsprechen, sind aber in der hier vorliegenden Form keineswegs Zitate, sondern von Sallust selbst verfaßt.

54 Die Gedanken, die in Catilinas Rede geäußert werden, haben Anlaß gegeben zu der Vermutung, daß der Verschwörung demokratische Elemente zugrunde gelegen hätten und daß Catilina nicht nur der machtgierige Räuber gewesen sei, als der er später von seinen Gegnern dargestellt wurde, sondern daß er mit seiner Revolution höhere Ziele verfolgt hätte.

55 Auch wenn Catilina hier der Begriff „Freiheit" *(libertas)* in den Mund gelegt wird, so wird doch aus dem folgenden deutlich, daß es ihm keineswegs um Befreiung von Unterdrückung geht, sondern lediglich um die Umkehrung der Verhältnisse und um persönliche Vorteile.

56 Die wirtschaftlichen und politischen Bedingungen, die Catilina hier schildert, entsprechen zwar im großen und ganzen den damaligen Gegebenheiten, er versteht es jedoch, in demagogischer Weise genau die Punkte zu berühren, die die Situation seiner Zuhörer

widerspiegeln, indem er mit wenigen schlagwortartig gebrauchten Begriffen den Gegensatz zwischen den wenigen Reichen und Mächtigen und seinen heruntergekommenen und verarmten Anhängern aufbaut. Aus dem Hinweis auf erfolglose Amtsbewerbungen spricht sicherlich auch die Enttäuschung Catilinas über seine eigene politische Erfolglosigkeit.

57 Die hier geschilderten Pläne erinnern an die Verhältnisse unter Sulla.

58 Eine der vielen Ungereimtheiten, die bei Sallust auftreten: Er selbst hat in Kap. 19 über Pisos Tod berichtet, so daß Catilinas Behauptung hier falsch sein muß.

59 Publius Sittius Nucerinus (aus Nuceria in Campania): wurde in Catilinas Auftrag zunächst nach Spanien gesandt, um dort Unruhe zu stiften. Auch hier ist Sallust nicht korrekt: Die hier erwähnte Tatsache, daß er sich an der Spitze eines Heeres in Mauretanien aufhielt, liegt zeitlich erst später. Wegen seiner Umtriebe in Spanien sollte ihm der Prozeß gemacht werden, doch er entkam und floh nach Nordafrika, wo er für verschiedene afrikanische Stammesfürsten tätig war. Im Bürgerkrieg trat er in Diensten des Mauretaniers Bocchus zu Caesars Seite über und wurde von diesem belohnt mit dem größten Teil des Gebietes des Numiderkönigs Massinissa, wurde aber von einem afrikanischen Fürstensohn ermordet.

60 Gaius Antonius Hybrida: Sohn des berühmten Redners Marcus Antonius und Onkel des späteren Triumvirs; Ciceros Amtskollege sowohl als Prätor i.J. 66 als auch als Konsul 63; begünstigte Catilinas Kandidatur für das Konsulat 63 und nahm gegenüber den Catilinariern eine zweideutige Haltung ein.

61 Dieses Gerücht, auf das Sallust hier hinweist, wird auch bei anderen Autoren erwähnt (Cassius Dio, Florus, Plutarch, Tertullian), nach Dio XXXVII, 30, 3 soll ein Knabe von den Verschwörern ermordet worden sein. Über dessen Eingeweiden habe man den Eid geschworen und diese anschließend verspeist.

62 Man warf Cicero vor, mit der Hinrichtung der Verschwörer auf bloßen Senatsbeschluß hin gegen die Verfassung verstoßen zu haben, da er ohne den Auftrag der Volksversammlung *(iniussu populi Romani)* gehandelt habe.

63 Diese Charakterisierung reiht Curius in den Kreis der Verschwörer ein, die als Gesamtheit ebenso beschrieben wurden.

64 Es bleibt unklar, wer diese Fulvia war, aber sie ist wohl nicht identisch mit der berühmt-berüchtigten Fulvia, die nacheinander mit Clodius, Curio und Antonius verheiratet war.

65 Es ist unwahrscheinlich, daß Fulvia unmittelbar über Catilinas Pläne Bescheid wußte, da Cicero sonst frühzeitig Gegenmaßnahmen hätte treffen können.

66 Heute Fiesole, nordöstlich von Florenz.

67 Manlius: Anführer unzufriedener sullanischer Siedler in Arretium und Faesulae; handelte anfangs anscheinend unabhängig von Catilina, der schließlich die Unzufriedenheit in Etrurien für seine Zwecke ausnutzte.

68 Catilina war vorsichtig damit, die Sklaven in seine Pläne einzubeziehen (vgl. Kap. 56), wahrscheinlich um sich nicht die Sympathie, die er anfänglich genoß, durch etwaige Parallelen zum Sklavenaufstand unter Spartacus zu verscherzen.

69 Sempronia: vermutlich die Gattin des Decimus Iunius Brutus (vgl. Kap. 40) und Mutter des Decimus Brutus, der an der Ermordung Caesars beteiligt war (nicht zu verwechseln mit dem berühmten Caesarmörder *Marcus* Iunius Brutus). Es ist nicht klar erwiesen, ob sie eine Tochter des Gaius Sempronius Gracchus war.

70 Die Charakterisierung der Sempronia ist gewissermaßen ein Pendant zur Beschreibung Catilinas. Wie diesem bescheinigt Sallust auch ihr außergewöhnliche intellektuelle Fähigkeiten in Verbindung mit ausgesprochener moralischer Verdorbenheit. Diese Mischung gegensätzlicher Charaktereigenschaften macht beide zu schillernden Persönlichkeiten, aber auch zu nicht zu unterschätzenden Gefahrenquellen. Betrachtet man jedoch die Rolle, die Sempronia bei der Verschwörung gespielt hat, so scheint sie durch diese ausführliche Charakterisierung überbewertet. Wahrscheinlich wollte Sallust durch das Einbeziehen der Frauen in die Verschwörung noch einmal den allgemeinen moralischen Verfall des römischen Staates betonen, der alle Teile der Gesellschaft umfaßte. Gleichzeitig ist das hier entworfene Bild der Sempronia das Gegenteil des traditionellen römischen Frauenbildes.

71 Offensichtlich war die Revolution erst für den Fall eines neuerlichen Mißerfolgs bei den Konsulatswahlen vorgesehen.

72 Cicero überließ dem Antonius Makedonien, das durch das Los eigentlich ihm selbst als Konsularprovinz zugefallen, zur Ausplünderung, um ihn sich zu verpflichten.

73 Septimius: nicht weiter bekannt – Camerinum: Stadt in Umbrien, heute Camerino.

74 Gaius Iulius: vermutlich ein Offizier des Antonius Creticus im Krieg gegen die kretischen Piraten (72 v. Chr.).

75 In der Nacht des 6. November 63.

76 Dieser morgendliche Besuch (in der Regel von Klienten, aber auch von anderen) fand meist schon in aller Frühe bei Morgengrauen statt.

77 Die wirtschaftliche und soziale Lage der ländlichen Gebiete Etruriens war, vor allem durch Enteignungen unter Sulla und Ansiedlung sullanischer Veteranen, sehr angespannt und die Unzufriedenheit mit dem römischen Staat entsprechend groß, so daß hier ein erhebliches revolutionäres Potential vorhanden war.

78 Ein erneutes Beispiel für Sallusts freie Handhabung der Chronologie: Die Senatssitzung, in der das sog. *senatus consultum ultimum* verabschiedet und damit der Notstand ausgerufen wurde, ist belegt für den 21. Oktober. Sallust erwähnt sie jedoch unmittelbar nach dem Mordanschlag auf Cicero, der am 7. November stattfand. Es bleibt unklar, ob er damit den Notstandsbeschluß in einen direkten Zusammenhang mit dem Anschlag bringen will oder auf die Entwicklung in Etrurien zurückführt.

79 Caeparius sollte im Auftrag des Lentulus die Sklaven aufwiegeln.

80 Der Senat erklärte einen *tumultus*, einen Ausnahmezustand, der zu militärischen Maßnahmen berechtigte.

81 Quintus Marcius Rex: Konsul i. J. 68; 67 Prokonsul in Kilikien, wo er im darauffolgenden Jahr von Pompeius abgelöst wurde; beanspruchte bei seiner Rückkehr einen Triumph, auf den er 63 noch wartete. Ob er ihm gewährt wurde, ist unbekannt.

82 Quintus Metellus Creticus: Konsul i. J. 69, Gegner des Pompeius, Sieger auf Kreta, wo er von 68–65 als Prokonsul waltete; mußte bis 62 auf den Triumph warten, den Pompeius zu verhindern suchte.

83 Quintus Pompeius Rufus: wahrscheinlich nicht der spätere Volkstribun (52 v. Chr.); 61 Prokonsul in Africa, über dessen Integrität
Cicero sich lobend äußert; wurde nach Cicero, Rede für Sestius IX
etwas später nach Capua gesandt als Nachfolger des Sestius.

84 Quintus Metellus Celer: war zwar Offizier unter Pompeius, politisch aber dessen Gegner; Oberbefehlshaber im Kampf gegen Catilina.

85 Gladiatoren wurden oftmals als Spezialtrupps in Dienst genommen.

86 Ädil, Quästor, Tribun u. ä. im Gegensatz zu den höheren Ämtern
Konsul, Prätor, Censor.

87 Der Eindruck der Ruhe, der hier erzeugt wird, entspricht nicht den
Tatsachen, und Sallust selbst liefert Gegenbeweise in Kap. 36 und
im Bellum Iugurthinum, Kap. 41.

88 Ein ähnliches Bild der Verwirrung liefert auch Cicero, Reden gegen
Catilina I, 3, 7 u. 7, 17.

89 Die *lex plautia de vi*, ein Gesetz gegen Gewalttaten; aufgrund dieses
Gesetzes wurden die Verschwörer verurteilt, die nicht hingerichtet
wurden. – Der Zeitpunkt dieser Anklageerhebung gegen Catilina
ist unbekannt, scheint aber einige Zeit vor dem 8. November zu
liegen.

90 Lucius Aemilius Paulus: Bruder des Triumvirs Lepidus; Konsul
i. J. 50; unter dem Triumvirat nach Milet in Ionien verbannt.

91 Ciceros erste Rede gegen Catilina, die i. J. 60 veröffentlicht wurde;
diese Senatssitzung wird in der Regel für den 8. November angenommen.

92 Cicero stammte aus Arpinum, das jedoch schon lange römisches
Bürgerrecht genoß. Catilina will mit diesen Herabsetzungen die
Senatoren auf seine Seite ziehen, indem er Cicero als Eindringling
in die Adelsdomäne darstellt.

93 Vgl. Cicero, Reden gegen Catilina II, 4; an anderer Stelle wird
berichtet, Catilina sei mit 300 Bewaffneten und Feldzeichen ausgezogen und habe für sich selbst die prokonsularische Würde in Anspruch genommen.

94 Der lateinische Text *„huiusce modi"* („folgender Art") legt nahe, daß
es sich wie bei den Reden nicht um einen echten Brief handelt,

sondern um ein literarisches Produkt Sallusts. – Auch hier wird wieder ausführlich auf die schlechte wirtschaftliche und soziale Lage Bezug genommen.

95 Die Schuldenlast war zur damaligen Zeit allgemein sehr hoch, und die römischen Gesetze sahen relativ strenge Strafen vor, wenn die vertraglich vereinbarte Rückzahlung nicht eingehalten werden konnte. Freiheitsstrafen für säumige Schuldner waren allerdings gesetzlich verboten.

96 Gemäß einem von Lucius Valerius Flaccus 86 v. Chr. eingebrachten Gesetz konnten die bestehenden Schulden mit einem Viertel der eigentlichen Summe zurückgezahlt werden (1 Kupfer-As = ¼ Silbersesterz).

97 Es wird von drei solchen „Auswanderungen" der Plebeier berichtet in den Jahren 484, 449 und 287 v. Chr.

98 Das heutige Marseille, häufiger Exilort für die Römer.

99 Quintus Lutatius Catulus: Sohn des Catulus, der mit Marius die Kimbern besiegte; Gegner des Pompeius und Caesars.

100 Gaius Flaminius; nur hier erwähnt; wahrscheinlich ein sullanischer Veteran.

101 Die erwähnten Beschlüsse wurden etwa Mitte November gefaßt.

102 Sallust datiert hier eine Entwicklung vor, die erst einige Jahre später einsetzte: Die Landflucht verstärkte sich nach 58 v. Chr. (Verabschiedung des Getreideverteilungsgesetzes des Clodius).

103 Durch die sullanischen Proskriptionsgesetze wurde nicht nur das Eigentum der Proskribierten konfisziert, sondern auch bestimmt, daß deren Nachkommen nicht in öffentliche Ämter gewählt werden konnten.

104 Im Jahre 70 v. Chr.

105 Die Amtsgewalt der Volkstribunen (tribunicia potestas) war unter Sulla drastisch eingeschränkt und auf das Vetorecht allein reduziert worden.

106 Pompeius wurde 67 mit der Führung des Seeräuberkrieges beauftragt und 66 gegen Mithridates geschickt in der Nachfolge des Lucullus.

107 Sallust weist auf die Gefahr eines erneuten Bürgerkrieges hin für den Fall, daß Catilina siegreich sein sollte.

108 Ein erneutes Beispiel väterlicher Strenge (vgl. C. Manlius Torquatus). Der junge Fulvius und sein Vater stehen gewissermaßen stellvertretend für den Gegensatz zwischen der Sittenstrenge früherer
Generationen und der Degeneration der jungen Leute.

109 Publius Umbrenus: vorher nicht unter den Verschwörern erwähnt;
nach Cicero, Reden gegen Catilina II, 14 waren auch Publius Furius und Quintus Annius in Kontakt mit den Allobrogern.

110 Gallischer Volksstamm; i.J. 121 v.Chr. von Gnaeus Domitius und
Quintus Fabius Maximus unterworfen.

111 Vermutlich Geldgeschäfte; die Provinzialen waren oft auf Kredite
angewiesen, um ihre Abgaben an Rom zahlen zu können; meist
mußten sie dafür Wucherzinsen zahlen; daher die hohe Verschul-
dung (vgl. Anm. 95).

112 Umbrenus war nur ein Freigelassener, während Gabinus dem Rit-
terstande angehörte.

113 Nach Cicero, Reden gegen Catilina III, 4–9 versprachen sie, einen
Aufstand in Gallien zu provozieren und Catilina mit Reitern zu
versorgen.

114 Quintus Fabius Sanga: Man vermutet, daß er ein Nachkomme des
Quintus Fabius Maximus war, da er hier als Patron der Allobroger
erwähnt wird. Ein solches Patronat über eine Provinz wurde in der
Regel von deren Eroberer übernommen und in dessen Familie
weiter vererbt.

115 Gaius Licinius Murena: Bruder des Lucius Murena, von diesem
stellvertretend mit der Führung der Amtsgeschäfte in der Provinz
betraut, da Lucius in Rom für die Konsulatswahlen für 62 kandi-
dierte; nach Cicero, Rede für Murena 89, war Lucius allerdings
Statthalter im jenseitigen Gallien.

116 Es ist nicht eindeutig zu entscheiden, ob Sallust diesen Ausdruck
ironisch meint oder ob er im Sinne der eingangs angekündigten
Unparteilichkeit Ciceros Verdienste würdigen will; ersteres ist jedoch wahrscheinlicher.

117 Dieser Plan war wohl ursprünglich vorgesehen für den 10. Dezember, an dem Bestia das Tribunat antreten sollte, wurde aber auf den
19. verschoben, da man keine Nachricht von Catilina hatte. Cicero
deckte die ganze Sache auf.

118 Nach Plutarchs Cicero-Biographie sollten alle Senatoren und so viele Bürger wie möglich getötet werden. Hier dürfte wohl in beiden Fällen Übertreibung vorliegen.

119 Diese zögernde Haltung der Verschwörer in Rom war wohl ein entscheidender Faktor für das Fehlschlagen der Revolution.

120 Croton: Stadt an der Ostküste Bruttiums, von Griechen gegründet. – Titus Volturcius: schloß sich offensichtlich erst spät der Verschwörung an; könnte ein Verbindungsmann Ciceros gewesen sein, der Beweise gegen die Verschwörer beschaffen sollte.

121 Dieser Satz gibt Anlaß zu der Vermutung, daß Lentulus und Catilina nicht, wie Sallust es darstellt, schon lange gemeinsame Sache machten, sondern daß Lentulus wie Manlius zunächst unabhängig arbeitete und erst zu diesem Zeitpunkt versucht, seine Aktivitäten mit denen Catilinas zu koordinieren.

122 Dieser Brief findet sich auch bei Cicero, Reden gegen Catilina III, 12. Inhaltlich stimmen die beiden überein, der Wortlaut unterscheidet sich jedoch. Man geht davon aus, daß Ciceros Version ein wörtliches Zitat ist, während Sallust wieder einmal schriftstellerische Freiheit walten ließ.

123 Lucius Valerius Flaccus: zusammen mit Marcus Junius Brutus Konsul; zunächst Militärtribun in Kilikien, dann Quästor in Spanien, schließlich Prätor unter Ciceros Konsulat; später Statthalter der Provinz Asien; wegen Erpressung angeklagt, aber durch Ciceros Verteidigung freigesprochen.

124 Gaius Pomptinus: besiegte später als Proprätor im jenseitigen Gallien die aufständischen Allobroger; i.J. 51 Ciceros Legat in Kilikien.

125 Am 3. Dezember.

126 Die nördlichste Tiberbrücke, an der die Via Flaminia ihren Anfang nahm; heute Ponte Molle.

127 Sallust beschreibt hier den psychischen Konflikt, in dem Cicero sich befindet. Einerseits war die unmittelbare Gefahr abgewendet, andererseits mußte er als Konsul rasch Entscheidungen über das weitere Vorgehen gegen die Verschwörer treffen.

128 Caeparius wird besonders mit der Unterstützung aus den Reihen der Sklaven in Zusammenhang gebracht. – Terracina: Stadt im Gebiet der Volsker, etwa 85 Kilometer südöstlich von Rom.

129 Tempel auf dem Kapitol, von Camillus erbaut; dort wurden häufig
    Senatssitzungen abgehalten.
130 So benannt nach dem griechischen Wort „Sibylle", welches eine
    gottbesessene Seherin bezeichnete. Die sibyllinischen Bücher ent-
    hielten Weissagungen und Ritualvorschriften. Der Sage nach wur-
    den sie dem altrömischen König Tarquinius Superbus von einer
    Frau, die Vergil als die Sibylle von Cumae bezeichnet, zum Kauf
    angeboten. Sie wurden im Kapitolinischen Tempel aufbewahrt und
    verbrannten bei dessen Zerstörung i.J. 83 v.Chr. Danach suchte
    man nach Ersatz, den man schließlich in Erythrai fand. Der Inhalt
    der Bücher war Staatsgeheimnis, und sie wurden nur in Krisenzei-
    ten zu Rate gezogen durch ein dafür zuständiges Priestergremium.
    Teilweise wurden Gerüchte über Prophezeiungen in Umlauf ge-
    setzt, um sie für politische Zwecke zu mißbrauchen, wie auch hier
    durch Lentulus.
131 Lucius Cornelius Cinna: Konsul von 87–84; führte eine Volksbewe-
    gung gegen Sullas Oligarchie; wurde entgegen der Verfassung vom
    Senat abgesetzt, kehrte aber mit Marius siegreich zurück.
132 Lat. „haruspices": Priester, die Weissagungen aus den Eingeweiden
    von Opfertieren herleiteten; ein von den Etruskern übernommener
    Brauch.
133 Magistratsträger und Angehörige des Adels wurden nicht inhaf-
    tiert, sondern bestimmten Personen unterstellt, die für ihre Bewa-
    chung verantwortlich waren.
134 Publius Lentulus Spinther: wahrscheinlich aus dem Hause der Cor-
    nelier; Konsul i.J. 57, setzte sich für die Rückkehr Ciceros aus dem
    Exil ein; schloß sich nach Caesars Ermordung Brutus und Cassius
    an.
135 Quintus Cornificius: Mitbewerber Ciceros um das Konsulat für 63.
136 Gnaeus Terentius: Prätor i.J. 62.
137 Dieser Umschwung der Plebs wird nicht unwesentlich auf Ciceros
    Dritte Catilinarische Rede zurückgeführt, die dem Volk die Gefahr
    der Brandstiftung immer wieder plastisch vor Augen stellt.
138 Wieder bringt Sallust Crassus in Zusammenhang mit der Ver-
    schwörung und die Darstellung der Abhängigkeit der Senatoren
    von Crassus gibt den Anschuldigungen gewissermaßen recht.

139 Es ist unwahrscheinlich, daß Cicero hinter diesen Beschuldigungen steckte, da ihm nicht daran gelegen sein konnte, einen so mächtigen Mann wie Crassus in die Auseinandersetzungen einzubeziehen, was unabsehbare Folgen gehabt hätte.

140 Die Beschuldigungen gegen Caesar werden von Sallust eindeutig als falsch bewertet. Der Verdacht gegen ihn gründet sich hauptsächlich auf die Annahme, daß er im Einvernehmen mit Crassus stand. Es ist allerdings wahrscheinlich, daß Crassus unabhängig von Caesar seine eigenen Machtinteressen mit allerlei dunklen Machenschaften verfolgte. – Zu Catulus s. Anm. 99. – Gaius Calpurnius Piso: Konsul i.J. 67; später Statthalter im diesseitigen Gallien, bei seiner Rückkehr wegen Erpressung der Provinzialen und Hinrichtung eines Provinzbewohners angeklagt.

141 Handwerkliche und gewerbliche Genossenschaften wurden von Demagogen häufig in bestimmte politische Richtungen manipuliert, und ihre Führer spielten oft eine wichtige Rolle als Unruhestifter unter dem Volk.

142 Decimus Iunius Silanus: zusammen mit Lucius Murena Konsul für 62; mit Servilia, einer Halbschwester Catos, verheiratet und dadurch Stiefvater des Caesarmörders Brutus. – Die designierten Konsuln eröffneten für gewöhnlich eine Senatsdebatte.

143 Publius Furius: vorher nicht von Sallust erwähnt; nach Cicero, Reden gegen Catilina III, 14 ein sullanischer Siedler aus Faesulae.

144 Tiberius Nero: Legat des Pompeius im Piratenkrieg; Großvater des späteren Kaisers Tiberius.

145 Sallust faßt hier in wenigen Worten die Ereignisse des 3. und 4. Dezember zusammen. Die entscheidende Senatssitzung fand am 5. Dezember statt.

146 Caesar versucht in seiner Einleitung, die Wogen der Erregung etwas zu glätten und zu Rationalität aufzurufen.

147 Die Rhodier waren für ihre Unterstützung im Krieg gegen Antiochus von Syrien von den Römern mit einem großen Teil von Lykien und Karien belohnt worden, hatten sich jedoch den Zorn Roms zugezogen, als sie sich im Dritten Makedonischen Krieg zu Vermittlern aufzuspielen versuchten und sogar die Absicht äußerten, in den Krieg einzugreifen gegen die Partei, die nicht einzulen-

ken bereit wäre. So milde, wie Caesar es darstellt, verfuhren die Römer allerdings nicht mit den Rhodiern: Lykien und Karien wurden ihnen wieder genommen und einzelne Bürger mit Verbannung und anderen Strafen belegt, z.T. sogar in den Selbstmord getrieben (Livius XLV, 10, 20–25; Polybios XXX, 4f.; 17, 16f.; 19). Wahrscheinlich wäre die Strafe strenger ausgefallen, wenn nicht – erstaunlicherweise – der alte Cato sich in einer Rede für die Rhodier eingesetzt hätte. Diese Reminiszenz an den berühmten Vorfahren des Senatoren Cato ist von Caesar sicherlich beabsichtigt und bringt jenen in eine zwiespältige Situation.

148 Dies kann aus heutiger Sicht nicht mehr uneingeschränkt akzeptiert werden. Es gab zwar Kräfte in Rom, die sich für Mäßigung gegenüber den Puniern einsetzten, aber gerade der vorher angeführte Cato ist für seinen Haß auf Karthago bekannt, und der Dritte Punische Krieg war durch Hinterlist und Verrat seitens der Römer gekennzeichnet.

149 Caesar äußert sich hier gegen die Anwendung der Vollmachten des *senatus consultum ultimum*, da damit sozusagen außergesetzliche Maßnahmen ermöglicht werden, und plädiert für die Ausschöpfung der bestehenden gesetzlichen Möglichkeiten. Eine volle Ausnutzung des *senatus consultum ultimum* würde z.B. mit der *lex Sempronia* kollidieren, wonach kein römischer Bürger ohne die Zustimmung der Volksversammlung zum Tode verurteilt werden durfte. Caesar warnt vor solchen Maßnahmen, ohne jedoch die Korrektheit eines solchen Vorgehens anzuzweifeln.

150 Ein in der antiken Literatur häufig geäußerter Gedanke, der sich wohl zuerst bei Pindar, Pythische Ode 11, 29/30 findet.

151 Caesars Hauptabsicht ist es, deutlich zu machen, daß das Verbrechen der Verschwörer jedes Strafmaß, auch das des *senatus consultum ultimum*, übersteigt.

152 Caesar versucht, seine Ablehnung der Todesstrafe philosophisch zu untermauern, indem er hier die epikureischen Ansichten über den Tod einfließen läßt.

153 Der genaue Inhalt der *lex Porcia* ist nicht bekannt; nach Cicero, Über den Staat II, 54 sah dieses Gesetz strenge Strafen vor für Beamte, die das Recht der *provocatio*, des Appellierens eines Verurteilten an die

Volksversammlung, verletzten; nach Livius X, 9, 4 stellte es die Geißelung oder Hinrichtung eines römischen Bürgers unter Strafe.

154 Eine Anspielung auf die *lex Sempronia*, die einem römischen Bürger das Recht der *provocatio* einräumt. Caesar läßt hier außer acht, daß der Senat für gewöhnlich, entgegen der Ansicht der Volksversammlung, einen zum *hostes* (Staatsfeind) Erklärten nicht mehr als Bürger betrachtete.

155 Das Argument, man könne einen Präzedenzfall schaffen, der später mißbraucht werden könne, war am ehesten dazu angetan, die Senatoren zu beeindrucken, indem es entsprechende Befürchtungen hervorrief.

156 Am Ende des Peloponnesischen Krieges.

157 Lucius Iunius Brutus Damasippus: Prätor i.J. 82, ein Führer der Marianer gegen Pompeius; war für die Hinrichtung mehrerer gegnerischer Führer verantwortlich; wurde auf Sullas Befehl getötet nach der vernichtenden Schlacht gegen die Marianer.

158 Caesar führt den Senatoren hier Beispiele des despotischen Machtmißbrauchs einer Oligarchie vor Augen, um sie von ihrem Vorhaben abzuschrecken.

159 Caesar wollte anscheinend die Todesstrafe als unrömisch darstellen.

160 Eine erneute Variation des Gegensatzes zwischen der früheren Größe Roms und dem momentanen Zustand von Luxus und Habgier.

161 Der letzte Teil der Rede besteht aus dem formellen Antrag. Die hier vorliegende Version, nach der Caesar für lebenslängliche Haft ohne die Möglichkeit der Begnadigung plädierte, entspricht Cicero, Reden gegen Catilina IV, 7/8. Nach Plutarch und Appian soll er jedoch eine vorübergehende Haft beantragt haben, bis die Revolte niedergeschlagen sei, um dann in einem regulären Prozeß Anklage gegen die Verschwörer zu erheben. Nach dem Gesamttenor der Rede erscheint letzteres wahrscheinlicher, da eine lebenslange Haftstrafe der römischen Verfassung, für die Caesar sich ja einsetzt, ebenso widersprach wie die Todesstrafe.

162 Marcus Porcius Cato: s. Anhang.

163 Im Gegensatz zum beschwichtigenden Ton der Einleitung bei Caesar kommt Cato direkt auf den Punkt, die der Verschwörung

innewohnende Gefahr für den Staat, die keine Zeitverschwendung durch Diskussionen duldet, sondern rasches Handeln erfordert. Um eine größere Wirkung zu erzielen, spricht er die persönlichen Hoffnungen und Ängste jedes einzelnen an, während Caesar sich stets an den Senat als eine Körperschaft richtete. Die Begriffe, die Cato hier in den Mund gelegt werden, erinnern an Sallusts eigenen Standpunkt in den Kapiteln 11–13 und haben zu der Vermutung Anlaß gegeben, daß Cato hier die Beurteilung des Autors vertritt.

164 Eine Übertreibung, da Cato damals erst 32 Jahre alt war und jungen Senatoren selten das Wort erteilt wurde. Sallust scheint sich im Ton der Rede an Äußerungen des alten Cato angelehnt zu haben, wie sie etwa in Livius XXXIV, 4, 1 zu finden sind.

165 Hier kommt die strenge stoische Haltung Catos zum Ausdruck.

166 Die Perversion politischer und moralischer Begriffe wird auch andernorts von Sallust beklagt (Kap. 12; 38); vgl. auch Iugurtha, Kap. 103.

167 Wie Caesar den Angriff auf Silanus' Antrag zu einem Hauptpunkt seiner Rede macht, so nimmt Cato auf Caesars Rede Bezug. Seinen Worten ist deutlich Ironie zu entnehmen, wie auch Caesar sie gegen Silanus gebrauchte.

168 Caesars Motive für seinen Antrag bekommen durch diese Äußerungen einen zwielichtigen Charakter.

169 Cato weist wiederholt auf die Beziehungen der Verhafteten zu den noch auf freiem Fuß befindlichen Verschwörern hin, um die Gefahr eines Krieges nachdrücklich zu betonen.

170 Wieder sind Sallusts eigene Ansichten deutlich spürbar.

171 Anders als Caesar, der den Senat als Erhalter der großen Traditionen der Vorfahren anspricht, erhebt Cato hier sogar Vorwürfe gegen die Senatoren, nur ihre eigenen Interessen im Auge zu haben.

172 Die Ironie richtet sich hier nicht nur gegen Caesar, sondern auch gegen den Mangel an Zivilcourage, den er von den Senatoren befürchtet.

173 Der Vorname des Manlius war nicht Aulus, sondern Titus, und die hier erzählte Begebenheit fand im Latinischen Krieg statt.

174 Auch Cato greift auf ein Beispiel aus der Vergangenheit zurück. Wie Sallust selbst in Kapitel 9 interpretiert er dieses Ereignis anders

als mit dem von Livius VIII, 12, 1 berichteten Abscheu vor dieser Grausamkeit.

175 Beißend ironisch. Die folgende Bemerkung könnte auf Cethegus' Beteiligung in der Auseinandersetzung des Marius mit Sulla anspielen, möglicherweise auch auf die Erste Catilinarische Verschwörung.

176 Cato unterstellt, daß Catilina sogar im Senat Unterstützung hatte.

177 Für Cato gibt es keinen Zweifel an der Rechtslage: Die Verhafteten sind überführt, und der Fall fällt eindeutig unter die außergesetzlichen Vollmachten des *senatus consultum ultimum*. Dadurch ist für gewöhnlich das Recht der *provocatio* aufgehoben und eine Kollektivverurteilung möglich. Eine Anwendung der *lex Sempronia* oder der *lex Porcia* kommt daher nicht in Frage.

178 Sallust erwähnt nicht, daß auch andere Senatoren nach Cato sprachen, u.a. auch Caesar ein zweites Mal; es ist aber sicherlich richtig, daß Catos Rede letztlich den Ausschlag gegeben hat.

179 Es folgt ein Exkurs, der in den Charaktervergleich zwischen Caesar und Cato einmündet.

180 Sallust gibt hier eine stärker persönlich gefärbte Zusammenfassung der bereits am Anfang des Werkes geäußerten Gedanken und des Leitthemas der *virtus*.

181 Sallust betont hier, daß beide Männer die gleichen Voraussetzungen mitbrachten. Der eigentliche Vergleich bezieht sich auf die Art und Weise, wie sie jeweils zu dem Ansehen (lat. *gloria*) gelangt waren, das sie damals genossen.

182 Sueton berichtet in seiner Caesar-Biographie, daß zahlreiche Leute, die in Schwierigkeiten waren, sich unter Caesars Schutz begaben.

183 Ein neuer Krieg in dem Sinne, daß er von Caesar selbst begonnen wurde und allein in seiner Verantwortung lag (die Kriege in Gallien, Germanien und Britannien), im Gegensatz zu den bisherigen Kriegen, die sämtlich in der Vergangenheit wurzelten und nur Fortführungen dessen waren, was ein anderer begonnen hatte.

184 Während Caesar als aktiv und auf große Taten ausgerichtet dargestellt wird, liegen Catos Vorzüge in seiner Haltung als sittenstrenger und aufrechter Bürger, dem moralische Werte mehr gelten als materielle. – Die gesamte Darstellung der beiden Männer ist streng

antithetisch aufgebaut, und diese Gegenüberstellung der Qualitäten sowie die Zusammenhänge, in denen diese Werte vorher bereits behandelt wurden, lassen teilweise darauf schließen, daß ein negativer Unterton beabsichtigt ist, z. B. wenn von Caesars Spendenfreudigkeit die Rede ist, die andernorts bereits mit Bestechung verknüpft wurde.

185 Die *tresviri* (od. *triumviri*) *capitales*, die als Henker fungierten oder die Hinrichtungen zumindest überwachten.

186 Der *carcer* lag am Fuße des Capitols zwischen dem Concordia-Tempel und der Curie. Sallusts Angaben wurden durch Ausgrabungen weitgehend bestätigt. Das Tullianum war die Todeskammer, es war jedoch nicht vollständig in den Erdboden eingelassen; dieser Eindruck entstand dadurch, daß der einzige Zugang eine Falltüre in der Decke des Raumes war. Die Herkunft der Bezeichnung *tullianum* ist ungeklärt.

187 Hier liegt der deutlichste Hinweis auf die Hinrichtungsart der späten Republik vor.

188 Ein Hinweis darauf, daß Catilina den Anschein konsularischer Macht aufrechterhält, denn ein Konsul befehligte für gewöhnlich zwei Legionen. Wahrscheinlich hoffte Catilina, die einfache Bevölkerung auf diese Weise zu beeindrucken.

189 Catilina hielt sich zunächst in der weiteren Umgebung von Faesulae auf.

190 Pistoria: heute Pistoia, etwa 35 km nordwestlich von Florenz.

191 Offensichtlich beabsichtigte er, sich doch noch mit den Allobrogern zu verbünden.

192 Catilina betrachtete Antonius anscheinend als den leichteren Gegner.

193 Eine solche Rede vor einer entscheidenden Schlacht gehörte zu den festen Bestandteilen der antiken Geschichtsschreibung.

194 Catilina schildert eindringlich die bisherigen Fehlschläge und die mißliche Lage, in der er sich mit seinem Heer befindet, anscheinend um den Mut der Verzweiflung bei seinen Soldaten heraufzubeschwören.

195 Catilina greift noch einmal die Schlagworte aus seiner ersten Rede auf.

196 Sallust läßt seine Leser durch Catilina selbst über die militärischen
     Einzelheiten der Lage informieren.

197 Die folgende Beschreibung der Schlachtordnung erinnert an ähn-
     liche Darstellungen bei Caesar; wahrscheinlich gehörten solche Be-
     schreibungen auch zu den traditionellen Topoi der Historiographie.

198 Die Germanenstämme der Kimbern und Teutonen drangen
     102 v. Chr. in die römischen Provinzen ein, sie wurden jedoch von
     Marius und Gaius Lutatius Catulus besiegt.

199 Antonius war anscheinend kein guter Feldherr; nach Cassius
     Dio XXXVII, 39, 4 täuschte er eine Krankheit vor, um nicht mit
     Catilina zusammenzutreffen. – Marcus Petreius: später Offizier des
     Pompeius im Bürgerkrieg gegen Caesar.

200 Die prätorische Kohorte war eine Art Eliteeinheit, die zuerst von
     Scipio Africanus zusammengestellt wurde. Aus ihr ging in der
     Kaiserzeit die berühmt-berüchtigte Prätorianergarde hervor, die
     sich aber in ihrer Funktion wesentlich von der hier erwähnten
     Kohorte unterschied.

201 Die genaue Zahl der Gefallenen ist nicht bekannt; Cassius Dio
     berichtet von 3000, Diodor von 6000 Mann.

202 Der Schluß zeigt deutlich die Perversität des Bürgerkrieges. Der
     abrupte Abbruch, der den Eindruck des Unvollendeten hinterläßt,
     ist möglicherweise eine Spiegelung der Tatsache, daß die Zeit der
     Bürgerkriege für den römischen Staat noch nicht beendet war. Eine
     Beschreibung der anschließenden Ereignisse finden wir bei Cassius
     Dio XXXVII, 40–41.

Der Krieg gegen Jugurtha

1 Sallust akzeptiert den Ruhm ohne Beweisführung als Hauptziel
   menschlichen Handelns. Darin stimmt er mit der römischen Ari-
   stokratie überein. Vgl. auch das Mariusbild in Kap. 64.

2 Während in der griechischen Philosophie die Unabhängigkeit der
   Seele von äußeren Dingen betont wurde, so ist in S. Augen der
   Geist in der Lage, mit Hilfe der *virtus* seine Umwelt zu formen.

3 Wie in Cat. 5 sind die Begierden des Körpers das oberste Ziel der Habgier.

4 Hier übernimmt Sallust stoische Ausdrucksweisen, ohne selbst Stoiker zu sein.

5 Vgl. Cat. 1.

6 Der offensichtliche Gegensatz zwischen seinem Leben und seinen Schriften (vgl. seine Proprätur) brachte Sallust den Vorwurf der Heuchelei ein.

7 Vgl. Cat. 2 und 53; hier übt Sallust wohl Kritik an den Epikureern.

8 Eine offensichtliche Kritik an den Triumvirn und ihren Amtshaltern; der Ausdruck ‚heutzutage' bedeutet nicht, daß Sallust sich später wieder mit Politik beschäftigen will.

9 Diese Stelle wird oft auf Einzelpersonen bezogen, ist aber wohl eine generelle Feststellung, da in früheren Zeiten ein Amt meist persönliche und soziale Sicherheit mit sich brachte.

10 Ein deutlicher Bezug auf Cäsar, der umfangreiche Staatsreformen initiiert hatte, aber dessen Werk durch die Ermordung in Frage gestellt war. Der letzte Satz kann auch auf Sallust bezogen sein, der nicht bereit war, mit allen Mitteln seine Position zu behaupten.

11 Hier ist nicht die Nobilität gemeint, die inzwischen weitgehend machtlos oder sogar tot war, sondern die Triumvirn. Das war nicht ungefährlich, da Sallust durch seinen Reichtum und seinen Abschied aus der Politik sich die Feindschaft der Triumvirn zuziehen konnte, doch er hatte sicher einige einflußreiche Freunde im Kreis der Mächtigen.

12 Es könnten hier Thukydides, Cato, Polybios, Cicero und andere genannt werden.

13 Für die römische Oberschicht hatte ein Leben außerhalb des tagespolitischen Geschehens ein schlechtes Image. Wie Sallust handelte aber auch Atticus, der Freund und Verleger Ciceros.

14 S. spielt hier auf seine (nicht ganz gesicherte) Quästur im Jahre 55 an, als Cato und Domitio Ahenobarbus bei den Wahlen um die Prätur bzw. das Konsulat durchfielen. Die hier gemeinten Senatoren waren nach dem Sieg der Triumvirats durch M. Antonius neu eingeführt worden.

15 Die Genannten galten allgemein als Vorbilder für die *virtus*.

16 Die führenden Familien bewahrten solche Wachsmasken ihrer Vorfahren auf, das Recht dazu besaß derjenige, der mindestens Ädil gewesen war. Diese Masken wurden bei Begräbnissen von Familienmitgliedern vor dem Leichnam hergetragen.

17 Ein Emporkömmling, ein *homo novus*, war ein Mann, der es als erster seiner Familie schaffte, in den Senat zu kommen. Die abwertende Charakterisierung dieser Leute mag sich auf Cicero, wahrscheinlich aber auf einige der vielen Emporkömmlinge in der aktuellen Politik beziehen.

18 Zu Jugurtha vgl. Anhang.

19 Die Begründung der Auswahl dieses Krieges als Gegenstand der Schrift erinnert stark an die Einleitung der Darstellung des Zweiten Punischen Krieges bei Livius. Es ist zwar üblich, daß Autoren von historischen Monographien auf die Bedeutung ihres Gegenstandes hinweisen, doch in diesem Fall maßlos übertrieben: bis zum Jahr 107 v. Chr. waren nur zwei römische Legionen und einige Kontingente der Verbündeten in den Krieg verwickelt. Dagegen stellten die Aktivitäten Jugurthas nie die Herrschaft der Römer im westlichen Mittelmeer, nicht einmal ihre Besitzungen in Nordafrika in Frage. Der Sieg über Jugurtha brachte dementsprechend auch keine Veränderung der Machtverhältnisse, nicht einmal eine größere Veränderung für die Numider selbst. Auch die Grausamkeiten des Krieges, z.B. die Ermordung der Italiker in Cirta (Kap. 26) oder der römischen Besatzung in Vaga (Kap. 63) waren im Vergleich zu anderen Kriegen eher gering. Der Sieg stand eigentlich von Beginn an fest, nur die Schwierigkeiten des Geländes und die Verteilung der militärischen Mittel durch Jugurtha erschwerten einen schnellen, entscheidenden Sieg.

20 Mit Krieg könnte hier die Auseinandersetzung zwischen Cäsar und Pompeius gemeint sein, die Verödung Italiens bezeichnet die Auseinandersetzung zwischen Marianern und Sulla und den Krieg mit den Italikern zu Beginn des ersten Jhd. v. Chr.

21 Rom war nach den Siegen über Pyrrhus und Tarent unbestrittene Führungsmacht Italiens.

22 Der korrekte Name ist Massinissa(etwa 239–148 v.Chr.); er hatte den Römern im Zweiten Punischen Krieg sehr wertvolle Hilfe

geleistet und war danach mit der Königswürde und einem Reich ausgezeichnet worden, das er auf Kosten seiner Nachbarn ständig ausdehnte. Auch später sandte er den Römern immer wieder Hilfstruppen. Zu Spannungen mit Rom kam es, als die Römer 149 in seinen Streit mit Karthago eingriffen.

23 Syphax wurde 203 v.Chr. von Gaius Laelius und Massinissa gefangengenommen. Er war König der Masaesyler, sein Reich erstreckte sich an der Küste Nordafrikas zwischen den Flüssen Ampsaga und Muluccha.

24 Auf diese Loyalität Massinissas beruft sich Adherbal in seiner Rede (Kap. 14).

25 Nach dem Tod Massinissas wurde das Reich unter Aufsicht des Scipio Aemilianus unter die drei Söhne in verschiedene Aufgabenbereiche aufgeteilt.

26 Die große Bedeutung der Pferde in Numidien ist an den Motiven auf Münzen gut erkennbar. Die numidische Reiterei war zunächst bei den Karthagern, später bei den Römern eine gefürchtete Truppengattung.

27 Diese moralisierende Darstellung widerspricht der Aussage in Cat. 4, wo Sallust das Jagen als Sklavenarbeit charakterisiert.

28 Micipsa war zu diesem Zeitpunkt etwa 60.

29 Numantia lag in Spanien auf der kastilischen Hochebene beim Zusammenfluß von Duero und Merdancho. Der Sieg bei Numantia brachte Scipio den Beinamen Numantinus ein. Jugurtha befehligte in diesem Krieg die Bogenschützen, die Schleuderer und zwölf Elefanten.

30 Neben der Bedeutung Freund ist auch die technische Bedeutung Adjutant möglich. Außerdem ist zu bedenken, daß immerhin etwa 500 Freunde und Klienten mit Scipio aus Rom gekommen waren.

31 Jugurtha hat sich wohl schon in Numantia durch Großzügigkeit persönliche Beziehungen zu einflußreichen Römern aufgebaut, die die Vorgänge vor dem Krieg gegen ihn zu einem innenpolitischen Problem Roms machten.

32 Unter Verbündeten versteht Sallust alle, die nicht römisches Bürgerrecht genießen und nicht als Feinde bezeichnet werden.

33 Es ist umstritten, ob diese Äußerungen von Sallust erfunden sind

oder einen realen Hintergrund haben. Doch da Sempronius Asellio und Rutilius Rufus, Teilnehmer am Numantinischen Krieg, letzterer auch am Krieg gegen Jugurtha (Kap. 50), ein Geschichtswerk bzw. eine Autobiographie hinterlassen haben, sind diese beiden als Quelle für Sallust durchaus denkbar.

34 Im Jahre 133 v.Chr.

35 Das klingt merkwürdig aus dem Mund eines Mannes, dessen Familie traditionell sich um die Klientel ausländischer Herrscher bemühte.

36 Scipio wird hier durchgehend als Idealtyp des Staatsmannes dargestellt, der sich von der Adelsclique deutlich unterscheidet, die die *res publica* als ihr Eigentum ansehen.

37 Eine wahre Prophezeiung in dem Sinne, daß Jugurtha zu spät bemerkt, daß ihn sein Geld nicht vor den Folgen seiner Morde an Massiva (Kap. 35) und in Cirta (Kap. 26) schützt.

38 Im Gegensatz zu den Briefen im Catilina, die wohl auf Dokumenten beruhen, wird hier nur der Inhalt wiedergegeben.

39 Diese Angabe würde eine Adoption kurz nach dem Numantinischen Krieg, also 132/131 erwarten lassen. Da Micipsa 118 v. Chr. starb und in Kap. 11 die Adoption als drei Jahre zurückliegend bezeichnet wird, also 121 v. Chr., zeigt sich der großzügige Umgang Sallusts mit solchen Daten.

40 Tatsächlich vierzehn Jahre; vgl. die vorige Anmerkung.

41 Diese Form von Beratern und Freunden in genauer Rangordnung war an hellenistischen Königshöfen üblich, allerdings auch in Rom bei führenden Männern.

42 Diese Aussage steht genau im Gegensatz zu Micipsas eigenem Leben, da ihm beim Tod Massinissas die Verwaltung der Schätze und damit die wichtigste Funktion nach der Teilung der Königsmacht zugefallen war.

43 Wie schon im Catilina sichtbar (Kap. 6), werden die Worte Eintracht und Zwietracht als politische Schlagwörter verwendet.

44 Die Könige wurden üblicherweise in Mausoleen bestattet. Der Bestattungsort Micipsas ist nicht ganz gesichert, aber ein unter dem Namen Es Soumaa in El Khroub bei Cirta bekannter Turm wird als Grabmal Micipsas und Hiempsals genannt.

45 Vgl. Kap. 5.

46 In vielen Kulturen der damaligen Zeit, teilweise auch bei den Römern.

47 Micipsas Rede vor seinem Tod widerspricht wohl der These. Zum Widerspruch mit Kap. 9 vgl. Anm. 39.

48 Eine solche Teilung war wegen der Konzentration von Reichtum und Einwohnern im Osten des Landes ohne Schiedsgericht durch die Römer kaum möglich.

49 Eine Stadt Thirmida ist nicht bekannt, allerdings existierte eine Stadt mit Namen Thimida Bure oder Thimbure in der Nähe von Thugga, der zweitwichtigsten Stadt im Lande.

50 Sallust bezieht hier eine römische Einrichtung, Liktoren, die den Amtsträgern mit Rutenbündeln und Beil voranschritten, auf Jugurtha, gemeint ist wohl der Befehlshaber seiner Leibgarde.

51 Hier ist nicht wie sonst die römische Provinz Afrika gemeint, sondern Afrika wie es in Kap. 17 beschrieben ist.

52 Wahrscheinlich über Utica.

53 Vgl. Kap. 8 und Anm. 33

54 Sallust nennt keine Namen, um den Vorwurf der Bestechlichkeit gegen alle Vertreter der Nobilität zu richten.

55 Durch politische oder finanzielle Abhängigkeit übten führende Mitglieder des Senats erheblichen Einfluß auf andere aus; vgl. Cat. 48 über den Einfluß des Crassus.

56 Diese Rede ist zweifellos Sallusts Erfindung. Die wesentlichen Argumente werden ohne feste Ordnung immer wiederholt, der Stil ist an einigen Stellen abgehackt, man erhält den Eindruck eines Mannes, der von Zorn und Trauer erfaßt ist, wie es auch in der Tragödie auftaucht.

57 Vgl. Anm. 118

58 Numidien war natürlich rechtlich ein eigenständiger Staat, faktisch allerdings von Rom abhängig und vertraglich zu bestimmten Leistungen verpflichtet. Daraus ergab sich allerdings kein rechtlicher Anspruch auf Hilfe durch Rom, also der Gedanke der gegenseitigen Verpflichtungen, wie er zur Zeit Ciceros geäußert wurde. Möglicherweise wollte Sallust hier nur eine Klage gegen die Staatführung des Adels darstellen.

59 Die hier erwähnten Freundschaften hießen nichts weiter, als daß die Staaten gegenseitige wirtschaftliche und diplomatische Beziehungen anerkannten, ohne die Verpflichtung zu gegenseitiger Hilfe. Mit wachsender Macht Roms waren sogar eher die Vertragspartner moralisch zur Hilfe verpflichtet als Rom. Außerdem muß Adherbal anerkennen, selbst für Rom noch keine Dienste geleistet zu haben, während Jugurtha wegen seiner Beteiligung am numantinischen Krieg sogar einen moralischen Vorsprung besaß.

60 Roms Bündnis mit Massinissa galt eigentlich nur für den Zweiten Punischen Krieg, wurde aber danach stillschweigend oder möglicherweise vertraglich weitergeführt, allerdings im Abhängigkeitsverhältnis Massinissas.

61 Nach dem Zweiten Punischen Krieg stellte Karthago für Massinissa keinerlei Gefahr mehr dar. Es ist eher umgekehrt, Massinissa versuchte ständig, sein Gebiet auf Kosten seiner Nachbarn, besonders Karthago, zu erweitern, wobei ihm Rom als eine Art Schiedrichter immer Schützenhilfe gab. Nach der Zerstörung Karthagos herrschte während der Herrschaft Micipsas weitgehend Ruhe in Numidien.

62 In Wirklichkeit waren die Verpflichtungen Massinissas und Micipsas eher gering.

63 Die Kreuzigung hatten die Numider, wie die Römer, von den Karthagern übernommen. Dagegen existierte die Hinrichtung durch Vorwerfen vor Raubtiere in Numidien gar nicht, sondern ist eine römische Einrichtung, die im Krieg gegen Deserteure von Verbündeten, im Frieden gegen Sklaven und Kriminelle aus den Provinzen angewandt wurde.

64 Dies ist ein weiteres Zeichen der Abhängigkeit Numidiens von Rom. Massinissa unterhielt allerdings Kontakte mit hellenistischen Königen.

65 Die Begriffe Hoheit oder Größe (maiestas, magnitudo) äußerten sich in Eigenschaften wie Milde, Hilfsbereitschaft, Mitleid, als Prinzip römischer Außenpolitik, allerdings nur auf freiwilliger Basis. Die Berufung auf dieses Prinzip ist taktisch ungeschickt, da Adherbal es zu einem Anspruch seinerseits erhebt.

66 Dieses war das normale Verfahren. nach der Darstellung ihres

Standpunktes und der Befragung durch die Senatoren mußte eine Gesandtschaft für die Senatsdebatte den Sitzungssaal räumen und auf das Ergebnis warten.

67 Marcus Aemilius Scaurus, geb. 162 v.Chr., stammte aus einer verarmten Adelsfamilie, die mehr als hundert Jahre keine politische Bedeutung hatte. Scaurus war berühmt für seine Beredsamkeit. Seine früheren Ämter sind nicht zu datieren, er war Konsul 115 und Censor 108, außerdem *princeps senatus* seit 115 bis zu seinem Tod. Er war Mitglied einer Senatskommission in Afrika im Jahre 112 und Legat des Bestia 111 (s.u. Kap. 25 und 28). Außerdem gehörte er dem Untersuchungsausschuß gegen die Vorgänge um Jugurtha an (Kap. 40), obwohl er selbst in die Affaire verwickelt war.

68 Bei Cicero finden wir eine gegenteilige Charakterisierung (Sest. 101; Brut. 110, 113, de orat. 265, 280, Font. 38). Das ist wenig erstaunlich, da Scaurus für Cicero als eine Art Vorbild gelten konnte, da er sich wie ein *homo novus* durch Beredsamkeit hochdiente und politische Voraussicht und Anpassungsfähigkeit zeigte, während Sallust sicher diese Parallele störte. Zudem könnte Rutilius Rufus, ein politischer Gegner des Scaurus, eine Quelle Sallusts gewesen sein. Dazu war noch die Witwe des Scaurus mit Sulla, die Tochter mit Pompeius verheiratet und der Sohn spielte in den fünfziger Jahren, also zu Beginn der Karriere Sallusts eine nicht unbedeutende Rolle.

69 Die Beurteilung des Opimius, Konsul 121, hängt weitgehend von der Beurteilung des Gracchus ab.

70 Gaius Gracchus ließ sich vermutlich von einem seiner Sklaven auf der Flucht töten, vgl. u. Kap. 42.

71 Die Grausamkeit des Opimius gegen die Familie des Flaccus und seine politischen Widersacher ist sprichwörtlich. Er ging mit äußerster Härte gegen die Gracchianer vor und ließ angeblich die Köpfe seiner Gegner mit Gold aufwiegen. Im gleichen Jahr weihte er den Tempel der Concordia(!), häufig Sitzungssaal des Senats, ein. Zum Begriff Adel vgl. den Parteienexkurs Kap. 41/42.

72 Sallusts Information ,an Land und Leuten reicher' kann kaum der Wahrheit entsprechen. Selbst wenn das westliche Gebiet, das Jugurtha zugesprochen wurde, bedeutend größer war, so war dieses

Land in der Antike dünn besiedelt und landwirtschaftlich noch nicht intensiv genutzt, Allerdings ergibt sich aus einer anderen Quelle (Strabo, XVII,3,12), daß der östliche Teil des Landes noch unter den Folgen des Dritten Punischen Krieges zu leiden hatte. Die bedeutendsten Städte lagen aber trotzdem alle im östlichen Teil, also dem, der Adherbal zugesprochen wurde.

73 Gemeint ist hier die Straße von Gibraltar. Afrika galt schon zu Zeiten Herodots als dritter Kontinent, wenn diese Meinung auch bis in die Spätantike nicht unumstritten war.

74 Der Katabathmos ist ein Hochplateau, das sich vom Golf von Sollum aus landeinwärts erstreckt, also etwa mit der Grenze zwischen Libyen und Ägypten identisch ist.

75 Zwar galt Afrika in römischer Zeit neben Sardinien und Sizilien als Kornkammer des Reiches, aber schon zur damaligen Zeit war der Kornanbau auf einen relativ schmalen Streifen an der Küste, vor allem im westlichen Teil beschränkt. Die Kornähre wurde als Symbol auf numidischen Münzen verwendet. Intensive Viehzucht wurde schon zu Zeiten Karthagos betrieben.

76 Der Waldbestand Nordafrikas war in der Antike wahrscheinlich wesentlich größer als heute. Obst- und Weinanbau dagegen ist in einem Gebiet mit Niederschlägen unter 400 mm naturgemäß schwierig.

77 Auch andere antike Schriftsteller (Herodot, Festus, Appian) rühmen die hohe Lebenserwartung der Einwohner Nordafrikas. Aus römischen Grabinschriften läßt sich entnehmen, daß eine Lebensdauer von über hundert Jahren keine Seltenheit war.

78 Der hier genannte Hiempsal ist ein Sohn Gaudas (vgl. Kap. 65), der ab 88 König Numidiens war. Da das Punische in Numidien Kultur- und Schriftsprache war, ist die Autorenschaft eines Numiders durchaus möglich. Sallust ist hier bei seiner Quellenangabe sehr vorsichtig. Ob ihm die Bücher in Übersetzung oder durch eine zweite Quelle zugänglich waren, ist nicht bekannt.

79 Afrika ohne Ägypten und die nördliche Sahara.

80 Sallust gebraucht die Bezeichnung Libyer und Gätuler, um die weitgehend seßhaften Ureinwohner des Küstengebietes der Königreiche Mauretania, Numidia und der römischen Provinz von den

Nomaden weiter im Süden zu differenzieren. Sonst wurde der Name Libyer häufig ganz allgemein für die nordafrikanische Urbevölkerung benutzt.

81 Bei dem hier genannten Mythos vermischen sich griechische, phönizische und einheimische Elemente miteinander. Zurück geht dieser Mythos auf Melquart, eigentlich der Stadtgott von Tyros, der als erster den Befehl gegeben haben soll, ein Schiff zu bauen. Da der Kult des Melquart im ganzen Mittelmeerraum bis Spanien verbreitet war und man damit rechnet, daß die alten Herakles- bzw. Herkules-Kultstätten auf Melquart zurückgehen, ist der historische Kern wohl die Gründung phönizischer Kolonien im Mittelmeerraum in vorgeschichtlicher Zeit. Des weiteren trägt Melquart, wie andere Gottheiten, später die Züge eines Sonnengottes, dessen Gebeine entsprechend dem Sonnenuntergang im Westen in Gades (Cadiz) bestattet sind. Diese Sage taucht Jug. 89 im Zusammenhang mit Hercules Libys noch einmal auf, wobei dort wohl die Vorstellung einer syrisch-phönizischen Vegetationsgottheit mit hineinspielt.

82 Obwohl sich in den phönizischen Armeen sicherlich Söldner aus den genannten Völkern befanden, läßt sich die Anwesenheit eines phönizischen Heeres im Westen nicht rechtfertigen. Allerdings befanden sich möglicherweise Angehörige dieser Völker unter den phönizischen Kolonisten.

83 Sallust schlägt hier die etymologische Ableitung von ‚Numidas‘ aus dem griechischen ‚Nomades‘ vor. Heute sucht man den Ursprung eher in einer nordafrikanischen Sprache.

84 Das ist etymologisch nicht haltbar.

85 Das archäologische Material reicht bis in das achte Jhd. zurück. Utica soll nach Plinius allerdings schon im zwölften Jhd. gegründet worden sein. Bei diesen Gründungen mag Überbevölkerung eine Rolle gespielt haben, doch in erster Linie dienten diese Städte wohl als Handelsniederlassungen. Die genannten Städte sind Hippo Diarrhytum, heute Bizerta, Hadrumet, heute Sousse, und Leptis Minor, heute Lamta.

86 Kyrene, heute Grennah, wurde von Thera im siebten Jhd. gegründet.

87 Zu den Syrten vgl. Kap. 78, zu Leptis, hier Leptis Magna, vgl. Kap. 77.

88 Dazu vgl. Kap. 79.

89 Das hier genannte Volk lebt im Süden Marokkos, im bewohnbaren Teil der Sahara.

90 Das Gebiet Karthagos vor dem Dritten Punischen Krieg wurde danach die proprätorische Provinz Afrika. Der Fluß Muluccha, heute Moulouia, bildete nach Sallust die Grenze zwischen Numidia und Mauretania.

91 Bocchus regierte schon zu Zeiten Micipsas. Zu seinen Beziehungen zu den Römern vgl. Kap. 80.

92 Vgl. Kap. 8 und 35.

93 Die Teilung Numidiens fand 116, der Angriff Jugurthas 112 statt. Cirta, heute Constantine, liegt über 60 km vom Meer entfernt, der Ort der Schlacht wohl auch nicht viel näher. Da dieses Gebiet während Sallusts Statthalterschaft in Sittius Hand war, wußte er persönlich über die Stadt recht wenig.

94 Sallust versucht mit allen Mitteln, die uns unbekannten Gesandten herabzusetzen, indem er sie als junge Männer, also politisch unerfahren, beschreibt und betont, daß sie sich von Jugurtha mit dem Argument des Völkerrechts abspeisen lassen, was in der Antike ein Handlungsprinzip, aber kein festgelegtes Gesetz war, und schließlich nicht einmal ihren Auftrag, mit beiden Königen zu sprechen, ausführen.

95 Constantine ist fast völlig von einer tiefen Schlucht umgeben, in der der Ampsaga fließt. Einen freien Zugang gibt es nur vom Südwesten her. Deshalb ist es unnötig für Jugurtha, die Stadt völlig einzukreisen.

96 Die Argumentation folgt völlig seiner Rede in Kap. 14, zu den Begriffen Freund und Verbündeter vgl. die Anmerkung dort. Sallust folgt hier, wie man an der Datierung der Belagerung sehen kann, anscheinend einer Quelle aus jener Zeit, ansonsten ist der Brief wohl frei erfunden.

97 Nach der Teilung des Numiderreiches durch die Gesandtschaft des Opimius war Rom offensichtlich verpflichtet einzugreifen, wenn deren Regelung umgeworfen wurde.

98 Zu Scaurus vgl. oben Kap. 15

99 Der Implikation, daß die Gesandten es eigentlich nicht eilig hatten, widerspricht die Wahl des Scaurus zum Leiter derselben, da dieser *princeps senatus* und bis dahin einer der Hauptgegner Jugurthas war.

100 Die Tatsache, daß Jugurtha, wenn auch mit Zögern, auf die *evocatio*, das Herbeizitieren, reagiert, zeigt sein Abhängigkeitsverhältnis und seinen Willen, eine Auseinandersetzung mit Rom zu vermeiden.

101 Sallust spricht hier von Italikern, während er in Kap. 21 von *togati*, also Römern redete. Die Italiker hatten sich wahrscheinlich nach dem Dritten Punischen Krieg als Händler in Cirta niedergelassen. Sie sind identisch mit den Kaufleuten, die Jugurtha nach der Eroberung Cirtas umbringen ließ, womit er einen entscheidenden Fehler beging.

102 Gaius Memmius entstammte einer vornehmen plebejischen Familie. Er war erbitterter Feind des Aemilius Scaurus und anderer Adliger. Er war Volkstribun 111, Prätor etwa 104 und wurde als Kandidat für das Konsulat im Jahre 100 von den Schlägerbanden seiner Konkurrenten erschlagen. In der dargestellten Situation ist er als Volkstribun schon gewählt (die Wahl war etwa im Juli), während die Konsulwahl noch bevorstand.

103 Mit dem Verbrechen ist wohl in erster Linie das Massaker an den Italikern gemeint, das wohl die öffentliche Meinung, vor allem der Ritter, beeinflußt haben wird.

104 Nach der lex Sempronia aus Gaius Gracchus' erstem Tribunat wurde den Konsuln die jeweilige Provinz schon vor den Wahlen festgelegt. Da Numidien Provinz, d.h. Wirkungsbereich des einen Konsuls war, ist eine Kriegserklärung wohl stillschweigend vorausgesetzt.

105 Die beiden Konsuln erinnern an die Niederschlagung der gracchischen Reformen, Scipio Nascia war Sohn eines Senators, der ohne Amtsgewalt für den Tod des Tiberius Gracchus verantwortlich war, Bestia hatte sich 121 für die Rückberufung des Popilius Laenas aus dem Exil eingesetzt, der die Anhänger des Tiberius Gracchus verfolgt hatte.

106 Jugurtha (geb. nach 160) hatte mehrere erwachsene Söhne. Mindestens zwei wurden im Triumphzug des Marius mitgeführt.

107 Die Gesandtschaft war Anfang 111 in Rom. Eine solche Gesandtschaft von Feinden durfte Rom nur mit Zustimmung des Senats
betreten und mußte Italien unter Aufsicht eines Senators innerhalb
einer bestimmten Frist wieder verlassen, wenn der Senat Verhandlungen ablehnte. In diesem Falle wäre die Auslieferung Jugurthas,
als dem Befehlshaber der Feinde, erste Vorbedingung für Verhandlungen gewesen.

108 Zu Aemilius Scaurus vgl. oben Kap. 15 und die Anmerkung. Die
Legaten hatten die Funktion, den Feldherrn bei seinem Feldzug und
seinen Planungen zu unterstützen und zu beraten. Meist waren sie
Senatoren, die vom Senat ernannt wurden.

109 Bestia wird die normale Armee eines Konsuls zur Verfügung gehabt
haben, also zwei Legionen mit je 4200 Mann (nach Polyb.). da er
den Landweg durch Italien und Sizilien wählte, brauchte er bei
einer Marschleistung von etwa 20 km pro Tag über 50 Tage bis
Afrika. Wenn er im März startete, war er also nicht vor Mai in
Afrika und mußte dann noch für ausreichende Verpflegung sorgen.

110 Bestia marschierte wahrscheinlich durch das Tal des Bagradas (heute
Medjerda), ein fruchtbares und strategisch wichtiges Gebiet in Numidien ein. Auch wenn er einen Teil dieses Gebietes unter seine
Kontrolle bekam, so konnte er doch das Zentrum Vaga nicht erobern.

111 Die Stärke der Römer lag in ihrer schweren Infantrie, die in den
nach Westen und Süden zunehmenden Trockengebieten durch die
immer größer werdende Entfernung zu ihren Nachschubbasen auf
immer größere Probleme traf, da die Soldaten sehr viel selbst tragen mußten (vgl.Kap. 45) und dadurch auf größere Entfernungen
gesehen unbeweglich waren und auch durch Nachschub versorgt
werden mußten. Die Stärke der Numider lag in ihrer viel beweg-
licheren Kavallerie und, wie man im weiteren Verlauf sieht, in ihrer
Guerillataktik, die es dem Gegner schwer machte, effektiv gegen sie
vorzugehen.

112 Zweifellos war Scaurus für Jugurtha besonders interessant, da dieser
als *princeps senatus* nicht nur großen Einfluß besaß, sondern auch in
der Regel als erster reden durfte, also die Positionen schon klar
abstecken konnte.

113 Über den Quästor Sextius ist sonst nichts bekannt. Sollte Bestia seinen Quästor als eine Art Geisel gestellt haben, wäre das nach römischem Verständnis ein sehr schwerer Anklagepunkt. Ansonsten wäre es durchaus üblich, daß die Seite, die um Waffenstillstand bat, dafür Nahrungsmittel lieferte.

114 Zu einem solchen Kriegsrat gehörten die Legaten, der Quästor, die Militärtribunen, die Präfekten, die ranghöchsten Centurionen und alle Senatoren, die sich in der Nähe aufhielten. Sein Votum war nicht bindend für den Feldherrn, wurde aber immer beachtet. Bestia ließ offensichtlich seinen Kriegsrat, wie bei Sammelgesetzen, en bloc abstimmen.

115 Von einem richtigen Frieden oder einer Kapitulation kann hier nicht die Rede sein, da ein Friedensvertrag zunächst vom Senat ratifiziert werden mußte, um Gültigkeit zu erlangen, und eine Kapitulation *(deditio)* die Übergabe der Waffen und die Auslieferung des feindlichen Feldherrn voraussetzte. Beides fand nicht statt, so daß der Vertrag von vornherein leicht angreifbar war. Der Zeitpunkt war vermutlich Oktober 111, da die Wahlen gewöhnlich im November stattfanden.

116 Zur Kompetenz des Senats vgl. die vorige Anmerkung. Zu Gaius Memmius vgl. Kap. 27 und Anmerkung 102.

117 Cicero nannte Memmius einen mittelmäßigen Redner (Brut. 136). Die hier angeführte Rede erhebt auch nicht den Anspruch, authentisch zu sein.

118 Der hier im Lateinischen gebrauchte Ausdruck quirites ist in historischer Zeit identisch mit *cives romani.* Ursprünglich waren die Quirites die sabinischen Bewohner des Qurinal, die später mit den Römern auf dem Palatin zu einer Gemeinde zusammenwuchsen. Etymologisch wird *quirites* von *curis,* Lanze, oder von *covirites,* Wehrmannschaft, abgeleitet. Dieser Ausdruck war bei Volksversammlungen üblich, während der Senat mit *senatores* oder *patres conscripti* angesprochen wurde.

119 Der Zeitraum 15 Jahre ist schwer zu erklären, da im Jahre 126 Gaius Gracchus mit seinem politischen Wirken erst begann. Vermutlich ist die Stelle korrupt (verdorben). 10 (Tod des Gaius), 22 (Tod des Tiberius) oder 20 Jahre als Zeitraum sind wahrscheinlicher.

120 Vgl. Kap. 42. Der genannte Vorwurf war in politischen Reden durchaus üblich.

121 Vgl. Kap. 42. Etwa 3000 Anhänger des Gaius Gracchus wurden im Gefolge der Unruhen getötet.

122 In den Jahren um 111 ist kein besonderer Fall von Veruntreuung von Staatsgeldern bekannt. Zu den Abgaben vgl. auch Cat. 20. In Sallusts Zeit war es üblich, daß freie Völker und Könige den führenden Leuten in Rom riesige Summen bezahlten, um ihren Status und ihre Unabhängigkeit zu erhalten.

123 Vgl. Cat. 20. Memmius sieht wie Sallust die Gruppenbildung der Nobilität als ihre Stärke an.

124 Ein Auszug der Plebs fand mehrfach während der Ständekämpfe statt. Der Aventin spielt in den historisch nicht gesicherten Auszügen 494 (wegen der Schuldgesetzte) und 449 (wegen Ungerechtigkeiten der *decemviri*, die das Zwölftafelgesetz formuliert hatten) eine Rolle. Ein Auszug auf den Ianiculus ist vermutlich historisch (286) und fand statt wegen der drückenden Schuldenlasten.

125 Memmius will hier nicht nur die Echtheit der Kapitulation prüfen, dann wäre die Zusicherung des freien Geleits unnötig. Wenn Jugurtha dann nicht in Rom erschiene, wäre nur der Vertrag mit ihm hinfällig. Memmius will Jugurtha als Zeugen gegen die Aristokraten haben, um gerichtliche Schritte gegen sie einleiten zu können.

126 Bei dem folgenden handelt es sich um einen formellen Entschließungsantrag an die Volksversammlung, um die Voraussetzung für eine Anklageerhebung zu schaffen.

127 L. Cassius Longinus war Konsul mit Marius 107. Er wurde im Kampf gegen die Tiguriner (vgl. auch Cäsar, BG I,7) getötet.

128 Es war üblich, daß ein König als Bittsteller in Trauerkleidern erschien.

129 Gaius Baebius, Tribun 111, ist ansonsten unbekannt.

130 Das bedeutete nicht, daß das Volk unbedingt den Krieg fortsetzen wollte. Der Zorn richtete sich gegen das Massaker in Cirta, vor allem aber wohl gegen Bestia.

131 An dieser Stelle wird besonders deutlich, daß es nicht um die Vernichtung Jugurthas geht, selbst Memmius stellt ihm ein Arrangement in Aussicht, sondern um den Vorwurf der Scheinkapitulation und um Bestechung.

132 Massiva, Sohn des Gullussa (vgl. Kap. 5) und Cousin des Jugurtha war nach Sallusts Darstellung für diesen kaum eine Gefahr, solange sich kein Magistrat massiv für ihn einsetzte. Deshalb will er wohl in erster Linie das verantwortungslose Handeln des Albinus aufzeigen.

133 Spurius Postumius Albinus entstammte einem patrizischen Geschlecht, seine Karriere bis zum Konsulat 110 ist unbekannt. Sein Amtskollege Minucius Rufus, der mit richtigem Vornamen Marcus hieß, kämpfte mit Erfolg in Thrakien und erhielt einen Triumph nach dem Sieg über die Skordisker und Triballer.

134 Bomilkar war Offizier des Jugurtha, vgl. Kap. 41, 61, 70.

135 Vgl. Kap. 8.

136 Wenn die Zahl der Bürgen stimmt, ist sie bemerkenswert hoch. Da es bei den Römern keine Polizei in unserem Sinne gab, war es üblich, einen Bürgen zu stellen, um das Erscheinen des Angeklagten zum Gerichtstermin zu sichern.

137 Andere Quellen sprechen von einer Flucht (Livius, Diodor, Appian). Doch diese Quellen könnten Bomilkar und Jugurtha verwechseln. Es ist wahrscheinlicher, daß die Verteidiger Jugurthas im Senat in der Minderzahl waren, und der Senat, um keinen Rechtsbruch zu begehen, Jugurtha androhte, das freie Geleit zu entziehen, wenn er Italien nicht innerhalb einer bestimmten Frist verließ.

138 Da die Wahlen erst im November stattfanden, Jugurthas Aufenthalt in Rom sicher nicht weit in das Jahr 110 hereinreichte und Albinus seine Abreise beschleunigte, ist dieser Satz schwer verständlich, außer wenn Sallust annahm, daß die Wahlen wie zu seiner Zeit im Juli stattfanden. Daneben ist die Zahl der Soldaten umstritten, nach Orosius V, 14 waren 40000 Soldaten dort. Allerdings gibt es keine Anzeichen dafür, daß das Heer mehr als die üblichen zwei Legionen und die Hilfstruppen umfaßte, so daß die Zahl (ca. 5000 Mann je Legion und die gleiche Anzahl an Hilfstruppen) kaum mehr als 20000 Mann betrug.

139 Die Quelle Sallusts sind hier Aussagen vor der mamilischen Kommission oder ein Bericht aus dieser Zeit. Vermutlich hat Albinus wie zuvor Bestia die Probleme des Feldzugs erkannt und deshalb von allzu großen Risiken Abstand genommen. Zu seinem Bruder vgl. unten Kap. 37/38.

140 Die beiden genannten Volkstribunen sind ansonsten unbekannt. Es ist umstritten, was hier gemeint ist. Da beide Tribunen unbedeutend waren und der Wunsch nach Amtsverlängerung schon bei den beiden Gracchen zu schweren Unruhen geführt hatte, hätten diese beiden kaum genügend Druck ausüben können, um eine Wiederwahl zu ermöglichen. Wahrscheinlich intervenierten sie ständig bei den Konsulwahlen, wobei Albinus dort wegen seiner mangelnden Erfolge wohl Interesse gehabt hat. Vielleicht erhoffte er einen Erfolg durch seinen Bruder.

141 Es ergibt sich ein Widerspruch zu Kap. 39. Dort ist Spurius immer noch Konsul, obwohl die neuen Konsuln normalerweise wohl am ersten Januar ihr Amt antraten (Kap. 114, Marius zweites Konsulat). Vermutlich sah sich der Senat gezwungen, die Konsuln wegen der Wahlverzögerungen bis ins Jahr 109 im Amt zu belassen. Über Aulus Albinus, den Bruder des Konsuls, sind die Nachrichten widersprüchlich. Normalerweise wäre er wohl nach seinem Desaster politisch untragbar gewesen. Er wird allerdings von Cicero (Brut. 128) nicht unter den Verurteilten der *quaestio Mamilia* genannt. Andererseits gibt es 99 einen Konsul gleichen Namens, wobei nicht bekannt ist, ob es sich um dieselbe Person handelt.

142 Die Lage des Ortes Suthul ist nicht bekannt. Orosius nennt hier Calama als Ort, wo sich einige Schätze des Königs befanden, doch die Lage dieses Ortes stimmt nicht mit Sallust überein.

143 Die Reiterschwadronen *(turma)* waren die kleinste Kavallerieeinheit des römischen Heeres, an deren Spitze Decurionen standen. Sie bestanden aus 30 Reitern.

144 Die Bezeichnung Kohorte galt bis zur Heeresreform des Marius nur für die Einheiten der Verbündeten. Ihre Stärke ist unbekannt. Der Ligurerstamm Stoeni war erst kurz vor dem Krieg mit Jugurtha von den Römern geschlagen worden. Zur Zeit dieses Krieges standen die Römer im Krieg mit einigen thrakischen Stämmen.

145 Die Bezeichnung dritte Legion bedeutet nicht, daß mehr als zwei Legionen anwesend waren, sondern die Zahlen eins bis vier bezeichneten jeweils die Legionen der beiden Heere der Konsuln. Das Heer eines Konsuls bestand aus zwei Legionen und zwei *alae* der Verbündeten, sowie der Kavallerie und den *auxilia*. Die taktische

Einheit der Legionen war zu dieser Zeit noch das Manipel, das aus zwei Centurien zu je 60 bis 80 Mann bestand. Unter Marius wurden je drei Manipel zu einer Kohorte zusammengefaßt. Der Hauptmann *(centurio)* des ersten Manipels war der ranghöchste in der Legion und besaß in der Regel eine angesehene Stelle und viel Erfahrung.

146 Bei den Römern war es üblich, einen Feind zum Zeichen der Unterwerfung unter das Joch zu schicken. Es war für die Römer eine besondere Schmach, von Jugurtha dieses Schicksal zu erleiden. Möglicherweise will Sallust auf den Vorfahren des Spurius Albinus hinweisen, der von den Samniten 321 unter das berühmte caudinische Joch geschickt worden war.

147 In Rom sah sicher keiner Jugurtha als ernsthafte Gefahr an. Doch setzte sich offensichtlich der Eindruck durch, daß das Problem nicht bei den römischen Feldherrn, sondern bei Jugurtha lag. Die Aushebung der Ergänzungsmannschaft zeigt, daß Albinus keine Hoffnung auf Ratifizierung des Vertrages hatte.

148 Gaius Mamilus Limentanus war Volkstribun 109. Neben der genannten *quaestio*, die er durchsetzte, stammt noch ein Gesetz zum Schutz der Grenzen von ihm. Bei einer solchen *quaestio* entschied eine Jury unter Vorsitz eines Magistraten oder Quaesitors über die Schuld der Angeklagten, wobei gegen dieses Urteil kein Widerspruch eingelegt werden konnte. Der vorliegende Fall ist wohl ein Vorläufer der *lex Cornelia de maiestate*, in der es um Kompetenzüberschreitung von Beamten, Hochverrat und Landesverrat ging. Der Verurteilte wurde verbannt.

149 Da die Bundesgenossen und Latiner keinen rechtlichen Einfluß besaßen, versuchten die Aristokraten vermutlich, Leute aus ihrer latinischen Klientel zu Gewalttätigkeiten aufzufordern und so eine Abstimmung zu verhindern.

150 Vgl. Kap. 28.

151 Im Jahre 109 war Scaurus Censor und deshalb immun. So bestehen zwei Möglichkeiten. Entweder verwechselt Sallust den Censor mit einem Marcus Aurelius Scaurus, der zu der Zeit ein bedeutender Politiker war. Dann ließe es sich erklären, warum Aemilius Scaurus sich weigerte, sein Amt als Censor nach dem Tod seines Amtskolle-

gen niederzulegen. Oder Scaurus erweckte öffentlich den Eindruck, Gegner des Jugurtha und des Vertrages zu sein, und setzte so
seine Wahl bei der Volksabstimmung über die Besetzung der Jury
durch.

152 Die Mitglieder des Untersuchungsausschusses waren vermutlich
equites nach der Gesetzgebung des Gaius Graccus. Nachdem offensichtlich nach dem Tod des Gracchus einige Jahre Ruhe zwischen
den Rittern und den Aristokraten geherrscht hatte, bricht hier
wieder ein Streit hervor. Die Ritter hatten mehrere Gründe, an der
Fortführung des Krieges interessiert zu sein. Transporte brachten
Aufträge für die Ritter, das Massaker in Cirta rief vielleicht Solidarität mit diesen Angehörigen ihrer Klasse hervor und Leute, die mit
Nordafrika Geschäfte betrieben, sahen diese wohl gefährdet, solange das Problem Numidien nicht gelöst war. Zudem herrschte
allgemeine Unzufriedenheit mit der Außenpolitik des Senats. Im
Jahre 106, also nach dieser *quaestio*, versuchte man die quaestiones
der Kontrolle der Ritter zu entziehen. Sallusts Beschreibung zeigt
im übrigen, daß er keineswegs Demokrat war.

153 Zu Sallusts Interpretation der römischen Geschichte vgl. Cat.
Kap. 6–11, zur Bedeutung Karthagos vgl. Kap. 9.

154 Der römische Staat war weit davon entfernt, ein Zweiparteiensy-
stem in unserem Sinne zu bilden. In den Kämpfen seit den gracchischen Reformen unterschied man gern zwischen Optimaten und
Popularen (Sallust gebraucht diesen Ausdruck selten). Dabei handelte es sich aber nur um verschiedene Vorgehensweisen der Politiker. Die Optimaten setzten voll auf die Macht des Senats, während
die Popularen den durchaus rechtmäßigen Weg der Gesetzgebung
durch Plebiszite und das Tribunat verfolgten. Dennoch zielten die
meisten nur auf persönlichen Machtgewinn und nicht auf politische, ökonomische oder soziale Veränderungen in entscheidendem
Ausmaß.

155 Es gab keineswegs eine Einheit der Nobilität. Jedoch gab es offensichtlich in Rom eine Art Amtsadel, der peinlich darauf achtete,
daß von außen möglichst wenige Leute eindringen konnten. Die
Plebs dagegen war durch das römische Klientelwesen Leuten vom
Adel verpflichtet und hatte gar keine Möglichkeit, sich gegen die

Adligen zu stellen. Bei dem Erwerb von Ämtern war politischer Einfluß im In- und Ausland Voraussetzung. Dieser wiederum beschränkte sich auf die Aristokraten.

156 Für den wachsenden Widerstand gegen den Militärdienst im 2. Jhd. gibt es Zeugnisse. Daß eine jahrelange Abwesenheit von zu Hause für Kleinbauern und Handwerker katastrophale ökonomische Folgen hatte, versteht sich von selbst. Da die Zahl der Armeen ständig zunahm, versuchte man anfangs durch Absenken des Census für die 5. Klasse die benötigte Anzahl von Soldaten sicherzustellen.

Bei der Verteilung der Beute gab es anscheinend keine gesetzlichen Grundlagen. Das eroberte Land und die Gebäude fielen an den römischen Staat, über die restliche Beute hatte der Feldherr Verfügungsgewalt. In der Regel gab er einen großen Teil an seine Soldaten und an die Staatskasse oder verwendete sie für öffentliche Zwecke (Spiele, öffentliche Gebäude, Tempel), behielt aber auch einen großen Teil für sich und seinen Stab.

157 Im 2. Jhd. begann die Entwicklung zur Latifundienwirtschaft mit den genannten Folgen. Das war der Hintergrund der Aktivitäten der Gracchen.

158 Tiberius Sempronius Gracchus (Volkstribun 133) und sein Bruder Gaius (Volkstribun 123/22) versuchten, durch gesetzliche Maßnahmen die drängenden sozialen Probleme ihrer Zeit zu lösen. Vor allem durch Neuverteilung des Staatslandes und Neuansiedlungen beabsichtigten sie, den Gefahren einer Entwurzelung und Verarmung weiter Kreise der Bevölkerung entgegenzutreten. Gaius wollte zusätzlich durch eine Allianz von *plebs* und *equites* und eine Lösung der Bundesgenossenfrage die absolute Macht des Senats einschränken. Beide wurden von Vertretern der Senatsopposition getötet.

159 Hier könnte man eine Reihe Vorfahren anführen, der bekannteste ist Scipio Africanus, ein Großvater mütterlicherseits, der Hannibal bei Zama besiegte; ihr Vater sicherte durch militärische Erfolge in Sardinien und Korsika den Einfluß Roms auf diesen Inseln.

160 Sallust beschränkt sich hier auf politische Schlagworte. Den Gracchen ging es nicht so sehr um die Freiheitsrechte, sondern letztlich um den Erhalt von Sicherheit und Ordnung.

161 Die Mächtigen bei den Verbündeten und den Latinern waren natürlich auch von dem Ackergesetz des Tiberius Gracchus betroffen und konnten mit ihrer Klientel für Unruhen sorgen. Auch die Ritter als reiche Geschäftsleute blieben davon nicht verschont, denn sie waren zum Teil in ihren Geschäften vom Staat abhängig und wurden durch das Versprechen, die Zahl der Senatoren durch Mitglieder der Ritterschaft zu erhöhen, auf die Seite des Senats gezogen.

162 Tiberius Gracchus wurde getötet, als er sich 133 um die Verlängerung seines Tribunats für das nächste Jahr bemühte und dadurch Unruhen entstanden. Gaius gehörte im Jahre 121 zu den Triumvirn, die im Gebiet von Karthago eine Kolonie gründen sollten. Als das Gesetz über die Gründung von Kolonien außer Kraft gesetzt werden sollte, rüsteten die Anhänger des Gaius zum letzten Kampf, der vom Senat blutig niedergeschlagen wurde. Marcus Fulvius Flaccus, Konsul des Jahres 125 und als Anhänger der Gracchen Mitglied verschiedener Kommissionen, wurde ebenfalls bei den Unruhen 121 getötet. Auch seine Söhne fielen den Verfolgungen zum Opfer.

163 Tiberius versuchte, gegen das Gesetz seine Wiederwahl zum Volkstribun durchzusetzen, während Gaius sich durch ein Getreidegesetz (arme Bürger erhielten das Recht, Getreide unter dem Marktpreis zu kaufen) und durch den Antrag, den Italikern das Bürgerrecht zu verleihen, eine Klientel aufbauen wollte, die ihn fast zum unumschränkten Herrscher in Rom gemacht hätte. Bemerkenswert ist, daß Sallust, dem man zum Teil einseitige Begünstigung in seiner Darstellung der Popularen vorwirft, hier Kritik übt. Das Verdienst der Gracchen, die politischen, sozialen und ökonomischen Folgen des Niedergangs des Kleinbauerntums erkannt und bekämpft zu haben, wird auch heute von niemandem bestritten.

164 Während des Sturzes des Tiberius Gracchus wurden er und seine persönlichen Vertrauten direkt getötet, viele seiner Anhänger summarisch abgeurteilt. Bei den Unruhen des Gaius Gracchus kamen ca. 3000 Menschen ums Leben.

165 Quintus Caecilius Metellus, Konsul 109, erhielt später den Beinamen Numidicus. Er gehörte zur einflußreichen Familie der Caecilii

Metelli, die von 123 bis 109 sechs Konsulate innehatte. Marcus Iunius Silanus, sein Amtskollege, war der erste Konsul seiner Familie. Er wurde 109 oder 108 von den Kimbern geschlagen.

166 Den Konsuln wurde schon vor der Wahl durch ein Gesetz des Gaius Gracchus die Provinz zugeteilt. Die Unbescholtenheit des Metellus wird auch von anderen Autoren hervorgehoben. Sein Widerstand gegen die Popularen zeigte sich später deutlich, als er sich während seines Censoramtes 102 weigerte, auf die Gesetze des Saturninus zu schwören.

167 Silanus sollte einige Gesetze außer Kraft setzen, auch das des Gaius Gracchus, das die Militärzeit verkürzte.

168 Von den unabhängigen Königreichen können kaum Truppen gekommen sein, da diese zu der Zeit fast alle innenpolitische Schwierigkeiten hatten oder sogar im Krieg mit den Römern standen.

169 Metellus kam vermutlich im Mai 109 nach Afrika. Die Truppen, die er mitbrachte, sollten über die Zahl der Verluste hinaus die Truppenzahl stärken. Da die Römer zur gleichen Zeit in Makedonien, Thrakien, Sardinien und Spanien Krieg führten und 113 von den Kimbern vernichtend geschlagen worden waren, könnte die Truppenzahl zuvor sogar unter der Sollstärke gelegen haben. Die genannten Verbündeten sind die Einwohner der Provinz.

170 Durch den Aufschub der Wahlen (Kap. 37) und die Einrichtung der *quaestio Mamilia* (Kap. 40) könnte sich Metellus Zeit für den Feldzug verkürzt haben (Beginn etwa Juni 109 mit den beschriebenen Problemen). Die normale Dauer eines Feldzugs reichte je nach klimatischen Bedingungen von April oder Mai bis Oktober oder November.

171 Bei den Römern war das Lager mit Wall und Graben befestigt, beim Standlager häufig noch mit Palisaden. Die Nacht war in vier Wachdienstzeiten eingeteilt. Das übliche Getränk war ein essigartiger Wein *(posca)* mit Wasser verdünnt. Die übliche Speise war *puls*, ein Mehlbrei aus der zur Verfügung stehenden Getreidesorte, den sich der Soldat selbst zubereitete.

172 Ein einfacher Soldat erhielt etwa 27 l Getreide, meist Weizen, im Monat.

173 Ein römischer Soldat trug neben seiner Ausrüstung je nach Bedarf

drei oder vier Schanzpfähle für das Lager und das ihm zugeteilte Getreide für bis zu drei Wochen, so daß er ein Gewicht von teilweise über zwanzig Kilogramm zu schleppen hatte.

174 In anderen Quellen, die dem Metellus weniger günstig gesonnen sind, wird seine Arroganz und Grausamkeit hervorgehoben. Die teilweise genaue Darstellung des Sallust spricht für eine Quelle aus dem direkten Umkreis des Metellus, z.B. dessen Legat Rutilius Rufus.

175 Als Symbol der Unterwerfung galt ein mit Binden umwundener Olivenzweig.

176 Die Vorbedingung zu einer Unterwerfung war stets die Auslieferung des Feldherrn.

177 Treulosigkeit war ein häufiger Vorwurf gegen Karthago (vgl. Cat. Anm. 148). Gegen die Numider taucht er hier sowie in Kap. 56 und später mehrmals auf.

178 Eine solche Unterwerfung wäre für den Senat nach den vorherigen Vorgängen nicht akzeptabel. Hier widerspricht Metellus dem römischen Ideal der *fides*.

179 Zur Aufstellung des Heereszuges vgl. Anm. 186. Schleuderer gehörten etwa seit dem Zweiten Punischen Krieg zum römischen Heer. Sie kamen meist von den Balearen. Bogenschützen wurden in der Regel zusammen mit den Schleuderern aufgestellt. Die Römer setzten dafür meist Kreter ein. Beide Truppengattungen galten als wirksame Waffe gegen Kavallerie und bei Belagerungen.

180 Zu Gaius Marius vgl. Anhang. Die Legionstribunen, sechs je Legion, gehörten zum Offiziersstab und hatten wohl in erster Linie Verwaltungsaufgaben. Bei den Legionen in konsularischen Heeren wurden sie vom Volk gewählt. Die Kohortenführer, also die Führer der verbündeten Truppen, sind jeweils Landsleute der Soldaten im Offiziersrang. Sie unterstanden allerdings römischen Offizieren *(praefecti socium)*. Ihre genaue Funktion ist nicht bekannt.

181 Vaga, heute Beja, liegt 12 km nördlich des Bagradas im Zentrum eines fruchtbaren Anbaugebietes. Es gehörte sicherlich zu den bedeutendsten Handelsplätzen Numidiens. Ob allerdings italische Geschäftsleute nach dem Massaker von Cirta ihren festen Wohnsitz dort hatten, muß bezweifelt werden.

182 Der genannte Fluß ist der Wadi Mellegue, der auch im Sommer noch Wasser führt. Das Ziel des Marsches war vermutlich Sicca. Metellus marschierte wahrscheinlich auf der linken Seite des Flusses, die rechte Seite ist für ein Heer kaum passierbar.

183 Die Genauigkeit der Beschreibung spricht für einen Augenzeugen (Rutilius Rufus). Die Entfernung zwischen dem Gebirgszug und dem Fluß scheint allerdings übertrieben zu sein. Denn es ist unwahrscheinlich, daß Rufus nach einem Marsch bei Hitze über ein Gebirge noch 30 km vorausgeschickt wird (Kap. 50) und daß Bomilkar ernsthaft befürchtet, daß Rufus diesen langen Weg zum Fluß marschiert, ein Lager aufschlägt und danach fast die gleiche Strecke zurückmarschiert, um seinen Kameraden zu helfen.

184 Zu Bomilkars Aufgabe vgl. Kap. 52/3. Zum Vorwurf der Habgier vgl. den Brief des Mithridates aus den Historien.

185 Auch wenn es sicher eine Form der Auszeichnung bei den Numidern gab, so gibt Sallust hier eine typisch römische Form der Ansprache des Feldherrn sowie der Praxis der Auszeichnungen durch Orden und Geldgeschenke wieder.

186 Ein kampfbereites Heer auf dem Marsch bestand aus drei parallelen Kolonnen, die im Fall einer Gefahr sofort in Schlachtreihen umorganisiert werden konnten. Die Flanken, die Spitze und das Ende des Zuges wurden von Leichtbewaffneten und der Kavallerie gebildet, die die Schnelligkeit des Ansturms der Feinde vermindern sollten. Die Schlachtreihen, die parallel zueinander marschierten, waren die *hastati*, die *principes* und die *triarii*. Da Metellus offensichtlich einen Angriff vom Fluß aus erwartete, gingen die *hastati* in der vorderen, linken Reihe. Da nun Jugurtha seine Streitkräfte rechts des Weges aufgestellt hatte, mußte Metellus sein ganzes Heer einen Schwenk nach rechts machen lassen, um die normale Schlachtordnung herzustellen, so daß die *hastati* in vordester Reihe standen.

187 Publius Rutilius Rufus, Prätor ca. 118, Konsul 105, war Legat 113 in Kreta, 109–107 unter Metellus in Numidien und 94 in Asia. Er verhinderte 105 nach der Niederlage gegen die Kimbern durch schnelle Abwehrmaßnahmen eine mögliche Katastrope für Italien. Nach seinem Aufenthalt in Asien, wo er die Provinzbewohner vor Übergriffen durch die Steuerpächter schützte, wurde er wegen

angeblicher Erpressung angeklagt und verurteilt. Er ging nach Asien in die Verbannung, also der Provinz, wo er seine Erpressungen verübt haben soll. Seine historischen Schriften tragen weitgehend autobiographischen Charakter und bilden wohl die Grundlage für Sallusts Beschreibung der Feldzüge des Metellus.

188 Die Kohorte als Einheit wurde von Marius in der Regel nur für die Verbündeten benutzt, jedoch in Einzelfällen schon für die römische Legion.

189 Die genaue Angabe spricht wieder für einen Augenzeugen als Quelle.

190 In der Antike war Numidien stärker bewaldet als heute. Das angesprochene Gebiet liegt im Nordwesten Tunesiens oder im Nordosten Algeriens.

191 Die Möglichkeit, ständig neue Truppen auszuheben, gab Jugurtha einen großen Vorteil gegenüber den Römern. Das Gebiet, das an die Provinz grenzte, bewohnten offenbar zum großen Teil seßhafte Leute.

192 Der Sieg am Muthul war für die Römer keineswegs entscheidend. Metellus verlor dabei sogar den personellen Vorteil, den er gegenüber seinen Vorgängern hatte, und die Initiative.

193 Das reichste Gebiet Numidiens lag zwischen Muthul und der Grenze zur römischen Provinz mit Zama als südlichstem Punkt. Bei seinen Verwüstungen versuchte Metellus sicherlich auch, die Moral seiner Truppen durch Beute wieder zu heben.

194 Bei solchen Anlässen wie entscheidenden Siegen konnte der Senat Dankfeste unterschiedlicher Dauer beschließen. Der Senat bestimmte auch, welchen Göttern wieviele Opfertiere gebracht werden sollten. Die Tempel waren in dieser Zeit geöffnet.

195 Obwohl Rutilius vor Marius Prätor war und dem Metellus wohl politisch näherstand, war Marius offenbar Metellus' erster Legat. Von dieser Stelle an tritt Rutilius in den Hintergrund und Marius stärker hervor, was die Übernahme des Feldherrnamts durch Marius vorbereitet, aber auch für einen Wechsel der Quelle spricht.

196 Die Taktik, Jugurtha durch Zerstörung zum Kampf zu zwingen, ist damit nicht aufgegangen.

197 Zama, wohl Zama Regia, war später Hauptstadt des Königreiches

unter Juba. Die genaue Lage ist noch nicht geklärt. Die Stadt wurde im Bürgerkrieg nach Cäsars Tod zerstört, erlangte aber in der Kaiserzeit wieder neue Bedeutung. Von den verschiedenen Orten, die als möglich angenommen werden, passen die einen nicht auf Sallusts Beschreibung, bei anderen fehlt jeder Hinweis auf eine Besiedlung in spätrömischer Zeit. Sallust kannte Zama ganz genau, da es Hauptstadt seiner Provinz war.

198 Sicca war wahrscheinlich unter dem Druck der Umstände, da die Schlacht am Muthul in ihrer Nähe stattfand, zu Metellus abgefallen.

199 Die genannten Kugeln, *glandes*, waren ovale, aus Blei gegossene Geschosse mit einem Gewicht von 30 bis 50 Gramm, die normalerweise von Schleuderern benutzt wurden. Eine Mauer konnte mit einer Art Spitzhacke, *dolabra*, eingerissen oder durch Tunnel untergraben werden. Die sonst üblichen schweren Belagerungsmaschinen, wie Sturmbock *(aries)*, Mauerbrecher *(terebra)* und Mauersichel *(falx)*, werden hier nicht genannt.

200 Ein offensichtlicher Fehler, nicht so sehr der Lagerbesatzung, als vielmehr des Metellus oder seiner Untergebenen, die von der Anwesenheit Jugurthas wußten (Kap. 56), mit der Belagerung Jugurtha zum Kampf zwingen wollten und trotzdem nicht genügend Schutzmaßnahmen trafen.

201 Der Ausdruck Freundschaft ist eine reine Phrase. Der Streit zwischen Marius und den Metellern im Jahre 119 wegen eines Getreidegesetzes und die gerichtliche Verfolgung des Marius 116 wegen Wahlbetrugs hatten sicherlich Folgen für die Beziehungen zwischen Marius und Metellus. Allerdings muß eine Versöhnung oder zumindest ein Zweckbündnis angenommen werden, da Marius sonst als Legat untragbar gewesen wäre.

202 Zur Lagerbefestigung vgl. Kap. 44, Anm. 171. Die Nebenwege im römischen Ideallager waren fast 15 m breit.

203 Diese Stelle ist schwer verständlich, da alle modernen Kommentatoren *Numidae*, also Nominativ lesen, während eigentlich ein Dativ, den Numidern, leichter verständlich wäre, wenn man das folgende betrachtet. Wenn Jugurtha dem Metellus tatsächlich schwere Verluste beigebracht hat und einen Teil von dessen Truppen am Rande

einer Niederlage hatte, ergibt es keinen Sinn, daß er Metellus Truppen offenbar ohne Widerstand von Zama abziehen läßt und schließlich sogar in Übergabeverhandlungen einwilligt.

204 Zu Bomilkar vgl. Kap. 35. Der Senat konnte den Fall Bomilkar als auswärtige Angelegenheit in seinem Machtbereich behandeln und sogar Immunität für diesen aussprechen.

205 Obwohl Jugurtha den Römern in der Schlacht am Muthul und den Kämpfen bei Zama einige Verluste zugefügt hatte, war er durch die Verwüstung des westlichen Teils seines Reiches ökonomisch angeschlagen und konnte kaum noch damit rechnen, zu siegen oder nur einen ehrenvollen Frieden auszuhandeln.

206 Die einzige größere Niederlage hatte Jugurtha in der Schlacht am Muthul eingesteckt, dabei allerdings den Römern auch Verluste beigebracht, die für diese schwerwiegender waren, weil das Heer nicht genügend aufgefüllt werden konnte. Die wirtschaftlichen Verluste hatten größere Auswirkungen, da Jugurthas Heer wie ein Söldnerheer bezahlt werden mußte und erhebliche finanzielle Mittel erforderte.

207 Zum Senatorenstand gehörten die Legaten, der Quästor und vielleicht einige Präfekten und Mitlitärtribunen. Zu der zweiten Personengruppe gehörten junge Adlige, etwa Metellus' Sohn, denen eine senatorischen Laufbahn ziemlich sicher war.

208 Die Beratung und die Bedingungen unterschieden sich erheblich von denen unter Bestia (Kap. 29). Der hier genannte Preis, etwa 67 Mio. Sesterzen, ist bemerkenswert hoch. Die im folgenden genannte Auslieferung von Kriegsmaterial und Überläufern gehörte zu den üblichen Bedingungen.

209 Angesichts der bekannten Härte des Metellus und der grausamen Bestrafung von Deserteuren wird sicher ein großer Teil versucht haben, zu Bocchus oder jedenfalls möglichst weit zu entkommen. Orosius spricht von 3000 ausgelieferten Deserteuren, aber seine Zahlenangaben sind sehr unzuverlässig.

210 Tisidium wird mit Thisiduum oder Chisiduum identifiziert, heute Krich el Oued, das am Ende des Bagrdastals noch in der römischen Provinz lag und von Utica und anderen Küstenstädten leicht zu erreichen war.

211 Der Senat brauchte Metellus die Provinz nicht zuzusprechen, da er das Kommando automatisch behielt, wenn die Nachfolger im Konsulat andere Provinzen bekamen und eine Ablösung nicht extra beschlossen wurde.

212 Die Opferschauer *(haruspices)* untersuchten die Leber der Opfertiere und fanden in diesen die Regionen der Götter im Himmel wieder. Vor allem in Etrurien hatte sich daraus ein kompliziertes System der Zukunftsdeutung entwickelt, das in den Familien der Opferschauer tradiert wurde. Marius benutzte häufig vor wichtigen Entscheidungen solche Voraussagen. Ob er diese aus politischen Gründen unter Umständen auch bestach oder ob daraus ein religiöser Glaube des Marius spricht, ist schwer zu entscheiden. Das Glück *(fortuna)* des Marius war sprichwörtlich. Sallust interpretiert dieses als blinden Zufall, während andere darin das Ergebnis von Fleiß und Tüchtigkeit sehen.

213 Zu Marius Abstammung vgl. Anhang.

214 Spätere Autoren und wohl schon Marius selbst betonen gerne dieses Fehlen an feiner Bildung und Lebensweise, doch gibt es in seinen Reden und in seinem späteren Leben einige Hinweise, die dem widersprechen.

215 In jedem Jahr wurden 24 Militärtribunen vom Volk gewählt, von denen 14 mindestens fünf Jahre Militärdienst hinter sich haben mußten.

216 Diese Beschreibung widerspricht Marius' eigentlicher Karriere.

217 Vgl. Cat. Kap. 23 und die Hinweise in Catilinas Brief an Catulus.

218 Metellus' Sohn, Prätor 89 oder 88, war damals wohl kaum älter als zwanzig Jahre. Da das Mindestalter für das Konsulat 43 Jahre war, hätte er sich nicht vor ca. 86 bewerben können. Dann wäre Marius über 70 Jahre alt gewesen. Allerdings ist nicht sicher, ob dieser Ausspruch authentisch ist. Sallust will vielmehr den Hochmut des Metellus und seine Verachtung für Marius hervorheben.

219 Nach Plutarch und Diodor beruhte Marius' Beliebtheit nicht auf dem Fehlen von Strenge, sondern auf seiner Umgänglichkeit, seiner Großzügigkeit und seiner Bereitschaft, alle Aufgaben und Belastungen mit seinen Soldaten zu teilen.

220 Gauda war Jugurthas Halbbruder. Die Tatsache, daß Micipsa ihn

zum Nacherben (Erben, falls seine Söhne die Erbschaft nicht antreten wollten oder konnten) eingesetzt hatte, spricht dafür, daß Sallust seinen Schwachsinn übertreibt. Gaudas Sohn, Hiempsal II., war der erste der späteren numidischen Könige.

221 Die römischen Ritter waren wohl nicht mehr in der Kavallerie des Heeres. Ihre Verwendung als einfache Reiter ging im zweiten Jhd. immer mehr zurück. Die meisten dienten wohl als Offiziere. Bei den Kaufleuten handelt es sich um römische Bürger, die in der Provinz lebten oder beim Heer irgendwelche Geschäfte betrieben, möglicherweise auch um die *publicani*, die Steuerpächter der Provinz, die noch angesehener waren als die eigentlichen Kaufleute.

222 Zu dem mamilischen Gesetz vgl. Kap. 40. In den Jahren 109 und 108 wurden strenggenommen keine *homines novi* gewählt, auch wenn M. Iunius Silanus der erste seines Familienzweiges war, der das Konsulat erreichte und Hortensius (Konsul 108) eine lange unterbrochene Familientradition wieder aufnahm. In den Jahren nach Marius' Konsulat gab es allerdings in kurzer Zeit relativ viele *homines novi*.

223 Der Festtag war der Caelestis geweiht, der karthagischen Tinnit, einer Fruchtbarkeitsgöttin, die in Nordafrika sehr verbreitet war und an deren Festtag ausgelassene und obszöne Spiele veranstaltet wurden. Zu Turpilius vgl Anm. 226

224 Plutarch begründet Turpilius' Entkommen mit seinem freundlichen und milden Verhalten gegenüber den Einwohneren von Vaga. Doch er will die Boshaftigkeit und die Feindschaft des Marius gegenüber Turpilius hervorheben, da Marius das Todesurteil in dem *consilium* herbeiführte. Das Überleben des Turpilius ist allerdings bemerkenswert, wenn er unschuldig war. Dieser Gedanke könnte während des Wahlkampfs des Marius als Vorwurf gegen Metellus aufgekommen sein.

225 Die Römer teilten den Tag und die Nacht in jeweils zwölf gleichlange Abschnitte ein. Da es Winter war, bedeutet die dritte Stunde etwa zwischen neun und zehn Uhr, im Sommer wäre das gegen acht Uhr oder etwas früher.

226 Der Status des Turpilius und die Strafe wurden viel diskutiert. Der Ausdruck Bürger aus Latium hat nirgends eine Parallele, so daß er

wohl nicht gleichbedeutend ist mit Bürger mit latinischem Recht, der wesentlich häufiger vorkommt. Bürger mit latinischem Recht waren in Rom und im Heer Bürger zweiter Klasse. Sie besaßen keinen rechtlichen Schutz gegen die Prügelstrafe und kein Provokationsrecht (Berufung vor dem Volk) gegen die Todesstrafe. Allerdings muß Turpilius römischer Bürger gewesen sein, der das Bürgerrecht durch ein Amt erworben hatte. Sonst wäre seine Position als Stadtpräfekt nicht zu erklären. Für römische Bürger im Feld allerdings waren die angesprochenen Rechte stark eingeschränkt, auf der anderen Seite war ein solcher Prozess gegen einen hohen Offizier von politischer Tragweite, so daß er üblicherweise auf spätere Zeit in Rom verschoben worden wäre. Doch Metellus fürchtete möglicherweise Agitationen der Popularen und konnte sich in diesem Falle auf ein früheres Recht eines Patronus gegen einen Klienten berufen. Der begründende Konjunktiv spricht dafür, daß Sallust den Turpilius nicht für einen römischen Bürger hielt und deshalb die Handlungsweise des Metellus für rechtens.

227 Über Nabdalsa ist weiter nichts bekannt, sein Name ist libysch.

228 Das beschriebene Verhalten entspricht der traditionellen Beschreibung eines Tyrannen.

229 Nach Sallusts Chronologie wurde Marius schon am Anfang des Jahres 108 nach Rom entlassen. Nach Plutarch entließ Metellus den Marius erst zwölf Tage vor dem Meldetermin zur Wahl.

230 Marius war in Wirklichkeit Ritter. Die Streitigkeiten zwischen den Ständen waren wohl durch die Erfolge des Metellus zunächst zurückgedrängt worden, lebten aber unter der Agitation des Marius und vielleicht schon durch den nachgewählten Konsul für 108, Marcus Aemilius Scaurus, wieder auf.

231 Eine formelle Anklage gegen Metellus konnte erst nach seiner Rückkehr aus Numidien erhoben werden. Die Tribunen kündigten wohl einen Prozess vergleichbar der *quaestio Mamilia* gegen Metellus an.

232 Die besondere Unterstützung des Marius durch die kleineren Handwerker und Bauern spricht dafür, daß seine Absicht, die *capite censi*, die Besitzlosen, zum Heeresdienst heranzuziehen, schon vor der Wahl bekannt war, da besonders die Schicht der Bauern und

Handwerker durch den Militärdienst in ihrer Existenz gefährdet war. Doch muß Marius auch Unterstützung bei reicheren Schichten, z. B. bei den Rittern gehabt haben, da ohne diese eine Konsulatswahl nach dem Centurienwahlrecht nicht zu gewinnen war.

233 Titus oder Gaius Manlius Mancinus war Volkstribun 107. Wenn er seinen Gesetzesantrag zu Beginn seiner Amtszeit im Dezember 108 einbrachte, konnte er schon im Januar 107 in Kraft treten. Ein Volksbeschluß war die einzige Möglichkeit, die *lex Sempronia*, die Zuweisung der Provinz vor den Wahlen, zu umgehen. Die ursprünglich vorgesehene Provinz für Marius ist nicht bekannt

234 Die zeitliche Reihenfolge ist hier undeutlich. Der Ausdruck zur selben Zeit bezieht sich wohl auf die Abreise des Marius irgendwann im Jahre 108 und nicht auf den Gesetzesantrag des Manlius.

235 Die hier genannte Stadt ist nicht zu lokalisieren. Da *thala* das Wort für Quelle in der Berbersprache ist, war der Name sicherlich weit verbreitet.

236 Nach der Reorganisation des Heeres durch Marius betrug die Zahl der benötigten Lasttiere etwa 1200. Wenn man auch einige für Belagerungsinstrumente und Material des Stabes abziehen muß und Metellus wohl nicht die volle Stärke an Soldaten und auch Lasttieren beasaß, kommt man doch auf eine stattliche Anzahl.

237 Da das Unvorhersagbare des Regens betont wird, spielt sich das Ereignis wohl im Sommer 108 ab. Der Fall von Thala (und Cirta) in dieser Zeit brach offensichtlich den Widerstand der Numider im östlichen Teil (vgl. Kap. 82: Winterlager bei Cirta).

238 Wenn der Sturmbock die Mauern berührt hatte, also der letzte Akt vor der Einnahme einer Stadt begonnen hatte, war keine Übergabe und Gnade für die Bewohner mehr möglich.

239 Über diesen Hamilkar ist weiter nichts bekannt. Er gehörte offensichtlich zu Oberschicht von Leptis Magna, das zu der Zeit noch nicht zur Provinz gehörte. Der Staat war ähnlich oligarchisch aufgebaut wie der römische, mit Suffeten (ähnliche Funktion wie Konsuln) an der Spitze, einem Ältestenrat und einem Senat mit legislativer Funktion und einer allerdings fast machtlosen Volksversammlung, die die Beamten wählte.

240 Das heißt im Jahre 111.

241 Dieser Gaius Aemilius, vielleicht Sohn des Konsuls von 128, war somit *praefectus socium*, der Anführer einer Verbündetenkohorte, ansonsten unbekannt.

242 Leptis Magna wurde von Tyros im fünften oder sechsten Jhd. gegründet.

243 Sallust schlägt das griechische Wort *syrein* Schleppen, schleifen als Ursprung vor. Wahrscheinlich ist das Wort phönizischen oder einheimischen Ursprungs.

244 Die Große und Kleine Syrte, Sandbänke, die jeweils am Ausgang des Golfes von Bengasi und des Golfes von Gabes liegen, sind wegen ihrer windbedingt wechselnden Untiefen gefürchtet. In der Antike waren sie nach den Berichten noch gefährlicher.

245 Zur Etymologie vgl. Anm. 243. Eine Herleitung vom Berberwort *sert/sart* Wüste ist wahrscheinlicher, aber auch nicht gesichert.

246 Den historischen Hintergrund für diese Erzählung bilden Streitigkeiten zwischen Phöniziern und Griechen in Nordafrika. Ansonsten besitzt sie kaum historischen Wert. Zudem ist es unwahrscheinlich, daß eine der beiden Parteien ernsthaft Anspruch auf diese fast wertlose Wüstengegend erhob.

247 Hier werden einige typische Motive von Volksmärchen genannt: Grenzstreitigkeiten, eine Zweikampfsituation und Herleitung von Grenzziehungen.

248 Die genaue Lage der Altäre ist nicht bekannt. Es könnte sich um zwei natürliche Hügel oder libysche Grabhügel handeln. Doch müssen die Philäni-Brüder mehr als zweimal so weit gekommen sein, wie die kyrenische Mannschaft. Trotz der rationalen Erklärung dieser Tatsache ist die Geschichte voller Widersprüche.

249 Eine Übertreibung: Die Provinz Africa bestand schon seit vierzig Jahren und die Gätuler als Nomaden oder Halbnomaden müssen mit den Römern in Berührung gekommen sein.

250 Diese Angabe ist nicht zu vereinbaren mit Kap. 19. Zur Gesandtschaft nach Rom vgl. Kap. 102.

251 Möglicherweise spielten hier weniger die Förderer des Jugurtha eine Rolle, als die Überlegung des Senats, daß ein solches Bündnis ohne Sinn sei.

252 Ein Hinweis auf die Eroberung der Stadt Cirta oder den Abfall der

DER KRIEG GEGEN JUGURTHA

Stadt zu Metellus wird nirgendwo gegeben. In Kap. 76 erfährt man, daß Metellus die Beute aus Thala dorthin bringen läßt, obwohl diese nicht besonders wertvoll gewesen sein kann. Außerdem überwinterte Metellus bei Cirta, so daß er das Gebiet sehr gut kontrollieren mußte. Einige vermuten eine längere Lücke im Text vor Kap. 75.

253 Bei den vier genannten Gründen für Metellus' Zorn lassen sich deutlich verschiedene Standpunkte unterscheiden. Während der erste und letzte (der Stolz, Verbitterung, daß gerade Marius den Posten bekommt) eher die populare Sicht widerspiegeln, geben der zweite und der dritte Grund (verletzte Ehre, Raub des Ruhms) eher den Standpunkt der Optimaten und Metellus-Freunde an. Plutarch betont hier die Verärgerung des Metellus über die Undankbarkeit des Marius, sagt aber auch, daß der Krieg schon gewonnen war und nur noch Jugurtha gefangen werden mußte.

254 Marius hat vermutlich als erster die Truppenzahl bedeutend angehoben. Vielleicht erreichten die Legionen unter seinem Kommando volle Truppenstärke.

255 Marius hatte auch später gute Beziehungen zu den Latinern. Hier spielt wohl der Fall Turpilius eine nicht unbedeutende Rolle.

256 Die Zustimmung des Senats spricht eher dafür, daß es keine grundsätzliche Opposition gegen Marius gab.

257 Die Bereitschaft des Volkes, besonders der *capite censi*, Marius zu folgen, hatte soziale Gründe (Aufstiegschancen im Heer und die Möglichkeit, die Lage und Klassenzugehörigkeit zu verbessern) und hing mit der Popularität des Feldherrn und der Unzufriedenheit über die Nobilität zusammen. Bei der folgenden Rede, die als Antrittsrede beim Volk denkbar wäre, ist es umstritten, ob sie in ihrer Substanz auf eine Mariusrede zurückgeht, oder von Sallust im ungehobelten Stil des Marius erfunden wurde.

258 Die Kriege in Spanien, Thrakien und gegen die Kimbern waren kostenträchtig und versprachen wenig Beute. Die Könige Numidiens waren aber reich genug, um auch einiges für den Staatsschatz abzuwerfen.

259 In einem vergleichsweise kleinen Gemeinwesen, wie es die wahlberechtigte Schicht in Rom darstellte, und bei dem Traditionsbe-

wußtsein der Römer war Abstammung und Unterstützung durch Verwandte neben Beziehungen unerläßlich. Die Klientel, die bei den Adligen meist ererbt war, hatte eine wichtige Funktion des Schutzes und der Stimmungsmache bei Wahlen. Darauf konnte Marius auf die Dauer auch nicht verzichten.

260 Zu den Ahnenbildern vgl. Kap. 4, Anm. 16. Marius hatte vielleicht mehr Kriegserfahrung als Metellus, aber nach Sallusts Schilderung hatte Metellus den Marius als Lehrmeister sicher nicht nötig.

261 Das Thema *virtus* gegen Nobilität wird mehrfach in der Rede aufgegriffen. Cicero klagt häufig in seinen Reden ebenso wie Marius, daß die Aristokraten unfähig sind, die *virtus* eines *homo novus* richtig zu beurteilen.

262 Sallust hält Bestia offenbar für einen Verwandten der *Calpurnii Pisones*, die in seiner Zeit sehr bedeutend waren. Bestia ist allerdings Plebejer und er war wohl die erste bedeutendere Person seines Familienzweiges. Albinus gehörte zu einem angesehenen Patriziergeschlecht, das in der Frühzeit der Republik und in der ersten Hälfte des 2. Jhd. ihre bedeutendsten Vertreter hervorbrachte.

263 Marius nennt hier die wichtigsten Orden des Militärs. Der Ehrenspeer *(hasta pura)* war ein aus Metall geformter Speer, wohl die häufigste Auszeichnung bei den Römern. Der Reiterorden *(phalera)* war eine Metallplatte, die für die Tötung eines Feindes verliehen wurde. Das entsprechende Gegenstück der Infantrie heißt *patera*. Das Ehrenband oder Ehrenfähnchen, *vexillum*, war höheren Offizieren vorbehalten.

264 Die mangelhafte Ausrichtung eines Gelages galt als Zeichen eines bescheidenen Lebenswandels oder der Armut. Schauspieltruppen waren 115 von den Censoren aus Rom verbannt worden. Das wurde allerdings wenig beachtet. Solche Truppen bestanden häufig aus Sklaven, die im Besitz reicher Römer waren. Köche waren extrem kostspielig. der Besitz eines Kochs wurde als äußerster Luxus angesehen. Ansonsten mietete man sich Köche für ein Gelage auf dem Markt. Marius betont hier seinen bescheidenen Lebenswandel, später soll er allerdings einen sehr luxuriösen Lebensstil bevorzugt haben.

265 Marius nennt hier jeweils die hervorstechenden Merkmale seiner

Vorgänger, wenn auch diese nicht allzu schematisch zugeordnet werden sollten.

266 Die schwersten Verluste haben die Römer wohl in der Schlacht am Muthul und beim Sturm auf Zama erlitten. Es wäre ungerecht von Marius, Metellus in diesen Fällen Unbesonnenheit oder Habgier vorzuwerfen, zumal er selbst als Legat eine gewisse Mitverantwortung trug.

267 Aulus Manlius könnte ein Verwandter des Titus Manlius Mancinus sein, der dafür sorgte, daß Marius das Kommando erhielt (vgl. Kap. 73). Bei Plinius dem Älteren (NH XXXIII. 21) wird er Manilius genannt. Dieser Mann wurde während des Bürgerkriegs Prätor.

268 Vor Marius wurden nur die Leute aus den fünf (besitzenden) *classes* zum Heeresdienst herangezogen. Das ständige Absenken des Census spricht dafür, daß die Bevölkerungsschicht zwischen den ganz reichen und ganz Armen (Besitzlosen) ständig abnahm. Ob hier ,nach dem Brauch der Vorfahren' durch das folgende erklärt wird, oder ob Marius darauf verzichtete, bei der Anmusterung Druck irgendwelcher Art auszuüben, wird aus dem Text nicht ersichtlich, auf jeden Fall ist der Ausdruck hier wohl nicht negativ gemeint.

269 Die *capite censi* waren normalerweise vom Militärdienst ausgeschlossen, außer in Krisenzeiten. Die Anwerbung durch Marius ist allerdings nicht so revolutionär, wie es auf den ersten Blick erscheint. Durch die ständige Herabsetzung des erforderlichen Vermögens der unteren Censusklasse, durch fortschreitende Vereinheitlichung der Ausrüstung und Professionalisierung der Soldaten war dieser Schritt schon lange vorgezeichnet. Plutarchs Behauptung, daß Marius auch Sklaven anwarb, ist dagegen unglaubwürdig.

270 Die Tatsache, daß die Anwerbung der *capite censi* keinen scharfen Protest des Senats hervorrief, spricht dafür, daß es kaum genügend Leute mit Vermögen gab. Der Vorwurf gegen Marius, daß er sich eine Klientelarmee schaffen wollte, um sich Macht aufzubauen, stammt sicherlich aus einer späteren Zeit, als die Gefahr einer solchen Armee (unter Sulla) deutlich wurde. Ob Marius eine soziale Förderung der Armen im Auge hatte, ist nicht zu entscheiden.

271 Die Zahl der angeworbenen Soldaten war im Vergleich zur vorhandenen Truppenzahl sicher nicht besonders groß, wohl nicht mehr als 5000 Mann.

272 Marius bereitete seine Abreise aus Rom offensichtlich sehr schnell vor, so daß er schon im Frühjahr 107 zum Heer stieß. Publius Rutilius wird nach der Übergabe nicht mehr genannt, er kehrte wohl mit Metellus nach Rom zurück. Zu Metellus vgl. Kap. 82.

273 Zur Truppenstärke vgl. oben; es gibt keinen Hinweis darauf, daß Marius über mehr als die zwei Legionen und die entsprechenden Hilfstruppen verfügte.

274 Sallust verschweigt hier, daß Metellus der Triumph bis zum Jahre 106 verweigert wurde, also doch noch eine starke Opposition gegen ihn bestand. Außerdem hielt Metellus eine wütende Rede gegen Manlius, der sich für die Übergabe des Befehls an Marius eingesetzt hatte.

275 Die Tatsache, daß Jugurtha noch in die Provinz einfallen kann, wenn diese Angabe korrekt ist, beweist, daß ein Ende des Krieges noch immer nicht absehbar ist. Die genannte Schlacht und die Erbeutung von Waffen waren nur ein unbedeutender Erfolg.

276 Die Änderung der Taktik bedeutet gleichzeitig das Ende der Rekrutenausbildung. Marius kehrt damit zur früheren Taktik des Metellus zurück.

277 Bocchus war allerdings auch in einer schwierigen Situation, da er wohl sah, daß Jugurtha ihm gefährlich werden konnte, solange er König Numidiens war, auf die Dauer aber der Sieg der Römer unvermeidlich war.

278 Jugurtha rekrutierte im westlichen Teil Numidiens neue Truppen und brachte seine Schätze in Sicherheit.

279 Capsa, heute Gafsa, ist die einzige bedeutende Stadt in Zentraltunesien. Sie ist ein Kreuzungspunkt mehrerer Straßen.

280 Die Wasserarmut bezieht sich sowohl auf den Niederschlag als auch auf Quellen. Die nächste größere Quelle ist von Gafsa 60 km entfernt.

281 Die einfache, natürliche Ernährung der barbarischen Völker war ein Topos in den historischen Schriften der Antike. Der Gegensatz zu den römischen Nobiles ist impliziert.

282 Eine ironische Anspielung auf Marius' Neigung zur Religiosität. Trotz der Kritik schein Marius die Expedition umsichtig geplant und auch Vorkehrungen für ein Mißlingen getroffen zu haben.

283 Gemeint ist gegen Ende der Feldzugsperiode, etwa im Oktober.

284 Vgl. Kap. 46.

285 Lares, heute Henchir Lorbeus, liegt 18 km südöstlich von Sicca. Dieser Ort diente vermutlich auch als mögliche Anlaufstelle bei einem Rückzug.

286 Der Genuß von Fleisch war im römischen Heer die Ausnahme, bei Cäsar weigerten sich die Soldaten sogar trotz Getreidemangels, Fleisch zu essen.

287 Der Ausgangspunkt des Marius und der genannte Fluß sind nicht zu identifizieren. Da Marius zwei volle Nächte und einen Teil der dritten Nacht bis Capsa brauchte (ein Marsch von ca. 30 Stunden), muß der Fluß etwa 100 km von Capsa entfernt sein.

288 Der Djebel ben Yournes oder Djebel Guetar nordwestlich von Gafsa

289 Die Übergabe einer Stadt ohne großen Widerstand garantierte keine milde Behandlung, auch wenn dieses in spätrepublikanischer Zeit als moralische Verpflichtung angesehen wurde.

290 Sallust widerspricht hier anscheinend einer Quelle, die Marius unlautere Absichten unterstellt. Das Verhalten widerspricht nicht einmal dem Kriegsrecht, wie Sallust behauptet. Die hier zugrundeliegende Quelle ist durchgehend mariusfeindlich. Es kann sich um Rutilius Rufus oder Sulla handeln.

291 Die Persönlichkeit und die Leistungen des Marius wurden von seinen Zeitgenossen einer göttlichen Klugheit zugeschrieben. Nach dem Sieg über die Kimbern wurden dem Genius des Marius sogar Trankopfer gebracht.

292 Die Entfernung zwischen Capsa und dem Muluccha beträgt mehr als 1000 km, was hin und zurück einer Marschzeit von 4 Monaten entspricht, die sich durch Gefechte, Eroberungen und Versorgung des Heeres entsprechend verlängert. In Kap. 97 spricht Sallust dann vom Zug in das Winterlager. Er hat also offenbar das Winterlager 107/106 und einen großen Teil des Jahres 106 ausgelassen, um nur die hervorragendsten Ereignisse des Feldzuges zu beschreiben.

293 Man nimmt an, daß der genannte Berg der Kalaat el Oued ist, doch ist dies nicht eindeutig zu klären. Jugurtha hatte seine Schätze in den westlichen Teil Numidiens gebracht, als er den Einfluß auf den östlichen Teil mehr und mehr verlor.

294 Die erzählerische Ausgestaltung dieser Stelle ist bemerkenswert. Die in Frage kommenden Quellen des Sallust enthielten sicherlich nur einen Hinweis auf die Umstände der Eroberung, die Sallust nach verschiedenen antiken Vorbildern ausformte.

295 Das römische Heer verfügte über eine große Anzahl von Bläsern und ein ausgeklügeltes Signalsystem. Die Bläser waren in der Frühzeit gesonderten Centurien der fünften Klasse zugeordnet und dadurch gegenüber den einfachen Soldaten besonders hervorgehoben.

296 Dem lateinischen Text nach wurden die fünf Bläser nur von vier Centurionen begleitet, was allerdings nicht ausreichen würde, um die Einwohner der Stadt in Angst und Schrecken zu versetzen.

297 Die Soldaten trugen bei ihrem Aufstieg die relativ kurzen spanischen Schwerter *(gladii)* und numidische Schilde, die aus Tierhäuten gefertigt waren, die auf einen Holz- oder Weidenrutenrahmen gezogen wurden. Die römischen Schilde waren zur damaligen Zeit vermutlich viereckig, leicht gebogen und ca. 100 × 70 cm. groß. Sie waren aus massivem Holz gefertigt, mit einem Metallknauf in der Mitte und einem Metallrahmen versehen, und schon durch ihre Größe und ihr Gewicht für Kletterpartien ungeeignet.

298 Die *testudo* ist eine taktische Maßnahme, die im römischen Heer in bedrängten Situationen und bei Festungskämpfen häufig angewandt wurde. Dabei stellte die vorderste Reihe die Schilde als eine Art Wand auf und die dahinterstehenden Soldaten hoben die Schilde über ihre Köpfe. Diese Taktik wurde sogar von der Kavallerie angewandt.

299 Die Vorstellung von Sallust als einseitigem Parteigänger der Popularen und diese Darstellung des Marius sind unvereinbar. Die negative Darstellung des Marius geht sicher auf die benutzte Quelle (Sulla?) zurück. Die Unternehmungen des Marius sind aber die einzige Möglichkeit, die Numider moralisch und ökonomisch so zu treffen, daß ein Ende des Krieges in Sicht kommt.

300 Sulla war während des ersten Konsulats des Marius Quästor und diesem zugewiesen. Da das Kastell wohl im Sommer 106 fiel, hätte Sulla mehr als ein Jahr gebraucht, um die Reiterei anzumustern. das ist völlig unmöglich. Entweder liegt hier ein Versehen Sallusts vor oder er führt die Person Sulla etwas ungeschickt ein oder Sulla kehrte zwischenzeitlich nach Italien zurück, um Verstärkung für die Reiterei anzuwerben.

301 Marius warb die Reiterei an, um Jugurthas stärkste Waffe zu neutralisieren. Im ersten Jhd. v.Chr. dienten kaum noch Römer in der Kavallerie, möglicherweise hatte Marius' Bevorzugung von Reitern der Verbündeten Einfluß auf diese Entwicklung.

302 Im ersten Buch der Historien beschreibt Sallust den Bürgerkrieg zwischen Marius und Sulla und die Person des Sulla nochmals.

303 Lucius Cornelius Sisenna, Prätor 78, schrieb Historien über den Bundesgenossenkrieg und den Bürgerkrieg. Sallusts Historien schließen sich an diese an (ab 78). Obwohl Sisenna Parteigänger des Sulla war, scheint sein Werk weitgehend frei von parteilichen Verzerrungen zu sein. Von seinem Werk sind wenige Fragmente erhalten. In Stil und Struktur scheint er Livius und Sallust beeinflußt zu haben.

304 Zu Sulla vgl. Anhang. Welche seiner fünf Frauen gemeint ist, ist nicht bekannt. Auf jeden Fall war Sulla für seine zahlreichen Affairen bekannt.

305 Der Verlust des östlichen Numidien und der Schätze brachte Jugurtha in eine schwere Zwangslage, so daß er unbedingt einen Erfolg brauchte.

306 Gemeint ist das ehemalige Königreich der Maseyli. Bocchus erhielt wahrscheinlich dieses Gebiet nach Kriegsende von den Römern für die Auslieferung des Jugurtha.

307 Gewöhnlich brach ein römisches Heer bei Sonnenaufgang auf und errichtete nach einem sechs- bis siebenstündigen Marsch, also gegen Mittag, ein neues Lager. Marius wich vielleicht wegen der Hitze von dieser Gewohnheit ab.

308 Orosius spricht von 60000 feindlichen Reitern, mehr als das gesamte römische Heer. Diese Zahl erscheint allerdings übertrieben.

309 Die Bildung von solchen Kreisen in bedrängten Situationen war bei

den Römern üblich und wurde trainiert. Die Anwendung dieser Taktik war den Soldaten selbst überlassen.

310 Ursprünglich bestand diese Einheit aus Vertrauten des Feldherrn. Unter Marius bildet sich dieser Teil der Truppe zu einer Eliteeinheit um. Daraus entstand in der Kaiserzeit die Prätorianergarde, die Leibwache der Kaiser.

311 Im römischen Lager wurden alle Dienste durch Signale des *bucinator* angekündigt. Die *bucina* war ein einfaches, stierhornförmiges Instrument.

312 Auch wenn die Verluste der Truppen der beiden Könige hoch waren, so wäre die Schlacht in Kap. 101 nach einer vernichtenden Niederlage undenkbar. Als Quelle könnten hier die Commentarii des Sulla gedient haben, der hier und in der späteren Schlacht die Verluste der Feinde vielleicht übertrieben hat.

313 Zum Heereszug vgl. Kap. 46 und 49.

314 Marius verkörperte das Ideal eines römischen Feldherrn. Zu seiner eigenen Sicht vgl. seine Rede in Kap. 85.

315 Die Genauigkeit der Angaben weist auf einen Augenzeugen als Quelle hin. Nach anderen Quellen war die Stadt Cirta nicht in der Hand der Römer, was bei ihrer Bedeutung im östlichen Teil Numidiens zweifelhaft ist.

316 Die hinterste Reihe eines solchen Heereszuges waren die *cohortes expeditae*, leichtbewaffnete Truppen der Verbündeten.

317 Die Betonung von Sullas Verdiensten in diesem Gefecht läßt sich nur mit der Benutzung seiner Commentarii erklären. Manlius, der die andere Flanke des Heereszuges zu decken hatte, wird überhaupt nicht erwähnt.

318 Orosius spricht von 90000 Toten auf Seiten Jugurthas und Bocchus, Diodor von zehntausenden. Alle unsere Quellen sind wohl von Übertreibungen bei Sulla abhängig.

319 Auch wenn diese Niederlage wohl alle Hoffnungen Jugurthas zunichte machte, so bestand für Marius immer noch das Problem, diesen selbst in die Hand zu bekommen.

320 Bei Appian ergreift Bocchus die Initiative und Manlius antwortet ihm. Der Inhalt ist im wesentlichen derselbe.

321 Sulla legt hier die offizielle römische Anschauung für das Anwach-

sen der römischen Macht dar. Sie ist gleichzeitig das Gegenbild zu Jugurthas Beschreibung (Kap. 81).

322 Vgl. hierzu Sallusts eigene Ansicht in Kap. 1.

323 Bocchus stellt hier in seinem Interesse die Verhältnisse verdreht dar. Das Angebot des Jugurtha an Bocchus stammt aus der Zeit nach Marius' Zug in den Westen. Jugurtha hätte seine Schätze sicher nicht in ein Gebiet gebracht, das ihm nicht gehörte. Denkbar ist nur, daß sich Bocchus im westlichen Grenzgebiet, das schon lange umstritten war, bei der günstigen Gelegenheit Land angeeignet hatte, das dann von Marius verwüstet wurde.

324 Zu seiner Gesandtschaft nach Rom vgl. Kap. 80. Vielleicht weigerte sich der Senat, einen Vertrag mit Bocchus abzuschließen, weil dieser schon damals Anspruch auf einen Teil Numidiens erhob.

325 Als Kriegsgegner Roms mußte Bocchus zunächst mit dem Feldherrn verhandeln und sich die Erlaubnis zu einer Gesandtschaft einholen.

326 Ob sich Bocchus aus Furcht vor Anhängern Jugurthas umstimmen ließ, oder ob er sich durch Hinauszögern der Verhandlungen Vorteile versprach, ist nicht zu klären.

327 Ein Teil der Handschriften besagt das Gegenteil (*infecto* statt *confecto*). Es wäre allerdings überraschend, wenn Sallust ein Mißlingen bei einer vergleichsweise so einfachen Unternehmung unkommentiert ließe.

328 Der Name Tucca ist eine Konjektur. Die Stadt lag an der Mündung des Ampsaga.

329 Lucius Bellienus ist möglicherweise identisch mit dem Onkel Catilinas, der während der Diktatur Sullas als einer seiner Häscher auftrat. Er war Prätor der Provinz Africa, während Marius' Provinz Numidia war. Das *imperium*, also die Befehlsgewalt des Marius' war höher als das des Bellienus.

330 Octavius Ruso war zur Zeit des Bundesgenossenkrieges Prätor. Als Quästor des Jahres 105 trat er Anfang Dezember 106 in sein Amt ein. Üblicherweise wurden die finanziellen Mittel bei der Verlängerung des Kommandos zu Beginn des Jahres von einem Beamten oder einem Legaten überbracht.

331 Sallust benutzt hier eine offizielle Formulierung, die in der Regel

bedeutet, daß Rom eine bestimmte Forderung stellte, hier sicherlich die Auslieferung Jugurthas.

332 Nach Plutarch war Jugurtha zu dieser Zeit schon in Bocchus Hand.
Durch die Bedingung, die der Senat stellte, sah es Bocchus wohl als
unnütz an, die Verhandlungen weiter hinauszuzögern. Da Bocchus
einen römischen Unterhändler herbeirief, kann er nur die Absicht
gehabt haben, Jugurtha zu verraten.

333 Die Einwohner der Balearen dienten seit dem zweiten Punischen
Krieg als Schleuderer im Heer. Sie galten als sehr unzivilisiert.

334 Die Päligner waren ein Volk aus Zentralitalien. Sie gehörten zu den
socii.

335 Ihre Bewaffnung bestand aus einem großen runden Schild, einem
Lederhelm, sieben Wurfspießen und einem Kurzschwert.

336 Vgl. Kap. 101. Über Volux ist weiter nichts bekannt.

337 Also im ersten Viertel der Nacht.

338 Zu einem Heer gehörten einige spezielle Vermesser, die zur Errich-
tung eines Lagers vorauszogen und den Platz vorher absteckten, so
daß die Legion bei ihrem Eintreffen sofort mit den Schanzarbeiten
beginnen konnten.

339 Dies zeigt, daß es unter der Führungsschicht der Numider auch
nach der Säuberungsaktion Jugurthas noch Leute gab, die aus per-
sönlichem Vorteil oder aus Vernunft eine Beendigung des Krieges
betrieben.

340 Zu den Gebietsansprüchen vgl. oben Anm. 323 und 324

341 Es ist kaum anzunehmen, daß der römische Senat sich hierdurch
hätte zwingen lassen. Wahrscheinlich wollte Jugurtha Bocchus nur
wieder in Verwicklungen mit den Römern verstricken, die einen
Frieden unmöglich gemacht hätten.

342 Dies bezieht sich auf die vernichtende Niederlage gegen die Kimbern bei Arausio, 105.

343 Der abrupte Schluß des Werkes ohne eine nähere Beschreibung der
folgenden Ereignisse beweist, daß es Sallust mit seiner ganzen
Schrift nicht um die Person des Jugurtha ging, sondern darum, an
einem historischen Beispiel die Verwicklungen und Verstrickungen
der römischen Machtverhältnisse, besonders die Korruption des
Adels, zu demonstrieren.

Historienfragmente

1 Marcus Aemilius Lepidus war 78 Konsul (aus diesem Jahr stammt
  die Rede), und setzte sich für die Abschaffung der Sullanischen
  Reformen ein. Nach seinem Konsulat hielt er sich als Proconsul
  gegen den Befehl des Senats in Etrurien auf, wurde beim Marsch
  auf Rom geschlagen und floh nach Sardinien, wo er 77 starb. Er
  baute die Basilica Aemilia wieder auf.

2 Die übliche *captatio benevolentiae*, mit der gewöhnlich eine Rede
  eröffnet wurde. Die hier erwähnten Eigenschaften, mit denen dem
  Volk geschmeichelt wird, wurden gern von der Nationaleitelkeit
  der Römer in Anspruch genommen.

3 Die designierten Konsuln des Jahres 77, Decimus Iunius Brutus (der
  Ehemann der Sempronia; vgl. Catilina, Anm. 69) und Mamercus
  Aemilius Lepidus.

4 Quintus Lutatius Catulus (vgl. Catilina, Anm. 99), der Amtskollege des Lepidus.

5 Sicherlich eine ironische Anspielung auf die durch Schmeicheleien
  geförderte Selbstüberschätzung Sullas als Neugründer des römischen Staates, der jedoch im Gegenteil dessen Zerstörung herbeiführte.

6 Gemeint sind Sullas Verfügungen gegen die Kinder der Geächteten.

7 Anspielung auf Sullas Aufhebung der Getreidegesetze des Gaius
  Gracchus, die die Getreideeinkäufe des Volkes erleichterten.

8 Lucius Vetticus: berüchtigter Denunziant; anfangs Anhänger des
  Catilina, trat aber 63 v.Chr. zu dessen Gegnern über; einer der
  Hauptbelastungszeugen gegen die Verschwörer; beschuldigte Caesar der Beteiligung an der Verschwörung; kam später unter myste-
  riösen Umständen im Kerker um (angeblich ließ Caesar ihn ermorden).

9 Cornelius war Sekretär bei den sullanischen Versteigerungen.

10 Lepidus gibt sich keine große Mühe, die gegen ihn erhobenen
   Vorwürfe zurückzuweisen, nach denen er sich am Eigentum der
   Proskribierten persönlich bereichert hat.

11 Eine Anspielung auf Sullas selbstgewählten Beinamen *Felix* (der
   Glückliche).

12 Lucius Fufidius: soll der Urheber der Proskriptionslisten gewesen sein; 81 Prätor; 80 Proprätor in Spanien, wo er von Sertorius besiegt wurde.

13 Polemische Anspielung auf die Ländereien, besonders in Etrurien und Samnium, die Sulla seinen Veteranen (23 Legionen) zuteilte.

14 Formel der Aufforderung zum Heeresdienst in Zusammenhang mit einem *tumultus* (Ausnahmezustand).

15 Lucius Marcius Philippus, genannt der Censorier, hatte zu dieser Zeit eine führende Rolle im Senat.

16 Orakelsprüche und Weissagungen (in der Regel die der Sibyllinischen Bücher) fanden vor allem beim einfachen Volk eine große Beachtung und wurden oft zu politischen Zwecken mißbraucht.

17 Die zugunsten der sullanischen Veteranen enteigneten Einwohner Etruriens hatten ein offenes Ohr für die Versprechungen des Lepidus (vgl. auch die Aktivitäten des Manlius in Etrurien im Zusammenhang mit den Revolutionsplänen Catilinas).

18 Catulus hatte für Sulla ein Staatsbegräbnis auf dem Marsfeld beantragt.

19 Lucius Apuleius Saturninus: Volkstribun der Jahre 102–100; entschiedener Gegner des Adels.

20 Publius Sulpicius Rufus: anfangs der Adelspartei zugehörig, die ihm 88 vor Christus das Volkstribunat verschaffte; trat noch im selben Jahr zu Marius über; kam im Zuge von Gewalttätigkeiten um.

21 L. Iunius Brutus Damasippus, Anhänger des Marius, wurde in der Schlacht an der *Porta Callina* als *prätor urbanus* 82 gefangen und getötet.

22 Gemeint ist der Krieg gegen Sertorius.

23 Mithridates hatte den Bosporus erobert, sich mit Tigranes und Sertorius verbündet und sein Heer verstärkt.

24 Die Penaten, die Schutzgötter der häuslichen und – übertragen – der staatlichen Heimat.

25 Durch Mord oder erzwungenen Selbstmord kamen u.a. die Konsuln Octavius und Merula, die Redner Antonius, Lucius und Gaius Caesar sowie Catulus, der ehemalige Mitfeldherr des Marius, um.

26 Publius Cethegus: zunächst Gegner Sullas, warb jedoch später um

dessen Gunst; gewann nach Sullas Tod durch seine Rede- und Geschäftsgewandtheit bedeutenden Einfluß im Senat.

27 U. a. Crassus, Pompeius, Quintus Metellus Pius.

28 Der *interrex* war ein Beamter, der bei Ausfall eines Konsuls die Ersatz-(Suffekt-)Wahlen einzuleiten hatte. Die Amtszeit betrug nur 5 Tage, nach deren Ablauf ein neuer *interrex* bestimmt wurde, bis die erforderlichen Wahlen durchgeführt waren.

29 Gaius Aurelius Cotta, Konsul des Jahres 75, in dem die Versorgung der Stadt, wie aus dem Text ersichtlich ist, besonders schlecht war. Offensichtlich wurden die Konsuln, die diese Lage allerdings schon bei ihrem Amtsantritt vorgefunden hatten, für die Lage verantwortlich gemacht. Die Folge war ein Volksaufstand, den Cotta mit seiner Rede zu besänftigen sucht. Aurelius Cotta war (nach Cicero) ein bedeutender Redner, die hier wiedergegebene Rede ist aber kein Original, sondern von Sallust nachgestaltet.

30 Cotta war gerade 50 Jahre alt, so daß es als Übertreibung anzusehen ist, wenn er von seinem hohen Alter *(senectus)* spricht, doch läßt der Ton der Rede wirklich den Eindruck entstehen, als spräche ein vom Alter gebeugter Mann, der des Mitleids bedürfe.

31 Bei der Rückkehr aus dem Exil.

32 Cotta galt als hervorragender Redner und wurde von Cicero darum bewundert. Schon als sehr junger Mann bewies er seine Redegabe bei der Verteidigung seines Onkels Rutilius.

33 Quintus Metellus Pius und Pompeius (vgl. auch dessen Brief an den Senat).

34 Die Lusitanier und ihre iberischen Grenznachbarn kämpften mit Rutilius gegen Rom.

35 Nach wechselnden Kämpfen, in denen sein Heer stark reduziert worden war, zog Sertorius sich im Jahre 75 aus dem südlichen Spanien über die Sierra Molina und die Sierra Guadarama in die Bergstadt Clunia, westlich von Numantia, zurück.

36 Die Dardanier und Thraker, die von Norden und Nordosten in die Provinz eingefallen waren; später von Curio bzw. Marcus Terentius Lucullus besiegt.

37 Alle Küsten des Mittelmeeres wurden von den kilikisch-isaurischen Seeräubern heimgesucht.

38 Gnaeus Pompeius: s. Anhang.

39 Es ist anzunehmen, daß dieser Brief nicht original von Pompeius stammt, sondern von Sallust verfaßt wurde. Allerdings ist es dem Autor gelungen, den Ton der Eitelkeit und Arroganz zu treffen, die für Pompeius charakteristisch waren. Sallusts Abneigung gegenüber Pompeius läßt vermuten, daß das hier entworfene Charakterbild stellenweise deutlich überzeichnet ist.

40 Pompeius war zum Zeitpunkt seiner Entsendung als Feldherr nach Spanien ungefähr 30 Jahre alt, was für einen *imperator* ziemlich jung ist.

41 Zur damaligen Zeit gab es zwei Alpenübergänge nach Gallien. Hannibal hatte den nördlicheren über den Kleinen St. Bernhard benutzt, der der bequemere war. Pompeius benutzte einen weiter südlich gelegenen, kürzeren Weg über den Mont Genevre.

42 Es ist anzunehmen, daß Pompeius auf seinem Marsch gegen einzelne widerspenstige Volksstämme zu kämpfen hatte, aber von einer Wiedereroberung kann wohl nicht die Rede sein.

43 Das erste Zusammentreffen mit Sertorius geschah bei einem Angriff des Pompeius bei Lauren (heute Laury in Valencia), bei dem er große Verluste erlitt.

44 Was hier als Eroberung dargestellt wird, war lediglich eine Plünderung des Lagers des Sertorius durch Pompeius' Legaten Afranius, während Sertorius den verwundet fliehenden Pompeius verfolgte. Als Sertorius zurückkehrte, erlitt Afranius große Verluste.

45 Diese Städte waren nützliche Bundesgenossen und deshalb mußten sie geschützt werden. Da sie zur damaligen Zeit von den Seeräubern heimgesucht wurden, waren sie nicht in der Lage, Unterstützung zu leisten, sondern mußten im Gegenteil selbst unterstützt werden.

46 Um die Rückkehr des Pompeius zu verhindern, setzte sich Lucullus für dessen Unterstützung ein, damit er die Feldherrnstelle gegen Pompeius selbst erlangen könne. Der Senat bewilligte dem Pompeius Geld und 2 Legionen.

47 Caius Licinius Macer, Historiker und popularer Politiker war besonders für seine Reden gegen die Nobilität während seines Volkstribunats 73 bekannt. Cicero, der ihm weder rhetorisch noch poli-

tisch nahestand, bescheinigt ihm dennoch in einigen Passagen seine rhetorische Fähigkeit. Cicero war es auch, der Macer 66 wegen seiner Amtsführung als Praetor anklagte und eine Verbannung erwirkte. Kurz darauf muß Macer gestorben sein. Von seinen historischen Schriften sind nur wenige Fragmente erhalten.

48 Durch die Einschränkung der tribunizischen Gewalt.

49 Sicinius unternahm im Jahre 76 erstmals den Versuch, die tribunizische Gewalt wiederherzustellen, fand aber nicht genügend Unterstützung in seiner Partei, so daß er schließlich seinen Gegnern unterlag und vom Konsul Curio bis auf den Tod verfolgt wurde. Er trug jedoch mit dazu bei, daß schließlich unter den Konsuln Pompeius und Crassus die Volkstribunen wieder in ihre früheren Rechte eingesetzt wurden.

50 Dies kann nur als eine der Übertreibungen aufgefaßt werden, die nach Cicero die Reden des Licinius kennzeichneten.

51 Gemeint ist die Erhebung des Lepidus gegen die sullanische Partei, die 77 v. Chr. zur Entscheidung kam.

52 Lucius Quinctius war als Volkstribun für seine aufrührerischen Reden bekannt; Lucullus brachte ihn jedoch von seinen antisullanischen Bestrebungen ab und gewann ihn später für seine eigenen Zwecke.

53 Gemeint ist das Konsulat.

54 Die Konsuln des Jahres 73 erließen, um das Volk zu beschwichtigen, ein Gesetz, das Getreideeinkäufe auf Staatskosten vorsah. Dieser Weizen sollte an das römische Volk verteilt werden (ob kostenlos oder zu ermäßigten Preisen, ist unklar).

55 Aus Furcht, die Auseinandersetzung mit Sertorius könne nach Italien getragen werden und den Konflikt mit den Marianern und den Bundesgenossen wiederaufleben lassen, übertrug der Senat dem jungen Pompeius den Oberbefehl in Spanien und gab ihm damit bedeutende Machtmittel an die Hand.

56 Da es sich bei dieser Rede des Macer wohl nicht um eine authentische, sondern eine in Ton und Stil an den Redner angepaßte Schöpfung Sallusts handelt, kann man annehmen, daß diese Stelle von der rückschauenden Sicht Sallusts beeinflußt ist.

57 Mithridates VI., Eupator, König von Pontos, geboren um 132

v. Chr., kam 12-jährig mit seiner Mutter an die Macht in der Nachfolge seines Vaters Mithridates V. Er gewann 112 die Alleinher-
schaft, tötete seine Mutter und seinen Bruder, heiratete seine
Schwester Laodike, die er jedoch sieben Jahre später wegen eines
angeblichen Anschlages auch töten ließ. In den folgenden Jahren
dehnte er seine Herrschaft auf fast ganz Kleinasien und Teile Grie-
chenlands aus. Im sog. 1. Mithridatischen Krieg (89–84) gelang es
ihm zunächst, die römischen Statthalter und Befehlshaber zu schlagen, bis Sulla seinen Siegeszug stoppte, bevor er wegen der innenpolitischen Schwierigkeiten nach Rom zurückkehren mußte.
Im 2. Krieg (83–81) fiel Licinius Murena in Pontos ein, wurde aber
von Mithridates geschlagen. Er verbündete sich nun mit den Ägyp-
tern, mit Sertorius in Spanien und mit den Seeräubern und besetzte
im 3. Krieg (74–63) Bithynien, wurde jedoch 74/73 von Lucullus
geschlagen und mußte nach Pontos fliehen. Eine Revolte im römischen Heer brachte ihm vorübergehend nochmals Erfolge, ehe sein
Heer von Pompeius geschlagen wurde. Mithridates entkam auf die
Krim, von wo er über Rußland und den Balkan Italien von Norden her angreifen wollte. Da die verbündeten Griechen und auch
sein Sohn sich erhoben, ließ Mithridates sich 65 durch einen Söldner
erstechen.
Ähnlich wie Jugurtha gelang es Mithridates, nur erheblich länger,
durch die innenpolitischen Wirren, sich lange gegen ein militärisch
überlegenes Rom zu behaupten.
Arsaces war der allgemeine Thronname der Partherkönige, gemeint ist hier Phraates III., der nach seiner Thronbesteigung im
Jahre 70 durch die Niederlagen des Mithridates plötzlich zum mit-
entscheidenden Faktor in dieser Auseinandersetzung geworden
war. Er schlug zusammen mit Pompeius 66 das Heer des Mithridates.

58 Ein Vorwurf, der auch von anderen immer wieder gegen die
Römer erhoben wurde (vgl. Iugurtha, Kap. 81) und den man nur
als berechtigt bezeichnen kann.

59 Die Römer siegten bei Kynoskephalai und hätten die Möglichkeit
gehabt, das alte Alexanderreich völlig über den Haufen zu werfen,
nahmen aber mit Rücksicht auf eine höhere Politik Abstand davon.

60 Die Erzählung, der König Perseus sei von seinen erbosten Wächtern am Schlafen gehindert und auf diese Weise zu Tode gequält worden, ist wohl als Legende zu betrachten. Andere vermuten, daß er in der Haft Selbstmord begangen habe.

61 Nach gescheiterten Verhandlungen zwischen römischen und syrischen Gesandten verwüsteten die Syrer weiterhin das Gebiet von Pergamon, da die herbeigeeilte römische Flotte nicht genügend Landungstruppen für die Abwehr zur Verfügung hatte.

62 Eumenes erhielt große Teile des eroberten Gebietes, die zwar offiziell unter seiner Herrschaft standen, aber er war lediglich ein Vasall Roms, das als Schutzmacht fungierte. Als Gegenleistung mußte er Streitkräfte stellen.

63 Attalos III., ein Halbbruder des Eumenes, hatte das pergamenische Reich den Römern vererbt. Da er jedoch geisteskrank war, entstand der (nicht unberechtigte) Verdacht, daß die Römer dieses Testament durch Bestechung erlangt hätten.

64 Die Römer bestritten die Legitimität des Kindes und rissen, da Nikomedes kein Testament hinterlassen hatte, das Erbe wie selbstverständlich an sich.

65 Mithridates hatte Nikomedes aus Bithynien und Ariobarzanes aus Kappadokien vertrieben, die später unter dem Schutze der Römer zurückkehrten und Angriffe auf pontisches Gebiet unternahmen.

66 Archelaos, der hervorragendste Feldherr des Mithridates, lief zu Beginn des Zweiten Mithridatischen Krieges im Jahre 81 zu den Römern über.

67 Der Bürgerkrieg zwischen Marius und Sulla sowie der anschließende Krieg gegen die Samniten.

68 Cotta soll, um seinem Mitfeldherrn Lucullus den Ruhm streitig zu machen, übereilt den Kampf begonnen haben, war aber nach schweren Verlusten gezwungen, nach Chalkedon zu fliehen. Dort eingeschlossen wartete er auf Entsatz durch Lucullus.

Briefe an Caesar

1 Vgl. die Ausführungen zum Wirken der *fortuna* im *Catilina*.

2 Gemeint ist der Gallienfeldzug.

3 Pompeius.

4 In dem Sinne, daß er den politischen Gegner, d. h. der Senatspartei, zur Macht verholfen hat.

5 Wahrscheinlich sind hiermit legale politische Maßnahmen gemeint, die Caesar als Konsul durchsetzen soll.

6 Die politischen Gegner werden mit äußeren Feinden gleichgesetzt.

7 Der Abschnitt scheint sich auf die Praxis der Gerichte zu beziehen, denn Cato und Domitius traten in vielen Prozessen als Ankläger *(quaesitores)* auf.

8 Caesar hatte bereits Ansätze gemacht, die Siedlungspläne des Tiberius Gracchus wieder aufzugreifen, die er dann in seinem Konsulat verstärkt betrieb.

9 Die staatlichen Einrichtungen der Rhodier wurden oft als mustergültig angeführt. Auch Cicero bezieht sich im *Staat II*, 48 auf sie.

10 Die Zusammensetzung der Gerichte erfolgte zwar auch in Rom durch das Los, allerdings wurden die Kandidaten durch den *praetor urbanus* bestimmt.

11 Für dieses Gesetz gibt es keine weiteren Belege.

12 Gemeint ist wahrscheinlich im besonderen die stoische Philosophie, deren Anhänger Cato war.

13 Seit Sulla hatte der Senat 600 Mitglieder, Caesar erhöhte die Zahl auf 900. Die Abstimmung erfolgte durch mündliche Meinungsäußerung. War die Mehrheit nicht eindeutig, konnte durch die *discessio* abgestimmt werden. Dabei trat jeder Senator zu dem Redner, dessen Meinung er zustimmte. Geheime Abstimmungen gab es nicht.

14 Eine solche Vorstellung von einer ordnenden göttlichen Macht, die Gutes belohnt und Böses bestraft, paßt nicht in das vom Wirken der *fortuna* geprägte Welt- und Geschichtsbild Sallusts. Es könnte sich hier um ein Zitat aus einer Tragödie des Ennius handeln. Die ganze Passage klingt nach einem Beispiel, wie es in Rhetorenschulen gern benutzt wurde.

15 Appius Claudius, Censor 312 v.Chr., stellte wahrscheinlich aus griechischen Komödien eine Spruchsammlung zusammen, die von Cicero als Pythagoreum, von Festus als Sententiae bezeichnet wurden.

16 Offensichtlich wird hier die schon im früheren Brief geäußerte Sorge, Caesar könne über seinen Eroberungen die Innenpolitik vergessen, wieder aufgegriffen.

17 Die Erfolge des Pompeius werden hier der *fortuna*, nicht der *virtus* zugeschrieben.

18 Vgl. die Beschreibung der Anhängerschaft Catilinas.

19 Gnaeus Domitius Ahenobarbus, Gnaeus Papirius Carbo und Marcus Iunius Brutus, der Vater des Caesarmörders, wurden zu verschiedenen Zeitpunkten auf Veranlassung des Pompeius getötet, obwohl sie bereits besiegt waren.

20 Erneut eine Anspielung auf die Ermordung kriegsgefangener Samniten im J. 82.

21 Die einzige Gefahr für den römischen Staat sind die Streitigkeiten im Inneren, die es möglichst schnell beizulegen gilt, wenn das Gemeinwesen keinen Schaden nehmen soll.

22 Auch Caesar hatte sich hoch verschuldet, um seine politische Anhängerschaft zu befriedigen.

23 Die moralische Verdorbenheit besonders der Jugend wird auch im Catilina beklagt.

24 Der Gedanke der *virtus* als Grundlage von Macht und Herrschaft im positiven Sinne taucht bei Sallust mehrfach auf.

25 Um mehr Gerechtigkeit bei der Dauer des Kriegsdienstes bemühten sich bereits die Gracchen.

Invektive

1 Es wird der Anschein erweckt, als handele es sich bei dieser Invektive um eine Erwiderung auf eine vorher von Cicero gehaltene Rede.

2 Cicero ließ keine Gelegenheit aus, sein Konsulat als eine Verteidi-

gung und Rettung des Staates hinzustellen. Besonders nach seiner Rückkehr aus der Verbannung wies er in seinen Reden immer wieder darauf hin, wahrscheinlich, um seine Ehre wiederherzustellen.

3 Cicero tritt wie ein Patrizier aus alter Familie auf, nicht wie ein *homo novus*. Scipio wurde von Cicero häufig als mustergültiges Exemplum angeführt.

4 Marcus Pupius Piso Frugi war einer der Redelehrer Ciceros; berühmter waren allerdings M. Antonius und L. Crassus. – Die sexuelle Hingabe eines Schülers an seinen Lehrer war besonders bei den Griechen häufig und hatte magische Bedeutung (Übertragung von Kräften vom Lehrer auf den Schüler). Der Brauch war auch den Römern nicht unbekannt.

5 Die sexuelle Verunglimpfung des Beschimpften und seiner Familie ist ein gängiger Topos der Invektive. – Der Vorwurf des Frevels gegenüber Fabia, der Halbschwester von Ciceros Gattin Terentia, rührt wohl von dem Opfer der Vestalinnen, zu denen Fabia gehörte, in Ciceros Hause her, das durch ein Flammenzeichen den Konsul zum Handeln aufgefordert haben soll. Es wird hier angedeutet, daß dieses Wunderzeichen nur vorgetäuscht wurde, was einer Gotteslästerung gleichkam. – Die Inzestbeschuldigung hat ihre Ursache vermutlich darin, daß Ciceros inniges Verhältnis zu seiner Tochter, die er über alles liebte, allgemein bekannt war. Der frühe Tod Tullias hat den Vater schwer getroffen, wie seinen Briefen zu entnehmen ist.

6 Cicero hatte im Jahre 62 das Haus des Marcus Crassus gekauft, das dessen Vater Publius erbaut hatte. Einen großen Teil des riesigen Kaufpreises hatte er von P. Cornelius Sulla, einem Neffen des Diktators, erhalten, damit Cicero ihn gegen den Vorwurf der Beteiligung an der catilinarischen Verschwörung verteidige, was man ihm damals übelnahm. Das Haus war 58 geplündert und niedergebrannt worden. Nach der Rückkehr aus dem Exil kämpfte Cicero um die Wiedererlangung des Grundstücks.

7 Cicero beruft sich häufig auf die *„di immortales"*, die unsterblichen Götter.

8 Einzelheiten sind darüber nicht bekannt. Terentia galt jedoch als

eine energische Frau, die sicherlich auch auf politische Entscheidungen ihres Gatten einen gewissen Einfluß ausübte.

9 Durch die Verteidigung Sullas und den Zusammenhang mit dem Hauskauf kamen wohl schnell Gerüchte auf, die in diese Richtung deuteten, obwohl Cicero selbst keinen der Verschwörer anklagte.

10 Durch einen Adoptionsfall waren die Familien entfernt miteinander verwandt, allerdings dürfte hier eher eine „Verwandtschaft" in bezug auf Herkunft und Karriere gemeint sein.

11 Der Vorwurf der politischen Unzuverlässigkeit bezieht sich vermutlich auf seine Beugung gegenüber dem Triumvirat nach der Rückkehr aus dem Exil.

12 Aus dem Gedicht über sein Konsulat; das Zitat ist auch bei anderen Autoren überliefert (z.B. Quintilian) und ist an Überheblichkeit kaum zu überbieten.

13 Die Darstellung hier unterstellt Cicero die Anmaßung königlicher Vollmachten.

14 Ebenfalls ein Zitat aus dem oben erwähnten Gedicht, das allerdings leicht verdreht wiedergegeben sein könnte. Ciceros ursprüngliche Bedeutung muß wohl gewesen sein, daß an die Stelle des Kriegsruhms der mit friedlichen Mitteln erworbene bürgerliche Ruhm treten solle *(concedat laurea laudi*, nicht *linguae)*.

15 Cicero führt in seinen Reden häufig Sulla als Exemplum für den Tyrannen an.

16 Hier liegt eine wahllose Aneinanderreihung von Namen vor, die Cicero oft als Beispiele großer Vorfahren erwähnt.

17 Es ist schwer, diesen Andeutungen konkrete Personen zuzuordnen. Es gibt nur Spekulationen darüber, ob hier auf Pompeius, Caesar, Crassus, Clodius oder eine andere Person Bezug genommen wird.

18 Auf Caesars Wunsch hin mußte Cicero im Jahre 55 die Verteidigung des Vatinius übernehmen, der im Prozeß gegen Sestius nach seiner Zeugenaussage für die Anklage von Cicero heftig attackiert worden war. Ciceros Verhältnis zu Sestius war auch während des Prozesses nicht sonderlich gut gewesen.

19 Spannungen mit Bibulus sind erst ab 51/50 bekannt.

ANHANG

Kurzbiographien zu wichtigen Persönlichkeiten
der späten Republik

Caesar (100–44)

Gaius Iulius Caesar war durch verwandtschaftliche Beziehungen, er war ein Neffe des Marius und heiratete eine Tochter Cinnas, von Beginn seiner politischen Tätigkeiten an die Partei der Popularen gebunden. Dadurch kam er 82 bei der Rückkehr Sullas in große Schwierigkeiten, wurde jedoch von diesem begnadigt. Es folgten in der üblichen Reihenfolge politische Ämter und Kommandos, die im Jahre 63 v. Chr. in der Wahl zum Pontifex Maximus gipfelten, dem höchsten Priesteramt Roms. 62 Praetor benötigte er schon die finanzielle Hilfe des Crassus, um seinen Gläubigern zu entgehen und sein proconsularisches Amt in Spanien anzutreten zu können. Hier bot sich ihm zum erstenmal die Möglichkeit, seine Schulden, die er gemacht hatte, um seine politische Karriere voranzutreiben, abzubauen. 60 bewarb er sich um das Konsulat für das Jahr 59 v. Chr. und schaffte es, sich mit den beiden mächtigsten Männern Roms, Pompeius und Crassus, zu einem Zweckbündnis zusammenzuschließen. Gemäß den Vereinbarungen unter diesen dreien erhielt er für das Jahr nach seinem Konsulat die Provinzen Gallien und Illyricum für fünf Jahre als Statthalter. Dieses Kommando wurde später auf der Konferenz von Luca um weitere fünf Jahre verlängert. Inzwischen hatte er zur Festigung des Bündnisses seine Tochter Iulia mit Pompeius verheiratet.

Die Statthalterschaft Galliens nutzte Caesar, um, ausgehend von eher unbedeutenden Gefahren im Südosten Galliens, nach und nach das ganze Gallien zu erobern und dann, wenn auch nicht auf Dauer, nach Britannien und über den Rhein nach Germanien vorzustoßen. Diese Kriege waren von größter Bedeutung für die weitere geschichtliche Entwicklung Europas.

Inzwischen hatte sich in Rom die politische Lage geändert. Crassus war im Krieg gegen die Parther gefallen, Caesars Tochter Iulia, die Gattin des Pompeius, gestorben, Pompeius schloß sich mehr und mehr der Senatspartei an. Für Caesar war es wichtig, daß er, um eventuellen Anklagen wegen Amtsmißbrauch zu entgehen, direkt im Anschluß an seine Statthalterschaft ein neues Amt, nämlich sein zweites Konsulat, bekleidete (Beamte waren im Rom immun). Um dies zu erreichen, war mit Pompeius vereinbart worden, und per Volksbeschluß abgesegnet, daß Caesar sich in Abwesenheit noch während seiner Statthalterschaft bewerben dürfe. Als dieser Beschluß nachträglich rückgängig gemacht wurde und dazu Caesar einige seiner Legionen abgeben sollte, sah er, daß die militärische Auseinandersetzung mit dem Senat und Pompeius nicht mehr zu vermeiden war. Mit dem Überschreiten des Rubicon (10. Januar 49) verließ er seine Provinz, betrat mit seinem Heer Italienischen Boden und begann so den Bürgerkrieg. Nach einigen Siegen in Oberitalien flohen die Senatsanhänger und Pompeius nach dem Osten. Caesar zog in Rom ein, ordnete die Verhältnisse, sicherte sich rechtlich ab, machte sich mit Siegen in Spanien über die senatorischen Heere den Rücken frei und folgte Pompeius nach Griechenland. In der Schlacht bei Pharsalos wurde Pompeius entscheidend geschlagen und auf der Flucht nach Ägypten ermordet.

Es folgten Kriege und Siege Caesars in Ägypten und Kleinasien und – nach der Rückkehr nach Rom und der Ernennung zum Diktator – der endgültige Sieg über die Senatsheere in Afrika und die Söhne des Pompeius in Spanien. Caesar, nun Alleinherrscher und Diktator auf Lebenszeit, ging daran, die Verhältnisse neu zu ordnen, als er 46 von 60 Republikanern aus Furcht vor einer dauerhaften Alleinherrschaft ermordet wurde. Die Tat der Verschwörer bewirkte allerdings das Gegenteil; denn aus den Kämpfen um die Nachfolge Caesars zunächst gegen die Verschwörer, anschließend unter den Caesarianern selbst, ging schließlich Augustus als erster römischer Kaiser hervor.

Catilina (um 108–62 v. Chr.)

Lucius Sergius Catilina stammte aus einem patrizischen Geschlecht, das vor seiner Zeit lange nicht durch Ämter hervorgetreten war.

Im Jahre 89 war er Legionstribun unter Pompeius Strabo, 82 Legat, 68 Praetor und 67/66 Propraetor in Africa.

Als Anhänger Sullas tötete er seinen Bruder Marius Gratianus und seinen Schwager Quintus Caecilius. Bei den Proskiptionen unter Sulla soll er sich sehr bereichert haben. Außerdem war er noch im Jahre 73 in einen Vestalinnenprozess verwickelt.

Während seiner Propraetur in Afrika sanierte er sein Vermögen auf Kosten der Bewohner und wurde wegen dieser Vorgänge angeklagt und nicht zur Bewerbung um das Konsulat zugelassen. Von den Vorwürfen wurde er allerdings 65 im Prozess freigesprochen. In das Jahr 66 fällt auch die sogenannte 1. Catilinarische Verschwörung, an der Catilina wohl beteiligt war, genaueres ist aber über diesen Putschversuch, der später vertuscht wurde, nicht bekannt.

64 bewarb er sich für das Konsulat 63, fiel aber bei der engen Wahl gegen Cicero durch, ebenfalls bei seinem zweiten Versuch für das Konsulat 62. Jetzt entstand der Plan, durch die Ermordung des Konsuls Cicero den Staat in Aufregung zu versetzen und die Macht an sich zu reißen. Cicero erfuhr jedoch von den Plänen der Aufrührer. Am 21. Oktober beschloß der Senat den Notstand, am 7. November verläßt Catilina Rom, am 15. wird er zum Staatsfeind (*hostes*) erklärt. Durch abgefangene Briefe wird die Verschwörung endgültig aufgedeckt (2./3. 12.) und die in der Stadt verbliebenen Verschwörer werden nach heftiger Diskussion im Senat am 5. Dezember hingerichtet. Catilina stellt sich mit seinem Heer im Januar 62 dem Konsularheer und fällt in der Schlacht bei Pistoria.

Cato (95–46 v. Chr.)

Marcus Porcius Cato, zur Unterscheidung von seinem berühmten Urgroßvater, dem ‚alten‘ Cato, Uticensis genannt, gilt als das Sinnbild des sittenstrengen und charakterlich beispielhaften Mannes. Da er als überzeugter Republikaner unbeirrbar auf der Seite der Senatsaristokratie steht, wird er in deren Auseinandersetzung mit Caesar dessen Feind und ‚ideologischer‘ Gegenpart.

Cato war Quaestor 64, Volkstribun 62, Praetor 54 und 49/48 als Propraetor für Sizilien und Griechenland auf der Seite des Pompeius auch militärischer Gegner Caesars. Im Jahre 63 soll seine Rede in der Senatssitzung den entscheidenden Ausschlag für die Hinrichtung der Catilinarier gegeben haben. Als er 46 als Stadtkommandant von Utica die Stadt und damit Nordafrica gegen Caesar nicht mehr halten konnte, tötete er sich selbst.

Cicero (106–43)

Marcus Tullius Cicero, unumstritten als Meister der lateinischen Sprache, war als Politiker weit weniger erfolgreich.

Er begann seine politische Laufbahn wie viele seiner Zeitgenossen als Redner in Strafprozessen (ab 81 v. Chr.), die in Rom oft auch politische

Hintergründe hatten. Von Anfang an widmet er aber einen großen Teil seiner Zeit philosophischen und rhetorischen Studien, die sich nicht nur in seinen Schriften, sondern auch in seinen Handlungen niederschlagen. Daneben verfolgt er seine politische Karriere, 75 wurde er zum Quaestor, 69 zum Aedilen, 66 zum Praetor und schließlich 63 zum Konsul gewählt. Dieses Konsulat, das Cicero als *homo novus* mit besonderem Stolz auch später immer wieder anführt, war zugleich der Beginn des Niedergangs seiner politischen Karriere. Gelang es ihm hier noch, die Verschwörung des Catilina aufzudecken, von ihm selbst als die Rettung des Vaterlandes gefeiert, geriet er doch mehr und mehr in die Mühlen der Auseinandersetzungen stärkerer Persönlichkeiten und Parteien der Politik, des Senats mit Pompeius und Caesar und später zwischen Caesar und Pompeius. Dem Triumvirat von Caesar, Pompeius und Crassus gelingt es, Cicero durch die nachträgliche Verurteilung der Hinrichtung der Catilinarier in die Verbannung zu treiben. Auch nach der Rückkehr (57) ist er nicht in der Lage, selbständig politisch zu handeln, wird von den Mächtigen als politisches Werkzeug mißbraucht und zieht sich ganz in Schriftstellerei und Philosophie zurück. In der Auseinandersetzung zwischen Caesar und Pompeius ergreift er Partei für den Senat und Pompeius, ohne voll auf deren Seite zu stehen. Im September 47 wird er vom Sieger Caesar begnadigt. Unter dem Eindruck persönlicher Schicksalsschläge und der politischen Ohnmacht unter der Alleinherrschaft Caesars zieht sich Cicero wieder in die Schriftstellerei zurück.

Nach der Ermordung Caesars greift Cicero noch einmal mit Hilfe seiner literarischen Werke in die Politik ein. Die vierzehn philippischen Reden richten sich gegen Antonius, der sich zum Nachfolger Caesars aufschwingen will. Im folgenden Bündnis zwischen Antonius, Oktavian/Augustus und Lepidus (2. Triumvirat) muß der spätere Augustus unter anderem der Ächtung Ciceros zustimmen. Cicero wird am 7. Dezember 43 auf der Flucht von Antonius' Leuten ermordet.

Claudius (gest. 52 v. Chr.)

Publius Claudius Pulcher nahm 59 den plebeische Gentilnamen Clodius (durch Adoption) an, da sich nur ein Plebeier um das Amt des Volkstribunen bewerben konnte. Claudius klagte 65 erfolglos den Catilina in einem Repetundenprozess an. 62 wurde er in Frauenkleidern bei dem nur Frauen vorbehaltenen Fest der Bona Dea (im Hause Caesars!) erwischt, von der Anklage des Religionsfrevels aber freigesprochen. Seither war er ein Feind Ciceros. Gegen diesen und gegen Cato benutzte Caesar die Agitationen des Claudius/Clodius um sie aus der Stadt zu entfernen. Cicero wurde wegen der Hinrichtung der Catilinarier verbannt, Cato ein Kommando im Osten zugeteilt. In den nun folgenden unruhigen Zeiten tat sich Clodius durch seinen Bandenkrieg mit Milo und seine Feindschaft zu Pompeius hervor. Noch während seiner Bewerbung für die Praetur 52 wurde er von Bandenmitgliedern Milos überfallen, verwundet und getötet. Während seiner Leichenfeier wurde die Curie von seinen Anhängern angezündet.

Crassus (115–53 v. Chr.)

Marcus Licinius Crassus, mit dem Beinamen Divus, der Reiche, tat sich erstmals als Sullaner in der Schlacht an der Porta Collina hervor. Bei den folgenden Proscriptionen und späteren Spekulationen erwarb er ein riesiges Vermögen, wurde jedoch im weiteren Verlauf von Sulla politisch ins Abseits gestellt.

In einem proconsularischen Auftrag beendete er innerhalb von 6 Monaten den Sklavenaufstand unter Spartacus und ließ 6000 Sklaven längs der Via Appia kreuzigen. 71 kam es zu einer Annäherung an Pompeius, mit diesem bekleidete er 70 das Konsulat. Crassus soll 63 die Catilinarier unterstützt haben, was aber nicht bewiesen wurde. Aus Neid auf Pompeius, dessen Einfluß und Beliebtheit er nicht erreichen konnte, schloß er sich später Caesar an. Dieser, der die finanziellen Mittel des Crassus wohl benötigte, versöhnte ihn mit Pompeius und bildete mit ihnen das sogenannte Triumvirat. 55 wurden Crassus und Pompeius wiederum Konsuln und danach erhielt Crassus als Proconsul die Provinz Syrien für fünf Jahre, sowie die Erlaubnis zum Feldzug gegen die Parther. Das war die politische Chance, auf die Crassus, der sich gegenüber Caesar und Pompeius beweisen wollte, gewartet hatte. Der Feldzug scheiterte jedoch und Crassus wurde bei dem Versuch, seine Truppen zurückzuführen, überfallen und getötet.

Jugurtha (nach 160–104 v. Chr.)

Jugurtha, Sohn des Mastanabal, Enkel des Massinissa, wurde von seinem Onkel Micipsa, der gegenüber dem unehelichen Mastanabal die Herrschaft Numidiens von Massinissa geerbt hatte, adoptiert. Zuvor hatte er sich im Numantinischen Krieg unter Scipio Aemilianus ausgezeichnet und das römische Kriegswesen, aber auch die Verhältnisse der römischen Adelsschicht kennengelernt. Bei seinem Tode (118) setzte Micipsa Jugurtha zusammen mit seinen leiblichen Söhnen Adherbal und Hiempsal zum Erben seines Reiches ein. Jugurtha tötete Hiempsal und bedrängte Adherbal, der sich an Rom um Hilfe wandte. Dies teilte Numidien unter die beiden auf, aber Jugurtha tötete Adherbal und in Numidien ansässige italische Kaufleute (112). Nun erklärte Rom Jugurtha den Krieg, der aber durch Bestechung des römischen Feldherren Bestia zunächst einen billigen Frieden erlangte (111). Von dem Volkstribun Memmius, der mit Hilfe der Zeugenaussage Jugurthas die Machenschaften des Bestia und anderer aufdecken wollte, nach Rom zitiert, tötete er seinen Vetter Massiva, als dieser als möglicher Nachfolger in den Vordergrund gespielt wurde. Auch im zweiten Feldzug, den Postumius Albinus führte, konnte sich Jugurtha behaupten, und sogar dessen Stellvertreter und Bruder Aulus zu einer Kapitulation zwingen. Nun wurde die Angelegenheit in Rom ernster genommen und Caecilius Metellus mit dem Krieg beauftragt. Dieser konnte auch einzelne Erfolge vorweisen, aber Jugurtha, der sich inzwischen mit König Bocchus von Mauretanien verbündet hatte, nicht entscheidend schlagen. Unter anderem durch die Kritik an der Kriegsführung des Metellus gelangte G. Marius, ein *homo novus* zum Konsulat (107).

Doch auch Marius konnte sich trotz weiterer Erfolge (107–105) nicht der Person Jugurthas bemächtigen und so den Krieg beenden. Erst durch Verhandlungen mit Bocchus gelang es schließlich, daß dieser Jugurtha an den Quästor Sulla auslieferte, der daraufhin den Erfolg für sich beanspruchte. Jugurtha wurde 104 im Triumphzug des Marius mitgeführt (Januar) und wenige Tage später getötet.

Marius (um 158/157–86 v. Chr.)

Gaius Marius, von Geburt Ritter, Praetor 115, gelangte 107 als *homo novus* zum Konsulat. Großen Einfluß hierauf hatte dabei seine Kritik an der Kriegsführung des Metellus im Jugurthinischen Krieg, wo er zunächst als Legat unter Metellus –, später als Befehlshaber kämpfte. Hierbei setzte er zum erstenmal Freiwillige aus den besitzlosen Schichten ein, die zuvor nicht zum Kriegsdienst herangezogen worden waren. Der Krieg gegen Jugurtha endete mit der Auslieferung durch Bocchus von Mauretanien an Sulla, der sich später den Erfolg zuschrieb. Zum Volkshelden und Retter Roms wurde Marius durch seine erfolgreiche Abwehr der Cimbern und Teutonen in den Jahren 104–101 v. Chr. Für diese Feldzüge war er gegen das Gesetz für diese drei Jahre zum Konsul gewählt worden (ein Bewerber durfte erst zehn Jahre nach dem Konsulat wiedergewählt werden). Auch hier kam es zu Streitigkeiten mit Sulla, der in der entscheidenden Schlacht die römische Mitte befehligt hatte, und sich wiederum den Erfolg zuschreiben wollte.

Im Rahmen des nun folgenden Bundesgenossenkrieges kam es zu weiteren Auseinandersetzungen mit Sulla, bei dessen Marsch auf Rom Marius nach Afrika zu seinen Veteranen floh. Von Cinna nach dem Abmarsch des Sulla nach dem Osten zurückgerufen, belagerte er die Hauptstadt, die bald kapitulierte. Entgegen späteren Berichten nahm Marius nur in sehr geringem Umfang Rache. Für 86 wurde Marius wiederum, diesmal rechtmäßig, zum Konsul gewählt. Er starb im Januar 86, bevor die Rückkehr Sullas die Unruhen von neuem aufleben ließ.

Pompeius (106–48 v. Chr.)

Cnaeus Pompeius Magnus trat zum ersten Mal in der römischen Politik in Erscheinung, als er, gestützt auf die große Clientel seines Vaters, dem Sulla 83 mit drei selbst aufgestellten Legionen im Kampf gegen die Marianer zur Hilfe kam. Im Jahre 72 gelang es ihm, trotz anfänglicher Rückschläge, nach der Ermordung des Usurpators Sertorius das von diesem besetzte Spanien zurückzuerobern. Im Jahre 70 Konsul wurde er anschließend für drei Jahre mit einem außerordentlichen Kommando beauftragt, um das Mittelmeer und die Küsten von den Seeräubern zu säubern. 66 erhielt er den Oberbefehl gegen Mithridates und nutzte den Sieg, um im Osten wie zuvor in Spanien, Afrika und Gallien sich durch die Ansiedlung seiner Soldaten eine große persönliche Macht aufzubauen.

Diese Machtfülle sah der Senat mit Mißtrauen und es kam zu einer allmählichen Entfremdung, die Pompeius näher zu Caesar trieb und schließlich zum Triumvirat zwischen Caesar, Pompeius und Crassus führte, das nach der Heirat des Pompeius mit Caesars Tochter Julia (59) nach Verstimmungen 56 erneuert wurde. Das Zweckbündnis der drei mächtigsten Männer im Staat, die sich durch gegenseitige Unterstützung jeweils langwährende, lukrative Ämter und Kommandos sicherten, bröckelte jedoch, nachdem Julia 54 starb und Crassus im Krieg gegen die Parther fiel (53). Es kam zu einer erneuten Annäherung zwischen Pompeius und dem Senat. Durch politische Schachzüge wurden die Vereinbarungen mit Caesar, Verlängerung seiner Statthalterschaft in Gallien, Bewerbung um das zweite Konsulat in Abwesenheit – beides zielte darauf, daß Caesar direkt im Anschluß an sein Kommando in Gallien wieder Konsul wurde, um so einer möglichen Anklage zu entgehen –, untergraben. Pompeius wurde in die Auseinandersetzung mit Caesar getrieben. Der für die Anhänger der Senatspartei überraschende Marsch Caesars auf Rom zeigte, wie unvorbereitet man war. Pompeius floh nach dem Osten, um von dort das Heer zu organisieren. Im August 48 verlor er die entscheidende Schlacht bei Pharsalos und wurde auf der Flucht nach Ägypten von den Ratgebern des Ptolemaios ermordet.

Sulla (138–78)

Lucius Cornelius Sulla, der später den Beinamen Felix, der Glückliche, führte, stammte aus einer verarmten patrizischen Familie. Später erwarb er als Erbe einer reichen Dirne und seiner Stiefmutter ein großes Vermögen. Er diente im Krieg gegen Jugurtha als Quästor, zeichnete sich in einigen Schlachten aus und war maßgeblich an der Auslieferung Jugurthas durch Bocchus beteiligt. Um seinen Anspruch auf den Gesamterfolg des Krieges deutlich zu machen, ließ er die Auslieferungsszene auf seinem Siegelring abbilden. Auch im Kampf gegen die Cimbern und Teutonen diente er als Legat und Tribun unter Marius. Als Befehlshaber über das Zentrum des römischen Heeres in der entscheidenden Schlacht bei Vercellae beanspruchte er auch hier den Erfolg für sich. In den Jahren 98 und 97 war er Prätor, 88 Konsul. Durch eine Heirat wuchs die Feindschaft mit Marius, die sich durch die verschiedenen Standpunkte in der Bundesgenossenfrage weiter verschärfte. Schon unterwegs zum Feldzug gegen Mithridates im Osten kehrte er mit seinem Heer um, als ihm der Oberbefehl auf Betreiben des Marius nachträglich entzogen wurde, und marschierte auf Rom. Marius floh nach Afrika, die Marianer wurden zu Staatsfeinden, *hostes*, erklärt. Im Feldzug gegen Mithridates feierte er Erfolge, in diesen Feldzug fällt allerdings auch die Plünderung Athens durch Sulla und seine Soldaten.

Inzwischen bekamen in Rom die Marianer durch Cinna wieder die Oberhand, Marius kehrte zurück und Sulla mußte den Krieg durch einen schnellen Frieden mit Mithridates abbrechen, um seine Interessen in Rom wahrzunehmen. Im Frühjahr 83 landete er in Brindisi, in drei darauf folgenden Schlachten schlug er mit seinem Heer die Marianer, zuletzt in der Schlacht am Collinischen Tor in Rom gegen die aufständischen Samniten. Die Samniten wurden grausam bestraft, die Marianer durch die Proskription verfolgt, ihr Besitz an die Anhänger Sullas versteigert. Durch die Ansiedlung seiner Soldaten sicherte Sulla seinen Herrschaftsanspruch. Es folgten umfangreiche Reformen in Politik und Verwaltung, die fast alle die Sicherung der Senatsherrschaft zum Ziel hatten.

79 legte Sulla überraschend seine Diktatur, die ihm verliehen worden war, so lange er wolle, nieder und zog sich auf sein Landgut bei Puteoli zurück, wo er 78 starb.

Durch den Einsatz des Heeres in der Innenpolitik und die exzessive Ausweitung der Proskription politischer Gegner setzte Sulla eine Entwicklung der politischen Auseinandersetzung in Gang, die später zum Untergang der Republik führte.